江苏文脉整理与研究工程

江苏文库

研究编

江苏文化
专门史

江苏畜牧史

李群 主编

江苏人民出版社

图书在版编目(CIP)数据

江苏畜牧史/李群主编. 一南京:江苏人民出版
社,2024.8
(江苏文库.研究编)
ISBN 978 - 7 - 214 - 28196 - 8

Ⅰ.①江…　Ⅱ.①李…　Ⅲ.①畜牧业经济—经济史—
江苏　Ⅳ.①F326.375.3

中国国家版本馆 CIP 数据核字(2023)第 122788 号

书　　　名	江苏畜牧史
主　　　编	李　群
出 版 统 筹	张　凉
责 任 编 辑	陆　宁
责 任 监 制	王　娟
装 帧 设 计	姜　嵩
出 版 发 行	江苏人民出版社
地　　　址	南京市湖南路 1 号 A 楼,邮编:210009
照　　　排	江苏凤凰制版有限公司
印　　　刷	苏州市越洋印刷有限公司
开　　　本	718 毫米×1 000 毫米　1/16
印　　　张	23.5　插页 4
字　　　数	335 千字
版　　　次	2024 年 8 月第 1 版
印　　　次	2024 年 8 月第 1 次印刷
标 准 书 号	ISBN 978 - 7 - 214 - 28196 - 8
定　　　价	80.00 元

(江苏人民出版社图书凡印装错误可向承印厂调换)

江苏文脉整理与研究工程

总主编

信长星　许昆林

学术指导委员会

主　　任　周勋初

委　　员（按姓氏笔画排序）

冯其庸　邬书林　张岂之　郁贤皓　周勋初

茅家琦　袁行霈　程毅中　蒋赞初　戴　逸

编纂出版委员会

主　　编　张爱军　徐　缨

副 主 编　梁　勇　赵金松　章朝阳　樊和平　莫砺锋

编　　委　（按姓氏笔画排序）

马　欣　王　江　王卫星　王月清　王华宝
王建朗　王燕文　双传学　左健伟　田汉云
朱玉麒　朱庆葆　全　勤　刘　东　刘西忠
江庆柏　许佃兵　许益军　孙　逊　孙　敏
孙真福　李　扬　李贞强　李昌集　佘江涛
沈卫荣　张乃格　张伯伟　张爱军　张新科
武秀成　范金民　尚庆飞　罗时进　周　琪
周　斌　周建忠　周新国　赵生群　赵金松
胡发贵　胡阿祥　钟振振　姜　建　姜小青
贺云翱　莫砺锋　徐　俊　徐　海　徐　缨
徐之顺　徐小跃　徐兴无　陶思炎　曹玉梅
章朝阳　梁　勇　彭　林　蒋　寅　程章灿
傅康生　焦建俊　赖永海　熊月之　樊和平

分卷主编　徐小跃　姜小青（书目编）
　　　　　周勋初　程章灿（文献编）
　　　　　莫砺锋　徐兴无（精华编）
　　　　　茅家琦　江庆柏（史料编）
　　　　　左健伟　张乃格（方志编）
　　　　　王月清　张新科（研究编）

出版说明

　　江苏文化源远流长、历久弥新，文化经典与历史文献层出不穷，典藏丰富；文化巨匠代有人出、彪炳史册，在中华民族乃至整个人类文明的发展史上有着相当重要的地位。为科学把握江苏文化的内涵与特征，在新时代彰显江苏文化对中华文化的贡献，江苏省委、省政府决定组织实施"江苏文脉整理与研究工程"，以梳理江苏文脉资源，总结江苏文化发展的历史规律，再现江苏历史上的文化高地，为当代江苏构筑新的文化高地把准脉动、探明趋势、勾画蓝图。

　　组织编纂大型江苏历史文献总集《江苏文库》，是"江苏文脉整理与研究工程"的重要工作。《文库》以"编纂整理古今文献，梳理再现名人名作，探究追溯文化脉络，打造江苏文化名片"为宗旨，分六编集中呈现：

　　（一）书目编。完整著录历史上江苏籍学人的著述及其历史记录，全面反映江苏图书馆的图书典藏情况。

　　（二）文献编。收录历代江苏籍学人的代表性著作，集中呈现自历史开端至一九一一年的江苏文化文本，呈现江苏文化的整体景观。

　　（三）精华编。选取历代江苏籍学人著述中对中外文化产生重要影响、在文化学术史上具有经典性代表性的作品进行整理，并从中选取十余种，组织海外汉学家翻译成各国文字，作为江苏对外文化交流的标志性文化成果。

　　（四）方志编。从江苏现存各级各类旧志中选择价值较高、保存较好的志书，以充分发挥地方志资治、存史、教化等作用，保存江苏的地方文献与历史文化记忆。

（五）史料编。收录有关江苏地方史料类文献，反映江苏各地历史地理、政治经济、文化教育、宗教艺术、社会生活、风土民情等。

（六）研究编。组织、编纂当代学者研究、撰写的江苏文化研究著作。

文献、史料、方志三编属于基础文献，以影印方式出版，旨在提供原始文献，以满足学术研究需要；书目、精华、研究三编，以排印方式出版，既能满足学术研究的基本需求，又能满足全民阅读的基本需求。

“江苏文脉整理与研究工程”工作委员会

江苏文库·研究编编纂人员

主　编

王月清　张新科

副主编

徐之顺　姜　建　王卫星　胡发贵　胡传胜　刘西忠

一脉千古成江河

——江苏文库·研究编序言

樊和平

　　"江苏文脉整理与研究工程"是江苏文化史上继往开来的一个浩大工程。与当下方兴未艾的全国性"文库热"相比,江苏文脉工程有三个基本特点:一是全面系统的整理;二是"整理"与"研究"同步;三是以"文脉"为主题。在"书目编—文献编—精华编—史料编—方志编—研究编"的体系结构中,"研究编"是十分独特的板块,因为它是试图超越"修典"而推进文化传承创新的一种学术努力。

　　"盛世修典"之说不知起源于何时,不过语词结构已经表明"盛世"与"修典"之间的某种互释甚至共谋,以及由此而衍生的复杂文化心态。历史已经表明,"修典"在建构巨大历史功勋的同时,也包含内在的巨大文化风险,最基本的是"入典"的选择风险。《四库全书》的文化贡献不言自明,但最终其收书的数量竟与禁书、毁书、改书的数量大致相当,还有高出近一倍的书目被宣判为无价值。"入典"可能将一个时代的局限甚至选择者个人的局限放大为历史的文化局限,也可能由此扼杀文化多样性而产生文化专断。另一个更为潜在和深刻的风险,是对待传统的文化态度。文献整理,尤其是地域典籍的整理,在理念和战略上面临的最大考验,是以何种心态对待文化传统。当今之世,无论对个体还是社会,传统已经不仅是文化根源,而且是文化和经济发展的资源甚至资本。然而一旦传统成为资源和资本,邂逅市场逻辑的推波助澜,就面临沦为消费和运作对象的风险,从而以一种消费主义和工具主义的文化态度对待文化传统和文献整理。当传统成为消费和运作的对象,其文化价值不仅可能被误读误用,而且也可能在对传统的消费中使文化坐吃山空,造就出文化上的纨绔子弟,更可能在市场运作中使文化不断被糟蹋。"江苏文脉整理与研究工程"的"整理工程"以全面系统的整理的战略应对可能存在的第一种风险,即入典选择的风险;以"研究工程"应对第二种可能的风险,即消费主义与工具主义的风险。我们不仅是既往传统的继承者,更应当是未来传统的创造者;现代人的使命,不仅是继承优秀传统,更应当创造新的优秀传统,这便是传统的创造性转化与创新性发展的真义。诚然,创造传统任重道远,需要经过坚忍不拔的卓越努力和大浪淘沙般的历史积淀,但对"江苏文脉整理与研究工程"而言,无论如何必须在"整理"的同时开启"研究"的千里之行,在研究中继承和发展传统。这便是"研究编"的价值和使命所在,也是"江苏文脉整理与研究工程"在"文库热"中于顶层设计层面的拔群之处。

一 倾听来自历史深处的文化脉动

20 世纪是文化大发现的世纪,20 世纪以来西方世界最重要的战略,就是文化战略。20 世纪 20 年代,德国社会学家马克斯·韦伯的《新教伦理与资本主义精神》,揭示了西方资本主义文明的文化密码,这就是"新教伦理"及其所造就的"资本主义精神",由此建构"新教伦理+资本主义"的所谓"理想类型",为西方资本主义进行了文化论证尤其是伦理论证,奠定了 20 世纪以后西方中心论的文化基础。20 世纪 70 年代,哈佛大学教授丹尼尔·贝尔的《资本主义文化矛盾》,揭示了当代资本主义最深刻的矛盾不是经济矛盾,也不是政治矛盾,而是"文化矛盾",其集中表现是宗教释放的伦理冲动与市场释放的经济冲动分离与背离,进而对现代西方文明发出文化预警。20 世纪 70 年代之后,亨廷顿的《文明的冲突与世界秩序的重建》将当今世界的一切冲突归结为文明冲突、文化冲突,将文化上升为西方世界尤其是美国国家战略的高度。以上三部曲构成西方世界尤其是美国文化帝国主义的国家文化战略,正如一些西方学者所发现的那样,时至今日,文化帝国主义被另一个概念代替——"全球化",显而易见,全球化不仅是一种浪潮,更是一种思潮,是西方世界的国家文化战略。文化虽然受经济发展制约甚至被经济发展水平所决定,但回顾从传统到现代的中国文明史,文化问题不仅逻辑地而且历史地成为文明发展的最高最难的问题,正因为如此,文化自信才成为比理论自信、道路自信、制度自信更具基础意义的最重要的自信。

在全球化背景下,文脉整理与研究具有重大的国家文化战略意义,不仅必要,而且急迫。文化遵循与经济社会不同的规律,全球化在造就广泛的全球市场并使全球成为一个"地球村"的同时,内在的最大文明风险和文化风险便是同质性。全球化催生的是一个文化上的独生子女,其可能的镜像是:一种文化风险将是整个世界的风险,一次文化失败将是整个人类的文化失败。文化的本质是什么?梁漱溟先生说,文化就是人的生活的根本样法,文化就是"人化"。丹尼尔·贝尔指出,文化是为人的生命过程提供解释系统,以对付生存困境的一种努力。据此,文化的同质化,最终导致的将是人的同质化,将是民族文化或西方学者所说地方性知识的消解和消失;同时,由于文化是人类应对生存困境的大智慧,或治疗生活世界痼疾的抗体,它所建构的是与自然世界相对应的精神世界和意义世界,文化的同质性将导致人类在面临重大生存困境时智慧资源的贫乏和生命力的苍白,从而将整个人类文明推向空前的高风险。应对全球化的挑战和西方文化帝国主义的国家战略,"江苏文脉整理与研究工程"是整个中华民族浩大文化工程的一部分和具体落实,其战略意义绝不止于保存文化记忆的自持和自赏,在这个全球化的高风险正日益逼近的时代,完整地保存地方文化物种,认同文化血脉,畅通文化命脉,不仅可以让我们在遭遇全球化的滔滔洪水之时可以于故乡文化的山脉之巅"一览众山小"地建设自己的精神家园和文化根据地,而且可以在患上全球化的文化感冒甚至某种文化瘟疫之后,不致乞求"西方药"来治"中国病",而是根据自己的文化基因和文化命理,寻找强化自身的文化抗体和文化免疫力之道,其深远意义,犹如在今天经过独生子女时代穿越时光隧道,回首当年我们的"兄弟姐妹那么多"

和父辈们儿孙满堂的那种天伦风光，不只是因为寂寞，而且是为了中华民族大家庭的文化安全和对未来文化风险的抗击能力。

"江苏文脉整理与研究工程"是以江苏这一特殊地域文化为对象的一次集体文化自觉和文化自信，与其他同类文化工程相比，其最具标识意义的是"文脉"理念。"文脉"是什么？它与"文献"和文化传统的关系到底如何？这是"文脉工程"必须解决的基本问题。

庞朴先生曾对"文化传统"与"传统文化"两个概念进行了审慎而严格的区分，认为"传统文化"可能是历史上曾经存在过的一切文化现象，而"文化传统"则是一以贯之的文化道统。在逻辑和历史两个维度，文化成为传统都必须同时具备三个条件：历史上发生的，一以贯之的，在现实生活中依然发挥作用的。传统当然发生于历史，但历史上发生的一切，从《道德经》《论语》到女人裹小脚，并不都成为传统，即便当今被考古或历史研究所不断发现的现象，也只能说是"文化遗存"，文化成为传统必须在历史长河中一以贯之而成为道统或法统，孔子提供的儒家学说，老子提供的道家智慧，之所以成为传统，就是因为它们始终与中国人的生活世界和精神世界相伴随，并成为人的生命和生活的文化指引。然而，文化并不只存在于文献典籍之中，否则它只是精英们的特权，作为"人的生活的根本样法"和"对付生存困境"的解释系统，它必定存在于芸芸众生的生命和生活之中，由此才可能，也才真正成为传统。《论语》与《道德经》之所以成为传统，不只是因为它们作为经典至今还为人们所学习和研究，而且因为在中国人精神的深层结构中，即便在未读过它们的田夫村妇身上，也存在同样的文化基因。中国人在得意时是儒家，"明知不可为而偏为之"；在失意时是道家，"后退一步天地宽"；在绝望时是佛家，"四大皆空"，从而建立了与自给自足的自然经济结构相匹合的自给自足的文化精神结构，在任何境遇下都不会丧失安身立命的精神基地，这就是传统。文化传统必须也必定是"活"的，是在现实中依然发挥作用的，是构成现代人的文化基因的生命因子。这种与人的生活和生命同在的文化传统就是"脉"，就是"文脉"。

文脉以文献、典籍为载体，但又不止于文献和典籍，而是与负载它的生命及其现实生活息息相关。"文脉"是什么？"文脉"对历史而言是

"血脉"，对未来而言是"命脉"，对当下而言是"山脉"。"江苏文脉"就是江苏人的文化血脉、文化命脉、文化山脉，是历史、现在、未来江苏人特殊的文化生命、文化标识、文化家园，以及生生不息的文化记忆和文化动力。虽然它们可能以诸种文化典籍和文化传统的方式呈现和延续，但"文脉工程"致力探寻和发现的则是跃动于这些典籍和传统，也跃动于江苏人生命之中的那种文化脉动。"江苏文脉整理与研究工程"的最大特点就在于它是"文脉工程"而不是一般的"文化工程"，更不是"文库工程"。"文化工程""文库工程"可能只是一般的文化挖掘与整理，而"文脉工程"则是与地域的文化生命深切相通，贯穿地域的历史、现在与未来的生命工程。

"江苏文脉整理与研究工程"是"整理"与"研究"的璧合，在"研究工程"中能否、如何倾听到来自历史深处的文化脉动，关键是处理好"文献"与"文脉"的关系。"整理工程"是对文脉的客观呈现，而"研究工程"则是对文脉的自觉揭示，若想取得成功，必须学会在"文献"中倾听和发现"文脉"。"文献"如何呈现"文脉"？文献是人类文明尤其是人类文化记忆的特殊形态，也是人类信息交换和信息传播的特殊方式。回首人类文明史，到目前为止，大致经历了三种信息方式。最基本也是最原初的是口口交流的信息方式，在这种信息方式中，信息发布者和信息传播者都同时在场，它是人的生命直接和整体在场并对话的信息传播方式，是从语言到身体、情感的全息参与，是生命与生命之间的直接沟通，但具有很大的时空局限。印刷术的产生大大扩展了人类信息交换的广度和深度，不仅可以以文字的方式与不在场的对象交换信息，而且可以以文献的方式与不同时代、不同时空的人们交换信息，这便是第二种信息方式，即以印刷为媒介的信息方式或印刷信息方式。第三种信息方式便是现代社会以电子网络技术为媒介的信息方式，即电子信息方式。文献与典籍是印刷信息方式的特殊形态，它将人类文化史和文明史上具有特殊价值的信息以印刷媒介的方式保存下来，供后人学习和研究，从而积淀为传统。文字本质上是人的生命的表达符号，所谓"诗言志"便是指向生命本身。然而由于它以文字为中介，一旦成为文献，便离开原有的时空背景，并与创作它的生命个体相分离，于是便需要解读，在解读中便可能发生误读,但无论如何,解读的对象并不只是文字本身,而是文字背后的生命现象。

文献尤其是典籍是不同时代人们对于文化精华的集体记忆,它们不仅经受过不同时代人们的共同选择,而且经受过大浪淘沙的历史洗礼,因而其中不仅有创造它的那个个体或文化英雄如老子、孔子的生命表达,而且有传播和接受它的那个民族的文化脉动,是负载它的那个民族的文化生命,这种文化生命一言以蔽之便是文化传统。正因为如此,作为集体记忆的精华,文献和典籍是个体和集体的文化脉动的客观形态,关键在于,必须学会倾听和揭示来自远方的生命旋律。由于它们巨大的时空跨度,往往不能直接把脉,而需要具有一种"悬丝诊脉"的卓越倾听能力。同时,为了把握真实的文化脉动,不仅需要对文献和典籍即"文本"进行研究,而且需要对创造它们的主体包括创作的个体和传播接受的集体的生命即"人物"进行研究。正如席勒所说,每个人都是时代的产儿,那些卓越的哲学家和有抱负的文学家却可能成为一切时代的同代人。文字一旦成为文献或典籍,便意味着创作它的个体成为一切时代的同代人,但无论如何,文献和它们的创造者首先是某个时代的产儿,因而要在浩如烟海的文献和典籍中倾听到来自传统深处的文化脉动,还需要将它们还原到民族的文化生命之中,形成文化发展的"精神的历史"。由此,文本研究、人物研究、学派流派研究、历史研究,便成为"文脉研究工程"的学术构造和逻辑结构。

二 中国文化传统中的江苏文脉

江苏文脉是中国文化传统的一部分,二者之间的关系并不只是部分与整体的关系,借助宋明理学的话语,是"理一"与"分殊"的关系。文脉与文化传统是民族生命的文化表达和自觉体现,如果只将它们理解为部分与整体的关系,那么江苏文脉只是中国文化传统或整个中华文化脉统中的一个构造,只是中华文化生命体中的一个器官。朱熹曾以佛家的"月映万川"诠释"理一分殊"。朗月高照,江河湖泊中水月熠熠,此番景象的哲学本真便是"一月普现一切水,一切水月一月摄"。天空中的"一月"与江河中的"一切水月"之间的关系是"分享"关系,不是分享了"一月"的某一部分,而是全部。江苏文脉与中国文化传统之间的关系便是"理一分殊",中国文化传统是"理一",江苏文脉是"分殊",正因为如此,关于江苏文脉的研究必须在与整个中国文化传统的关系中整体性地把握和展开。其中,文化与地域的关系、江苏文化在中华文化发展中的贡献和地位,是两个基本课题。

到目前为止的一切人类文明的大格局基本上都是由以山河为标志的地理环境造就的,从轴心文明时代的四大文明古国,到"五大洲四大洋"的地理区隔,再到中国山东—山西、广东—广西、河南—河北,江苏的苏南—苏北的文化与经济差异,山河在其中具有基础性意义。在这个意义上,可以将在此以前的一切文明称为"山河文明"。如今,科技经济发展迎来一个"高"时代:高铁、高速公路、电子高速公路……正在并将继续推倒由山河造就的一切文明界碑,即将造就甚至正在造就一个"后山河时代"。"后山河时代"的最后一道屏障,"山河时代"遗赠给"后山河时代"的最宝贵的文明资源,便是地域文化。在这个意义上,江苏文脉的整理与研究,不仅可以为经过全球化席卷之后的同质化世界留下弥足珍贵的"文化大熊猫",而且可以在未来的芸芸众生饱尝"独上高楼,望尽天涯路"的孤独之后,缔造一个"蓦然回首"的文化故乡,从中可以鸟瞰文化与世界关系的真谛。江苏独特的地域环境与江苏文化、江苏文脉之间的关系,已经不是所谓"一方水土一方人"所能表达,可以说,地脉、水脉、山脉与江苏文脉之间的关系,已经是一脉相承。

我们通过考察和反思发现,水系,地势,山势,大海,是对江苏文脉尤其是文化性格产生重大影响的地理因素。露水不显山,大江大河入大海,低平而辽阔,黄河改道,这一切的一切与其说是自然画卷和自然事件,不如说是江苏文脉的大地摇篮和文化宿命的历史必然,它们孕生和哺育了江苏文明,延绵了江苏文脉。历史学家发现,江苏是中国惟一同时拥有大海、大江、大湖、大平原的省份,有全国第一大河长江,第二大河黄河(故道),第三大河淮河,世界第一大人工河大运河,全国第三大淡水湖太湖,全国第四大淡水湖洪泽湖。江苏也是全国地势最低平的一个省区，绝大部分地区在海拔 50 米以下，少量低山丘陵大多分布于省际边缘，最高峰即连云港云台山的玉女峰也只有 625 米。丰沛而开放的水系和低平而辽阔的地势馈赠给江苏的不只是得天独厚的宜居，更沉潜、更深刻的是独特的文化性格和文脉传统，它们是对江苏地域文化产生重大影响的两个基本自然元素。

不少学者指证江苏文化具有水文化特性，而在众多水系中又具长江文化的特性。"水"的文化特性是什么？"老聃贵柔"，老子尚水，以水演绎世界真谛和人生大智慧。"天下莫柔弱于水，而攻坚强者莫之能胜。"柔弱胜刚强，是水的品质和力量。西方文明史上第一个哲学家和科学家泰勒斯向全世界宣告的第一个大智慧便是：水是万物的始基。辽阔的平原在中国也许还有很多，却没有像江苏这样"处下"。老子也曾以大海揭示"处下"的智慧："江海所以能为百谷王者，以其善下之，故能为百谷王。"历史上江苏的文化作品、江苏人的文化性格，相当程度上演绎了这种"水性"与"处下"的气质与智慧。历史上相当时期黄河曾经从江苏入海，然而黄河改道、黄河夺淮，几番自然力量或人力所为，最终黄河在江苏留下的只是一个"故道"的背影。黄河在江苏的改道当然是一个自然事件或历史事件，但我们也可能甚至毋宁将它当作一个文化事件，数次改道，偶然之中有必然，从中可以发现和佐证江苏文脉的"长江"守望和江南气质。不仅江苏的地脉"露水不显山"，而且江苏的文化作品、江苏人的文化性格，一句话，江苏文脉，也是"露水不显山"，虽不是"壁立千仞"，却是"有容乃大"。一般说来，充沛的水系，广阔的平原，往往造就自给自足的自我封闭，然而，江苏东临大海，无论长江、淮河，还是历史上的黄河，都从这里入大海，归大海，不只昭示江苏的开放，而且演绎江苏文化、江苏文脉、江苏人海纳百川的博大和静水深流的仁厚。

黄河与长江好似中华文脉的动脉与静脉，也好似人的身体中的任督二脉，以长江文化为基色的江苏文化在中华文脉的缔造和绵延中作出了杰出贡献。有学者指出，在中国文明史上，长江文化每每在黄河文化衰弱之后承担起"救亡图存"的重任。人们常说南京古都不少为小朝廷，其实这正是"救亡图存"的反证，"天下兴亡，匹夫有责"的口号首先由江苏人顾炎武喊出，偶然之中有必然。学界关于江苏文化有三次高峰或三次大贡献，与两次大贡献之说。第一次高峰是开启于秦汉之际的汉文化，第二次高峰是六朝文化，第三次高峰是明清文化。人们已对六朝文化与明清文化两大高峰对中国文化的贡献基本达成共识，但江苏的汉文化高峰及其贡献也应当得到承认，而且三次文化高峰都发生于中国社会的大转折时期，对中国文化的承续作出了重大贡献。在秦汉之际的大变革和大一统国家的建构中，不仅在江苏大地上曾经演绎了波澜壮阔的对后来中国文明产生深远影响的历史史诗，而且演绎这些历史史诗的主角刘邦、项羽、韩信等都是江苏人，他们虽然自身不是文化人，但无疑对中国文化产生了深远影响。董仲舒提出"罢黜百家，独尊儒术"的主张，奠定了大一统的思想和文化基础，他本人虽不是江苏人，却在江苏留下印迹十多年。江苏的汉文化高峰对中国文化的最大贡献，一言概之即"大一统"，包括政治上的大一统和思想文化上的大一统。六朝被公认为中国文化发展的高峰，不少学者将它与古罗马文明相提并论，而六朝文化的中心在江苏、在南京。以南京为核心的六朝文化发生于三国之后的大动乱，它接纳大量流入南方的北方士族，使南北方文化合流，为保存和发展中国文化作出了杰出贡献。明朝是中国历史上第一次在南京，也是第一次在江苏建立统一的帝国都城，江苏的经济文化在全国处于举足轻重的地位，扬州学派、泰州学派、常州学派，形成明清时期中国文化的江苏气象，形成江苏文化对中国文化的第三次重大贡献。三大高峰是江苏的文化贡献，在重大历史转折关头或者民族国家危难之际挺身而出，海纳百川，则是江苏文化的精神和品质，这就是江苏文脉。也正因为如此，江苏文化和江苏文脉在"匹夫有责"的担当精神中总是透逸出某种深沉的忧患意识。

江苏文脉对中国文化的独特贡献及其特殊精神气质在文化经典中得到充分体现。中国四大文学名著，其中三大名著的作者都来自江苏，这就是《西游记》《红楼梦》《水浒》，其实《三国演义》也与江苏深切相关，虽然罗贯中不是江苏人，但以江苏为作品重要的时空背景之一。四大名著中不仅有明显的江苏文化的元素，甚至有深刻的江苏地域文化的基因。《西游记》到底是悲剧还是喜剧？仔细反思便会发现，《西游记》

就是文学版的《清明上河图》。《清明上河图》表面呈现一幅盛世生活画卷,实际却是一幅"盛世危情图",空虚的城防,懈怠的守城士兵……被繁华遗忘的是正在悄悄到来的深刻危机。《西游记》以唐僧西天取经渲染大唐的繁盛和开放,然而在经济的极盛之巅,中国人的精神世界却空前贫乏,贫乏得需要派一个和尚不远万里,请来印度的佛教,坐上中国意识形态的宝座,入主中国人的精神世界。口袋富了,脑袋空了,这是不折不扣的悲剧。然而,《西游记》的智慧,江苏文化的智慧,是将悲剧当作喜剧写,在喜剧的形式中潜隐悲剧的主题,就像《清明上河图》将空虚的城防和懈怠的士兵淹没于繁华的海洋一样。《西游记》喜剧与悲剧的二重性,隐喻了江苏文脉的忧患意识,而在对大唐盛世,对唐僧取经的一片颂歌中,深藏悲剧的潜主题,正是江苏文脉"匹夫有责"的担当精神和文化智慧的体现。鲁迅说,悲剧将人生的有价值的东西毁灭给人看。《西游记》是在喜剧形式的背后撕碎了大唐时代人的精神世界的深刻悲剧。把悲剧当作喜剧写,喜剧当作悲剧读,正是江苏文化、江苏文脉的大智慧和特殊气质所在,也是当今江苏文脉转化发展的重要创新点所在。正因为如此,"江苏文脉研究"必须以深刻的哲学洞察力和深厚的文化功力,倾听来自历史深处的江苏文化的脉动,读懂江苏,触摸江苏文脉。

三 通血脉,知命脉,仰望山脉

江苏文化的巨大魅力和强大生命力,是在数千年发展中已经形成一种传统、一种脉动,不仅是一种客观呈现的文化,而且是一种深植个体生命和集体记忆的生生不息的文脉。这种文化和文脉不仅成为共同的价值认同,而且已经成为一种地域文化胎记。在精神领域,在文化领域,江苏不仅有灿若星河的文学家,而且有彪炳史册的思想家、学问家,更有数不尽的才子骚客。长江在这片土地上流连,黄河在这片土地上改道,淮河在这片土地上滋润,太湖在这片土地上一展胸怀。一代代中国人,一代代江苏人,在这里缔造了文化长江、文化黄河、文化淮河、文化太湖,演绎了波澜壮阔的历史诗篇,这便是江苏文脉。

为了在全球化时代完整地保存江苏文脉这一独特地域文化的集体记忆,以在"后山河时代"为人类缔造精神家园提供根源与资源,为了继承弘扬并创造性转化、创新性发展中国优秀传统文化,2016 年江苏启动了"江苏文脉整理与研究工程"。根据"文脉"的理念,我们将研究工程或"研究编"的顶层设计以一句话表达:"通血脉,知命脉,仰望山脉。"由此将整个工程分为五个结构:江苏文化通史,江苏历代文化名人传,江苏文化专门史,江苏地方文化史,江苏文化史专题。

"江苏文化通史"的要义是"通血脉",关键词是"通"。"通"的要义,首先是江苏文化与中国文明的息息相通,与人类文明的息息相通,由此才能有民族感或"中国感",也才有世界眼光,因而必须进行关于"中国文化传统中的江苏文脉"的整体性研究;其次是江苏文脉中诸文化结构之间的"通",由此才是"江苏",才有"江苏味";再次是历史上各个重要历史时期文化发展之间的"通",由此才能构成"史",才有历史感;最后是与江苏人的生命与生活的"通",由此"江苏文脉"才能真正成为江苏人的文化血脉、文化命脉和文化山脉。达到以上"四通","江苏文化通史"才是真正的"通"史。

"江苏文化专门史"和"江苏文化史专题"的要义是"知命脉",关键词是"专",即"专门"与"专题"。"江苏文化专门史"在框架上分为物质文化史、精神文化史、制度文化史、特色文化史等,深入研究各类专门史,总体思路是系统研究和特色研究相结合,系统研究整体性地呈现江苏历史上的重要文化史,如哲学史、文学史、艺术史等,为了保证基本的完整性,我们根据国务院学科分类目录进行选择;特色研究着力研究历史上具有江苏特色的历史,如民间工艺史、昆曲史等。"江苏文化史专题"着力研究江苏历史上具有全国性影响的各种学派、流派,如扬州学派、泰州学派、常州学派等。

"江苏地方文化史"的要义是"血脉延伸和勾连",关键词是"地方"。"江苏地方文化史"以现省辖市区域划分为界,13 市各市一卷。每卷上编为地方文化通史,讲述地方整体历史脉络中的文化历史分期演化和内在结构流变,注重把握文化运动规律和发展脉络,定位于地方文化总体性研究;下编为地方文化专题史,按照科学技术、教育科举、文学语言、宗教文化等专题划分,以一定逻辑结构聚焦对地方文化板块加以具体呈现,定位于凸显文化专题特色。每卷都是对一个地方文化的总结和梳理,这是江苏文化血脉的伸展和渗入,是江苏文化多样性、丰富性的生动呈现和重要载体。

"江苏历代文化名人传"的要义是"仰望山脉",关键词是"文化"。它不是一般性地为江苏历朝历代的"名人"作传,而只是为文化意义上的名人作传。为此,传主或者自身就是文化人并为中国文化的发展、为江苏文脉的积累积淀作出了重要贡献;或者虽然自身主要不是文化人而是政治家、社会活动家等,但对中国文化发展具有重大影响。如何对历史人物进行文化倾听、文化诠释、文化理解,是"文化名人传"的最大难点,也是其最有意义的方面。江苏历史上的文化名人汗牛充栋,"文化名人传"计划为 100 位江苏文化名人作传,为呈现江苏文化名人的整体画卷,同时编辑出版一部"江苏文化名人辞典",集中介绍历史上的江苏文化名人 1000 位左右。

一脉千古成江河,"茫茫九派流中国"。江苏文脉研究的千里之行已经迈出第一步,历史馈赠我们一次千载难逢的宝贵机遇,让我们巡天遥看,一览江苏数千年文化银河的无限风光,对创造江苏文化、缔造江苏文脉的先行者们献上心灵的鞠躬。面对奔涌如黄河、悠远如长江的江苏文脉,我们惟有以跋涉探索之心,怵惕敬畏之情,且行且进,循着爱因斯坦的"引力波",不断走近并播放来自江苏文脉深处的或澎湃,或激越,或温婉静穆的天籁之音。

我们一直在努力;

我们将一直努力!

目　录

绪　论

一

农业是国民经济基础,畜牧业是农业的重要组成部分。根据统计,1949 年,中国农业生产总值大约 326 亿元,其中畜牧业产值约 33.7 亿元,畜牧业产值占农业总产值的 10.3%。新中国成立后,初期农牧业一度发展很快,后因受"以粮为纲"等政策影响,农牧业发展受到很大影响,到 1978 年农业总产值只有 1397 亿元,其中畜牧业产值约 209 亿元,畜牧业产值占农业总产值的 15% 左右。[①] 改革开放以后,畜牧业得到较快发展,到 2000 年,畜牧业产值已占到农业总产值的 29%;2010 年农业生产总值高达 67763 亿元,畜牧业产值达 20461 亿元,畜牧业产值占农业总产值 30%;2020 年全国农业总产值更是达 10.7 万亿元,其中畜牧业产值突破 4 万亿元大关,达到 40266 亿元,约占农业总产值的 37.6%。随着中国国民经济的持续快速发展,人们生活水平不断提高,畜牧业还将获得越来越快发展,其地位也越来越受到人们的重视。从国外发达国家发展情况看,如美国、德国、法国、加拿大、荷兰、比利时等一些西方国家,他们的畜牧业比重早已占到农业总产值的 50% 以上,而新西兰、丹麦、瑞士、瑞典、挪威、澳大利亚等国的畜牧业产值更是占到农业总产值的 80% 以上,成为真正以畜牧业为主的国家。可以说,畜牧

---

① 农业部畜牧兽医司:《中国畜牧业统计(1949—1989)》,中国经济出版社 1990 年版,第 20 页。

业的充分发展,不仅是人们生活水平迅速提高的重要保障,而且是一个国家农业现代化的重要标志之一。

中国畜牧业具有悠久的发展历史。根据广西桂林甑皮岩、河北徐水南庄头等新石器早期遗址中发现的猪骨,中国畜牧业至少有上万年历史。在长期的畜牧业发展过程中,形成独具一格的中国畜牧科技与文化,这些传统畜牧科技与文化曾经为中国传统畜牧业的发展作出很大贡献,只是到近代,由于西方实验科学的兴起和飞速发展,才相形见绌,落后于世界。1840 年后,西方帝国主义的"船坚炮利",打开中国长期闭关自守的大门,在资本主义列强大肆掠夺中国农畜产品的同时,也陆续传入许多西方先进的畜牧科学技术,促使中国传统畜牧业向近现代畜牧业发展。因此,深入研究中国畜牧业发展状况,认真总结中国畜牧业发展的经验以及失败的教训,不但对我们充分认识中国畜牧业发展变化规律,丰富中国经济史、科技史、农业史、农村社会发展史的研究内容,在学术和理论上具有重要意义,而且对中国今天仍在进行的农业现代化建设、国民经济持续稳定发展具有重要的参考价值和借鉴意义。

二

江苏地处长江、淮河下游,东临黄海,跨暖温带、北亚热带和中亚热带,面积约 10 万平方公里,自然条件十分优越。境内地势平缓,河川纵横,湖泊众多,气候温和,雨量充沛,有利于农作物及牧草等畜禽饲料作物的生长,适宜各类家畜、家禽的饲养,发展畜牧业的自然环境条件优越。据江苏地域内考古发掘的众多古遗址、古墓出土的畜禽骨骼遗存、文物以及历代古籍中有关畜牧业的记载,江苏劳动人民从事畜牧业距今至少有七八千年历史。在这段历史时期,江苏畜牧业发展既有曲折也有辉煌,在先秦、两汉、六朝、隋唐、南宋、明清以及民国时期都取得了很大的进步和成就,为当时的经济发展和国防安全作出了巨大贡献。而在今天,江苏作为典型的农业区,沿江和江南成为重要粮食产区,各类畜禽得到进一步发展。为响应国家关于加强"三农"工作的要求,重视农村发展问题,推动畜牧业的健康发展既是乡村振兴的需要,也是增加农民收入的一个重要途径。开展江苏畜牧史研究,一方面可弥补江苏畜牧史研究的不足,丰富江苏省古代经济史、区域畜牧史和文化史的研究内容;另一方面也是基于江苏现代农牧业发展的需要。

根据现有文献调查,目前国内外对江苏畜牧史相关研究尚未有系统、全面的成果。现有的研究仅只对现存畜牧早期文献的整理和汇编,以及历史学、农业史学、畜牧兽医史学等专业学者在其通史性、阶段性、专题性研究论文和专著中,涉及了江苏畜牧业历史的相关内容。总体而言,以往的研究多集中于对全国范围、对特定历史阶段的畜牧发展史以及特定畜禽品种的研究,而对江苏畜牧史进行系统全面性研究还比较缺乏。具体情况如下:

(一)国内学者对中国畜牧史的研究

国内学者对中国畜牧史的研究,多数有涉及江苏畜牧发展历史的研究内容。按时间先后,如蔡无忌、何正礼撰写的《中国现代畜牧兽医史料》(1956 年),全书只有 30 页,对新中国成立前 40 年的畜牧兽医工作的事业、行政、教育与学术经历情况作了扼要叙述,篇幅虽短,却如作者所言为"引起畜牧兽医界的注意而予以补充和修正"。农史学家王毓瑚及北京农业大学畜牧兽医系编写出版了《中国畜牧史资料》(1957年),这是一本有关中国古代畜牧业文献的资料汇编,内容分为历代畜牧业的一般情况、牧政和畜牧兽医知识、技术等,对具体畜禽品种如马、驴、骡、骆驼、牛、羊、猪、鸡、鸭、鹅等都分立章节论述。虽算不上研究性专著,但就其综合性、丰富性而言,有开创之功。由张仲葛、朱先煌主编的《中国畜牧史料集》(1986 年),选辑了 56 篇文稿,作者都来自畜牧兽医各方面的专家学者,在搜集畜牧科技史料的基础上,总结畜牧兽医研究方法和实践经验,既有历史资料的收藏价值又有现实指导意义。中国农业遗产研究室畜牧兽医史组邹介正、王铭农、李群等合编的《中国古代畜牧兽医史》(1994 年),全面叙述了远古至清朝末年中国的马政、牧政、马、驴、骡、牛、羊、鹿、犬、猫、鸡、鸭、鹅、鸽、鹌、鹰等发展情况,并附有相关古籍和人物的介绍,是一部难得的综合性研究和讨论中国古代畜牧生产、兽医、兽药等发生发展的史书。

除了研究著作外,还有一些综合性研究论文。如张仲葛的《中国畜牧业发展史》(1958年),该文对原始公社到清朝末年畜牧业发展的过程和繁盛情况作简单概述;李元放的《中国古代畜牧业经济》(1986年)系列篇、安岚的《中国古代畜牧业发展简史》(1988年)系列篇、吕晓东的《中国古代畜牧业各阶段发展研究》(2006年)等,都从历史、经济的角度,分别对中国春秋战国、秦汉至中唐和中唐以后畜牧业发展,以及官营和民营畜牧业经济发展变化进行研究,并给出总结性评价。

(二)国内学者对中国某个时期畜牧业发展情况的研究

国内学者对中国历史上各个时期畜牧业发展情况研究成果较多。如许元哲《商代畜牧业探微》(2010年)对商代畜牧业发展的地理环境、家畜的种类用途、生产管理体系以及放牧的场所进行了探讨,结合考古资料和甲骨卜辞的研究,对商代畜牧业的发展规模作出了评估。陈营营《〈周礼〉中畜牧管理制度探讨》(2013年)一文则是从《周礼》中发掘出先秦时代牲畜的饲养、繁育、医疗管理和牲畜在当时政治、经济、军事等诸多方面的使用。谭黎明《春秋战国秦汉时期的畜牧兽医技术研究》(2011年)认为这个时期畜牧技术有了很大进步,尤其是相畜术,产生《相六畜》《相马经》专著,还有家畜品种繁育和饲养管理方面的进步。陈芳的《秦汉牧苑考》(2006年)和杨菊清、马高·库尔曼等人的《秦代畜牧生产与管理律例解读》(2013年)对秦汉时期畜牧生产与管理制度进行考察。马旭东《北魏牧政研究》(2011年)一文通过对一系列利农遏牧的政策研究,分析北魏畜牧业和农业在国家经济中的占比变化过程,并且讨论了这种变化最终导致的诸多社会问题。

唐王朝极其重视官营畜牧业的发展,设有完善的管理机构。乜小红在她的博士学位论文《唐五代畜牧经济研究》(2004年)中详尽叙述了从中央到基层一整套的机制运作,以及相关的政策法令,从中可清晰了解到唐代官营和私营畜牧业的饲养和经营状况,包括畜种改良和技术改进。还有她的《唐代官营畜牧业中的监牧制度》(2005年)一文专门论述唐代监牧的四个发展阶段;她还在《试论畜牧业在唐五代社会经济中的地位和作用》(2006年)一文中提到畜牧业在军事、交通、通信、运输、畜力、饲料、手工业原料、肉食来源等方面发挥的重要功能,是当时社会经济结构中的支柱产业。李慧和杨金钊（2017年）以初盛唐的两通"马政颂碑"为切入点，认识到唐代在农业、畜牧业上的文化特色，适时改易制度，分析出丝路畜牧业得以跨越式发展的根本原因，对当下中国推进"一带一路"建设及发展西北农牧业具有诸多启示。

有关宋代畜牧业的研究，以张显运《宋代畜牧业研究》（2007年）一书最为全面，他从畜牧业发展的自然地理、社会条件出发，讨论了管理机构、管理措施、律令政策、官私部门、发展概况、畜牧技术等12个方面的内容，并指出宋代畜牧发展的六大特色。程民生的《宋代牲畜价格考》（2008年）以经济史研究方法，对两宋期间牛、马、驴、骡、羊、狗、鸡的买卖价格作出具体评估，能够加深对畜牧业的地位和价值了解。张显运的《浅析北宋前期官营牧马业的兴盛及原因》（2010年）和《宋代牛羊司述论》（2011年）等，进一步分析宋代官营牧马业的盛衰和牛羊管理措施的得失。谢娜的《宋代家禽养殖与消费研究》（2015年）介绍了民间家庭对鸡鸭的养殖情况，重点讨论家禽肉食品的消费途径、消费方式以及对人们社会生活、饮食风俗等方面的影响，这篇文章的研究角度比较新颖，体现出畜牧史交叉学科的特点。

元朝的畜牧业特色一直很受关注，文章数量最为可观，尤其是对国家牧场的管理和经济政策方面。王磊《元代的畜牧业及马政之探析》（2005年）侧重分析了马政中的管理机构、牧地、驿站三个方面，认为其地位和规模都是前代所不能相比的。郑玉梅《试论元代岭北行省农牧业的发展》（2006年）通过对元代最北边的岭北行省畜牧发展原因、措施和问题的分析，窥探元代的社会政治和畜牧业经济概况。陈静《元代畜牧业地理》（2008年）讨论了元朝前后两个时期的畜牧业的盛衰变化及原因，认为元代畜牧管理体系尚未完全形成，但在生产技术和管理方式上有很大进步。赵燕风的《元代官牧场及相关问题研究》（2011年）中对一些牧场细节问题的讨论点很有创新，如占田为牧、点数之制、秋后翻耕、驻冬与驻夏等。包诺敏《元代畜牧业经济思想的探析》（2016年）认为重视畜牧的思想和利于发展的政策法令，是刺激畜牧业繁荣的主要原因。崔婷婷《元代农官制度研究》（2017年）认为元代农官的设置转向农牧并重发展，这种制度特色对畜牧业发展产生了很大影响。

李三谋、李霞在《明代官马牧羊问题研究》(1999年)中具体阐述了明代的官牧和民牧两种管理形式,并与前代情况进行比较总结,认为明代官马制度失败的教训大于成功的经验。贾亿宝关注明代牲畜中数量最大的羊只,在论文《明代官方牧羊制度探析》(2015年)中重点考察了卫所养殖、藩王养殖、官办监苑养殖、民间养殖四种形式,另外对官羊的几个用途做了讨论,除了人们日常饮食的供应、祭祀活动,西域猛兽和宫廷羊毛羊皮的消耗量也是不可小觑。刘蓉《生态环境变迁与明代北方畜牧业的发展》(2017年)从环境史角度分析,认为明代北方生态环境的变化与畜牧业分布和牧养有密切关系,政府的相关保护措施给明代畜牧业的快速发展提供了制度上的条件。

作为古代史研究的最后一个阶段,清朝畜牧业研究的成果相对明代较少,一来可能是政策制度方面没有值得关注的创新点,二来学者们对清代研究往往放在近代畜牧发展变化的背景条件中。李群的《清代畜牧管理机构考》(1998年)梳理了清代皇宫内、中央国家机关到各地方政府三部分机构,并认为造成中国近代畜牧业落后的原因之一便是清朝这些机构的设置不合理、管理不完善。程晓新在《简论清代的畜牧技术》(2015年)提到清代的饲养管理更加精细,阉割技术和相畜术等畜种改良方面有了新的突破,也受到西学东渐的影响。民族大一统时期中原地区的畜牧业作为农业的附属经济而存在,周边少数民族仍以畜牧业为主。

国内对1840年到1949年这段时间畜牧业发展状况的研究颇多。中国畜牧兽医学会组织编写出版的《中国近代畜牧兽医史料集》(1992年),搜集了大量1840年到1965年的畜牧兽医史料,从畜牧兽医专业组织机构、畜牧生产、畜牧经济及畜产品加工、畜种改良及人工授精技术发展等9个方面论述了这一时段中国畜牧业的发展状况,并附有近代畜牧史的大事记录表,成书历经10余年,对史料的真伪推敲和调查研究十分严肃认真,真实客观地反映出中国近代畜牧兽医事业的艰辛历程。2004年,中国农业科技出版社出版了李群的博士论文《中国近代畜牧业发展研究》,该书对中国近代畜牧业发展状况、国外先进畜牧科技的引进、近代畜牧业转型发展、对外畜牧贸易等,都作了比较全面系统的分析研究,是一部比较好的研究中国近代畜牧业发展的著作。其他研究文章还有朱冠楠的《中国现代化进程中的畜禽业变革》(2018年)等。

（三）国内学者对特定畜禽品种发展史的研究

国内学者对某一特定畜禽发展史的研究也比较多,其中许多研究都会涉及江苏地区优良畜禽品种,如谢成侠的《中国养马史》(1991年)一书,重点介绍了马在中国历史上各地饲养情况,他在《中国养牛羊史(附养鹿简史)》(1985年)一书中,也全面系统地对牛、羊在中国各地的养殖情况进行了梳理,他还在《中国猪种的起源和进化史》(1992年)、《古代中国遗留下来的斗鸡品种》(1992年)中对中国猪种与斗鸡品种进行了研究。研究畜禽史比较多的还有佟屏亚、赵国馨的《畜禽史话》(1990),兼具学术严谨和阅读趣味,书中对 20 种畜禽的起源、进化、传播和发展历程进行叙述,资料涉及古今中外的出土文物和农书;王铭农在《中国家鸡的起源与传播》(1991年)一文中探讨了中国家鸡的起源及品种培育和改良情况,并就中国鸡种在世界的传播与影响进行了论述;薄吾成的《藏系绵羊是中国最古老的羊种》(1993年)、谢成侠的《中国养禽史》(1995年)分别对中国的藏系绵羊的来源、中国家禽的发展史进行了研究;徐旺生在《中国家水牛的起源问题研究》(2005年)一文中从畜牧起源机制和考古学的角度对中国家水牛的起源和驯化进行了讨论,他在《中国养猪史》(2009年)一书中,系统阐述了中国历史上养猪业的艰难历程,全书分为原始养猪、夏代至清代的古代养猪和近代养猪三个阶段,结合社会历史、文化背景因素,突出每个阶段的发展特点;张法瑞在《中国猪种外传和对世界猪种改良的影响》(2013年)一文中,对中国猪种的外传史进行了探讨。李群《湖羊的来源和历史研究》(1987年)和《湖羊的来源及历史再探》(1997年)两文,对湖羊的来源、饲养历史及形成的原因进行系统考证,他还对中国养马史、养驴骡史、养鸭史、养犬史、养骆驼史等均进行过研究;郭永立等在《湖羊历史渊源的生态学研究》(1998年)一文中,以生态学的视角,从湖羊的种属问题、湖羊先祖蒙古羊的生存环境及其迁徙过程的生态变迁和生态适应、湖羊优良性状的形成这四个方面对江苏一带的湖羊品种进行了研究。张显运的《古代中原地区骆驼的饲养》(2016 年)对河南地区骆驼的分布和饲养情况进行分析,认为在宋代骆驼买卖频繁,骆驼贸易税成为财政收入的重要来源之一。赵越云在《中国北方地区的家马引入与本土化历程》(2017 年)一文中以大量考古证据指出家马引入和出现的可能性和必要性,并细致考察了两种不同家马本土化的路径,进而发现这个过程对北方地带和中原地区不同经济结构演变带来很大影响。

此外,李群在《试论我国近代畜禽品种结构与畜牧经营方式》(2003年)一文中亦论述了中国近代畜禽品种结构与畜牧经营方式,明确指出近代(1840—1949 年)是中国传统畜牧向近现代畜牧发展的重要转折时期。文中提及在西方列强入侵的同时,西方先进的畜牧科学技术、畜牧经营方式的进入,使中国畜牧业逐步走上现代化发展道路。因此,近代既是中国传统畜牧与现代畜牧的重要交汇时期,又是中国畜牧业从传统逐渐走向现代化的重要转折时期。李群在他的另一篇文章《中国近代畜牧科研机构的建立及畜禽养殖研究的进展》(2004 年)中,还回顾了我国近代畜牧科技发展历程,指出近代畜牧科研机构的建立、畜禽饲养管理研究及畜禽的繁殖研究及实验,为中国现代畜牧科技的发展奠定了基础。

(四)国内学者对江苏地区畜牧史的研究

畜牧业发展深受自然地理环境的影响,有明显的区域差异性和地方特色。比较而言,国内学者研究地区畜牧史多以北方为中心,对江苏畜牧史的研究较少,李群《太湖地区畜牧发展史略》(1998 年)一文,分五个历史阶段叙述了距今 7000 多年太湖地区的畜牧业历史。朱冠楠《民国时期江苏畜禽业研究》(2015 年),关注了江苏畜牧业在民国特定阶段的发展变化,对江苏近代畜牧兽医机构的建立,引进国外优良畜禽品种,建立畜禽企业和畜产合作社等方面进行了论述。

(五)国外对中国畜牧史的研究

国外学者对中国畜牧史的研究涉猎较少,一般在农业史大范围的研究论著中零星出现,还有就是断代史的政治、经济研究方面有所关注。如 1972 年日本谷光隆的《明代马政研究》,主要论述明代的官方养马政策和民间饲养情况,文中以陕西为例介绍茶马贸易(茶法),分南北直隶叙述不同地区的畜牧体制。值得一提的是,其中南直隶部分有一些当时江苏畜牧业的情况介绍,包括计户计丁、养马负担和畜禽饲料等问题。

国外学者对世界畜牧业起源问题有过热烈讨论,包括畜牧业产生的条件和对人类社会的贡献、农业和畜牧业起源的先后顺序等。19世纪爱德华·汉的《家畜及其与人类经济的关系》(1896年)对家畜与人类经济关系进行了研究;19世纪末20世纪初,爱·太勒认为农业和畜牧业是各自独立产生,没有先后顺序;20世纪二三十年代的文化成就"扩散论"、维也纳文化……美国民族学家罗维和惠斯列对"二战"前西方科学界关于畜牧业起源问题进行了研究,等等,争论意见一直存在。而关于原始人类为什么要驯养动物的问题,国外学者主要观点有四种:为了经济需要;为了娱乐饲养"宠物";无直接目的的工栖论;宗教驯养论。

总之,学术界总体上对江苏畜牧史的研究还远远不够,不仅少,而且零散,很不全面,但对中国整体畜牧史研究还是给予较多关注,所有研究成果和研究方法都对本书的研究有很好的参考价值。

三

本书以历史唯物主义和现代畜牧学理论为指导,以现在江苏省辖区的历史为研究范围,集历史学、经济学、畜牧学与历史地理学的研究方法,以史论今,既重视江苏畜牧业贯通性研究,又兼顾历史上江苏与其他地区乃至全国情况的比较研究,以畜牧生产、畜牧技术研究为主,以对影响畜牧业的政策、习俗研究为辅,在总结前人研究成果基础上,力求能够系统、深入地展现江苏7000多年的畜牧史概貌,总结其发展演变的规律,为当今江苏畜牧业的进步发展提供历史依据和经验教训。

本书以时间顺序为主轴,分八个章节,系统探讨历史上江苏政区、气候、环境的变迁,各个时期的畜牧业情况,历史上主要的畜禽种类,饲料资源的开发利用,畜牧技术的进步,最后对江苏畜牧业兴衰变化进行历史总结,分析影响畜牧业发展的因素,探讨畜牧业与社会经济、社会生活的互动关系。

史料是历史学研究的基础。如傅斯年先生所言"历史学只是史料学",尤其是古代政治、经济史的研究,没有翔实的史料作为支撑是无法得出成果的。江苏畜牧史研究既属于历史学研究范畴,又属于区域经济史研究,历史文献因记载内容的侧重点不同,其重要性呈现出不同的层次。本书的史料来源以下三个方面:

1. 正史、政书。本书研究时间跨度大,几乎涉及历史上每一个朝代,因此在研究过程中参考了大量文献。其中,官方史书为研究畜牧业社会政治、经济、军事提供了背景参考。相关文献如二十五史、各朝会要、各朝实录、《资治通鉴》《玉海》《文献通考》《续文献通考》等,以及各代典章、各个时期颁发的法律文献所涉及的关于畜牧业的政策法令,如牧地管理、牲畜养饲、孳育、损耗、役使,还有牲畜走失、偷盗、屠杀官私牲畜的处罚措施等,都是本书研究的基础史料。

2. 其他史料,如士人文集、方志、考古及出土的文物资料。古人文集中包含大量的奏议、行状、墓志铭和诗词,藏有丰富的畜牧史料,特别是关于历代牧马业的材料较多;地方志书包括地方的地理区域、人口、物产、土贡等,是研究民间畜牧史料不可或缺的材料;出土文物较为真实地反映古代某一时期的社会状况,江苏地区出土了许多和畜牧业相关的文物,为本书研究提供了弥足珍贵的实物资料。

3. 电子数据资料。使用"知网"数据资料以及"中国基本古籍库""四库系列数据库""中国方志库"等,还有中国国家图书馆、各地区的大型公立图书馆的古籍数据库,以及在线浏览查阅善本古籍等。

第一章 先秦时期江苏畜牧业

先秦时期包括新石器时代和夏商周时期。这一时期,江苏畜牧业经历了畜牧业的起源、新石器时代畜牧业发展、夏商周时期畜牧业发展几个阶段。关于江苏畜牧业起源,目前资料难以认定是否为独立起源。因此,叙述江苏畜牧业的起源,将结合中国畜牧业的起源来论述。

江苏先秦畜牧业,早期是与狩猎同时存在。随着农业与畜牧业的发展,狩猎经济成分逐渐减少,畜牧业经济成分逐渐增加。整个先秦时期,狩猎与畜牧业一直相伴相随。

第一节 畜牧业发展背景

一、中国畜牧业的起源

畜牧业的起源和种植业的起源一起,是人类历史上第一次产业革命。它们的出现,改变了人类的生活方式,使得先前人类生活从单纯依靠大自然的恩赐这一被动局面,转变为人类可以通过自身的努力,改变不利于自身生存的环境,从而使得人类进入了一个突飞猛进的发展阶段,乃至使得今天高度发达的现代文明成为可能。探讨江苏地区畜牧业的起源,不能简单局限于本地区来讨论,而是要把视野放在更大的范围上,或者说放在整个中国畜牧业起源来讨论。

中国自旧石器时代的元谋人开始,以及随后的蓝田人、北京人,他们已经使用了工具,并用于狩猎,从而为畜牧的起源打下了基础。到了旧石器时代末期,人类的狩猎能力大为提高,主要表现为石球的使用和弓箭的发明。许家窑人遗址(距今约 10 万年)中出土了大量的石球,这些石球与大量的被砸碎了的野马及羚羊的骨骼混在一起,从而可以断定这些石球是一种狩猎工具。山西丁村人(距今约 12 万年)的遗址中也有许多石球出土。民族学的研究表明,石球可以通过绊兽索和飞石索的运用,用于狩猎。此外弓箭发明以后,也可以猎取大型的动物。陕西的沙苑遗址(距今约 1 万年)和东北的扎赉诺尔遗址(时间跨度约为11500 年前到 7000 年前)中出土了石箭头,山西的峙峪遗址更是出土了年代大约距今 28000 年的箭镞。所有这些表明,距今大约 1 万多年前,古代的人们已经具备了较强的捕获野生动物的能力,从而也就具备了驯化动物的前提条件,即能够拘系动物。当然,何时形成稳定的畜牧驯养,还不能确定。而恰在这时,晚更新世冰期来临,严寒的气候导致食物缺乏,促成了畜牧业产生,即动物的驯化。虽然在理论上可以认为,地球上所有的地区都可以独立地产生动物的驯化,但是事实上只是在局部地区诞生了畜牧业,这是因为只有那些率先具备了产生驯化动植物的各种内因和外因条件的地区,才能孕育种植和驯化行为,这些地区主要处于中纬度地区。这些地区气候对人类的影响适中,即不是太强,也不是太弱。影响太强则人类无法生存,而影响太弱则起不到推动作用。只有适度的影响才能促进人们尝试各种生产生活方式,应对新的环境变化,从而产生社会进步。这一现象非常符合冲击—反应模式,可以说,农业与畜牧业的起源可能是冲击—反应理论的最好诠释。

距今大约 7 万年前,地质史上第四纪晚更新世冰期来临,由于温度下降,植被变化,浆果类植物减少,从前的采集生活和狩猎变得极其艰难,原始人类主要维生的野生植物减少了,以前那种很容易猎获的野生动物也不再常见了。这一变化促使人类想尽办法:(1)寻找新的食物来源。由于气温的大幅度下降,在浆果类植物减少的同时,也促成禾本科类植物大量发育,禾谷类种子便成为人类的主要采集对象,这样促使人们对禾谷类植物的认识加强;(2)贮藏食物以备食物匮乏时食用,将一时吃不完的幼小动物圈养起来,以等到更需要食物时再食用。因为温度下降太大,原来那种四季食物采集无甚差别的状况,有了截然不同的变化,即采集出现淡季和旺季之分,这就要求人们在旺季采集足够多的食物以备淡季食用,意味着需要贮藏。有了贮藏,人类利用自然的能力又迈进了一大步。那些没有贮藏足够食物的人们可能会因为熬不过冬天而死去,而那些贮藏有足够食物的人们则能够活下来。将一时吃不完的小动物拘系喂养起来,类似于种植业起源过程中的食物贮藏行为,大大加强了人类对动物特征和特性的了解。在人类与动物的漫长交往过程中,人类开始与动物建立良好关系,当气温大幅度下降的晚更新世冰期到来时,人类对拘捕的动物给予额外的保护,成为其供食者和保护者,经过长期的人与动物的交往过程以及人类选择驯化,动物便习惯人类所提供的相对舒适、现成的生活环境,而淡忘野外相对恶劣的生活环境,久而久之,人与动物的这种互利的新型关系便建立起来了。一方面人是动物的保护者和部分食物提供者,另一方面动物成为人类活的食库,随时都可能被宰杀而作为食物。

因此可以认为,畜牧业起源的内因是:在旧石器时代后期,人类的狩猎能力已经大幅度提高了,具备了拘系大多数草食和杂食野生动物的能力;同时,野生动物中的某些动物,今天我们所见的家养动物,作为地球生物圈中的一员,客观地具备了与人类友好相处的条件。畜牧业起源的外因是:自然环境条件发生了巨大的改变,促成了人类不得不从猎取向驯化转变。①

家畜的驯化和饲养产生于距今大约 1 万年前,旧石器时代的中国中纬度地区是典型的具备产生畜牧驯养内外因条件的地区。

人类将野生动物驯化为家畜家禽,大体要经过拘禁驯化、野外放养和定居圈养几个阶段。从目前的考古材料看,后一个阶段至少在新石器时代中期就已开始。如浙江余姚河姆渡遗址(距今约 7000 年)曾经发现直径为一米左右的畜圈,可能是拘禁动物用的,根据民族学的材料推测,其干栏式房屋底层,可能也是豢养家畜的地方。② 陕西西安半坡

① 徐旺生:《中国农业的本土起源新论》,《中国农史》1994 年第 1 期,第 24—32 页。
② 浙江省文物管理委员会、浙江省博物馆:《河姆渡遗址第一期发掘报告》,《考古学报》1978 年第 1 期,第 39—111 页。

图 1-1　浙江余姚河姆渡出土陶猪①

遗址（距今约 6000 年）发现两座长方形畜圈，长 6—10 米，宽 1.8—2.6 米，周围有密集的柱洞，说明围有木栅以圈牲畜。陕西临潼姜寨遗址（距今约 6000 年）也发现两座略呈圆形直径约 4 米的栏圈，栏中有 20—30 厘米厚的畜粪堆积，足以证明是畜圈。在青海都兰诺木洪搭里他里哈遗址（距今约 3000 年）也发现平面呈卵圆形，面积近 50 平方米的畜栏，其中有 15—20 厘米厚的羊粪（杂有少量牛、马、骆驼粪便）堆积。圈养（当时是与放牧相结合）方式对牲畜的肥育、配种和繁殖都有重大作用，它的出现是原始畜牧业已有相当进步的重要标志。

最初的养殖行为需要经历一个较长的过程，而且过程可能断断续续，即豢养行为会反复出现与中断，所以这个过程难有证据留下给我们做判断与认定。因而可以这样认为：江苏地区的畜牧业起源，即使事实上是本地区独立起源的，或者参与了整体起源的过程，但是目前看来由于没有足够的考古发现作为证据，我们一时还无法对其历程做出明确和具体的论述。

二、先秦时期江苏生态环境变迁

人类出现以后，最初发展十分缓慢，直到距今 7 万年至 1 万年的更新世末期，由于中国进入普遍寒冷的大理冰期，人类的生活变得异常艰难。到距今 1 万多年前的全新世后，气候逐渐转暖，年均温稍高于现今年均温，但差值不超过 0.5℃，冰川开始融化，海平面上升，导致江苏沿海平原频繁发生海侵，达到长江三角洲顶部的镇江一带。之后，虽出现过气温低谷，但到距今 7000 年左右，年均温高于现今 1.3℃，海侵一度达到极盛。因此，在全新世早期，江苏境内深受海侵困扰，不适宜人类

① 钟遐：《从河姆渡遗址出土猪骨和陶猪试论我国养猪的起源》，《文物》1976 年第 8 期，第 24—26 页。

居住。之后发生海退，到距今 6500 年左右时，苏北已经出现了许多人类活动的遗址，尤其是在北部地区，大多分布在未受海侵影响的丘陵山地以及海潮退后的平原岗地上。距今 6500—5500 年，全球气候再次变暖，海平面回升，苏中地区的响水、灌云、涟水、阜宁、射阳一线在这一时期为黄淮河口沉积，已经完全发育成陆，且里下河地区在西冈的保护下基本与海水隔绝，呈现潟湖相沉积，非常适宜人类居住。但由于海平面上升，使得地下水位升高，同时海水沿着沟谷大举入侵太湖地区，导致太湖周边低洼地区遭受了海水浸淹。①

距今 5500 年后，全球气温下降，海平面也随之迅速下降，草本植物比例减少，蕨类植物占据较大比例。太湖蝶形洼地中的潟湖面积显著缩小，湖底大部分出露成陆，周边地区则排水不畅演化为星罗棋布的淡水湖沼群。② 人类活动范围较之前更为广大，原本没有人类活动的地区也发现了遗址，如距今 5500—4500 年间，苏北地区的沭阳至泗阳一线人类活动遗址相当集中，可见在海潮退去后的岗地上已经出现了适宜居住的生态环境。距今 4500—4000 年，气候进一步转凉，海平面达到了全新世中期之后的最低位置，苏北地区海水东去，大量湖沼萎缩成陆，陆地面积扩大，使人类的活动空间更为广泛。距今 4000 年左右，气候变得温暖湿润，太湖地区年平均气温比现今高 1—2 摄氏度，年降水比现今多 200—300 毫米。③ 太湖地区的蝶形洼地中部低浅的湖盆，积水壅溢而演变为太湖，并造成了严重的洪涝灾害，淹没了一些地势较低的区域，这就是新石器以来江苏生态环境的大体状况。④

从考古学上看，这一时期江苏地区的人们利用动植物生活的画面可以通过南京人的考古发现来揭示。1993 年在南京汤山葫芦洞南侧支洞内发现 2 件头骨化石和 1 枚人牙化石，被命名为"南京人"，其骨较具原始性，骨壁厚，眉骨嵴粗壮，并左右相连，额骨低平而后倾，枕骨中部转折，头骨最宽处与北京直立人相似，根据古人类演化序列看，当属

① 王健主编：《江苏通史·先秦卷》，凤凰出版社 2012 年版，第 35 页。
② 王健主编：《江苏通史·先秦卷》，凤凰出版社 2012 年版，第 35 页。
③ 洪雪晴：《太湖的形成和演变过程》，《海洋地质与第四纪地质》1991 年第 4 期，第 96 页。
④ 张修桂：《太湖演变的历史过程》，《中国历史地理论丛》2009 年第 1 期，第 9 页。

直立人范畴,地质年代为中更新世中期,铀系法测定年代距今约35万年,与北京直立人年代相当。同层位出土了大量古脊椎动物化石,经鉴定,包括肿骨鹿、葛氏斑鹿、梅氏犀、马、牛、李氏野猪、中国鬣狗和剑齿象等4目、11科、13属、15种,其中绝大部分为周口店动物群中的典型种属,只有少数几种是南方动物群。从这些动物特点来看,与北方的周口店动物群体类似,说明当时的江苏地区与其他地区动物分布存在相似性。而这些动物,也就与其他地区一样,成为当时人们可能的狩猎与驯化对象,其中如牛、马、猪等后来被驯化为家畜。

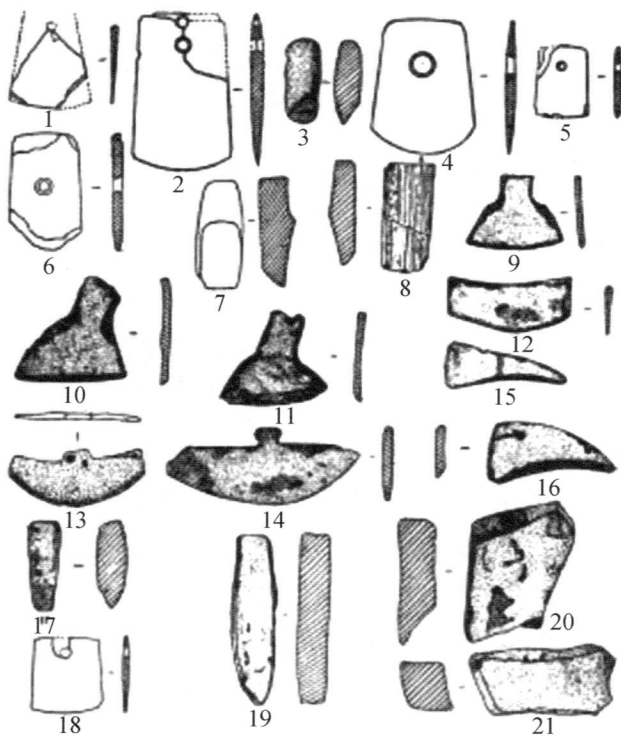

1.单孔玉斧　2.双孔玉斧　3.Ⅰ式石斧　4.Ⅱ式石斧　5.Ⅲ式石斧
6.Ⅳ式穿孔石斧　7.Ⅰ式石锛　8.Ⅱ式石锛　9.Ⅰ式石钺　10.Ⅱ式
石钺　11.Ⅲ式石钺　12.Ⅰ式石刀　13.Ⅱ式石刀　14.Ⅲ式石刀
15.Ⅰ式石镰　16.Ⅱ式石镰　17.Ⅰ式石凿　18.Ⅱ式石凿　19.砺石
20.Ⅴ式石斧　21.砺石

图1-2　江苏昆山绰墩遗址的各类周代石器①

---

① 汪遵国:《江苏昆山绰墩遗址的调查与发掘》,《文物》1984年第2期,第9页。

江苏境内还发现过属于更新世晚期的智人化石地点，包括泗洪下草湾人、丹徒莲花洞人、溧水神仙洞人等。旧石器时代晚期文化遗存中，苏北有马陵山地区的大贤庄等处，苏南有吴县三山岛。大贤庄225件细石器标本，多为用间接打制法，包括石核、刮削器、砍砸器、尖状器，以船底形石核最为典型。爪墩2000余件标本，以间接压制法制成，包括刮削器（圆头与指盖状）、尖状器、锥、钻，其中楔形石核最典型。两地与鲁东南沂沭河流域关系密切，其细石器遗存，无论器类、器形、制法和质地基本一致，应属同一系统，是处于更新世晚期之末至全新世早期的文化遗存，距今大约3万—1万年。可能就是该地有陶新石器的源头，其中吴县三山岛石制品标本5263件，加工方法主要是锤击法，边缘修理向背腹面发展，交互或错向均有，包括砍斫器、刮削器、尖状器、雕刻器，使用石片工具以小型为主，具有较强的地方特点，距今约1万年。[1] 这些石器的存在，也为新石器时代到来，农业产生提供了工具方面的准备。加之前述的动物类型，我们有理由推测，尽管无法判定江苏地区的畜禽驯化是否独立起源，但是本地的早期人们，至少在此时与其他地区的人们一道，同时推进了这一过程。

第二节　江苏畜牧业起源

距今大约1万年前，人类从旧石器时代进入到一个新的时代，其主要标志是：从工具角度来讲，出现了比普通打制石器更加有效的工具——磨制石器和陶器；从生产方式来讲，出现了种植业和畜牧业。由此，人类在一定程度上摆脱了大自然的束缚，进入到一个在一定程度上，可以依靠自身的努力，如种植和畜牧来获得食物并生存的时代。在这个时代里，由于种植业和畜牧业的发展，人们不再像旧石器时代的人们那样，完全依靠大自然的恩赐，即纯粹地依靠采集和渔猎来获得植物性食品和动物性食品，而是通过干预自然的方式，即依靠种植植物和饲

① 邹厚本主编：《江苏考古五十年》，南京出版社2000年版，第5—6页。

养动物的方式,来满足他们对植物性食物和动物性食物的需求,其中畜牧业即是这一时代的主要产业之一,它包括养猪业、养牛业、养狗业、养马业、养羊业等,所饲养的家畜有猪、马、牛、羊、兔、驴、骆驼、猫、火鸡、鸡、鸭、鹅等。

正如种植作物是多中心起源一样,家畜的驯化也是多中心起源的,即世界上有多个畜禽驯化地。中国的畜牧业起源主要体现在猪、水牛与狗、鸡、鸭、鹅等动物的驯化上,这些动物很可能就是中国独立驯化产生的,而黄牛、羊、马很可能是由域外驯化后引进中国的。

作为江苏地区畜牧业的起源,与全国大多数地区一样,应该是以猪的驯化为主要内容。猪作为家养动物中的一员,其食物主要是植物的块根、禾本科植物的种子等,而从事采集的民族最早的采集对象是和猪的觅食对象相同,从事农耕的民族最早的种植对象可能也是这些植物,这就形成了野猪与人类争食物的局面。此外,当人类最初从事种植时,种植对象就是一些块根类植物和禾本科植物,而生长在野外的猪在觅食的过程中,很容易破坏当时人们种植的植物,正如《淮南子·本经训》曰:"封豨、修蛇,皆为民害。"其中的封豨,即是大野猪,经常出来危害农作物。在这种情况下,人们为了解决这一问题,寻求出一种新的解决办法,那就是采取拘禁一些幼小野猪的方式,或者将成长中的野猪捕获,放置于围栏中,给它们一些人类一时吃不了,或者说不愿意吃的比较粗糙的食物,以便日后需要时将其宰杀食用。这样,经过长期拘禁养殖之后,这些被拘禁的野猪习性发生了变化。也许当时的人们通过阉割野公猪的方式,使野生的脾气发生改变,性格变得温顺,以便人类能够与猪之间进行无障碍式接触,而不出现伤害事件,能够和睦相处,于是野猪就成为完全被驯化的动物,进而成为家畜中的一员。从猪被驯化的原因和驯化的方式,早期畜牧行为的主要对象又是猪这一点来看,驯化与种植意味着同时开始和完成。

猪之所以成为所有家养动物中最早被驯养的动物,除上述原因外,可能还与其食性有关。猪是杂食动物,食性较广,分布也广,当它被饲养时,它对食物的品质要求不高。这一特点很重要,因为在生产力水平比较低的远古时期,人们连自身的食物都难以保证,猪能吃各种食物以及人类不吃的食物,满足其需要的食物比较容易获得,而且不与人争食,因此被饲养成为可能。

一、家猪的起源

猪在动物分类学上属于哺乳纲、偶蹄目、猪科、猪种动物。家猪和野猪有着共同的祖先,家猪由野猪驯化而来。国外发现最早的驯化猪,是在距今约9000年土耳其的安纳托尼亚东南部的卡永遗址。在中国,北方的河北徐水南庄头遗址,发现了距今9000年以上被认为可能驯化的猪骨骼,但是专门研究动物考古的袁靖却认为,南庄头遗址的猪骨还不足以认定为家猪,而可以认定为家猪的,在北方最早的应该是距今9000年左右的河南省南部贾湖遗址;在南方,可以确认的是跨湖桥遗址早期(距今8200年),同时他还强调,由于该遗址出土的猪颌骨已经出现齿列凌乱的现象,这是猪在人类长时间控制及喂食等人为因素影响下形成的,因此,南方地区家猪起源的时间还应该从距今8200年再向前追溯。[①] 这样,我们可以初步认为,中国是家猪最早的可能起源地之一。有研究者认为,全新世中国南北的野猪是欧洲野猪的后裔,生活在华北的为华北野猪,生活在华南的是华南野猪。另有人认为,中国南北地区的野猪分属于亚洲野猪和欧洲野猪两类,在华南的属于亚洲野猪的后裔,在华北的则属于欧洲野猪的后裔。现今学者们认为,中国的家猪起源可分为华北猪和华南猪两大类型,二者在体型、毛色、繁殖力等方面都迥然不同。华北地区的家猪和现今生活在华北地区的野猪(主要分布于中国北部从沿海到甘肃西部和四川省等地)相近,而华南地区的家猪和华南地区的野猪(主要分布于华南)相似。这是家猪起源于不同地区的有力证明,说明家猪的起源有多个中心。这也符合农耕和畜牧在欧洲和亚洲大陆上不止一个中心起源的观点,并符合逻辑推理。因为在全新世时期,中国南北地区都有野猪分布,不管南北地区的野猪是否同一种类,各地要驯化野猪只能是驯化当地常见的本地野猪,

---

① 袁靖、董宁宁:《中国家养动物起源的再思考》,《考古》2018年第9期,第113—120页;袁靖:《中国古代的家猪起源》,西北大学考古学系、西北大学文化遗产与考古学研究中心编:《西部考古》第1辑,三秦出版社2006年版,第48页。

而不会舍近求远。① 猪的驯化是出于肉食需要的结果,并且比较容易饲养。猪的食性广泛,耐粗饲,还可以帮助人类处理他们的食物残余,并与人们的定居生活相适应,可在聚落内小规模圈养,也可放养在村庄里面或周围,不像牛、羊那样需要较广阔的草地。也就是说,猪的最初被驯化是与其独特的经济性状相关联的——即猪的驯化直接与肉食相关。中国一些地区猪的比例不断增加似乎也在一定程度上印证了"肉食说"。当然,早期驯化过程中还可能存在一种崇拜行为,有关对猪崇拜的迹象在红山文化时期最为明显,主要表现为大量玉猪龙的出现,另外在红山文化牛河梁遗址(距今 5500—5000 年)"女神庙"内出土了泥塑"猪龙"。这种猪崇拜,在当时的社会复杂化过程中扮演了举足轻重的角色。目前,这种猪崇拜迹象还可上溯,如赵宝沟文化小山遗址(距今 7350—6420 年)尊形器上刻画的"猪龙"图案,兴隆洼文化中的猪首龙形象。②

江苏目前发现猪骨的最早遗址是距今约 8000 年的泗洪顺山集文化遗址③和距今约 6000 年属青莲岗文化的沭阳万北遗址。可见,江苏地区亦是中国驯养家猪最早地区之一,有可能参与了对中国本地猪种的最初驯化过程。

二、狗的驯化

狗在分类上属于哺乳纲、食肉目、犬科,为肉食动物。现有的犬属动物可以分为 10 大类,它们之间均可以杂交生育,基本特征完全相同。根据考古研究,世界上最早的可以认为是家养犬的遗骸,发现于距今 12000—10000 年前耶利哥的特尔早期遗址和伊拉克的巴勒哥拉洞穴之中。④ 中国在新石器时代也有大量狼的生存遗迹,在驯化动物的过程中,狼被驯化成为犬。已有报道表明,磁山遗址的动物骨骸,只有狗和

---

① 张仲葛:《我国猪种的形成及其发展》,《北京农业大学学报》1980 年第 3 期,第 45—62 页。
② 罗运兵、李想生:《中国家猪起源机制蠡测》,《古今农业》2016 年第 3 期,第 10—17 页。
③ 林留根、甘恢元、闫龙:《江苏泗洪顺山集新石器时代遗址发掘报告》,《考古学报》2014 年第 4 期,第 519—562 页。
④ 梅森等:《驯养动物的进化》,王铭农、李群译,南京大学出版社 1991 年版,第 228 页。

猪可以肯定属于家畜。除在贮粮窖穴的底层发现有个别完整的狗和猪的骨架外，其余的狗骨一般比较破碎。其遗骸额部明显隆起，吻部较短，臼齿适合于杂食习性，下颌骨的角突明显向上弯成钩形。成年个体的体型都不算大，鼻骨长度明显比狼的小。从头骨及下颌骨的特征及测量数据看，可以肯定为家犬。[①] 因而可以认为，中国家狗的饲养时间应不晚于 7000 年前。河南新郑裴李岗遗址、浙江余姚河姆渡遗址也出土了狗的骨骸。此外，余姚河姆渡遗址还出土了陶塑小狗。由此可以判断，大约在距今 7400 年前，狗在中国可能已被驯化成为家养动物了。

和猪一样，江苏发现狗骨的最早遗址是距今约 8000 年的泗洪顺山集文化遗址[②]和距今 6000 年的沭阳万北遗址，说明江苏亦是中国最早驯养狗的地区之一，亦有可能参与了中国早期狗的驯化过程。

三、水牛的驯化

水牛在分类学上属于哺乳类、偶蹄目、牛科、水牛属。水牛属下可以分为两个亚属，分别是亚洲水牛属和非洲水牛属。研究表明，野生的非洲水牛虽然能够或者可能被驯化和在圈养的情况下繁殖，但是还没有被驯化。现今世界上所有的驯化水牛都是亚洲水牛属的后代。[③] 目前，中国学界主要通过考古学文化现象、动物考古学、稳定同位素分析、遗传学等方法来讨论中国水牛家养的问题。一部分学者认为，中国水牛本土驯化的可能性较大，其中动物学家们不仅认为中国水牛起源于本地，并且它们与水田有着不可分割的联系，并将年代推至 7000 年前的河姆渡、马家浜文化时期。不过，另一部分学者则认为水牛有可能在良渚文化时期（距今约 5250—4150 年）即被驯化为耕牛。[④] 此外，遗传学方法也指出中国或包括泰国北部的东南亚地区是家养沼泽型水牛的起源地。Xiang Ping Yue 等人根据对现存中国沼泽型水牛和河流型水牛进行 mtDNA 研究，提出中国西南部最可能是水牛的驯化中心。Yi

① 周本雄：《河北武安磁山遗址的动物骨骸》，《考古学报》1981 年第 3 期，第 339—347 页。
② 林留根：《论顺山集文化》，《考古》2017 年第 3 期，第 65—81 页。
③ 梅森：《驯化动物的进化》，王铭农、李群译，南京大学出版社 1991 年版，第 58 页。
④ 秦岭：《河姆渡遗址的生计模式——兼谈稻作农业研究中的若干问题》，山东大学东方考古研究中心编：《东方考古》第 3 集，科学出版社 2006 年版，第 307—350 页。

Zhang 等人对包括中国、越南、老挝、泰国、尼泊尔和孟加拉在内的亚洲现存水牛进行全面抽样调查,通过 mtDNA,Y 染色体 SFY、ZFY、D＄Y 序列分析及各种迁移模型的贝叶斯分析等,研究结果显示,水牛在中国—东南亚半岛交界地区被驯化的可能性比较大。[1] 不过,其他学者对此也有不同意见。如杨东亚等学者通过对现代水牛 DNA 与中国北方陕西关桃园、白家村、康家等新石器时代遗址出土水牛古 DNA 对比分析发现,圣水牛不是中国现存家养水牛的直接祖先,并从 DNA 序列单倍型多样性推测其可能为野生动物,同时指出中国的现存水牛并不是在本土首先被驯化。[2]

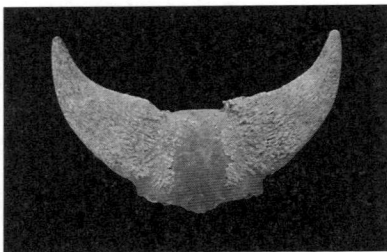

图 1-3　河姆渡遗址中发现的圣水牛骨骼化石[3]

根据上述诸家观点,并综合浙江杭州市萧山跨湖桥(距今约 8000—7000 年)和余姚田螺山(距今约 7000 年)两个遗址的水牛研究结果,楼佳推测认为:时代较早的跨湖桥时期,水牛的食物结构并未出现人类行为影响的迹象,处于自然野生的状态,且没有证据表明水牛在先民意识生活中可能存在的影响;至年代稍晚的田螺山时期,在水牛整体骨胶原 C、N 稳定同位素分析的结果和水牛牙釉质 C、O 稳定同位素个体内连续变化分析结果中,皆有迹象暗示水牛可能受人类影响,且结合考古学文化现象及人类学资料发现了早期跨湖桥遗址所不见的文化功能性含义。[4]

也就是说,根据浙江跨湖桥和田螺山两个遗址中的水牛骨骼分

---

[1] 楼佳:《新石器时代中国长江下游地区水牛家养化文化特征的 C、N、O 稳定同位素研究——以跨湖桥遗址与田螺山遗址为例》,硕士学位论文,浙江大学,2018 年,第 5 页。

[2] D. Y. Yang, L. Liu, X. Chen, et al. "Wild or Domesticated: DNA Analysis of Ancient Water Buffalo Remains from North China", *Journal of Archaeological Science*, 2008, 35(10): 2778 - 2785.

[3] 浙江省博物馆自然组:《河姆渡遗址动植物遗存的鉴定研究》,《考古学报》1978 年第 1 期,第 95—107 页。

[4] 楼佳:《新石器时代中国长江下游地区水牛家养化文化特征的 C、N、O 稳定同位素研究——以跨湖桥遗址与田螺山遗址为例》,硕士学位论文,浙江大学,2018 年,第 5 页。

析，表明长江流域地区亦可能是水牛驯化的地区。而相近的江苏地区，自然也不例外，因为江苏地区距今 8000 年前的淮河中下游泗洪县的顺山集遗址，以及良渚文化时期的江苏吴江梅堰遗址（距今约5000 年）也出土过 7 个完整的水牛头骨，这些水牛骨骼出土，说明至少在水牛的驯化过程中，江苏地区的先民也可能参与了其中。

四、家鸭的驯化

鸭最可能是江南水乡率先驯化的禽类。家鸭起源于野鸭。野鸭分布很广且易于驯养，世界上不少地方曾经驯化过。根据研究，中国家鸭是由鸭科河鸭属的绿头鸭和斑嘴鸭驯养而来的。其中，绿头鸭是中国最常见的野鸭。鸭在商周时代已被驯养，如河南辉县琉璃阁殷墓、安阳小屯村都出土过铜鸭和玉鸭。安阳小屯村出土的石鸭，作昂首游水状，双翼并拢，短尾下垂，圆眼微突起，外形很像家鸭。此外，在辽宁的海岛营子村，也出土过西周的鸭形尊，塑造的鸭形尊颈长、身肥、嘴扁，也很像家鸭。春秋战国时期，鸭称鹜，见于《左传·襄公二十八年》："公日膳双鸡，饔人窃更之以鹜。"《尔雅》解释鸭：古称鹜，鹜是"舒凫"，即经过驯养行动迟缓的野鸭，因其系由野鸭（凫）驯化而来，故有此名。后因其鸣声"呷呷"，故又改名为鸭。

第三节　新石器时代江苏畜牧业

在中国迄今为止的考古发现中，时间最早和数量最多的家养动物是猪。出土最早的家猪遗址分别是广西桂林甑皮岩遗址和河北徐水南庄头遗址，两遗址分别出土了猪的骨骼，经考古学家们初步判断是驯化过程中的动物，时间在 9000 多年前。之后，大量的猪骨骼被发现于新石器时代的遗址中。在相当于仰韶文化的南北方各文化遗址中，家养猪逐渐占据所有出土动物总数的主体，特别是在大汶口文化和龙山文化时期的遗址中，体现得更加明显。这一事实除了反映当时人们的一种原始宗教信仰外，养猪业相当发达是另外一个主要原因。猪成为当时人们比较普遍饲养的家畜,江苏也不例外。

江苏地区牛羊的养殖规模与水平要大大落后于猪。水牛可能较早地进入江苏一带,黄牛、羊的养殖则要晚很多,因为黄牛和羊有可能是从西亚或者中亚草原地区引入,相对于黄河流域较边远的江苏地区,黄牛与羊的养殖要晚许多。

作为肉食的牛,主要是指两种不同属的黄牛和水牛,它们都有其野生祖先。但在新石器时代,由于牛还没有作为耕田的役畜,养殖主要用于肉食。因为其体型较大,且其消化系统与杂食动物的猪不一样,食物主要是草料,不与人争食,所以养殖也很普遍。在黄河流域遗址中,除出土黄牛遗骸外,也发现过水牛骨骼,如山东大汶口、王因遗址,邯郸涧沟村、长安客省庄等,说明新石器时代水牛已经生活在淮河以北的一些地方。南方的遗址以出土水牛为多,其中河姆渡遗址就出土了 16 个水牛头骨,江苏吴江梅堰出土过 7 个水牛头骨,说明水牛的驯养至少也有五千年的历史。

目前,江苏新石器时代考古工作已取得很大进展,大江南北已发现遗址近 300 处,已发掘 50 余处,初步建立了考古学文化区系类型框架,全省分太湖平原、宁镇丘陵、江淮平原和徐海地区四个片区。考虑到现有资料与江苏环境的关系,为叙述方便,这里将其分为南北两大板块,其中江淮平原和徐海地区合并称为苏北地区,而太湖平原、宁镇丘陵合并称为苏南地区。

一、江苏北部地区畜牧业

(一)江苏北部地区新石器时代早期畜牧业

苏北新石器时代文化序列大致为北辛文化(约前 5300—前 4100 年)—大汶口文化(前 4100—前 2500 年)—龙山文化(前 2500—前 1900 年)。由于大汶口文化与龙山文化之间没有清晰的分界线,这里不设置两者之间的具体年代分割。

关于苏北地区的畜牧业,目前只能从考古发现中,还原当时的概况。

江苏北部较早的能够反映当时畜牧业发展概况的新石器时代遗

址是泗洪顺山集文化(距今 8000 年),发现炭化稻、石磨盘、狗遗骸等;以及淮河中下游地区距今 7000—6000 年间的青莲岗文化与黄河下游北辛文化,它是与长江下游马家浜文化平行的新石器时代较早阶段的考古学文化。青莲岗文化的陶器可分为夹砂红褐陶和泥质红陶两大系,仅有少量的灰、黑陶,其中以夹砂红褐陶为大宗。夹砂陶中的羼和物较粗杂,火候甚高,泥质红陶一般匀细,应经过淘洗,器物除青莲岗类型有少量慢轮修整外,其余均为手制,器物较粗糙笨重,除陶钵外,其他器类的壁常厚薄不匀,器表多为素面,少数施以红衣或饰以指甲纹、附加堆纹、乳丁纹、刻划纹等。在器物装饰方面,内彩陶和刻画符号是其两个显著特点。青莲岗文化的内壁彩绘是用简单的线条组成水波、渔网、八卦等几何形图案,描绘技法规范,其风格有别于仰韶文化,与大汶口文化早期刘林阶段的彩陶风格没有渊源关系。

较早的能具体反映畜牧业的考古发现,是位于江苏沭阳的万北遗址(距今约 8000—5000 年),其动物骨骼主要出土于万北一期和万北二期遗址。研究者运用统计最小个体的方法对骨骼进行统计,万北一期出土的猪等家养动物占全部动物总数的 88%,而剩余的鹿科等野生动物占 12%,说明当时人们的肉食来源主要依靠养殖业。在家养动物中,出土了狗 3 只,猪 127 只,占将近 98% 的比例,可以说明当时的家畜饲养业就是养猪业。万北二期出土的动物骨骼中,家养动物占 67%,鹿科等野生动物占 33%。家养动物有 52 只,猪占 51 只,基本上和万北一期的比例差不多。

青莲岗文化的双墩类型(距今约 7000 年)遗存主要分布在淮河中游地区,淮河下游地区亦有少量发现,其边缘地区一直延伸至江苏的宁镇地区,其代表性遗址有南京丁沙地、太岗寺(下层),连云港朝阳(下层),镇江四脚墩等。经济生活中农业的比重明显大于侯家寨类型,生产工具除发现斧、锛一类锄耕农具外,并有谷类加工用的石磨盘出土,虽然各遗址中动植物遗骸仍较丰富、骨制渔猎工具亦较发达,但总体反映出渔猎、采集经济已退为辅助性地位,特别是从丁沙地出土的少量牛、猪骨分析,此时家畜饲养业已经产生。

　　青莲岗文化的青莲岗类型以淮安的青莲岗遗址(距今约7000—6000年)为代表,该文化的刻画符号一般刻在隐蔽部位,与内彩的处置可能基于同样的思想观念,尤其是刻画符号内蕴丰富,反映了狩猎、捕鱼、网鸟、养蚕、饲养、种植、编织、记事、记数等广泛的内容,这在新石器时代早期文化中是绝无仅有的。①

　　江苏北部相当于北辛文化(距今约7300—6300年)时期,至今未发现完整的房屋结构,但它的残迹,却存在于许多遗址中。农业生产工具主要为石器,有翻土用的石铲,砍伐用的石斧,一般比较粗糙、笨重,磨光技术较差。此外,还发现与加工粮食有关的陶杵。当时,渔猎和采集经济仍占一定的比重。石制或陶制的网坠,几乎各遗址都有出土,伴随出土的还有鱼骨、蛤蜊壳、螺蛳壳等水生动物遗骸。制陶还处于手制阶段,以夹砂红褐陶为主,炊器夹砂,盛器多泥质,器形有釜、鼎、豆、壶、罐、钵等。骨角制成的器物有鱼镖、箭镞,以及针、锥一类小件器物。农业虽然是这一时期的主要经济形态,但渔猎和采集仍然是重要的生产部门,家畜饲养尚不发达。②

　　大汶口文化刘林期(距今约6000年)随葬品中所见的农业工具比以往有显著进步,不仅数量增多,而且制作精致,几乎都经磨光,刃部锋利。刘林出土穿孔的石锄,标志着已进入锄耕农业阶段。农业经济的发展,使粮食剩余有了可能,并为家畜饲养和发展提供了不可缺少的饲料。家畜种类,除猪、狗外,还有较多的牛、羊骨骸出土,说明牛羊的养殖也相当重要。刘林遗址第二次发掘,在其文化层内出土猪牙床171件,牛牙床及牛牙30件,狗牙床12件,羊牙床8件。在一条灰沟中集中放置了26件猪牙床。大墩子遗址也有猪、狗的骨骸出土,个体都比较大,经鉴定个别猪龄竟达2年左右。同样的现象,还反映在墓葬中。刘林和大墩子有用整猪或整狗随葬的现象,说明猪、狗已存在剩余,并作为个人财富的象征。渔猎经济仍然存在,在大墩子发现骨鱼镖、骨匕首一类新式的渔猎工具和武器。③

---

① 邹厚本主编:《江苏考古五十年》,南京出版社2000年版,第77页。
② 邹厚本主编:《江苏考古五十年》,南京出版社2000年版,第121—122页。
③ 邹厚本主编:《江苏考古五十年》,南京出版社2000年版,第121—122页。

藤花落遗址(距今约 5500—4000 年)位于江苏省连云港市连云区中云办事处西诸曹居委会南部,处于南云台山和中云台山之间的冲积平原上,占地面积 30 万平方米。玉器仅发现小件玉锛、玉坠和玉锥形饰等;陶器有鼎、罐、甗、盆、盘、豆、杯、器盖等生活用具。遗址中的生产工具,石器特别多,斧、锛、刀、镞、凿等各类石器形式多样,且大部分磨制极为精致,动物遗骸有猪、牛、梅花鹿等,而不见贝类等海洋生物遗骸,也很少见有鱼骨。藤花落遗址也发现有龙山文化时期的炭化稻米,稻作农业的发展与壮大,带动了家畜饲养业的发展,也促使了手工业的分工。

(二)以龙虬庄遗址所代表的苏北地区新石器时代中期畜牧业

大汶口文化的大墩子遗址(距今约 6000 年),位于苏鲁边境的江苏邳州市。大墩子遗址地理环境优越,非常有利于先民们在此进行农业生产和渔猎活动。遗址中出土了大量的农业生产工具,常见的有穿孔石斧、石铲、大型石锛、蚌镰等,石器制作光滑细腻,还有鹿角镰和石镐,这两种工具的发现均属罕见,特别是石镐与当今农具“洋镐”已无二致,为中国新石器时代遗址中的首次发现。大墩子人作为东夷部落的一个氏族,农业经济已有了相当程度的发展,出土的炭化粟粒说明大墩子人与黄河流域的先民一样,都以粟为主要农作物。大墩子部落的畜牧业也相当发达,饲养的家畜有猪、狗、牛、羊,这里盛行殉狗、殉猪风俗,殉葬的猪中有的猪龄竟达两年以上。葬猪之风可以说是某种原始信仰的体现,同时也可以说是与财富的象征有关,只有家畜饲养有了相当的发展,才能使殉猪成为可能。在渔猎工具中发现有投叉大鱼用的鱼镖,有捕捞用的网坠,还有垂钓用的鱼钩,有用以捕捉猎杀动物用的匕首、矛等。这些工具除网坠以外大都是石质或骨质的,反映出渔猎在当时的社会经济中占有一定的地位。[1]

江苏新沂花厅墓地(距今约 5000 年)是继大汶口墓群之后,发现的大汶口文化中最典型、最丰富的遗存之一。花厅发掘所获的资料一定程度上反映了当时的经济生活和社会现象。穿孔石斧、有段石锛、石刀

---

[1] 孙厚兴、吴敢主编:《徐州文化博览》,文化艺术出版社 2003 年版,第 20 页。

等发现,表明了原始农业的发展。墓葬内随葬数量较多的有猪下颌骨、完整猪头、猪蹄、完整狗骨架等,是为了显示财富,同时也揭示了农业的发展带来了饲养业的兴旺,以养猪为主的家畜饲养业已相当发达。墓葬内出土大量的精美玉器和陶器,反映了当时手工业的发达。形象生动的猪形陶罐等,表明对造型艺术的掌握已经相当熟练。①

此外,在距今7000—5000年这一阶段,江淮东部还存在着一支本土性新石器时代文化——龙虬庄文化。龙虬庄遗址位于江淮东部里下河碟形洼地的西缘,它的形成与江淮地区的环境演变有着不可分割的联系。

考古工作者结合文化层的岩性特征,推测在遗址形成过程中,该地区既有茂盛的河谷草地、灌木丛林,又有芦苇丛生的河湖沼泽,是集陆地、河谷、湖沼、湿地为一体的自然景观,人类占据其中的部分陆地,从事生产作业,在陆地周围有着大面积的淡水水域,尤以湖沼、池塘为主。在遗址文化层的堆积过程中,陆地面积逐渐增大,水域面积逐步缩小,导致以湖沼湿地为主的自然环境有所改变。龙虬庄遗址形成时期,正值全新世距今7500—5000年的大西洋气候期,并且呈温暖向凉干渐变的趋势。遗址文化层中的动物遗存及地层岩性变化反映了气候特征与同一时间全球气候相一致,有喜暖湿性的麋鹿、獐,现生存于长江下游以南地区淡水湖泊中的丽蚌。地层岩性从滨海相到河湖交替相再到湖沼相的转变,都说明距今6800—5500年龙虬庄地区是温暖湿润的气候,气温比现在要高,而且从早期到晚期,气候由温暖向凉干转变,降雨量及水域面积减少,陆地面积增加。

龙虬庄遗址的史前自然生态景观,为遗址动物群的各种动物提供了良好的生存条件,也为人类获得多种生活资料创造了有利条件。结合文化层中出土的数百件渔猎工具,如叉、镞、鱼镖、叉形投掷器等,说明渔猎活动是当时人类经济生活中的重要组成部分,渔猎经济相当发达。

在龙虬庄遗址文化层中,各种破碎断裂的哺乳类动物骨骼比比皆

---

① 南京博物院:《1987年江苏新沂花厅遗址的发掘》,《文物》1990年第2期,第25页。

有鸟类的肢骨，爬行类的背甲、腹甲，鱼类的齿骨、鳃骨、脊椎、鳍条等零散地分布于各层之中，富集于第 7 层中的软体动物贝壳在部分地方呈团块状厚层堆积，这是人类经济活动的结果。各种动物遗骸均因人为因素而富集于文化层之中，说明龙虬庄史前人类赖以生存的经济生活手段是采集渔猎、家畜饲养和水稻栽培，三种方式共存，构成了这一地区史前人类文化发展的经济基础。

龙虬庄遗址丰富的动物资源，不仅确保了史前人类的食物来源，而且为人类提供了制造工具的骨角材料。从骨器的材料特征可以看出，人类选择原料主要表现在两个方面：一是利用鹿类动物角枝的自然形态；二是利用大型哺乳动物四肢坚硬厚实的管状骨，有意识地选择不同的部位，加工琢磨，制造相应种类的器物，这说明人类对动物的骨骼结构、形状已有了一定的认识。文化层中的动物骨骼不仅反映了人类的食物来源和经济生活手段，也反映了人类对自然资源的充分利用，说明遗址处的野生动物与史前人类有着密切的关系。麋鹿是遗址中发现数量最多的动物。遗址周围的湖沼适宜麋鹿的生长繁衍，而麋鹿形体硕大，且数量众多，又成为人们狩猎的首选对象。射杀麋鹿不仅为人们提供了肉类食物，其粗壮的肢骨和角枝也为人们提供了制造生产工具和生活用品的原料。遗址中出土的麋鹿肢骨和角枝无一例外地经过了人为的切割，而遗址中出土的骨角器绝大多数是用麋鹿的骨角制作，角斧、角镐、角叉以及大量的骨镞，均取材于麋鹿，麋鹿与人之间形成了一个有趣的"生产圈"，即人用麋鹿的骨角制成叉、镞，射杀麋鹿，食其肉之后，用其骨角制作狩猎工具，再射杀麋鹿，如此往复循环。除狩猎工具之外，农业生产工具和捕鱼工具也多是用麋鹿的骨角制作而成。麋鹿在龙虬庄原始居民的经济生活中占有较大的比重，麋鹿的存在成为原始居民赖以生存的重要经济支柱之一。

从水生动物和陆生动物的统计结果来看，龙虬庄遗址原始居民的渔猎经济呈平稳发展状态。从龙虬庄遗址采集的自然遗物中可以看出，当时人们的食物结构有两大类，即淀粉类食物和脂肪蛋白质类食物。淀粉类食物水稻的增长可以取代采集的菱、芡实等淀粉类食物，而脂肪蛋白质类食物鱼、肉等，并不因淀粉类食物的增加而有所减少，仍以其原有的速度平稳发展。①

　　龙虬庄遗址动物群中,家猪和家犬是人类驯养的种类。家猪是人类对野猪饲养驯化的结果,也是人类粮食生产富余的产物。龙虬庄原始居民有着较为发达的稻作农业,为饲养家猪提供了必要的物质基础,而随葬陶器中身体滚圆、神态各异的猪形壶,既是当时人们对家猪长期观察的结果,也反映了人们希望将猪养肥的愿望。由于家猪是饲养的动物,所以对猪是宰杀而不是像麇鹿等野生动物那样射杀。从出土的家猪头骨上可以清晰地看出当时人们宰杀猪所留下的痕迹,由此可以推测出当时人们宰杀猪的动作行为。从所出土的猪头骨来看,无一例外的都是在上颌骨与颅骨的交接处断裂,显然是为了防止猪咬而用木棍夹住猪的上颌再对上颌的后部即眼眶至鼻孔最易断裂处进行敲砸,使之断裂而无法咬人,然后再用条形石锛等工具凿其颅顶使之死亡。在保存较好的家猪头骨上可以清晰地看出这一宰杀过程。

　　家犬是人类最早驯养的动物之一,是人类从事生产和生活的忠实助手。龙虬庄遗址中发现的家犬骨骼数量非常多,尤其发现完整的狗骨架较多,但这些狗骨骼无一例外有被切割或敲砸的痕迹。这些狗除用于殉葬外,还用于建房奠基,即人们在生前与死后都喜欢与狗相伴。这充分反映出家犬已成为龙虬庄原始居民生活中的忠实朋友。②

二、江苏南部地区新石器时代的畜牧业

(一) 马家浜文化与崧泽文化时期的畜牧业

　　马家浜文化时期(距今约 7000 年)的人们已过着定居生活,房屋为木构建筑。这时的生产工具以石器和骨角器为主。石器的种类、形制比较简单,仅见斧、锛、凿,形体小,而且制作粗糙。骨制工具发现很多,有骨镞、骨锥、骨鱼镖等。有一种鹿角制的靴形器,可能是一种带木柄的生产工具。

　　与此同时,家畜饲养已经开始,已驯养狗、猪、水牛。渔猎生产仍比

① 邹厚本主编:《江苏考古五十年》,南京出版社 2000 年版,第 104—105 页。
② 龙虬庄遗址考古队:《龙虬庄—江淮东部新石器时代发掘报告》,科学出版社 1999 年版,第 491—492 页。

较发达。发现大量动物骨骼,说明当时人们在森林或草丛中猎取梅花鹿、野猪、牙獐,从河湖沼泽捕捞鱼、蚌、龟、鳖、蛤蜊、螺蛳等作为人们的食物。

当时种植的农作物主要是水稻。在崧泽和草鞋山遗址(距今约6000年)发现有炭化谷粒,尤其是草鞋山的稻作生产区,规模已达到相当的程度。可见,长江流域水稻的栽培已有悠久的历史。稻谷常被发现去壳成为糙米,发现不少加工粮食的陶杵,说明农业生产已在经济生活中占有重要地位。梅堰、崧泽、草鞋山出土的杏、梅、桃的果核和水生植物菱的果实,说明采集是获得生活资料的补充手段。

圩墩遗址(距今约6000年)位于江苏常州,属于马家浜文化遗址,研究者运用可鉴定标本对该遗址的动物骨骼进行统计,发现当时人们所饲养的猪等家养动物占全部出土动物的比例是15%,而鹿科等动物的比例达到了85%。很明显,如果不考虑可能出现的误差,该遗址出土的动物骨骼组成反映出狩猎依然是主要的肉食来源。家养动物的组成中,狗15只,家猪98只,水牛数量不详,家猪的数量占全部家养动物的主体,这是江南地区首次出现猪在家养动物中占主体地位的现象。

溧阳神墩遗址(距今7000—6000年)位于长江下游的江苏省南部,相当于马家浜文化早期,其肉食的来源主要依靠狩猎而取得。遗址所发现的动物遗存共48件,大多比较破碎,可鉴定标本数为41件。从分类情况来看,包括哺乳动物、爬行动物和鱼类,其中哺乳动物数量最多,除了部分鹿角、下颌骨、保留有明显特征的四肢骨可以帮助鉴定种属外,还有少数种属不明确的肋骨残片和肢骨残片,只能粗略地将其分为大、中、小型哺乳动物。遗址中猪的材料数量较少,共发现4件猪科标本,为残破的下颌、牙齿和四肢骨,至少代表了2个个体,很难判断是否已经驯化。但根据同时期地理位置相近、自然环境相似的西溪遗址的情况来看,神墩先民们应该已经驯养家猪了。至于遗址中发现的牛科动物,很难判断是否家养,结合以往的研究,研究者倾向于认为该时期遗址出土的牛为野生种属。从现有动物群的数量分布情况来看,先民的肉食,主要是来自哺乳动物,占了74%;其次为爬行动物,占了24%。从哺乳动物的构成情况来看,无论是可鉴定标本数、最小个体数,还是肉食量,都是以野生动物为主。由此可见,在马家浜文化早期,神墩遗址的先民们主要依靠狩猎和捕捞野生动物来获取自身所需的肉食资源,同时可能会饲养家猪来作为肉食资源的补充。神墩先民生存的自然环境中,野生动物资源非常丰富,先民能够饲养家猪,能够进一步利用食剩的动物遗骨来制作各类骨角器。从生业经济的角度来看,在遗址的早期阶段,先民主要还是依靠渔猎捕捞野生动物来获取所需的肉食资源。

（二）良渚文化时期的畜牧业

发现于苏州的良渚文化时期的龙南遗址(距今约5200年),出土的动物标本也以猪骨为多。研究者运用可鉴定标本数量的方法,对该遗址的动物骨骼进行统计,发现猪等家养动物占全部动物总数的70％,以鹿科动物为主的野生动物占30％。在家养动物中,猪的数额较大,发现了178只,另有牛10头,狗22只。在这一动物构成中,猪的数量占主体,养猪无疑成为家畜饲养业的主要种类。该遗址中狗的数量较多,这是在河姆渡文化遗址出现家养狗以后,江南地区首次出现较多狗的骨骼。从家畜种类构成来看,该地区主要饲养的家畜,如猪、狗、水牛已经存在,说明江南地区家畜饲养的格局已经在这一时期基本形成。

根据研究,江苏周边地区,如从河姆渡遗址到马桥文化遗址,出土动物的情况都是猪少而鹿多。这似乎可以表明,整个江南地区包括江苏地区,直到商周时期,如司马迁在《史记》中所言,系地广人稀,森林茂密,可以猎获的动物较多,采集和狩猎相当容易,而中原地区随着种植业的发展,易垦的土地逐渐被开垦,森林逐渐减少,生活在其中的野生动物也较少,必须依靠人类自身的劳动养殖来维持对肉食的需求。江苏一带人们,对畜牧这种需要投入劳动力较多的食物产业的需求不是特别迫切,从而限制了畜牧业的发展。尽管如此,当时以养猪为主体的养殖业,还是得到比较充分的发展,因为在森林地带,猪的饲料易于得到满足,从而有利于发展养猪业。

表 1 - 1　考古所见江苏各地家畜骨骼出土表

遗址名称	出土动物	资料来源
江苏邳县刘林	猪骨、牛骨、水牛骨、牛牙床(30件)	考古学报,1962,(1):96 考古学报,1965,(2):26
江苏邳县大墩子	牛骨	考古学报,1964,(2):18
江苏吴县草鞋山	水牛骨	文物资料丛刊,1980,(3):4
江苏邳县刘林	猪牙床191个	考古学报,1965,(2):12、26
江苏南京北阴阳营	猪牙床	考古学报,1958,(1):17
江苏常州圩墩	猪骨、水牛骨	考古,1974,(2):112 史前研究,1984,(2):81
江苏连云港二涧	猪骨、牛角	考古,1962,(3):111 - 116 农业考古,1985,(2):106

第四节　夏商周时期江苏畜牧业

　　从公元前 21 世纪开始,黄河流域首先跨入文明的门槛,建立了夏、商、周国家政权,这个政权的经济基础是不断发展的农业,以及建立在农业基础之上的高度发达的青铜铸造业,青铜铸造业又反过来推动农业的发展,而畜牧业的发展也建立在农业发展的基础上。

　　江苏地区气温在距今 3000 年左右开始明显下降,但年均温仍高于现今;距今 2900—2400 年间气温呈回升趋势;距今 2400—2100 年出现了持续 300 年的降温期;距今 2100—1200 年气温又回升,最高可高于现今 1℃左右,海面也大致出现了相应的变化。商朝末期和西周初期,中国气候变冷速度加快,公元前 1000 年左右达到一次极冷。随后,西周早期气候开始呈现变暖趋势,一直持续到汉朝。①

　　与原始农业相比较,夏商周出现了阶级,出现了统治者与被统治

① 竺可桢:《中国近五千年来气候变迁的初步研究》,《考古学报》1972 年第 1 期,第 8 页。

者,其畜牧业的发展既受农业发展的影响,同时也与王室的需要密切相关。相对于农产品来说,畜牧产品口感显然要胜一筹,因为畜牧产品的品质要比种植业高,而统治者为了满足其需要,则会尽可能地发展养殖业,从而获得肉食。正因为统治者占有更多的肉食资源,所以也被称之为肉食者。

此时,农业与畜牧业的最大特点是有相当多的一部分劳动者不再是为满足自己的生活需要而劳动,而是被迫为少数统治阶级从事无偿的劳动。由于商周贵族在公田上采用大规模的集体耕作方式,经常要征调成千上万的农民在农田劳动,需要有耤臣、田畯之类的大小管家来安排农活和监视督促,这些专门从事农业劳动管理的人,因职责所在,要经常考虑生产技术和管理上的问题,总结经验教训,从而促进了农业生产技术的提高。商周已经进入青铜时代,青铜工具的出现使得农具的制作和改进更加容易,也提高了劳动效率,有利于开辟更多的农田,扩大耕地资源,发展种植业,从而有利于畜牧业的发展。[1]

一、政区变化与沿革

实际上,早在公元前 21 世纪,夏王朝的版图可能包含了江苏一部分土地。而据《尚书·禹贡》对上古时期中国的划分,江苏地区分属扬州、徐州和豫州。其中,淮河以南属扬州,今邳州、宿城、睢宁、海州、清江浦、涟水、泗阳属徐州,今铜山、丰县、沛县属豫州。但在周代,《周礼·夏官司马·职方氏》中,江苏又分属于扬州和青州。

商朝时,在今徐州铜山区境内存在一个著名侯国,名曰大彭氏国,它是江苏境内最早建立的具有国家雏形的方国之一。[2] 商朝晚期,周国的周太王欲把王位传给少子季历及其子姬昌,长子太伯、次子仲雍便前往江南定居,"文身断发,示不可用,以避季历……自号句吴",当地人因其德义而奉太伯为君主,"从而归之千余家,立为吴太伯"[3]。这便是吴国的由来。后来,周武王伐纣,灭商朝,封泰伯后继者为吴君,列为诸

---

① 陈文华:《中国农业通史·夏商西周春秋战国卷》,中国农业出版社 2007 年版,第 1 页。

② 桑学成主编:《江苏发展史纲》,河海大学出版社 1999 年版,第 20 页。

③ 中华书局编辑部点校:《史记》卷三十一《吴太伯世家第一》,中华书局 1982 年版,第 1445 页。

侯,并在现在的常州武进区建立了淹国,在镇江丹徒区建立了宜国。吴王寿梦即位后,吴国国势日益强盛,开始第一次向外开疆拓土,连续征伐楚、郯、徐、巢等地,占领了两淮之地,这时的吴国便与如今的江苏省面积相当。到了春秋时期,吴王夫差任用伍子胥,使得国力大增,对外攻城略地,灭亡了越国,给齐国、楚国以重创,一度成为雄踞东南的霸主。之后,越国趁吴国黄池之会、争霸中原、国内空虚之际,复国灭吴,越王勾践便替代吴王夫差成为新的霸主。战国时期,今江苏区域内大部分属越,一部分属宋、鲁和邳等国;后大部分属楚,一部分属齐,最后全归于楚国,正因为有这段历史,故而江苏又有"吴楚故地"之称。

二、夏商时期的畜牧业

夏商时期,由于缺乏文献记载,对当时的农业与畜牧业发展情况,依然只能根据考古发现来推测。目前的考古发现表明,江苏区域内的历史遗存数量较新石器时代出现了一定程度的减少,其原因可能与当时的自然气候环境有关。距今 4000 年前后,中国的气候温度出现大幅度下降,特别是在江苏北部地区,"气温大幅度降低以及由此引起的环境灾难严重影响了当时人们的生产、生活,表现在考古学上是古文化遗址数量锐减,人口也大量减少"[1],自然会影响到畜牧业的发展。而另外的研究认为,"夏商时期,江苏境内的文化发展出现低谷,进入了一个逐步由中原文化影响的新时期,其文明演进主要受到中心位于中原的夏、商、西周早期国家的制约和影响"[2],从而也说明了此时江苏农牧业的发展开始纳入整体国家的范畴,已经不是单一地区独立的农牧业的发展状态。在这一历史时期,苏北地区农牧业的发展无疑已经受到夏商中原文化的较大影响。

(一)夏代畜牧业

从目前的考古情况来看,江苏苏北地区尚未发掘出明显属于夏代文化的历史遗迹。这一时期广泛存在于海岱地区(苏北沿海)的岳石文

---

① 高江涛、庞小霞:《岳石文化时期海岱文化区人文地理格局演变探析》,《考古》2009 年第 11 期,第48—58 页。
② 王健:《江苏通史·先秦卷》,凤凰出版社 2012 年版,第 149 页。

化(前 1900—前 1600 年),考古发现其农业生产的工具种类十分丰富,说明当时他们的农业生产水平较高,也间接说明畜牧业有一定发展。

夏代苏南地区受中原夏文化影响更少,体现为相对独立的文化发展类型。这一特点可能持续到秦汉时期,恰如司马迁在《史记》中所言:"楚越之地,地广人稀,饭稻羹鱼,或火耕而水耨……无积聚而多贫。是故江淮以南,无冻饿之人,亦无千金之家。"说明当地食物的获取主要依靠水稻与渔业,蛋白质摄取主要依靠鱼类,牛没有用于使役,所以养牛没有后来那么迫切,六畜的养殖自然欠发达。苏南地区本土的文化类型主要包括两部分,一是宁镇地区由点将台文化演变产生的湖熟文化;二是太湖流域地区由良渚文化演变产生的马桥文化。

湖熟文化于 1951 年被首次发现于江宁湖熟镇一带,大约与中原地区的二里头文化的时代相当。在湖熟文化的相关遗址中,石镰、石锄等石制农业工具仍大量出现,原始的青铜工具则出土较少,这表明了当时宁镇地区农业生产依然处在石器时代向青铜时代过渡的历史阶段。此外,这一时期宁镇一带的种植业、家畜饲养业也都获得了长足发展。水稻种植业在史前农业的基础上进一步发展,可能进入到犁耕农业生产阶段;家畜饲养业也日渐成熟,家禽成为主要的副食品,采集渔猎在人们生活中所占的比例持续下降。从考古发现的材料上看,湖熟文化时期的苏南农业已经基本完成了从史前原始农业到传统农业生产方式的转变。

同一历史时期的太湖流域则属于马桥文化的影响范围。马桥文化核心影响区域为苏南、浙北的太湖流域平原地区。马桥文化与宁镇地区的湖熟文化基本同期,皆对应了中原地区的夏商时期,年代为距今3900 年至距今 3200 年。马桥文化主要继承良渚文化特征,所在太湖流域农业生产可以看作是对良渚文化时期农业生产的继承与发展。尽管在马桥文化的部分遗址中出土了少量的青铜器,但农业生产工具仍以石器为主,与良渚文化的石器在用料和制法上都非常接近或相同。石制工具的加工还处在较低的水平,石器比较粗糙,在打制成型后,磨制并未完全到位,马桥文化时期的农业生产工具也还处在由石器向青铜转变的历史时期。

《尚书·禹贡》记载夏朝时,大禹划分九州,苏北地区以淮河为界分属徐州和扬州。《禹贡》详细记载了徐州和扬州的土壤类型和贡赋情况:"海、岱及淮惟徐州。淮、沂其乂,蒙、羽其艺,大野既猪,东原底平。厥土赤埴坟,草木渐包。厥田唯上中,厥赋中中……淮海惟扬州。彭蠡既猪,阳鸟攸居。三江既入,震泽底定。篠簜既敷,厥草惟夭,厥木惟乔。厥土惟涂泥。厥田唯下下,厥赋下上。"①这是说淮河、沂水治理好以后,蒙山、羽山一带已经可以种植了,大野泽已经停聚着深水,东原地方也获得治理。那里的土是红色的,又黏又肥,草木不断滋长而丛生。那里的田是第二等土壤,赋税是第五等。……淮河与大海之间是扬州:彭蠡汇成了湖泊,成了鸿雁南归时的栖息之地。松江、钱塘江、浦阳江在那里入海,震泽地区也获得安定了。竹林密布,野草繁茂,树木高大。这里的土质湿润。田地属第九等,赋税居第七等,表明江苏南北逐步得到开发。

(二)商代畜牧业

商王朝统治的势力范围比夏朝有所扩大。东面主要向黄河下游的华北平原发展,南面则扩展到长江中游,这个范围大体上就是《禹贡》书上所说的豫州、冀州、青州、兖州以及徐州、荆州一部分,其中的徐州与青州范围在江苏一带。

进入商代,大江南北仍然保持前代生产格局,没有大的变化。也有人认为,商代是"畜牧业占主导地位"的社会,或者把商人"成汤以前八迁"看作是商族尚处在渔猎畜牧经济为主的阶段,把成汤以后至盘庚迁殷的"五迁"看作是从渔猎畜牧经济向农业定居经济过渡的反映。郭沫若在《中国古代社会研究》导论中即明确指出:"商代的末年还是以牧畜为主要的生产,卜辞中用牲之数每每多至三百、四百以上,即其证据。农业虽已发明,但所有的耕器还显然在用石器,所以农业在当时尚未十分发达。"但是,商代帝王祭祀一次用牛羊多达数百,只能说明大奴隶主的奢侈豪华,大量挥霍掠夺来的财富,并不一定说明畜牧业就非常发达,更不能说明当时的畜牧业超过种植业成为主要生产部门,因为就商

---

① 孙星衍:《尚书今古文注疏》,中华书局 2004 年版,第 153—160 页。

王朝统治中心来说,农业早已成为最主要的生产部门。

这一判断已为近几十年来的考古发现所证实。如河南郑州南关外、河北藁城台西、山东济南大辛庄、湖北黄陂盘龙城等一系列商代中期遗址和其他商代晚期遗址,都发现过大量的农业生产工具以及一些农作物遗存,其种植业比重显然大大超过畜牧业。从不少古文献的记载不难看出,如《盘庚》三篇中面对不愿搬迁的商人,盘庚就说过:"若农服田穑,乃亦有秋。"(像农夫务农一样,只有尽力耕种,秋天才有好收成。)"惰农自安,不昏作劳,不服田亩,越其罔有黍稷。"(懒惰的农夫心安理得,不好好耕种田亩,便不会有谷物收获。)如果当时不是以农业生产为主的话,盘庚拿农业生产打比方又有多大说服力呢? 论者认为,从甲骨文和考古材料看,商代的粮食作物有黍、稷、粟、麦、稻、菽、麻等,饲养的家畜有马、牛、羊、猪、狗等,家禽主要是鸡,鹅、鸭也开始驯养。马、牛是作为动力使用,肉食对象主要来自羊、猪、狗及鸡等,人们的食物主要还是粮食和一些蔬菜瓜果,而不是肉食。因此,不存在以畜牧为主的生产结构。①

(三)夏商时期的动物养殖技术

商代是目前最早出现有成熟文字的朝代,为了解当时农牧业发展带来了便利。江苏地区在商代已经纳入商王朝的管辖范围,江苏的畜牧业发展水平应当等同于当时全国大部分地区,但要略微低于中原地区。此时江苏的畜牧业,基本上在商王朝主导的畜牧养殖基础上,带有强烈的地方色彩。商王朝的畜牧业发展中,马、牛、羊、鸡、犬、猪等六畜在这一时期都有很大程度的发展。

六畜开始都是作为食用,其次才是利用其羽、毛、皮、革、齿、牙、骨、角来为人们的日常生活服务。食用既有直接食用,还有用于祭祀。

马是夏商时期的重要家畜。《夏小正》记载:"四月执陟,攻驹""五月颁马"。执陟是将配种后的种马加绊,以制其游放,可保护已受孕的母马免受其骚扰。攻驹即牡马去势,俗称骟马。颁马则是将已受孕的母马分别放牧。这些记载既反映当时已积累了一定的牧马经验,也反

---

① 陈文华:《中国农业通史·夏商西周春秋战国卷》,中国农业出版社 2007 年版,第 20—21 页。

映了夏代养马业已有一定的发展。甲骨文中已有马字,是马的侧视图形的简化。各地也经常发现商代的车马坑,出土许多马骨架,如河南省安阳市殷墟和大司空村、郑州市二里岗、陕西省西安市老牛坡、甘肃省永靖县大何庄都发现过商代的马骨架,安阳市殷墟妇好墓中还出土过玉马。显然,马的养殖主要在北方或中原地区,江苏极少。

牛的养殖应该是江苏畜牧业的重要组成。中原地区的新石器时代遗址中已普遍发现牛骨,湖北、辽宁等地也出土过夏商时期的牛骨,表明夏代已经养牛。商代的甲骨文已有牛字,是牛头正视的简化,甲骨文的牧、牡、牝、牲等字都从牛。殷墟出土的大量卜骨,多取材于牛的肩胛骨。牛也大量用于祭祀,动辄数十数百,甚至上千,考古工作者在甘肃、陕西、河南、河北、云南等数十处遗址和墓葬中发现商代的牛骨、石牛和玉牛,还有一些牛尊、牛面等青铜器。可见牛在商代已大量饲养,其重要地位当不在马之下。不过,牛在江苏夏商时期的考古发现中还是比较少。

猪是江苏地区与牛同样重要的养殖动物。甲骨文中的猪字是猪的侧视图像的简化。猪也是商代主要肉食对象和祭祀用牲,卜辞有"丙寅卜……卯卅豕"[1],"丁酉卜……豚十,又大雨"[2]。在河南、河北、甘肃、黑龙江、云南、江西、天津各地都有商代猪骨或陶猪的出土。在湖南湘潭出土的商代猪尊,展现了当时所养公猪的高大形象,由此表明当时养猪的盛况,并间接反映出同处江南地区的江苏养猪业也较发达。

养禽业,包括鸡鸭鹅的养殖,在夏商之际也有一定发展。其中鸡,早在新石器时代已经驯化,而以鸭、鹅为代表的水禽,则可能是在这一历史时期被驯养。江苏南部为水乡泽国,河湖交错,是最有可能最早驯养鸭鹅的地方。

《夏小正》中有"鸡桴粥"(产卵)记载[3],养鸡已成为重要的副业了。甲骨文的鸡字是鸟旁加奚为声,是形声字。鸡也用作祭祀和殉葬,殷墟已发现作为祭祀殉葬的鸡骨架。江苏地区的养禽业,应该是其特色产

① 郭沫若:《殷契粹编》四三〇。
② 郭沫若:《殷契粹编》二十七。
③ 王文锦点校:《大戴礼记解诂》,中华书局1983年版,第30页。

业,地理环境十分适合禽类养殖,特别是水禽养殖独具优势。

三、周代畜牧业

周代江苏畜牧业,可以从考古、文献两个方面来了解。通过考古发现,在苏北靠近山东的地区,近年来发掘了一批西周时期的遗址,在这些遗址中,出土了大批的农作物、家畜遗存和农业工具,证明了西周时期当地农业生产取得了很大的进步。连云港东海县焦庄遗址中,出土了一批粳稻粒和斧、锛、镰等农业生产工具,并且还出土了大量的动物骨骼,出土的种类有鹿、牛、猪,其中有野生的,也有饲养的。[①] 在新沂三里墩周代遗址中,也出土了狗、猪、牛、鹿等动物骨骼。[②] 由此也可以看出,在西周时期,苏北地区的农业以种植业为主,在家畜饲养方面也获得长足进步。猪、狗等家畜已经完全家养化,成为人们重要的肉食来源和家畜种类。

从古文献记载看,《诗经》中涉及的农作物名称相当多,有麦、黍、稷、麻、稻、粱、菽等。而《诗经》中也提到了马、牛、羊、豕,家禽有鸡等家畜。可以看出,西周时期农业生产已较发达,种植业在生产结构中占据主导地位,畜牧业占次要地位。

《周礼·夏官·职方氏》中还记载了当时全国九州各地所出产的粮食作物和饲养的牲畜。各地有所不同,其中畜牧业表述为:

东南曰扬州(今江苏一带),正南曰荆州(今江汉一带),其畜宜鸟兽,其谷宜五种。河南曰豫州(今河南地区),河东曰兖州(今山东一带),其畜宜六扰(即各种家畜家禽都饲养)。

正东曰青州(今徐州一带),其畜宜鸡狗(其地处海滨,缺少草地,不适合发展马、牛、羊等食草动物)。

正西曰雍州(今陕西一带),河内曰冀州(今晋中、晋南),其畜宜牛羊(地处黄土高原,只适合草食动物牛马等大牲畜的饲养)。

东北曰幽州(今辽东一带),其畜宜四扰(即饲养马、牛、羊、豕)。

正北曰并州(今晋北一带),其畜宜五扰(即饲养马、牛、羊、豕、犬)。

① 南波:《江苏省东海县焦庄古遗址》,《文物》1975 年第 8 期,第 45—56 页。
② 蒋缵初:《江苏新沂县三里墩遗址试掘记》,《考古通讯》1958 年第 1 期,第 7—11 页。

其中的扬州与青州,即覆盖了江苏一带,说明周朝管辖范围已经完全到达了江苏一带。文中认为,青州的苏北地处海滨,缺少草地,不适合发展马、牛、羊等食草动物,而扬州一带的苏南则是六畜皆宜养殖。

在《周礼》中出现一整套管理官营畜牧业的职官和有关制度,说明畜牧业受到重视,其原因与统治者的日常生活需要密切相关。《周礼》中记述与畜牧业直接有关的职官有"校人""牧人""牧师""圉师""庾人""趣马""巫马"以及"牛人""羊人""犬人""鸡人"等。其中校人系"掌王马之政",为总掌马政之官,其职数有"中大夫二人,上士四人,下士十有六人,府四人,史八人,胥八人,徒八十人"(《周礼·夏官》)。"牧人"系"掌牧六牲而阜蕃其物,以共祭祀之牲牷"(《周礼·地官》),是负责在野外饲养繁育马、牛、羊、猪、犬、鸡等六畜,以供朝廷祭祀之用。

这些管理畜牧业的官员,统管全国的畜牧业发展,江苏地区也是其重要部分。不过,此时江苏苏南由于地处水乡,鸭的养殖成为地方特色。江苏句容浮山果园还出土过西周时期的鸭蛋,和鸡蛋混放在一起,装在陶器中,其大小也和今天的家鸭蛋相似。春秋时期,现今江苏所在的吴国,家禽饲养业得到了快速发展,据《越绝书》中记载:"娄门外鸡陂墟,故吴王所畜鸡处,使李保养之,去县二十里"。[①] 这里提到的"鸡陂墟"应当是吴国王室饲养家禽的地方,不属于吴国农业生产的普遍现象。然而,能够出现家禽饲养业的规模化养殖,离不开吴国家禽饲养业的整体进步。"鸡陂墟"无疑是苏南地区畜牧生产领域快速发展的体现。另据《越绝书》记载:"犬山者,勾践罢吴,畜犬猎南山白鹿","无锡历山,春申君时,盛祠以牛,立无锡塘,去吴百二十里","鸡山、豕山者,勾践以畜鸡豕,将伐吴,以食士也","桑里东今舍西者,故吴所畜牛羊豕鸡也,名为牛宫,今以为园"。表明当时牛、羊、猪、鸡都有较大规模饲养。

此外,根据《吴地记》记载:"匠门外沙里中,城东五里有猪绩,是吴王畜猪之所","匠门外……东二里有豆园,吴王养马处,又有鸡陂",以及《吴越春秋》中有夫差伐齐,天不亮"秣马食士,服兵被甲,勒马衔枚,

---

① 袁康:《越绝书》卷二《吴地传第三》,中华书局 1985 年版,第 9 页。

出火于造,暗行而进",夫差"不诛越王,令驾车养马,秘于宫室之中三月"。《吴郡志》也载有"鸭城,在匠门外,吴王筑以养鸭"等等。这些古文献记载,均反映当时吴越各自畜牧业相当兴旺发展,尤其是以"鸡城""鸭城"来形容当时鸡、鸭饲养盛况,表明当时养殖规模很大,而且还出现养马的记载。

图 1-4　江苏句容寨花头土墩墓出土西周早中期家禽蛋①

---

① 田名利:《江苏句容寨花头土墩墓 D2、D6 发掘简报》,《文物》2007 第 7 期,第 26 页。

第二章　秦汉时期江苏畜牧业

　　秦代以前,受自然条件与农耕生产传统的影响,南方地区的畜牧业与北方相比,一直相对落后。《盐铁论·未通篇》云:"内郡人众,水泉荐草,不能相赡,地势温湿,不宜牛马。"《汉书·地理志上》也称扬州地区"厥土涂泥。田下下,赋下上错"。关于这里的"涂泥",隋唐时期的训诂学家颜师古注曰:"灛洳湿也",也就是说该地区虽土地辽阔,但由于降雨量大,使得土壤含水较多,不利于农耕的发展,土壤质量在当时处于下等,亦是不适宜农牧业发展。江苏地区河网稠密、湖泊众多,以平原为主,也有地势起伏的丘陵山地,因此对土地的利用存在着明显的区别。河谷平原以农业为主,低山丘陵主要发展畜牧业,森林和湖泊地带则以渔猎为主。到秦汉时期,随着北方人口的南迁和南方越族的流入,以及社会对畜牧产品的需求日益增多、中央集权制和新兴地主经济的影响,使得南方地区得以开发,畜牧业发生了明显变化,各种家畜家禽养殖规模都较之前有了明显的增加。

第一节　政区演变及其生态环境变迁

一、政区演变

　　秦始皇统一中国后,在全国推行郡县制。今江苏省大致分属于会稽郡、东海郡、泗水郡、九江郡和琅琊郡。其中,江南属会稽郡,江淮之间及淮北的大部分属东海郡,西北一带的今泗洪、睢宁、徐州市区和丰、沛等地属泗水郡,南京浦口一带属九江郡,东北赣榆一带属琅琊郡。西汉初,刘邦杀白马为誓,实行郡国并行制度。今江苏先后分设楚、荆、吴、广陵、泗水等国,以及会稽、丹阳、东海、临淮、琅邪、沛等郡。汉武帝时,又在郡国之上设立州部,今江苏长江以南属扬州刺史部,主要含会稽、丹阳二郡;江北属徐州刺史部,主要含楚、广陵、泗水三国和东海、临淮两郡。其中,楚国主要在今徐州市区一带,泗水国含今泗阳、淮阴及宿迁小部,广陵国含今扬州市区至宝应沿运河地区,东海郡含今邳州市以东,灌南、宿迁以北地区,临淮郡含淮南的绝大部分地区以及淮北的今睢宁、泗洪、宿城、涟水及淮阴等地。东汉时期与西汉基本相同,形成了州、郡(国)、县三级地方行政制度。今江苏长江以南属扬州,含吴郡和丹阳郡,分辖茅山东西;长江以北属徐州,含下邳、彭城二国和东海、广陵二郡。其中,下邳国含今淮安市大部及徐州市东部邳州、新沂等地,彭城国含今徐州市区及邳州、沛县等部分地区,东海郡含今连云港及沭阳等地,广陵郡含今安徽的淮南和江苏的灌南、涟水、泗阳等地。此外,今江苏西北部的丰、沛二县属豫州沛国,南京浦口西属扬州九江郡等。

二、生态环境变迁

根据《史记·货殖列传》记载:"龙门、碣石北多马、牛、羊、旃裘、筋角","天水、陇西、北地、上郡与关中同俗,然西有羌中之利,北有戎翟之畜,畜牧为天下饶",描述的即是北方地区半农半牧式经济特点。《史记·货殖列传》又载:"楚越之地,地广人稀,饭稻羹鱼,或火耕水耨,果隋蠃蛤,不待贾而足,地势饶食,无饥馑之患,以故呰窳偷生,无积聚而多贫。是故江淮以南,无冻饿之人,亦无千金之家。"表明南方楚越地区,主要从事农业生产。《中国农业地理总论》一书的观点认为,中国古代很早就存在农牧业的分区,其分界线:从东北的大兴安岭东麓—辽河中上游—阴山山脉—鄂尔多斯高原东缘(除河套平原)—祁连山(除河西走廊)—青藏高原的东缘,此线以南以东是农区,以西以北是牧区。① 根据这一分界线理论,历史上的江苏在其地理上属农业区,农业经济一直以种植业为主,畜牧业处于较次要地位。不过,由于气候变化、战争影响及人口变化,这一分界线也不绝对准确,在其分界线附近,常常属于半农半牧地区,或者称之为农牧交错带。

秦汉时期的气候也发生过变化。初期延续战国后期的气温下降,至西汉武帝后期(约前 100 年),气温又有明显的回升,直至公元初,长江中下游地区基本上为温暖湿润的气候环境。新莽政权时期,即两汉之际,又有降温事件发生,气候经历了由暖而寒的历史转变,降温过程大致持续到东汉明帝时期(58—75 年)。明帝以后至东汉中后期,气候暖湿,尤其是冬季气温相对较高。东汉后期(约 150 年),气候再次出现波动,虽幅度不大,却开启了魏晋以后气候大波动的序幕。可见,秦汉时期的气候有起伏变化,其间先后经历了冷(秦及汉初)—暖(约前 100 年)—冷(两汉之际)—暖(明帝时期)—冷(约 150 年)的多次变动。从整体上看,此期间气候波动的最大特点是每次波动持续的时间相对较短。从生态环境看,江苏北部大部分地区土壤肥沃,雨量较丰,温度适宜,使得人们更易从事农业和畜牧业生产。不过,江南地区,因气候湿热和土壤黏重,在一定程度上仍不利于人类生存和农牧业发展。据《后汉书·马援列传》记载,东汉前期,马防(马援次子)"徙封丹阳","后以江南下湿,上书乞归本郡,和帝听之"。可见南方的湿热气候,让北方中原地区的人难以适应。

据记载,汉武帝时期,曾有极度严寒的恶劣气候出现。《汉书·武帝纪》中记载:元光四年(前 131 年),"夏四月,陨霜杀草";元狩元年(前 122 年),"十二月,大雨雪,民冻死";元鼎三年(前 114 年),"三月水冰,四月雨雪,关东十余郡人相食"。《西京杂记》中也有"元封二年(前 109 年),大寒,雪深五尺,野鸟兽皆死,牛马皆蜷缩如猬"的记载。可见气候之恶劣,影响之惨烈,畜牧业也因此受到严重波及。到了王莽改制时,关于低温的记载更多。天凤四年(17 年)八月,"大寒,百官人马有冻死者",直到东汉光武帝建武初年,各地依旧霜灾不断。总的来看,这是一

① 吴传钧、郭焕成:《中国农业地理总论》,科学出版社 1980 年版,第 286 页。

个从"湿热"向"温凉"转变的过程,在某种程度上改善了人们的居住环境,也为南方的进一步开发和北人南迁创造了条件。

秦汉时期,苏北海岸线大致在北起海州湾,沿今赣榆、连云港、阜宁、盐都、东台、海安一线。[①] 长江三角洲地区还没有完全形成,长江入海口在今镇江和扬州附近,河口成喇叭形。范公堤以东地区经常受到海潮和风浪侵袭影响,人们难以正常居住,直到西汉以后开辟盐场,开挖运河,才逐步发展起来。西汉时,广陵的曲江潮颇有名气,东汉王充《论衡·书虚篇》曰:"丹徒大江无涛,广陵曲江有涛。"当时江苏河流纵横,湖泊众多,水道四通八达,苏北平原的淮河、泗水、沂水、沭水等各大水系自然分布,互不干扰。其中,泗水沿岸经济较为发达,淮河的入海口在今天的涟水区域内,泥沙较少,里下河地区还是湖沼低洼地带。太湖作为长江中下游的主要湖泊,在秦汉时期也发生了一定的变化。太湖古名震泽,又称具区、笠泽,在燕山运动中形成。在初形成时,其水面北至常州、江阴、常熟一带,南达杭州湾北岸,东至昆山、金山一带,西临溧阳、宜兴、长兴,后来由于泥沙淤积才形成太湖平原。倾入太湖的水源为茅山、天目山的荆、苕二水,娄江、松江及东江则为太湖的入海水道。东汉以后,水域面积出现了相对缩小的趋势,在一定程度上降低了人们生产、生存的成本。[②]

第二节　畜牧业发展背景

一、政治背景

早在商鞅变法时期,秦国统治者就有了欲强国必知"十三数"的认识,其中"十三数"便包括"马、牛、刍藁之数"[③]。马、牛、羊等家畜的饲养不仅可使劳动人民获利,同时也是国家发展战略的需要。秦始皇一统

---

① 虞友谦、汤其领主编:《江苏通史·秦汉卷》,凤凰出版社 2012 年版,第 30 页。
② 朱宏斌:《秦汉时期区域农业开发研究》,博士学位论文,西北农林科技大学,2006 年,第 95 页。
③ 石磊译注:《商君书》卷四《去强》,中华书局 2011 年版,第 45—46 页。

天下后,建立了中央集权制,畜牧业的行政机构设置和管理则基本沿袭周代。为富国强兵,满足大一统中央集权制国家的需求,秦朝十分重视官营畜牧业的发展,一直不断完善其畜牧管理制度。秦朝法制森严,为保护畜牧,有"秦之法,窃马者死,窃牛者加"的严令,秦律中还有《厩苑律》《牛羊课》等畜牧专项条款,在《田律》《仓律》《司空》《效律》等其他法律中也包含着畜牧生产管理的内容。到汉代的《九章律》中,也有专门针对畜牧法令的《厩律》一章,这些都是通过立法手段来保障畜牧业的发展。

秦汉时期,由于秦朝对西北地区的开发,以及汉代北击匈奴、推广牛耕等,给畜牧业的发展提供了有利的契机。秦末楚汉相争时期的战乱造成了牲畜的严重损耗,但经过西汉初期的休养生息,到了汉武帝初年,畜牧业又随着社会经济的发展恢复了昔日的繁荣。然而,北方游牧民族凭借骑兵优势不断侵扰边界,匈奴对汉王朝的威胁与日俱增,人们普遍认识到"与匈奴战,不可无马"。于是,汉武帝致力于发展养马业。但随着连年对外用兵,在战争中损失大量马匹。如元朔六年(前123年),"汉军之上马死者十余万";元狩四年(前119年),"汉军马死者十余万匹"①。之后,在王莽篡汉和东汉初年的动乱中,畜牧业又一次遭受了破坏,这种创伤一直到很多年后才逐渐恢复。

二、经济背景

在汉代以前,受社会经济发展水平的限制,江苏当地的饮食相对简单。据《盐铁论·散不足第二十九》称:"古者燔黍食稗,而捭豚以相飨。其后,乡人饮酒,老者重豆,少者立食,一酱一肉,旅饮而已。及其后,宾婚相召,则豆羹白饭,綦脍熟肉。今民间酒食,殽旅重叠,燔炙满案,臑鳖脍鲤,麑卵鹑鷃橙枸,鲐鳢醢醢,众物杂味。"这是说:古代,人们吃的是烧烤的黄米、稗子等杂粮,招待客人时才杀猪。后来,乡里的人在一起饮酒,老年人面前摆几碗肉(表示受到尊重),年轻人则站着吃,只有一盘酱一碗肉,很多人聚在一起按顺序饮酒。再往后,人们举行婚礼招

① 中华书局编辑部点校:《史记》卷三十《平准书第八》,中华书局1982年版,第1428—1429页。

待客人,只用肉汤米饭,再加一些切细的肉块。现在民间招待客人,鱼肉重迭,烤肉满桌,还有鱼鳖、鹿胎、鹌鹑、香橙、蒟酱,以及鲐、鳢、肉酱和醋,物丰味美,表明人们生活水平有了很大改善。

根据史料记载,当时的饭店酒馆均为官办,很少有民营。经过西汉初年的"文景之治",社会呈现出前所未有的富足,人们的饮食水平也得以提高,这就导致肉食的需求量大幅上升。一时间,各类民间饭馆纷纷涌现出来,与之前"不粥饪,不市食。及其后,则有屠沽,沽酒市脯鱼盐而已"的场景大为不同,呈现出"今熟食遍列,肴施成市,作业堕怠,食必趣时,杨豚韭卵,狗腼马朘,煎鱼切肝,羊淹鸡寒,桐马酪酒,蹇捕胃脯,胹羔豆赐,毂膹雁羹,臭鲍甘瓠,熟梁貊炙"的富庶景象。①

随着商品经济的全面发展和社会对畜牧产品的较高需求,畜牧业生产趋于商品化,且商品利润十分丰厚,也带动了畜牧业在地域、规模、数量上的拓展,甚至有人因卖肉食而埒王侯。《史记·货殖列传》记载:"陆地牧马二百蹄,牛蹄角千,千足羊,泽中千足彘……此其人皆与千户侯等。"这是说,如果一人养马 500 匹,养牛 167 头,养羊 250 只,养猪250 头,此人的收入可与食邑千户的侯爵相等。《汉书·货殖传》也有"浊氏以胃脯而连骑"的记载,说浊氏靠卖肉干致富,他的侍从车骑前呼后拥。汉代庖厨图中,也有很多关于屠宰畜禽场面的雕刻,包括杀猪、宰羊、椎牛、击马、剥狗、烫鸡(鸟、雉)等等。由此可见,畜牧业在秦汉时期已然受到极大重视。

三、社会背景

秦汉时期,江苏区域的人口不断增加,是影响当地土地开发利用和畜牧业发展的一个重要因素。楚国为秦所灭后,楚国遗民大多汇集于徐州贾汪、沛县一带,待到西汉建国,这里已经发展为汉风、汉俗的典型地区,甚至成为影响全国文化的重要地区,淮阴、扬州、苏州和东海地区的经济文化也发展迅速。② 不仅如此,江苏地区在秦汉两代的社会生活都较为安定,未受到较大的战火摧残,因此能保证人口自然稳定地增

---

① 王利器:《盐铁论校注》卷六《散不足》,中华书局 1992 年版,第 351—353 页。
② 马俊亚:《江苏风俗史》,江苏人民出版社 2020 年版,第 90 页。

长。除此之外,还有大量来自外地的移民。据《史记·东越列传》记载,汉武帝建元三年(前138年),闽越(今福建省闽江下游)发兵围东瓯(今浙江省永嘉市),武帝发兵浮海救之,闽越撤兵,于是"东瓯请举国徙中国,乃悉举众来,处江淮之间";元封元年(前110年),朝廷平定了闽越国中东越王余善的叛乱,并趁机废除了闽越繇王,"诏军吏皆将其民徙处江淮间"。这是两次向江淮地区大规模移民,史称"东越地遂虚"。这两次迁移的人口在二十万以上,大致分布在庐江郡、九江郡和临淮郡。

除南越人向北流动外,中原地区的百姓也因水旱之灾或躲避战乱而向江淮地区大量移民。据《史记·平准书》记载:汉武帝时,"山东被河灾,及岁不登数年,人或相食,方一二千里,天子怜之,诏曰:'江南水耕火耨,令饥民得流就食江淮间。欲留,留处。'遣使冠盖相属于道,护之,下巴蜀粟以振之"。于是,大量山东百姓因水灾而南迁至江苏地区。西汉末年,北方连年战乱,中原民众为避战乱,不得不向长江流域迁徙。据史料记载,这是中国历史上最早北人大规模南迁,其规模较大,"民人流亡,百无一在"①。到了东汉时期,这种情况愈演愈烈,当时"连年水旱灾异,郡国多被饥困","时饥荒之余,人庶流进,家户且尽",②因此渡江向南之人越来越多。到了永初年间,朝廷鉴于南迁之现象,制定了"尤困之者,徙置荆、扬孰郡,既省转运之费,且令百姓各安其所"③的政策,又出现了大规模的北人南迁现象。据《汉书·地理志》和《续汉书·郡国志》统计,至东汉永和五年(140年),苏北平原的东海郡、下邳国和广陵郡的户数就已达到36万余户,人口数已达到170余万人,较西汉元始二年(2年)的每县平均人口数都有着明显增多。④ 中原避灾移民,不仅向江苏境内迁入大量劳动力,一改当年"地广人稀"的局面,还带来了中原地区先进的农牧生产工具和技术,对当地的经济发展产生了极大的促进作用。

---

① 《三国志》卷六《魏书六·董二袁刘传第六》。
② 《后汉书》卷三十二《樊宏阴识列传第二十二》。
③ 《后汉书》卷三十二《樊宏阴识列传第二十二》。
④ 吴必虎:《历史时期苏北平原地理系统研究》,华东师大出版社1996年版,第38页。

四、文化背景

秦汉时期,老庄之道盛行。人们对生态环境和动植物伦理有所重视,充分认识到保护环境对人类生存和可持续发展的重要意义,提出要"取之有时,用之有节"。同时,道家还认识到自然环境因素可对生物生存产生很大影响,因而极为注重对生物生存环境的保护。《淮南子·说

山训》中就有这样的观点:"欲致鱼者,先通水,欲致鸟者,先树木,水积而鱼聚,木茂而鸟集。"这是说,要想鱼儿生长,就要先开通水道,要想鸟类前来,就要先种上树木,只有有了积水,鱼才能相聚,树木繁茂了,鸟自然前来聚集。在《秦律》中也有关于禁渔禁猎等动植物保护和环境保护方面的法令。《田律》中规定,不到夏季时节,不准捉取幼兽、鸟卵,不得设置捕捉鸟兽的陷阱和网罟,须到七月方可解除禁令。可见秦代已经对环境保护有了初步认识且制定出较详细的保护政策。在《淮南子·时则训》中还强调,孟春之月,"牺牲用牡。禁伐木,毋覆巢杀胎夭,毋麛,毋卵,毋聚众、置城郭,掩骼"(祭祀用的牺牲是公畜。禁止砍伐树木,不准捣毁禽鸟巢穴,不许捕杀怀胎的母兽和幼小的麋鹿,不要猎取禽卵,不征集民众修筑城墙,掩埋好暴露在荒野外的尸骨);仲夏之月,"游牧别其群,执腾驹,班马政"(将受孕母畜和畜群分开,单独喂养,给马驹套上络头进行调教,并颁布养马条令)。《淮南子·主术训》则提到,"故先王之法,畋不掩群,不取麛夭;不涸泽而渔,不焚林而猎;豺未祭兽,罝罘不得布于野;獭未祭鱼,网罟不得入于水;鹰隼未挚,罗网不得张于溪谷"(所以,先王治国的方法是,畋猎时不得杀绝成群的野兽,不捕捉幼小的麋鹿,不放干池湖之水而捕鱼,不焚烧森林打猎;不到能捕杀弱兽的时间,不让在野外设置捕捉的罗网;没到水獭捕捉鱼群的时间,不得在水中撒网;不到老鹰隼鸟捕杀兔等食物的时间,不得在山谷安装罗网),"孕育不得杀,觳卵不得探,鱼不长尺不得取,彘不期年不得食"(不准捕杀怀胎的母兽,不准掏取孵化着的鸟蛋,不许捕捞长不足一尺的鱼,不得宰杀不满一年的幼猪)。[1] 其中所体现的"时禁"和"合理捕

---

[1] 高诱:《淮南子注》卷五,中华书局1954年版,第70、74、147页。

猎"等措施,都反映出畜牧业和渔猎可持续发展的思想。此外,这一时期出现的中国最早道教经典《太平清领书》,还将生物种类的多少与国家的贫富联系起来,认为物种齐全、种类繁多便是国家富强的标志,以此来强调生物保护的重要性。不仅如此,秦汉时期还讲求因地制宜、因时制宜,充分利用土地特质与空间发展畜牧业。《汉书·食货志》记载:"殖于疆易,鸡豚狗彘,毋失其时",这是说应该利用房屋前后的空闲地,不失时机地养鸡养猪。《汉书》中还提到,"辩其土地川泽丘陵衍沃原隰之宜,教民种树畜养",这其中就体现了要根据土地情况来从事相应的畜牧业生产。

第三节　各类畜禽发展状况

秦汉时期,江苏畜牧业发展虽与中原和关中地区还存在较大差距,但已经在原有基础上有了较大发展,畜牧业分布地区有了较为明显的扩大,饲养畜禽品种类别更多,畜牧生产技术也有所进步,还出现了"官贷民牧"等新的畜牧业经营形式。在家畜的放牧管理上,秦汉时期也是江苏区域内民众由游牧方式转变为固定放牧方式的转折时期。此外,这一时期农牧结合日益紧密,大江南北饲养马、猪、牛、羊、鸡、鸭、鹅等家畜家禽已相当普遍。

一、养牛业

春秋战国时期铁犁牛耕的出现,使得农业生产力大幅提高。秦汉时期,朝廷重视农业,推行牛耕,牛的牧养分为官府牧养和民间牧养两种。尤其是民间养牛的崛起,是当时养牛业发展的一大亮点。正如东汉人应劭所著《风俗通义·佚文》曰:"牛乃耕农之本,百姓所仰,为用最大,国家之为强弱也",可见牛耕在农业生产和社会发展中具有举足轻重的作用。在官牛的牧养与管理方面,秦汉王朝设置专门管理机构与饲养人员,严格管理牧牛场地、牛的草料领取和饲养,同时还进行官牛的籍簿管理,记录下每一头牛的外表颜色、年龄、牙齿、身高等数据,以便查证。民间养牛业的主体是一些畜牧业专业户和富贵之家,他们大规模养殖牛马羊,目的是产品交换以谋取钱财,而个体农户家庭养牛,其目的是役用。由于牛在农业生产中占据重要地位,为确保养牛业的持续发展,中央和地方还颁布了一系列法律来保护耕牛,其中包括惩治盗牛贼、解讼争牛、禁止杀伤牛等各个方面。① 如东汉建武年间,会稽太守第五伦就制定了保护耕牛的措施,"移书属县,晓告百姓。其巫祝有依托鬼神诈怖愚民,皆案论之。有妄屠牛者,吏辄行罚"②,这也从侧面反映出当时南方牛耕的推广情况和对耕牛的重视程度。

作为农业生产中的主要动力,牛耕的推广对农牧业的发展有着重要意义。在西汉末年,北方地区基本普及了牛耕技术,而南方地区直至东汉后期才逐步掌握了牛耕技术。③ 铁犁牛耕推广到江苏地区后,为增加农耕畜力,江苏各地饲养耕牛数量急剧增加,养牛业得到相应发展。据睢宁出土的二牛合犋牛耕画像石、徐州的汉画像石牛耕图、高邮的黄牛和水牛牛骨遗存、邗江甘泉的漆奁木牛座及铜牛灯饰件等,都说明当时养牛业有较大发展,牛已经成为农业生产的主要动力来源。④ 在今泗洪重岗乡西汉墓中发现的画像石上刻有一幅《农耕图》,画面布局分为上下两组,上面为牛耕图,二牛抬杠式犁耕,一农夫在前用绳牵牛,两牛并排,但相距较远,牛的体形硕壮,头上双角内弯,当为水牛,尾巴下垂,二牛抬杠联着直辕犁,一农夫左手扶犁,右手扬鞭,吆喝驱牛前进,一人在后扶犁;下面为播种图,前有一人左手挎笆斗,右手撒种,后有二人用长柄耙子平整土地。⑤ 这种犁耕方式在西汉各地通常可以见到。

1952年,在今徐州市睢宁县双沟镇还出土了汉代农耕图石刻拓本原石(图 2-1),长 105.5 厘米、高 82.6 厘米、厚 17 厘米,图分为三格,最下方格刻有农耕图。在这幅图中,两只牛拉着犁在耕田,一人扶犁,一人举锄,另一牛作行走状,有儿童跟随其后进行播种,另有一人似挑

---

① 温乐平:《论秦汉养牛业的发展及相关问题》,《中国社会经济史研究》,2007 年第 3 期,第 93—97 页。

② 中华书局编辑部点校:《后汉书》卷四十一《第五钟离宋寒列传第三十一》,中华书局,第 1397 页。

③ 温乐平:《论秦汉养牛业的发展及相关问题》,《中国社会经济史研究》2007 年第 3 期,第 90 页。

④ 江苏省地方志编纂委员会:《江苏省志·畜牧志》,江苏古籍出版社 2000 年版,第 110 页。

⑤ 尤振尧、周陆晓:《江苏泗洪重岗汉画像石墓》,《考古》1986 年第 7 期,第 620 页。

图 2-1 徐州市睢宁县双钩镇出土汉代农耕图石刻拓本原石①

篮送饭者,旁有一车,还有一犬在伏地休息。这幅画中,分别有引车之牛和拽犁之牛,耕作时引车牛即卸轭放逸,只有一人在后扶犁,没有人在前面牵牛。可见,耕牛之间也有着明确的分工,且江苏北部地区在汉代已经使用双牛耕的方式进行耕作,也进一步可以看出当时农家养牛数量之多。另据《汉书·五行传》记载,东汉明帝"遣三府掾分行四州(徐州等),贫民无以耕者,为雇犁牛直"。可见到了东汉,铁犁牛耕已经十分普遍,贫民可以租赁犁牛来从事农业种植。

1980 年,在扬州市邗江甘泉二号汉墓出土了一件铜牛灯(图 2-2),长 36.4厘米、高 46 厘米,通体皆用精细的错银纹饰。该牛灯的灯座为一站立的黄牛,腹中空,背负灯盏,盏上有两片可以转动的瓦状灯罩,罩面有菱形格状镂孔和小环,罩上有穹顶形盖,罩顶有弯管通向牛

图 2-2 扬州市邗江甘泉二号汉墓出土铜牛灯

① 南京博物院等:《江苏省出土文物选集》,文物出版社 1963 年版,第 180 页。

头顶心,可借此将烟炱收集到牛的腹腔内。① 这表明,江苏地区在汉代就已经将牛形作为一种器物装饰的元素,从侧面反映出牛在当地居民心中的重要地位。

二、养猪业

养猪业在秦汉时期得到较快发展。养猪已与积肥紧密结合,还可以成为一项致富的途径,即所谓"夫一豕之肉,得中年之收"②。当时,甚至出现了以鉴定种猪好坏出名的人。如《史记·日者列传》记载:"留长孺以相彘立名。"这是说有个名叫留长孺的人,因善于相猪而远近闻名。在扬州市邗江县杨寿乡宝女墩新莽墓出土的玉猪、泰州新庄汉墓出土的珉石猪、徐州市米山汉墓和铜山县凤凰山西汉墓出土的陶猪等,也都反映出汉代江苏养猪业已有一定程度的发展。

古代养猪,最初都是采取散养的饲养方式,靠猪自由采食野生青绿饲料。春秋战国时期,随着农业生产的发展,为了积肥和育肥,开始限制猪的活动,出现了圈养舍饲的方式,用人工采集青绿饲料喂养猪。同时还采用了去势术,小公猪、小母猪经去势后,性情温顺,易管理,且能加快生长和提高猪肉品质。③ 到两汉时期,圈养舍饲的方式逐渐增多,猪圈与厕所往往相连建造,方便积肥。1981 年在扬州市邗江县甘泉老虎墩汉墓出土了一件陶畜圈(图 2-3),由台阶、厕所和围墙构成。围墙平面略呈椭圆形,正面有九级台阶,两侧置栏杆,畜圈前部置厕所一间,正面有单扇虚掩的门,周围

图 2-3　扬州市邗江县甘泉老虎墩汉墓出土陶畜圈④

---

① 纪仲庆:《江苏邗江甘泉二号汉墓》,《文物》1981 年第 11 期,第 5 页。
② 王利器:《盐铁论校注》卷六《散不足》,中华书局 1992 年版,第 355 页。
③ 江苏省地方志编纂委员会:《江苏省志·畜牧志》,江苏古籍出版社 2000 年版,第 77 页。
④ 徐良玉、印志华、吴炜:《江苏邗江县甘泉老虎墩汉墓》,《文物》1991 年第 10 期,第 71 页。

刻有门框,下置门槛,在厕所两侧墙和后墙中央各开一圆形窗孔,门的右上角开一方形窗孔,内地面中央开一椭圆形孔,直通圈内,厕顶作四阿式,前墙搭在围墙上,与台阶相连,后墙下有支撑柱立在围墙内,圈内侧卧一猪,表明养猪与积肥紧密相连。[①] 另外,在徐州十里铺姑墩、铜山县李屯等地亦出土汉代陶猪及陶猪圈模型,其猪圈与厕所粪池连在一起的构造特点和便于积肥的养猪方式,直到20世纪六七十年代的苏北、苏南仍一直沿用。[②]

秦汉时期,由于粮食和农副产品经常紧张,因而放牧养猪较普遍。[③]《史记·平津侯主父列传》记载:"丞相公孙弘者,齐菑川国薛县人也,字季。少时为薛狱吏,有罪,免。家贫,牧豕海上。年四十余,乃学春秋杂说。"《后汉书·宣张二王杜郭吴承郑赵列传》记载:"承宫字少子,琅邪姑幕人也,少孤,年八岁,为人牧豕。"《后汉书·吴延史卢赵列传》记载:"(吴祐)及年二十,丧父,居无檐石,而不受赡遗,常牧豕于长垣泽中,行吟经书。遇父故人,谓曰:'卿二千石子而自业贱事,纵子无耻,奈先君何?'祐辞谢而已,守志如初。"这些都说明,当时放牧饲养很普遍。

秦汉时期,人们已经充分利用动物油脂。猪体脂肪较为丰富,养猪除了用作肉食外,其脂肪也有着多方面的用途。首先,由猪的脂肪炼出的油汁是一种营养丰富的调料,被民间广泛用于炒菜,当时百姓家中所用之油大多就是猪油。其次,古人还用猪油作灯火照明,称为"膏灯",不过这只有在家境殷实的人家才会使用,一般平民还是日落而息或使用"篝火"等简单的照明方法。再次,猪油还可用作车轮的润滑剂,《史记·田敬仲完世家》中就有"狶膏棘轴,所以为滑也"的记载,这里的"狶膏"便是指猪油。另外,猪脂肪还可用作涂料和化妆品。据说,东北的挹娄人就在身上涂抹猪膏来抵御风寒;汉代妇女流行高髻的发型,需要脂膏来使头发凝固不会散落;还应用于脂粉、唇脂等化妆用品。此外,猪油脂还被广泛用于古代战争中的火攻。由于社会需要,汉代民间已

① 徐良玉、印志华、吴炜:《江苏邗江县甘泉老虎墩汉墓》,《文物》1991年第10期,第65—66页。
② 江苏省地方志编纂委员会:《江苏省志·畜牧志》,江苏古籍出版社2000年版,第58页。
③ 江苏省地方志编纂委员会:《江苏省志·畜牧志》,江苏古籍出版社2000年版,第78页。

出现制造脂膏的专业户,俗称"脂户"。

汉代还将猪产品用作药物来治疗疾病。张仲景《伤寒杂病论》中就记载有"猪肤汤"和"白通汤加猪胆汁"两例方剂,这是我国用猪产品入药的最早记载。[①] 总之,猪肉的普遍食用和油脂的广泛利用,使得秦汉时期养猪业得以蓬勃发展。

三、养禽业

早在西周,江苏已经饲养鸡鸭等禽类。春秋至汉代,江苏饲养家禽更加普遍,尤其是江南地区,曾有"鸡陂""鸡山""鸭城"等规模较大鸡鸭饲养场的记载,鸡、鸭、鹅已经成为江苏地区的三大家禽。尤其是鸡,成为上自贵族下至平民都爱饲养和食用的家禽,鸡肉和鸡蛋在秦汉饮食生活中有着重要地位。在一般的家庭中,鸡肉更是待客的常菜。

根据徐州、涟水、盱眙、泰州、高淳、高邮等地汉代遗址出土的鸡骨遗骸、陶鸡、铜鸡、陶鸭,以及《汉书》中"江都易王喜斗鸭,凿池畜之"记载,说明汉代江南和淮北养禽日益普遍,并已初步掌握了家禽选育技术。除养禽食用外,还培育出斗鸡、斗鸭供人娱乐。[②]

除鸡鸭外,早在春秋战国时期,太湖地区就已时兴养鹅。因这一地区湖滩、水网密布,农业较发达,人们利用丰富的饲草资源和农田收割后的遗谷放牧鹅群,经过长时间的选育,逐渐培育形成体型较小、宜放牧、成熟早、产肉蛋性能好的地方优良鹅种。此外,在徐州睢宁刘楼还发现了陶鹅明器,也在一定程度上反映出江苏地区悠久的养鹅历史。

关于鸟类,1958 年在今江苏省常州市出土了鸟形铜杖饰(图 2-4),长 12 厘米、高 8.5 厘米,这一饰件盖粉绿色锈,形似鸠鸟,是安在杖头上的装饰,这种杖因此也被称为"鸠杖"。根据《后汉书·礼仪志》记载,官府对七十岁的老人授之以杖,杖端以鸠鸟为饰,说明当时人们对鸠鸟已有一定的认识。1991 年在徐州市睢宁县张圩乡发现的汉画像石墓中刻有二鸟交喙(图 2-5),左边鸟头上有扇形小冠,右边鸟头上有长羽冠,应该是雌雄一对,二鸟足下还有三只小鸟,生动地反映出当时

---

① 徐旺生:《秦汉时期的养猪业》,《猪业科学》2010 年第 8 期,第 114 页。

② 江苏省地方志编纂委员会:《江苏省志·畜牧志》,江苏古籍出版社 2000 年版,第 83 页。

人们饲养鸟类的场景。

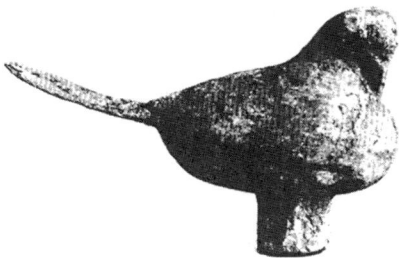

图 2-4 常州市出土鸟形铜杖饰①　图 2-5 徐州市睢宁县出土二鸟交喙汉画像石②

四、养马业

秦统一六国后,在军事上以太尉掌管兵马大政,另在中央置"太仆"一职专掌"舆马"之政,列为九卿之一,其下设有"丞",掌管皇室所用舆服车马,并设六个牧师令主持畜牧事宜;在地方上也分布有国有牧场,如沛县有"厩司御"③。

汉承秦制,太仆卿是马政方面的总管官,统筹管理皇帝出行的车马和国家的养马场。在汉代郡国马官用印中,也发现有睢陵(今江苏泗洪县东南)马丞印。④ 在国家养马的同时,还积极鼓励民间养马或公私合作养马,如汉文帝时颁布"马复令",通过免除徭役的方法鼓励百姓养马,"令民有车骑马一匹者,复卒三人"(百姓养一匹马可免除三人的徭役)。官方鼓励公私合作养马(官马民牧政策),官方向百姓提供母马,三年而归,十母征一驹,以增殖马匹,这项国策为汉初与匈奴交战提供了大量马匹。此外,汉王朝还禁止偷盗马匹。《盐铁论·刑德篇》曰:"今盗马者死",由刑罚之重,可见汉代对于养马业的重视程度。据《汉书·食货志》记载,在国家的大力支持之下,汉代民间养马之风盛行,到汉武帝时期,已是"众庶街巷有马,阡陌之间成群"。《盐铁论·未通篇》

---

① 南京博物院等:《江苏省出土文物选集》,文物出版社 1963 年版,第 174 页。
② 仝泽荣:《江苏睢宁墓山汉画像石墓》,《文物》1997 年第 9 期,第 39 页。
③《史记》卷九十五《樊郦滕灌列传》"汝阴侯夏侯婴"。
④ 陈直:《文史考古论丛》,天津古籍出版社 1988 年版,第 327 页。

也有"牛马成群,农夫以马耕载,而民莫不骑乘"的记载,可见养马业在汉代兴盛一时。

秦汉时期,江苏南北各地养马已十分普遍,广泛用于乘骑、驾车和农耕。加之秦代在全国大修驰道,从事传递公文和书信的驿站驿马已出现,驿传制度到汉代已经初具规模,并对驿马的等级和匹数有详细的规定。今江苏徐州市内保存了秦末西楚霸王项羽筑"戏马台"遗址,沛县微山湖畔出土了汉代初期一将军墓葬内石棺椁上系马驻立食槽的浮雕,邗江姚庄西汉墓出土的漆奁纹饰和泗洪曹庙出土的墓壁刻石中都包含车马出行图,铜山龟山西汉崖洞墓出土了10件陶马,徐州市郊汉代墓葬出土了陶马明器、汉画像石车马出行图(图2-6)、狮子山兵马俑阵、"赣榆马丞印"等。① 这些遗址遗物都较为直观地反映了秦汉时期江苏马匹的使用情况。除此之外,遗址遗物也反映了当时还存在食用马肉的情况。江苏省徐州市铜山苗山汉墓出土的画像石,就有击马图,画像右边一匹马被拴在柱子上,一人正举棒欲击,这幅图生动地反映了屠宰马匹的场景。

图2-6 徐州市铜山县大庙镇出土车马出行图②

五、养狗业

狗是古代最早用作祭祀、肉食、警戒、助猎的家畜之一,春秋战国时期就已将狗列入"六畜"普遍饲养。秦汉时期,狗的用途发展为辟邪祭祀、渔猎取乐、看守门户、肉食等多方面,官方畜犬的场地出现集中和分

① 江苏省地方志编纂委员会:《江苏省志·畜牧志》,江苏古籍出版社2000年版,第137页。
② 孟强、李祥:《江苏徐州大庙晋汉画像石墓》,《文物》2003年第4期,第67页。

散饲养相结合的情况,并且已有专职管理人员和管理体系。① 据载,当时郡、县学校行乡饮酒礼,都要以犬为祭品,祀周公和孔子。② 小农经济条件下,养狗看家护院较为普遍,狗在人们心中的地位也逐步上升。1959 年,在泰州新庄汉墓就出土有铜带狗和釉陶狗(图 2-7)。其中,铜带狗金银交错,狗首作螭头状,正面饰卷云纹,钮面错有振翼的仙鹤图案,下部有龙纹,制作十分精巧。③ 2015 年,江苏扬州一座中型西汉墓出土了 13 枚木牍,内容是一位名叫遂的官员的若干封奏疏,其中 4 封都在讲述丢失一只狗的案件。④ 这一事例足见狗在汉代的重要地位。

图 2-7　泰州新庄汉墓出土釉陶狗

另值得一提的是,当时沛县一带,养狗食狗之风盛行,当地加工制作的黿汁狗肉更是享誉四方。人们食用狗肉十分讲究,选择的原则是选幼不选壮、选壮不选老,以食小狗为上。徐州汉画像石中的剥狗图是庖厨图中常见的画面,一般将狗吊在杆上,用刀来剥。从庖厨图中可以看出,剥狗的图像远远多于杀猪、宰羊、椎牛等场面。⑤ 刘邦的大将樊哙"以屠狗为事"(《史记·樊哙列传》),说明狗的屠宰专业户已出现,社会上养狗很普遍,食狗肉的人也很多。

六、羊、驴、骡等的饲养

1958 年,在江苏丹阳县东门外殷公桥汉墓出土了一对鎏金铜羊,每只长 8.9 厘米、高 7 厘米,重 2062.5 克。这对羊铜制鎏金,姿态极为生动,可以看出汉代人极善于塑造动物。加之,从连云港孔望山发现的

---

① 江苏省地方志编纂委员会:《江苏省志·畜牧志》,江苏古籍出版社 2000 年版,第 192 页。
② 范晔:《后汉书》志四《礼仪(上)》,中华书局 1973 年版,第 3108 页。
③ 钱一峰、黎忠义、申世铭:《江苏泰州新庄汉墓》,《考古》1962 年第 10 期,第 542 页。
④ 张朝阳、闫璘:《秦汉时代的狗——以扬州新出土西汉寻狗案为中心》,《史林》2018 年第 2 期,第 48 页。
⑤ 杨爱国:《汉画像石中的庖厨图》,《考古》1991 年第 11 期,第 1023—1031 页。

汉代摩崖石刻画像、高淳出土的东汉陶羊、铜山台上汉画像石中枯藤老树下的羊、盱眙县东阳乡小云山一号汉墓出土的泥质灰陶羊、邗江姚庄101号西汉墓出土的羊形串饰等说明,汉代江苏地区养羊已较为普遍。

秦汉时期,江苏地区还可能饲养驴骡。与以官养为主的养马业相比,驴骡饲养主要由民间养殖,民间养殖既经济又利于农民生产与生活。自秦汉开始,西域毛驴渐次东传。毛驴作为农村主要的交通运输工具和农田辅助役畜,被各地不断推广发展。

距今2000多年前,江苏古代先民还开始将散布在山林原野的野生蜂捕获家养。秦汉以后,民间均有养蜂,且江苏古代先民很早就已知蜂蜜的营养价值和医疗作用,所取蜂蜜主要用作医药和营养滋补品。①

七、野生动物的驯养

由于江苏地区优越的自然环境,动植物的生态链条非常完整,各种大型动物屡见不鲜,当地人们常捕捉大型野生动物驯化加以利用,并在观赏、战争、乘骑等方面发挥作用。如汉代,朝廷曾有奖励猎捕豺虎之令,捕豺貀购百钱,捕虎购钱三千。② 董仲舒言:"服牛乘马,圈豹槛虎"③。皇家上林苑饲养禽兽,设有禽兽簿,并有专门的虎圈养虎。④ 以至于出现了"黎民或糟糠不接,而禽兽食粱肉"⑤的情况。据《史记·孝武本纪》记载,汉武帝在长安西面修建章宫,其西面有"数十里虎圈"。《汉书·孝元冯昭仪传》中也有"上幸虎圈斗兽,后宫皆坐"⑥的记载。这说明汉朝皇室饲养百兽,且专门设置了供观赏的斗兽场地。王莽时还存在兽战,曾"驱诸猛兽虎豹犀象之属,以助威武"⑦。据《东观汉记》记载,王莽派遣大军镇压起义军时,"欲盛威武,以振山东,甲冲輣,干戈旌旗,攻战之具甚盛。至驱虎豹犀象,奇伟猛兽,以长人巨无霸为

① 江苏省地方志编纂委员会:《江苏省志·畜牧志》,江苏古籍出版社2000年版,第183、176页。
② 瞿兑之:《汉代风俗制度史》,上海文艺出版社1991年版,第21页。
③ 班固:《汉书》卷五十六《董仲舒传》,中华书局1964年版,第2516页。
④ 班固:《汉书》卷五十《张冯汲郑传》,中华书局1964年版,第2307—2308页。
⑤ 王利器:《盐铁论校注》卷六《散不足》,中华书局1992年版,第354—355页。
⑥ 班固:《汉书》卷九十七下《外戚传第六十七下》,中华书局1962年版,第4005页。
⑦《后汉书》卷一上《光武帝纪》。

垒尉,自秦汉以来师出未曾有也"①。从驱虎豹犀象作战,可见当时汉代官方饲养有较多的虎豹犀象。

由于野生动物具有较高的食用和装饰价值,吸引了居民对野生动物的滥捕。在食用方面,由于秦汉时期社会较为富足,致使一些富人对肉食有了更高的需求。据《盐铁论·散不足》记载:"古者,谷物菜果,不时不食,鸟兽鱼鳖,不中杀不食。故徽罔不入於泽,杂毛不取"(古时候,粮食蔬菜水果,不到成熟的时候不吃,鸟、兽、鱼、鳖,不到该杀时不吃。因此不在池塘里撒网捕小鱼,不到田野上猎取小的鸟兽)。但到了西汉时,"今富者……逐驱奸罔罝,掩捕麑鷇,耽湎沈酒铺百川。鲜羔挑,幾胎肩,皮黄口。春鹅秋鶵,冬葵温韭,浚茈蓼苏,丰蕶耳菜,毛果虫貉"②(有钱的人……张网驱奸猎取,利用自然物的掩蔽,捕捉幼鹿、小鸟,沉迷酗酒,酒如河流。宰羊羔,杀小猪,剥小鸡。春天的小鹅,秋季的雏鸡,冬天的葵菜和温室培育的韭菜、香菜、子姜、辛菜、紫苏、木耳,虫类、兽类,没有不吃的)。在服饰方面,稀有野生动物皮毛一直是地位的象征。先秦时期,"古者,鹿裘皮冒,蹄足不去。及其后,大夫士狐貉缝腋,羔麑豹袪。庶人则毛绔袦彤,袛襡皮袄"(古时,人们穿的鹿皮皮袄和戴的皮帽子,剥取兽皮时,不把蹄足部分去掉。到了后来,大夫和士人穿狐皮和貉皮制成的大袖衣,或用羊羔皮做皮袄,用豹皮做袖口。平常人则穿用毛做的套裤、小裤和短袖衣,用公羊皮和杂兽皮制做的皮袄)。西汉前中期,"今富者鼲韶,狐白凫翁。中者鹱衣金缕,燕鹡代黄"③(现在,富人穿灰鼠皮和貂皮皮袄,有的穿白狐皮袄和鸭绒袍子。中等人穿西域的金丝绒布,还有的穿燕地鼲鼠皮和代郡黄貂皮做的皮衣)。由于这些动物大多生于自然,过度热衷于野味和奇装,无疑会破坏当地生态。为保持生态平衡,汉代的许多士人对此常持有异议。如时任九江太守的宋均曾言:"夫虎豹在山,黿鼍在水,各有所托。且江淮之有猛兽,犹北土之有鸡豚也。"据记载,当时"虎相与东游度江"④,即老

① 吴树平:《东观汉记校注》,中华书局 2008 年版,第 3—4 页。
② 王利器:《盐铁论校注》卷六《散不足》,中华书局 1992 年版,第 349 页。
③ 王利器:《盐铁论校注》卷六《散不足》,中华书局 1992 年版,第 350 页。
④ 《后汉书》卷四十一《第五钟离宋寒列传》。

虎相继渡到江苏地域,根据这一点也可以推测出当时江苏地区多虎。

在江苏徐州出土的汉画像石中,就有象、虎、熊、牛、马、鸟、骆驼、犀牛等多种动物,甚至某些动物还被赋予灵性,承载着一定的寓意。高淳东汉画像砖墓中出土有羽人戏虎画像砖、白虎画像砖和舞熊画像砖。盱眙县大云山汉墓出土有铜犀牛和训犀俑,以及铜象和训象俑(图2-8)。铜山苗山汉墓画像石上,将象和马刻画在同一画面中。铜山茅村出土的画像石(图2-9)上,将骑骆驼和持钩骑象者刻画在一起。

图2-8 盱眙县大云山汉墓出土铜器①

图2-9 徐州市铜山茅村出土画像石②

中国自古就是产象之地。徐州市洪楼汉墓祠堂顶部刻画有一幅驯象图(图2-10),一位象奴骑在象背上,手持长钩,指向象鼻,作戏象状。在"僧侣骑象图"(图2-11)中,骑在大象背上的五人头戴巾帻或冠帽,身穿袍服,腰间系带,似有佩戴物,皆是俗人穿戴,象背上最前之人手拿弯钩朝下钩向象鼻,大象垂首摆尾呈驯服状。在徐州新发现的画像石

---

① 李则斌、陈刚、盛之翰:《江苏盱眙县大云山汉墓》,《考古》2012年第7期,第56页。
② 黄剑华:《汉代画像中的骑象图探讨》,《长江文明》2015年第2期,第79页。

图 2 - 10　徐州市洪楼汉墓祠堂顶部刻画驯象图①

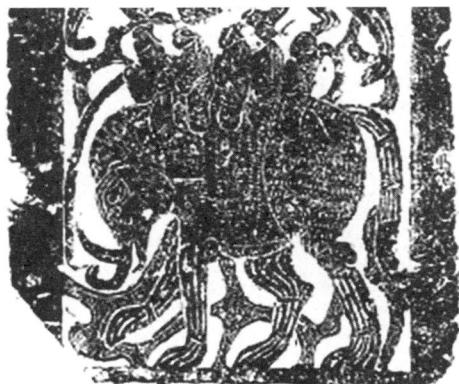

图 2 - 11　僧侣骑象图②

（图 2 - 12）上，刻有一行走的大象，一人翘足，悠然仰躺于象背，右手托着面颊，象首坐一象奴，手持弯钩，正驱象而行。在这幅"伎人骑象图"下格还刻有一棵大树，树下有一人正在喂牛。从这几幅图中，可以清楚地看出徐州一带在秦汉时期便存在驯养大象的情况，主要是使用长钩来驾驭驱使大象。据中原出土画像石的描绘和相关研究表明，这种长钩驯象方法广泛应用于中原地带，后才逐渐传至南方，而驯象者以胡人居多，南方地区则主要是越人。

此外，江苏地区出土的一些器物也对大型动物的驯养有所描述。

① 黄剑华：《汉代画像中的骑象图探讨》，《长江文明》2015 年第 2 期，第 76 页。
② 杨孝军、郝利荣：《徐州新发现的汉画像石》，《文物》2007 年第 2 期，第 82 页。

如，1952 年扬州市仪征县出土漆虎子（图 2－13），长 31.8 厘米、高 20.3 厘米，木质，加酱色漆，形状像老虎，所以称为虎子。在沂南画像中亦有这种形状的器物，因其放置的地方和畚箕、扫帚、水缸等器物在一起，所以推测是一件溺器。在江苏省六朝墓中，出土的青瓷虎子颇多，根据它们出土的位置，可能用作酒器或盛水器。1958 年，连云港市东海县出土陶兽（图 2－14），长 18.3 厘米、高 10.6 厘米，表面作黑色，兽背上有一圆孔，大致是插杆子之类用，所以很可能是一个器物的座子。由此可见，秦汉时期的江苏先民不仅对大型动物有所利用，还对其有着充分的理解和认识。

图 2－12　伎人骑象图[1]

图 2－13　扬州市仪征县出土漆虎子[2]　　　图 2－14　连云港市东海县出土陶兽[3]

---

[1] 杨孝军、郝利荣：《徐州新发现的汉画像石》，《文物》2007 年第 2 期，第 82 页。

[2] 南京博物院等：《江苏省出土文物选集》，文物出版社 1963 年版，第 176 页。

[3] 南京博物院等：《江苏省出土文物选集》，文物出版社 1963 年版，第 177 页。

第四节　畜牧技术的发展

随着畜牧业的发展,秦汉时期的畜牧兽医技术亦获得相应的提高。在相畜方面,汉代已有《相六畜》三十六卷、《相马经》等相畜术的专著产生,还涌现出许多以相畜而闻名天下之人。其中,东汉人马援总结了一套相马法,并铸造了一铜马作为良马标准,该模型相当于近代马匹外形学上的良马标准型,可以说是世界相畜技术的一项重大成就,西方直到近代才有类似的铜制良马模型问世。在畜禽繁育方面,经大规模的选育和改良,秦汉时期繁育出许多马、猪、鸡等家畜和家禽的优良品种。尤其是西汉初年,汉武帝积极引进西北少数民族地区的良种马,在西北牧区选育改良后逐渐在全国传播。江苏及其他地区出土的汉代中期以后的陶马、铜马和汉画像石中,较多地反映了良马的特点。同时,秦汉时人们还通过家畜远缘杂交技术,即用公驴和母马配合杂交生出马骡,简称骡;由公马和母驴配合杂交生出的杂种驴骡,又称駃騠等家畜,为后世畜牧业的发展增加新的牲畜种类。

在家畜饲养管理方面,对马牛的饲喂已提出要铡细饲草,以方便家畜的采食和消化;要精、粗饲料搭配起来进行饲喂,且马牛夜饲在秦汉时期也已经非常普遍。同时,由于张骞通西域成功,汉代从西域引进苜蓿等优质牧草进行试种和推广,扩大了马牛羊饲料的种类。此外,汉代在圈养猪方面也有了新的进展,圈养猪有利于育肥和积肥,已使用含油量高的麻籽作为催肥的饲料。在兽医学方面,除《汉沙坠简》《居延汉简》等出土竹简、木牍中有关牛马病治疗的方法外,东汉时《神农百草经》一书还对一些人不宜而适用于牛马的草药作了说明。此外,秦汉时脉象学和诊疗技术也有较大提高,从东汉名医张仲景的《伤寒杂病论》中可以看出,脉诊已经广泛用于兽医临床,并且有一定的进步。

在家畜的阉割去势方面,汉代应用广泛。主要实行水骟法,即用炒盐和食用植物油烧开冷却后的液体,灌注于伤口内来防止发炎化脓,且当时的马、牛、羊、犬等牲畜均已实行阉割去势。① 另外,汉代民间已有专职的兽医,甚至有因此致富致贵者。在护蹄技术方面,为防止马蹄磨损、受伤而影响使役,西汉时期已发明马的护蹄技术。据《盐铁论·散不足》记载:"古者,庶人俊骑绳控,革鞮皮荐而已"(古时候,平常人骑马只用缰绳来控制马,没有马鞍、马镫,只用皮革做的鞋护蹄,在马背上放一块皮当垫子而已)。"今富者连车列骑,骖贰辎軿,中者微舆短毂、烦尾务掌"(现在富人出门车马排成行,车有三匹马拉的,有两匹马拉的,有带车棚的,有挂帷幕的。中等人家也有小车,还要装饰马鬣和给马蹄钉掌),其中"革鞮""务掌"即用皮革制的马鞋、打马掌。这些都反映了护蹄技术的应用。

江苏地区畜牧业发展与中原地区相比虽较缓慢,但其饲料生产历史悠久。劳动人民很早就注意收集利用和种植培育牲畜饲料。随着畜牧业生产的发展,已经在饲料的收集利用、种植、调制、加工等方面积累了丰富的经验。② 在家畜饲养管理上,根据对沛县汉墓出土的石棺椁上马系于饲槽高处驻立的浮雕图形考证,汉代初期已创造出适应马的天性又利于提高悍威的"高槽饲马法"。③ 随着北方蒙古马向中原渐次发展,加之境内马匹流转频繁,品种混杂,故江苏境内始终未能形成地方独特的马品种。

江苏兽医发展历史久远,徐州汉画像石上藏有神农采集药草及兽医诊疗马病的画像石,可见在汉代江苏兽医诊疗已较为普遍,并具有较高地位。④ 兽医针灸疗法是中兽医学的重要组成部分,早在汉代江淮一带民间兽医就开始应用,后为历代继承和发展,一直流传至今。其中,血针、火针、白针等是江苏运用最为广泛的针术,常用的针具分为宽针、三棱针和圆针三类,选用穴位和针刺手法也各具特色。徐州地区曾主要依靠针灸术来治愈常见的马、骡跛行。⑤ 江苏古代先民还很早采用中

---

① 谭黎明:《春秋战国秦汉时期的畜牧兽医技术研究》,《安徽农业科学》2011年第29期,第17880、17884页。
② 江苏省地方志编纂委员会:《江苏省志·畜牧志》,江苏古籍出版社2000年版,第198页。
③ 江苏省地方志编纂委员会:《江苏省志·畜牧志》,江苏古籍出版社2000年版,第145页。
④ 江苏省地方志编纂委员会:《江苏省志·畜牧志》,江苏古籍出版社2000年版,第266页。
⑤ 江苏省地方志编纂委员会:《江苏省志·畜牧志》,江苏古籍出版社2000年版,第271页。

草药治疗兽病。秦汉时期,在长期实践经验中积累了有关中药的种类、药性及采收的丰富知识;发明了大量治疗畜病的药方(如各种验方、丹方),多种中药剂型(如丸、散、膏、汤、条、饼)与泡制方法,以及各种给药的途径与办法(如口服、涂擦、吹服、鼻烟)等。[1]

第五节　畜牧业发展的意义

一、形成了农牧结合的生产格局

农牧结合是指种植业和畜牧业相互依赖、相互促进的一种生产模式。种植业为畜牧业提供饲料、牧草等来满足家畜家禽对各种营养物质的需要,畜牧业则为种植业提供畜力和富有养分的肥料等。江苏地区由于河道、湖泊众多,地势以平原为主,种植业长期占据着主要地位,畜牧业则相对落后。秦汉时期随着人们对肉食的普遍需求和对动物的广泛利用,使得江苏畜牧业得到一定程度的发展,饲养种类增多、畜牧兽医技术有了一定程度提高,进一步促进了农牧结合生产格局的形成。

秦汉时期,江苏地区不仅饲养大量马、牛、羊、猪、狗、鸡等"六畜",同时还大量养殖鸭、鹅等家禽以及驴、骡等家畜,这些都为种植业的发展提供了良好的条件。首先,牛、马、骡、驴等家畜的饲养可以给农业生产提供充足的动力来源,狗则承担着看家护院和保护田地不受侵扰的重要职责;其次,民间养殖家畜家禽数量也有一定增长,为种植业提供了充足的肥料;再次,畜牧产品商品化发展使得养殖业可以获得一笔不菲的收入,赚取资金更利于让农户发展多种经营。此外,种植业的进步也在一定程度上促进了畜牧业的发展。总的来说,秦汉时期,江苏地区农牧结合的生产格局逐渐形成,部分农户开始由单一种植业向种植、养殖并重方向发展,多种经营成为当时民众普遍接受的生产方式。

---

[1] 江苏省地方志编纂委员会:《江苏省志·畜牧志》,江苏古籍出版社 2000 年版,第 272 页。

二、改善了人们的饮食结构

秦汉时期,随着畜牧业的发展,江苏地区市场上的肉食逐渐丰富起来。民间普通百姓不仅可以经常购买食用,而且各种美食也鳞次栉比,大大提高了人们的生活质量。如此一来,全社会的饮食习惯也发生了变化,日常生活中的食物搭配变得更加多样,烹饪技法也不断提高。据史料记载,到了汉代,人们对肉食的加工方法大致有羹、炙、炮、煎(熬)、烝(蒸)、濯(炸)、脍、脯、腊、醢、脂、菹(菹)等十余种。汉代人的主要肉食结构是猪、狗、羊、兔、鸡(鸟、雉)、鱼、鳖等,而牛、马等家畜和其他野生动物则居于肉食品中的次要地位。[1]

从江苏出土的汉画像石庖厨图中,可以看出当时人们的饮食习性。在这些图中,一般包含厨房、肉质食材、抬置食物、炊煮过程等。江苏徐州铜山区汉王乡出土的庖厨图,表现了庖厨的加工场景,图中第一层挂满鱼和猪腿,地上还有鸡和狗,右下角有两人在加工肉食,一人在案上切肉,另一人在扇火烤肉串;图中第二层则摆满罐、杯、樽等器皿,左边有一人在烧火煮食物,右下角有一人在汲水。[2] 从图中的家畜家禽种类、数量和烹饪方式,都可以体现出这一时期江苏人民饮食结构的多样性。此外,为防腐烂,一些肉类还会加入盐或其他调料后进行风干处理,这也是一种较为常见的贮藏方法。

值得一提的是,两汉时期,江苏人生食鱼肉较为普遍。在鸿门宴上,项王赐樊哙生彘肩,"樊哙覆其盾于地,加彘肩上,拔剑切而啖之"[3]。东汉时广陵太守陈登则喜食生鱼脍。《三国志》引《孙盛杂语》提到,徐州别驾王祥的后母曾云:"吾思食生鱼",王祥遂卧冰求得。[4] 但是,食用生肉是存在禁忌的,提示切勿"饱引乳",否则会"变成白虫(血虫)"。当时的医书中有"治食生肉中毒方"的记载,《张仲景金匮要略》提到"蓼和

---

① 杨爱国:《汉画像石中的庖厨图》,《考古》1991 年第 11 期,第 1023—1031 页。
② 王莉娜:《略论汉画像石中的庖厨图》,《文物鉴定与鉴赏》2018 年第 7 期,第 27—29 页。
③ 司马迁:《史记》卷七《项羽本纪》,中华书局 1963 年版,第 313 页。
④ 陈寿:《三国志·魏书·吕虔传》,中华书局 1964 年版,第 541 页。

生鱼食之，令人夺气"①。由此可见，当时生食鱼肉之普遍。

不仅如此，汉代人还食用马、牛、羊、鸡、犬、豕六畜的内脏。对此，对卫生提出了更高的要求。张仲景《金匮要略》对"不可食"的情况有着较为详细的论述："春不食肝，夏不食心，秋不食肺，冬不食肾，四季不食脾"；建议不要食用生病死去动物的肝脏；"若狗不食，鸟不啄者，不可食"；"肉中有如朱点者，不可食之"；"食肥肉及热羹不得饮冷水"；"秽饭、馁肉、臭鱼，食之皆伤人。自死肉口闭者，不可食之"；"六畜自死，皆疫死，则有毒，不可食之"②。除此之外，《金匮要略》中涉及的其他肉食还有熊肉、兔肉、雀肉、燕肉、山鸡肉、雉肉、鸬鹚肉、鹿肉、鳀鱼、龟肉、鲔、鳝、鳖、虾、蟹等，且食物做法十分多样。其中，关于食蛇，医书中备有"治啖蛇牛肉食之欲死方"，把食蛇与食牛引发的病症并列。甚至可以说，畜牧业的发展和医学的进步，在一定程度上是相辅相成、相互促进的。

三、丰富了江苏地区的历史文化

畜牧产品是人们日常生活中的必需品，畜牧业在社会经济发展过程中占据着重要地位。江苏地区的畜牧业虽不如关中及中原地区发达，但经历数千年的发展，至秦汉时期已经形成了独具特色的畜牧文化。一般来说，畜牧产品或是作为衣食来源，或是作为生产工具，即食用和役用两种。但在不同地区长期的历史发展过程中，畜牧业被赋予更高的意义，发挥着更加全面的社会功能，从而衍生出当地独特的畜牧文化。秦汉时期，江苏畜牧种类、作用，畜牧生产技术等各方面达到了相对成熟的水平，农牧结合的生产格局开始逐步形成，伴随产生的江苏畜牧文化无疑丰富了江苏地区的农业文化，更是江苏文化史上的重要组成部分。

此外，在饮食文化方面，以徐州地区见长。得益于彭祖为后人留下的经典菜品和制作经验，他将人类饮食由熟食推向味食，由粗食推向精

---

① 沈明宗著，宋建平等校注：《张仲景金匮要略·禽兽鱼虫禁忌并治第二十四》，中国中医药出版社2015年版，第224—225、230页。

② 沈明宗著，宋建平等校注：《张仲景金匮要略·禽兽鱼虫禁忌并治第二十四》，中国中医药出版社2015年版，第224页。

食,甚至还将饮食与养生结合,开创了雉羹、羊方藏鱼、麋角鸡等药膳,形成了独特的彭祖饮食文化。据《后汉书·楚王刘英列传》记载,汉永平年间,刘英被明帝废除爵位,迁徙到丹阳的泾县,这一过程将徐州的饮食文化带到了江南地区,在历史上被称为"北食南迁",江苏地区饮食文化由此得以丰富。值得一提的是,以沛县为主的苏北地区食犬文化十分兴盛,人们对狗肉的选择、屠剥和烹饪都大有讲究,直到今天沛县狗肉依旧盛行。在社交文化方面,畜牧产品已经成为待客的常菜。当家中有客人登门,或是重要社交场合,经常可以看到杀鸡宰猪的场景。民间就存在这样一种现象:在宴请活动中宰杀的家畜家禽越多,所邀请的宾客越多,主人就越感光彩,这种现象甚至一直延续到现代。可以说,肉食已不仅是宴席上的基本菜肴,更是成为社交文化中必不可少的一部分,也是人与人之间联络感情、结交朋友、扩展社会关系网络的重要媒介。

四、奠定了后世畜牧业发展的基础

秦汉时期是中国畜牧业发展的一个重要时期。这一时期,不仅家畜家禽品种得到较大发展,更是各项畜牧兽医技术达到新高度的时期。江苏地区在秦汉的畜牧业发展成就,更为后世畜牧业的深入发展奠定了坚实的基础。其中的马、牛、羊、猪、狗、鸡、鸭、鹅等家畜家禽,直到现在依旧是最主要的畜牧种类。其后在此基础上,通过长时间的不断选育,逐渐培育出具有优良性状且适宜当地养殖条件的独特畜牧品种。另外,秦汉时期江苏地区的一些畜牧技术和兽医技术一直沿用至今。上文提及的在徐州十里铺姑墩等地出土的汉代陶猪及陶猪圈模型,表明为了便于积肥,人们已采用将猪圈与厕所粪池连在一起的造型,直到近代的苏北、苏南都还在沿用。从汉代开始应用的兽医针灸疗法,经过历代继承和发展,也一直流传至今。对于江苏地区来说,秦汉时期的畜牧业发展是承上启下的重要阶段,将先秦时零散而不成体系的畜牧生产转化为有组织、有目的、有效益的畜牧产业,为后世的历朝历代能以此为基来逐渐壮大发展。虽然说江苏地区在这一时期的畜牧业规模还相对较小,但在一定意义上却具备了畜牧业发展的各方面要素,逐渐形成了当地独特的畜牧生产格局。

第三章　三国两晋南北朝时期江苏畜牧业

三国两晋南北朝时期,中原战乱频繁,大规模的人口南下,给江南地区带来了劳动力和技术,使得江苏及沿海地区得到进一步开发,同时也带动了畜牧业的发展。不仅畜禽饲养数量增多,种类增加,而且积累了丰富的畜牧生产经验。

第一节　政区沿革及气候环境变化

一、政区沿革

三国两晋南北朝时期的地方行政制度仍为州、郡、县三级制。在三国时期,今江苏区域内,大致以天长、高邮、东台一线为界,以南属吴,以北属魏。吴国下辖扬州,含丹阳郡、吴郡,还设有毗陵(今常州市)典农校尉,治今无锡、武进、丹阳一带。魏国下辖徐州,含彭城、东海、下邳三郡和广陵郡。

280年,西晋灭吴统一全国。江南则分属扬州,含丹阳郡、毗陵郡、吴郡和吴兴郡。永兴元年(304年)又分吴兴、丹阳两郡置义兴郡,治阳羡(今宜兴市)。江北分属徐州,含广陵、东海、临淮、彭城、下邳等郡。丰、沛二县仍属豫州沛国,江浦则属扬州淮南郡。

东晋十六国时,由于南北战乱,江苏政权的归属与行政区划较为混乱。江南属扬州,含丹阳、义兴、吴、晋陵四郡;江淮之间属徐州,含广陵郡、淮陵国,安帝时增置海陵、山阳、盱眙、秦等郡;淮北在十六国胡族政权的控制下先后隶属于后赵、前燕、前秦等国,辖彭城、东海、下邳和沛等郡,仍称徐州,后增置扬州。

南北朝时期,南北两个区域势力长时间对立,南朝主要分为宋、齐、梁、陈四代。南朝宋下辖今江苏全境,在淮北置徐州,含彭城、沛、下邳、东海、淮阴等郡;在淮南置南兖州,含广陵、海陵、山阳、盱眙、秦等郡;在江南置南徐州和扬州,南徐州含南东海、南琅琊、晋陵等郡,扬州含丹阳、吴、义兴等郡。南朝齐下辖江南、淮南及淮北东半部,其中江南仍分属南徐州和扬州,扬州含丹阳郡、吴郡,南徐州含南东海、南琅琊、晋陵、义兴等郡;淮南分属南北兖州,南兖州含广陵、海陵、山阳、盱眙郡,北兖州含阳平、东平郡等;淮北东半部属青州和冀州,含北海、北东海等郡;淮北西半部隶于魏,含彭城、沛、东海、下邳、淮阳、北济阴等郡。南朝梁的州郡建置多沿袭南朝齐旧制。南朝陈仅占有江南,置扬州、南徐州,祯明初增置吴州。长江以北先属北齐,后属北周,分别设有淮州等建置。另外,孙吴、东晋和南朝的宋、齐、梁、陈均定都于现今的南京。

二、自然与气候环境变化

这一时期,由于北方经历三国、西晋末、北朝十余国长期战乱,北方长期处于战乱中,而南方虽历经东吴、东晋、宋、齐、梁、陈,却相对稳定,因此大批北方人口南迁,从而使得南方土地被大量开垦,同时也使得江河中泥沙增多,河道中陆续出现了许多沙洲。长江南京河段在这一时期便出现了马昂洲、白鹭洲、舟子洲、长命洲、蔡洲、茄子洲等许多新沙洲,镇扬河段的瓜州也已经形成,造成了河道的分汊和水流的变向,坍江的威胁便开始产生。史料中第一次记载江苏地段坍江,是在东晋永昌年间(322—323年)南京河段中的茄子洲上。据《太平寰宇记》卷九十记载:"永昌之初,其洲忽一日崩陷数里,其形曲作九弯。"之后,在镇扬河段、毗陵郡治一带也发生了坍江。《水经注·沔水》卷二十九记载:"郡治旧去江三里,岸稍毁,遂至城下。城北有扬州刺史刘繇墓,沦于江。"此外,东晋时期,南京还曾遭受海涛的袭击。《南史·陈纪下·后主》中就有记载:"大风自西北激涛水入石头城,淮渚暴溢,漂没舟乘。"

纵观三国两晋南北朝时期的政治经济社会发展进程,一定程度上与当时全国的气候环境相关。根据气候学家竺可桢在《中国近五千年来气候变迁的初步研究》一文中提到,三国时期的史料第一次记载的淮河结冰以及南朝在南京覆舟山建立冰房,均表明当时江苏地区的气候偏寒冷。后多位学者也指出,三国两晋南北朝处在一个气候异常期,具体表现为各种农业自然灾害频繁发生。据统计,整个三国两晋南北朝时期,水灾、河决、雨灾、旱灾、风灾、雹灾、雪灾、霜灾、低温、冻害、蝗灾、虫灾、疫病、鼠害、兽害、沙尘暴、水土流失等一共发生了 841 次。[①]《魏书·灵征志》中记载了该时期内的一次水灾:"世宗景明元年七月,青、齐、南青、光、徐、兖、豫、东豫,司州之颍川、汲郡大水,平隰一丈五尺,民居全者十四五。"书中对雹霜雪灾也有记载,"承明元年四月辛酉,青、齐、徐、兖大风,雹";"七月甲戌,暴风,大雨雹,起自汾州,经并、相、司、兖,至徐州而止,广十里,所过草木无遗";等等。这些均表明气候的异常波动,导致了水旱灾害的频繁发生。这些灾害所产生的后果,直接导致当时农业生产的严重歉收,促使北方地区的农牧分界线南移,同时也促进了传统农区农业生产技术的进步,如抗旱保墒农作技术体系的进一步完善以及南方土地的进一步开发。

第二节　畜牧业发展的社会经济背景

一、屯田制促进畜牧业发展

东汉末年,军阀混战,连续的战争严重影响人民的生产生活,畜牧业也受到严重破坏,牲畜损失巨大。到了三国鼎立的时期,魏吴两国在今天的江苏地域内进行了长达数十年的军事对峙。为了满足军事战争的需要,曹魏政权大力推行屯田制,其中在今江苏的徐州,是当时曹魏实行军屯的重要区域之一,由此徐州的农业经济得到一定程度的恢复。

---

① 尚群昌:《气候变化与魏晋南北朝农耕技术的发展》,《农业考古》2014 年第 6 期,第 26—29 页。

吴国也不同程度地利用屯田以资军粮,其中在扬州地区扩大屯田规模,发展农业生产。据《后汉书·王景传》记载,"(王景)迁庐江(位于安徽)太守。先是,百姓不知牛耕,致地力有余而食常不足。……景乃驱率吏民,修起芜废,教用犁耕,由是垦辟倍多,境内丰给",铁犁牛耕技术也在扬州地区大规模推广,极大地提高了江南地区的耕作效率。

二、北人南迁带来劳动力和技术

据《三国志·魏书·卫觊传》记载:"汉末,关中膏腴之地,顷遭荒乱,人民流入荆州者十万余家。"西晋末年,关西地区发生了大的灾害,百姓"流移就谷,相与入汉川者数万家……由是散在益、梁,不可禁止"。这表明当时由于战乱和气候变化,西晋北方居民开始向南方转移。到了永嘉年间,这一趋势更加明显,"惠帝之后,政教陵夷,至于永嘉,丧乱弥甚。雍州以东,人多饥乏,更相鬻卖,奔进流移,不可胜数"[1]。人口这种大规模迁徙一直持续到南北朝时期,主要向西北、东北、江南三个方向迁徙,其中往江南者最多。东晋、南朝政府还特意设置侨州郡县对流民加以管理,并给予他们一定的优惠政策使得他们能够在此安居乐业,于是移民成为江南地区最主要的开发动力。[2]

三、商品经济继续发展

三国鼎立时期,各国政权相继采取发展农业、手工业的措施,活跃了当时的商品交换活动。当时的农业经济逐渐恢复,耕牛作为耕作的重要生产资料,自然也出现在市场里,以供进行商品交换。"又课民无牛者,令畜猪狗,卖以买牛。"[3]京兆太守颜斐的这句话,表明那时的耕牛买卖被认可,也间接说明了当时寻常百姓家养猪、狗较为普遍。而在战争年代,商品经济同时也要为军事服务,"征伐止顿,便立军市"[4]。军市在战国时代就已经出现,主要是为附近驻扎的军队提供购置物资的场

---

① 《晋书》卷二十六《食货志》。
② 秦冬梅:《试论魏晋南北朝时期的气候异常与农业生产》,《中国农史》2003 年第 1 期,第 61—70 页。
③ 《三国志·魏书·仓慈传》注引《魏略》,中华书局 1982 年版,第 513 页。
④ 《三国志·吴书·潘璋传》。

所。军市的主要商品包括马匹,作为军事重要物资,曹魏还专门设立了"马市"。而吴国由于其地理环境局限,马匹紧缺,据《三国志·吴书·吴主传》中记载,"遣校尉梁寓奉贡于汉,及令王惇市马",说明当时还可通过"聘使贸易"交易马匹。

第三节　各类畜禽发展状况

三国鼎立时期,为满足各国军事需求,各国大力发展农牧业生产。据《三国志·魏书·杜畿传》记载:"渐课民畜牸牛、草马,下逮鸡豚犬豕,皆有章程。"表明当时国家是鼓励民众饲养牛、马以及猪、鸡、狗等家畜家禽的。两晋时期,西晋出现过国家的短暂统一,后又陷于战乱,直到北魏,北方才出现统一局面。在鲜卑拓跋氏等少数民族政权统治和重视下,畜牧业得到持续发展,其大家畜马、驴和骡作为役畜受到重视,鸭和鹅亦出现规模养殖,粗放、粗放和精养结合、精养三种饲养方式兼备,畜禽阉割和圈养是一种常用的育肥方式。这个时期还出现了中国第一部百科式农业科学专著《齐民要术》,书中第六卷详细记载了畜禽的饲养方法、选种繁育以及兽医防病处方,提出许多有利畜禽防病治病的好方法。

一、养猪业

随着三国两晋南北朝时期养猪业发展,其饲养管理技术也有较大的提高。其中,淮猪这一原产于淮北平原的古老地方品种,随着北方人口的南迁被引入宁、镇、扬丘陵山区,后经过长期培育形成山猪。这时,小农经济发展也有利于民间传统习惯的家庭养殖,提高了农民的养猪积极性。随着养殖经验的丰富,养猪规模越来越大,由于猪肉味美且脂肪丰富,猪还常常被用作祭祀祖先的祭品,因此养猪成为平民百姓的首选。

南北朝时期,猪的圈养技术提高。这一时期的养猪,主要采用放牧与舍饲相结合的饲养方式。据《齐民要术》中记载:"圈不厌小,圈小肥疾;处不厌秽,泥秽得避暑,亦须小厂以避风雪。春夏中生,随时放牧",充分体现了人们当时已经认识到如何根据季节不同,更好地把散养与圈养结合起来。"圈小积肥"则延续了汉朝时期人们"积肥施田以农牧结合"的经济效益和生态效益,从六朝墓中出土的陶猪圈模型中可以看到"以避风雪"的"小厂"形象,充分说明了圈养对养猪的重要性,防止猪在冬天受冻,另外也可以让猪增长冬膘。"糟糠之属,当日别与。八、九、十月放而不饲,所有糟糠,则畜待穹冬春初",已经注意到穹冬春初的糟糠饲养和春夏草生的放牧,至于为什么需要在冬春用糟糠饲养?是因为夏天气温高,容易让糟糠腐败,所以在夏天热的时候"放而不饲",这时也是室外自然生长青绿饲料较多的时节,尽量放牧可以节约饲料。另外,在汉代养猪,虽也是放牧,但多数仍需有人管理。到南北朝时期,根据文献记载,猪可以自由外出觅食,还可以自行回家,这表明那时候的猪已被进一步家养化。

猪是杂食动物,喂养饲料主要是野生饲草。"猪性甚便水生之草,耙耧水藻等,令近岸,猪则食之,皆肥。"①通过不断实践,人们发现可以利用浮萍之类的水生植物和利用糟糠之类剩余农副产品喂猪。此外,这一时期,人们还充分认识到猪在不同时期生长发育的重点不同,小猪阶段主要以长骨架为主,期间要注意对初生仔猪的防寒护理,给予适当精料和充足的运动;成长到中猪及大猪阶段俗称"架子猪"阶段,该阶段少喂精料,尽量放牧,多吃营养丰富的青草、野菜,主要为了长肌肉;到了后期即冬末春初的肥猪阶段,则采取舍饲催肥,为"养膘"阶段,使猪吃的饲料转化为脂肪。这便是"小猪长骨,中猪长皮,大猪长肉,肥猪长膘",这在《齐民要术》中已有记载。这种饲养方法既经济又符合猪生长规律,它是以青粗饲料为主、适当搭配精料的"穷养猪"方式和"两头精细、中间粗放"的育肥方法,这一传统的饲养管理技术一直被后来历代沿用。②

猪还是这一时期丧葬风俗中的一个重要象征意义物品。猪象征着富足和地位,于是丧葬时,人们常会把玉猪握在死者手里。西汉时期出

① 《齐民要术·养猪第五十八》。
② 江苏省地方志编纂委员会:《江苏省志·畜牧志》,江苏古籍出版社 2000 年版,第 78 页。

现有雕刻成猪形的玉石手握,此风俗到了南北朝时期更加流行,今南京江宁上坊谢家山出土的一对滑石猪(图3-1),可见那时候的猪模型已经初具现代猪的模样。猪整体呈长条形,猪身较为瘦长,吻部突出,作匍匐状,这是东晋到南朝时期常见的滑石猪手握形制。

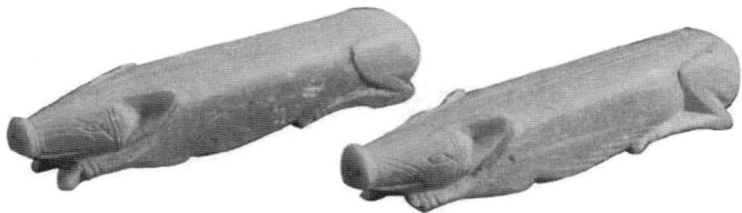

图3-1　南京江宁上坊谢家山出土滑石猪①

江苏南京仙鹤观发掘的东晋墓群中,也出土多件猪形玉器、猪形石器,如图3-2所示。2021年,南京市博物馆在南京鼓楼区郭家山发掘了东晋名臣温峤的墓葬,出土的随葬品中也有滑石猪石器,除温峤墓之外,郭家山还发现了多座东晋时期的墓葬,出土了多件玉石猪随葬品。

可见,在两晋时期,猪不仅是平民饲养畜禽的首选,身份地位较高的官员同样将猪形器件作为随葬品,充分说明猪在当时社会中的重要地位。

1985年,南京江宁发掘的一座东晋时期古墓中出土了多件青瓷器。其中有一件青瓷圈厕(图3-3),其猪圈傍于厕墙之下,平面近长方形,前后有门,外侧呈栅栏状,圈内有一猪,说明东晋承袭了秦汉时期猪圈连厕的饲养风俗,人们不仅已经圈养了猪,还开始利用猪积肥。

猪肉除了作食品以外,肥猪产生的油脂还有其他的用途。汉朝时期已用油脂做"膏灯"照明,还用于润发润唇;到三国时期,则大量用于战争。据《三国志》记载,在赤壁战中,东吴"取蒙冲斗舰数十艘,实以薪草,膏油灌其中"。可见,当时已使用猪油作为燃料,而且战争用猪油数量较大,从侧面反映出养猪业比较发达。

---

① 王煜:《南京江宁上坊谢家山出土"天乙"滑石猪与司命信仰——也谈玉石猪手握的丧葬意义》,《东南文化》2017年第6期,第69—76页。

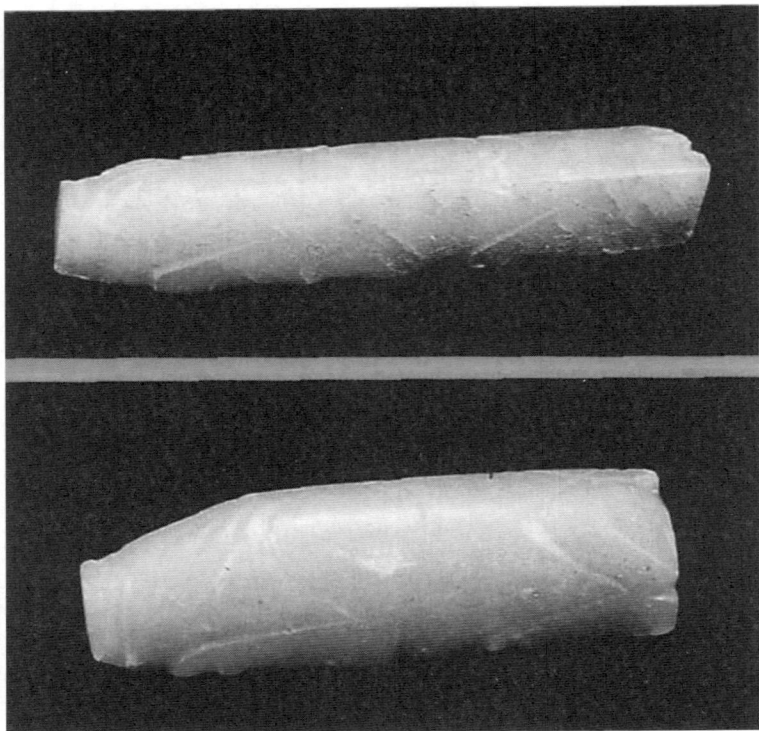

图 3-2　南京仙鹤观出土猪形玉器①

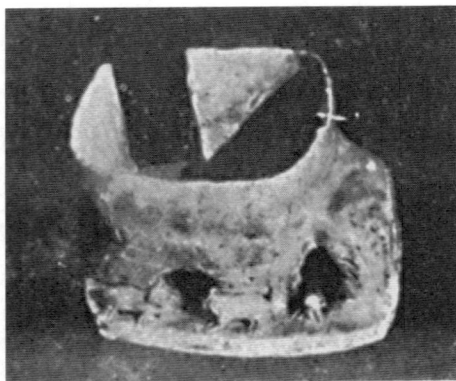

图 3-3　南京江宁东晋墓出土青瓷圈厕②

---

① 王志高：《江苏南京仙鹤观东晋墓》，《文物》2001 年第 3 期，第 13 页。
② 周裕兴、顾苏宁：《南京江宁晋墓出土瓷器》，《文物》1988 年第 9 期，第 81—89 页。

二、养禽业

养禽业一直是江苏农村的传统副业。在三国两晋南北朝时期,江苏农家普遍饲养鸡、鸭、鹅,其中养鸡最多,禽肉生产也以鸡肉为主。《齐民要术》中对家禽饲养管理有较详的记述,体现了当时人们丰富的禽类养殖经验。江苏的蛋类生产也主要以鸡蛋产出最多,鸭蛋、鹅蛋次之。东晋咸康年间,太湖地区出现"缘湖居人,鱼鸭为业"者,并创造了腌制咸鸭蛋技术。南北朝时,江南诸国培育出供人观赏的矮鸡并输入日本(江苏与外国交流畜禽品种资源历史久远,吴国传日本应该是最早)。①

"鸡种,取桑落时生者良",这是指鸡的留种需要在桑叶飘落时,鸡生的蛋孵出的鸡最佳。"形小、浅毛、脚细短者是也"②,选择这样的鸡作为种鸡最好。

根据考古研究,在江苏这一时期墓葬区发现了大量的鸡骨、陶鸡、陶鸡舍模型,体现出这个时期的养鸡十分普遍。这时的鸡的饲养方式,除了放养外还有圈养。根据各地出土的鸡笼、鸡舍模型,可以看出当时的鸡舍设计也有不同。江苏溧阳的孙吴凤凰元年(272年)墓中出土的青瓷器中就有鸡笼式样,鸡舍呈长方形,一边开一门,造型简朴(图3-4)。南京迈皋桥晋墓出土的青瓷鸡笼,使用的是栈鸡法,两只鸡在门前,一只鸡在笼顶,这些鸡显然是放养状态。江苏苏州狮子山发掘的西晋墓中出土了多件青瓷器随葬品,其中有两件鸡笼,鸡笼底部为一平板,上为半圆柱形的镂有孔洞的笼罩,设有两门。1961年,南京市文物保管委员会在南京高家山发掘了六座六朝砖墓室,墓中出土了一件卷棚式的鸡笼,棚上镂十二方形孔(图3-5)。而南京江宁发掘的六朝古墓中出土的青瓷器的鸡笼模型,鸡笼呈圆罩状,顶端有一纽,笼面上分布有菱形、三角形镂空等。可见,六朝时代,圈养已经成为禽类的主要饲养方式,而且各地的鸡笼造型各异,其设计都有一定合理性。

---

① 江苏省地方志编纂委员会:《江苏省志·畜牧志》,江苏古籍出版社2000年版,第83页。
②《齐民要术·养鸡第五十九》。

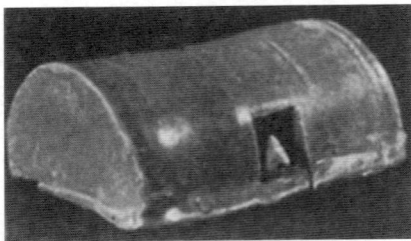

图 3-4 溧阳孙吴凤凰元年墓出土青瓷鸡笼①

图 3-5 南京高家山六朝墓出土青瓷鸡笼②

另据《齐民要术·养鸡第五十九》记载："别筑墙匡,开小门,作小厂,令鸡避雨日。雌雄皆斩去六翮,无令得飞出。"史料中提到了"墙匡",这是另一种鸡舍的设计,可以让鸡躲雨,保护鸡不受外面野兽的袭击。与此同时,圈舍的布置还要考虑到鸡的生活习性。典型的如广西苍梧南朝古墓出土的阁楼禽舍③,上层养鸡,下层养鸭。这种禽舍的设计安排巧妙地破解了鸡怕潮湿,鸡屎污染容易致病这一弱点。"斩去六翮"这是指当时人们主张将鸡的翅膀斩去,利用圈养方式来限制鸡的运动量以达到肥育的目的。这种圈养的方式与放养相比,育肥效果明显要好。这其实也与当时精耕细作以提高单产效益的思想有异曲同工之妙。《齐民要术》中还提到了圈养鸡需要注意让鸡舍保持清洁,同时要在冬天给鸡舍铺草来达到保温的效果。这些饲养经验即使在今天也依然适用,足见古人的智慧。

在古文献上还记载了一则"兑卵收鸡"的故事。故事的主人为梁朝大官谢朏,谢朏原是齐朝士族首领,后来他从吴地(今苏州)轻舟到建康(今南京)投奔萧衍,成为梁朝大官,他能力平庸,做官没有政绩,但敛财生财却有一套,据史料记载:他"以鸡卵赋人,收鸡数千"④。即把鸡蛋借

---

① 汪遵国:《江苏溧阳孙吴凤凰元年墓》,《考古》1962 年第 8 期,第 412—413 页。
② 李蔚然:《南京高家山的六朝墓》,《考古》1963 年第 2 期,第 108 页。
③ 李乃贤:《广西苍梧倒水南朝墓》,《文物》1981 年第 12 期,第 30—34 页。
④《南史·谢弘微传附传》。

给别家，一定时间再收回鸡子，而且数量不少，表明当时南方养鸡也很普遍。

鸡按照用途分类，可以分为肉用鸡、蛋用鸡、报时鸡、观赏鸡。古代饲养鸡主要是肉用和蛋用。当时江南地区还饲养一种矮鸡，"脚才二尺寸许也"；《齐民要术》引汉《广志》称："吴中送长鸣鸡，鸡鸣长，倍于常鸡"；而观赏鸡的饲养在那时仅限于富豪阶层。观赏鸡之一是斗鸡，可供人们观赏娱乐。如曹植在《斗鸡颂》描述了斗鸡的情景："长筵坐戏客，斗鸡闻观房；群雄正翕赫，双翅自飞扬。"魏明帝还在邺都筑起了"斗鸡台"。[1] 斗鸡常用公鸡，因为公鸡好斗。三国时期，高句丽"贡貂皮千枚，鹖鸡皮十具"[2]给吴国，其中的鹖鸡，雉属，一种长尾鸡，比野鸡大，颜色呈黄黑色，头有角，生性好斗，至死不却。

除了养鸡以外，鸭和鹅也是当时江苏地区饲养的重要家禽。鸭和鹅一直依靠雌雄自然交配、母禽生蛋、抱窝自孵的方法繁殖幼禽。汉朝时期的养鸭技术已经很成熟了，"鸡伏鸭卵，雏成入水"[3]，这是采用母鸡代孵鸭蛋的方法孵化出苗鸭。后来《齐民要术·养鹅、鸭第六十》中提到每一群鸭中，要有"五雌一雄"，在产卵时要多放置细草。还指出，选鸭要"一岁再伏者为种"，就是说要用每年第二次产的鸭蛋留种，它会比第一次产卵孵出的后代产蛋多，第三次是在冬季孵出，则雏鸭容易冻死。

南京人素以喜食鸭馔著称，制作鸭馔的历史可以追溯到六朝。当时都城建康盛产鸭子，鸭肉是当地民众的日常肉食。侯景之乱时，南梁大臣陈霸先率兵攻入南京，周围百姓用荷叶包饭和鸭肉犒劳士兵。其后，北齐军趁梁朝衰弱，率军一直打到秦淮河的南岸，这时陈霸先再次率军与之交战，就在军粮紧缺之时，他的儿子陈蒨送来了三千石米和一千只鸭子，解了燃眉之急，陈霸先便命令"炊米煮鸭"，大振士气击败齐军。[4] 这段史实说明了在南北朝时期，人们已经在不断开发加工鸭肉的

---

① 佟屏亚、赵国磐：《畜禽史话》，学术书刊出版社1990年版，第191页。

②《三国志·吴书·吴主传》。

③ 应劭：《风俗通》。

④《南史·陈本纪》。

方法,出现了蒸、煎、炙等众多烹饪方法。

前面提到了斗鸡,鸭在古代也有用作斗鸭娱乐的。早在汉初就已经出现了斗鸭的娱乐形式,到了三国时期,斗鸭风气更盛。据《吴志》记述,长江水域栖息有剽悍的斗鸭,建昌侯孙虑于堂前设"斗鸭栏",并遍教军丁养鸭,经常斗鸭以娱乐士兵,动辄数十只成对齐斗,蔚为壮观。①

关于养鹅业,宜兴西晋周处墓中出土了瓷鹅圈,这说明在西晋时期,太湖地区养鹅较普遍。《齐民要术》中已经对鹅从选育、饲养到适时屠宰,再到鹅制品作了详细的记载。其中指出:"鹅唯食五谷、稗子及草、菜,不食生虫。"由于鹅是水禽,需要在幼雏孵出后先饱食一顿,再进行入水的锻炼,"不用停久,寻宜驱出",接着在笼子里养十五日后放出。贾思勰解释这样处理的原因是:"此既水禽,不得水则死;脐未合,久在水中,冷彻亦死。"(《齐民要术·养鹅、鸭第六十》)说明当时养鹅技术水平已经很高。

鹅不仅是优良的肉用家禽,在我国古代也被赋予了浓厚的文化色彩。晋代王羲之以"书法换群鹅",足以可见他爱鹅之深。实际上,他也从鹅的形体、步态等方面获得灵感,悟出了书法真谛,成就了一代书法大师。

这一时期,据日本史籍记载,江苏地区的鹅还东传日本。在日本雄略天皇(日本第21代天皇,456年11月13日至479年8月7日)时,即有"吴鹅"传至日本,后称为"唐鹅",表明江苏是最早把鹅传到日本的地区。

三、养牛业

三国时期,南北均实行屯田兴垦政策,各政权都很重视农业生产和耕牛。为了鼓励将士屯田,据《晋书·食货志》记载:东吴"车中八牛,以为四耦"(意思是说孙权将自己的八头驾车牛改作耕牛以推行牛耕)。当时江南许多地方早已抛弃了"火耕水耨"的耕作方式,开始推行两牛一人的耦耕法。到了南北朝时期,战乱频繁,北人南迁,他们带来了大

---

① 佟屏亚、赵国磐:《畜禽史话》,学术书刊出版社1990年版,第197页。

量的人力、物力和较先进的农业生产技术,使江南得到进一步开发。不过,由于养牛成本较高,一般贫民很少饲养,耕牛饲养主要以官营为主。为了更好地管理养牛业,统治者设立了一些与养牛相关的官职,如牧官、驼牛署等,从侧面反映了对养牛的重视。据《三国志·魏书·陈矫传》记载:"是时耕牛少,杀者罪至死。曲周民父病,以牛祷,县结正弃市。"①可见当时官府明令禁止宰杀耕牛。两晋南北朝时,犁的使用从二牛挽犁过渡到一牛挽犁。除了官营养牛之外,民间养牛也有一定发展。东晋葛洪《抱朴子·吴失》所载,当时豪门大族"僮仆成军,闭门为市,牛羊掩原隰,田池布千里"②,反映当时南方庄园经济的发展,其豪门大户养牛羊非常多。另据《南朝齐会要》记载,萧景先病危时立的遗嘱里提到"私马有二十余匹,牛数头,可简(捡)好者十匹、牛二头上台;马五匹、牛一头奉东宫;大司马、司徒各奉二匹;骠骑、镇军各奉一匹",也体现了私营养牛和马的存在。"恢身往扑讨,锄尽恶类,徙其豪帅于成都,赋出叟、濮耕牛战马金银犀革,充继军资,于时费用不乏"③(李恢亲自前往扑灭讨伐,铲除叛贼中极为反动者,将其首领迁往成都,从叟、濮少数民族的部族中征取耕牛、战马、金、银、犀角、皮革,充实军需,于是这些方面的费用在当时没有缺乏过)。表明当时的官马官牛,也有从豪强富户的私养牛马里得来。六朝时和秦汉一样,也常常以诏谕的形式,颁令保护耕牛。如宋孝武帝大明二年(458年)三月乙卯,"以田农要月,太官停杀牛"④,宋明帝泰始三年(467年),"牛多疫死,诏太官停宰牛",类似诏令很多,有的甚至明令,如有私自宰牛者,罪竟至死。

不同地区因其地理位置和气候条件的差异性,所养的牛种类也有所不同,北方多为黄牛,南方则多为水牛。不过,据记载:"渊薨……又赎渊介帻犀导及渊常所乘黄牛。"⑤这里讲的褚渊是南朝齐的开国元勋,身处南方,可见当时南方也有黄牛的存在,并且在南朝的达官贵人中流行乘坐牛车。三国也有乘坐牛车的现象,从常州博物馆馆藏的三国吴

① 《折狱龟鉴》卷四《宥过》。
② 葛洪《抱朴子·吴失》。
③ 陈寿撰,裴松之注:《三国志》卷四十三《李恢传》,中华书局1959年版,第1046页。
④ 中华书局编辑部点校:《宋书》卷六《本纪第六·孝武帝》,中华书局1974年版,第121页。
⑤ 《南齐书》卷二十三《褚澄传》。

时期的红陶牛车(图3-6)可以得到印证。在南京甘家巷和童家山发掘的六朝墓中,出土的陶器随葬品也有牛车的造型。2005年,南京江宁区发现一座大型六朝砖室墓,墓中出土了多件青瓷器,形式有牛车、车厢等,牛车的车厢前后各有一门,近平顶,顶前后凸出形成遮檐(图3-7)。1996年,南京栖霞区发掘的南朝墓中,出土若干陶牛车。陶牛车的牛首尾皆残缺,身体壮硕。车为棚顶式,前低后高车厢无后壁,前后相通,左右两壁近顶部各有一小圆穿,可能为挂帘所用,车厢底部左右对称各有两个圆穿,应用于固定车轴。可见,在两晋南北朝时期,牛车已十分流行。

图3-6　三国吴时期的红陶牛车①

图3-7　南京江宁上坊六朝吴墓出土青瓷牛车②

① 常州市博物馆:《江苏金坛县方麓东吴墓》,《文物》1989年第8期,第69—78页。
② 王志高:《南京江宁上坊孙吴墓发掘简报》,《文物》2008年第12期,第24页。

水牛,又称青牛。它的皮厚且汗腺不发达,适合在南方水系众多且气候温润的地方生长,而且它的生理构造允许它能长时间地浸泡在水中,非常适合耕水田,是三国两晋南北朝时期南方水田重要的耕作动力。

江苏自古以来养牛一直采用自然交配方法配种繁殖。[1] 南北朝时期,贾思勰的《齐民要术》不仅对牛的相法有了新的总结,而且对牛的饲养管理方法也有新的经验。其中载:"《家政法》曰:'四月伐牛茭。'四月青草,与茭豆不殊,齐俗不收,所失大也。"所谓"茭"指的是经过初步加工(通过晒干脱水,变成干草)的饲料,"牛茭"就是专门供牛吃的草料。《齐民要术》还提到"言其乏食瘦瘠,春中必死"[2],指要把握好制作饲料和喂料的时机,减轻损失。在《晋书·刘实传》中也提到了"(刘实)少贫苦,卖牛衣以自给",这里的"牛衣"是指当时专门给牛做的起到保暖作用的衣服。

四、养马、驴、骡业

江苏养马、驴、骡的历史悠久,"马者,兵甲之本,国之大用"[3]。在古代,由于马匹在军事征战及驿递、农耕、交通运输中具有重要作用,历代王朝都很重视马政制度建设。养马以官养为主,驴、骡以民间饲养为主,因农家饲养驴、骡较经济又利于生产与生活。[4]

三国时期,魏、蜀、吴均在中央国家机关设有太仆寺。尤其是曹魏政权承袭汉代遗制,又占有北方大片适宜养马地区,因此养马比较有规模。[5] 太仆寺掌管畜牧马政,并且颁令"禁杀马牛"来发展养马业。到南北朝时期,据《魏书·食货志》记载,河西牧区"畜产滋息,马至二百余万匹,橐驼将半之,牛羊则无数",比较下来,北魏时期的养马规模已远远超过汉代,北方的养马数远多于南方。

马的繁殖一直沿袭自然交配的方法,常常是30匹母马选留一匹种

---

[1] 江苏省地方志编纂委员会:《江苏省志·畜牧志》,江苏古籍出版社2000年版,第154页。
[2]《齐民要术》卷六《养牛、马、驴、骡第五十六》。
[3]《后汉书·马援传》。
[4] 江苏省地方志编纂委员会:《江苏省志·畜牧志》,江苏古籍出版社2000年版,第159页。
[5] 谢成侠:《中国养马史》,农业出版社1991年版,第118页。

公马与之配种。配种多在春季,怀孕期 11 个月,翌年早春产驹。① 在使用管理上,据《齐民要术》提出"服牛乘马,量其力能,寒温饮饲,适其天性",这是指对马牛的使用管理要根据马牛的生活习性合理地使役和饲养。并提出"饮食之节,食有三刍,饮有三时"②,其中"三刍"是指将饲料分为"恶刍""中刍""善刍",即粗、中、精三等,所谓"三时"是将马饮水分成三个时间段,分别是早、中、晚。当马"饥时与恶刍,饱时与善刍,引之令食,食常饱,则无不肥",这是说要针对马不同的饥饿程度投喂精细程度不同的饲料,强调因时制宜,这些均说明当时对马的饲养管理已经形成了一套比较成熟的技术方法。

马的饲养,虽然当时北方养殖较多,南方由于自然条件因素,缺乏大规模草场,不适合大规模饲养,但由于孙吴、东晋和南朝的京畿要地一直位于今南京,车来马往,加之国防需要,民间养马也自然不在少数。在南京大光路发掘的孙吴时期薛秋墓出土的随葬物品中,发现了马头形物品。官府亦曾多次鼓励民间饲养,如南朝宋武帝即位时,就曾颁令"募天下使养马一匹者,蠲一人役;三匹者,除一人为吏"③。在军事上,也常需要饲养大批马匹。此外,由于北方不少豪族士人南迁,为他们日常生活的需要,也为南方地区带来大量马匹。

由于国家常对民间养马进行限制或实行括马政策,而养驴不受限制,又容易饲养,因此在农村养驴逐渐普遍,素有"穷养驴,富养马"之说。④ 由于骡具有杂种优势和耐粗饲、抗病力强的特点,这时养骡也很普遍。⑤ 如"石勒

图 3-8 南京江宁六朝砖墓室出土青瓷马

---

① 江苏省地方志编纂委员会:《江苏省志·畜牧志》,江苏古籍出版社 2000 年版,第 166 页。

②《齐民要术》卷六《养牛、马、驴、骡第五十六》。

③ 朱铭盘:《南朝宋会要》。

④ 江苏省地方志编纂委员会:《江苏省志·畜牧志》,江苏古籍出版社 2000 年版,第 162 页。

⑤ 江苏省地方志编纂委员会:《江苏省志·畜牧志》,江苏古籍出版社 2000 年版,第 163 页。

将刘夜堂以驴千头运粮以馈桃豹"①,说明当时已经用驴作为运输工具了。《齐民要术》中还详细记载驴的饲养、繁殖、使役和农耕技术。说明当时驴已经普遍地用于农耕,并用于拉磨、车水和挽重等工作。②

驴、骡的饲养,当时在苏北地区较多,江南地区较少。据《三国志·吴书》载,一次孙权大会群臣,他特令人牵来一头驴以饱众人眼福,说明当时南方很少。这也符合历史事实,因为驴在秦汉时还是被中原地区当作"奇畜"。加之江南地区湿热的气候环境,河湖沟渠较多,不太适合驴、骡等大型草食动物的饲养。

驴相对马的饲养,可以比较粗放。驴舍多为土墙草顶结构或草编的简易草棚,饲养管理方式为舍饲与放牧相结合,放牧的地点多选择在离家近的草坡、草滩或田间隙地、渠埂河岸。驴的舍饲以麦秸、豆秸、稻草为主,冬季需要备有一定量的青干草,平时不需要喂精料,只在农忙或运输使役时补喂少量精料。因为驴耐粗饲,抗病力强,它的管理不需要像马匹那么精细。骡的饲养管理方法与马基本相同。

五、养羊业

三国两晋南北朝时期,由于北方人口的南移,将北方蒙古羊(绵羊)及养羊技术带入淮北地区,促进了当地绵羊业的发展。江苏各地六朝墓中出土的青瓷羊和羊圈模型即是佐证。养羊逐渐成为南方农民的重要副业。发掘于江苏南京仙鹤观的东晋墓群中,出土多件羊形金配饰,形状多为四肢曲伏,细部刻画精细。墓主都是东晋时期皇帝身边高级侍臣。南京温峤墓中也出土了金羊等物品,温峤

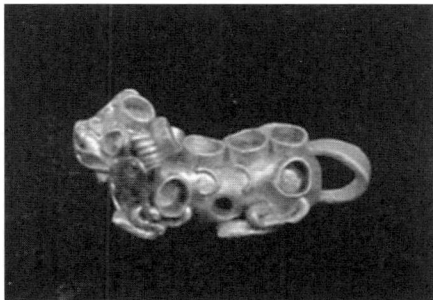

图 3-9　南京温峤墓出土金羊③

---

①《晋书·祖逖传》。
② 佟屏亚、赵国磐:《畜禽史话》,学术书刊出版社1990年版,第88页。
③ 华国荣、张九文:《南京北郊东晋温峤墓》,《文物》2002年第7期,第19—35页。

墓是南京地区正式发掘的东晋墓葬中墓主身份地位的较高者。可见,羊除了作为农民的副业之外,还有很重要的祭祀意义。

古代,养羊主要以放牧为主。三国两晋南北朝时期,淮北、江南地区对于养羊已有较成熟的饲养技术。《齐民要术》对羊圈的设计及羊的管理作了较详细的说明:"圈不厌近,必与人居相连,开窗向圈(所以然者,羊性怯弱,不能御物;狼一入圈,或能绝群)。架北墙为厂(为屋则伤热,热则生疥癣。且屋处惯暖,冬月入田,尤不耐寒)。圈中作台,开窦,无令停水。二日一除,勿使粪秽(秽则污毛,停水则'挟蹄',眠温则腹胀也)。圈内须并墙竖柴栅,令周匝(羊不揩土,毛常自净;不竖柴者,羊揩墙壁,土、碱相得,毛皆成毡。又竖栅头出墙者,虎狼不敢踰也)。"这种羊圈的设计,也是充分考虑了羊性怯弱、怕热、爱干燥、爱干净的特性,羊圈布置在人的住处旁是出于对羊的保护,防止被狼类动物攻击,也有利于满足人们需要优质的毛皮的需求。

对于羊的选种,《齐民要术》认为产羔的月份对选种有着重要的影响。腊月、正月配种所产羔最佳,秋季配种比春季配种所产羔要好。在严寒期间,还需要重视接羔和对母羊的产后护理。一千多年来,我国的农书凡是谈到养羊,几乎都引用《齐民要术》所总结的这些经验。[1]

人们根据羊性缓喜群的习性和特点,放牧羊群春夏早出,秋冬晚出,让羊自由采食,只补喂少量谷豆类精饲料,这种传统的饲养方法,为其后历代所继承和发展。

六、其他家养动物的饲养

鹿茸等产品具有很高的药用价值。晋代陶弘景隐居江南,他在《名医别录》中提到:"麋,生南山山谷及淮海边",他还在《本草经集注》中指出:"今海陵(今泰州)间最多,千百为群,多牝少牡"。

秦汉时期人们常将狗作为祭祀、食用、玩赏、陪伴的牲畜。食狗之风在江苏丰沛地区盛行,但在《齐民要术》中没讲狗的饲养,说明到南北朝时期,狗已没有作为重要食用动物了,而更多是作为看家护院的伴侣

---

[1] 谢成侠:《中国养牛羊史》,农业出版社1985年版,第162页。

动物①。

东晋时期，朝廷中的官员吴隐之嫁女时，将家中最值钱的家犬出卖来置办嫁妆。② 晋元帝永昌二年（323年），大将军王敦占领姑孰（今安徽当涂县境内）。民间谣传有虫病，虫进入人腹，人即死。治疗的方法是以白犬胆为药。自苏北至南京，人人惊慌。"而白犬暴贵，至相请夺，其价十倍。"③说明狗不是日常的食用动物，而是特殊情况下作药用。到了南北朝时，宠狗之风较盛，"定又使诸将各上好犬，皆千里远求，一犬至直数千匹。御犬率具缨，直钱一万"（《三国志·吴书·孙皓传》），可见当时养宠物狗之风盛行。

《晋书·陆机传》还记载一则黄耳传书的奇异故事。"初机有俊犬，名曰黄耳，甚爱之。既而羁寓京师，久无家问……机乃为书以竹筒盛之而系其颈，犬寻路南走，遂至其家，得报还洛。其后因以为常。"这是说晋人陆机年少时，在今苏州家里养有一犬，名叫黄耳，比较喜爱，后来他到京师洛阳做官，久没有家信，他试着写了一封家信，放在竹筒中，系在黄耳颈上，让它回南方苏州老家，从洛阳到今苏州，其间一千多里路，黄耳竟然回家取回书信，其后还常常这样做。另有一则"义犬救主"的故事也出在这一时期，据《搜神后记·杨生狗》载："晋太和中，广陵人（今扬州）杨生，养一狗，甚爱怜之，行止与俱。后生饮酒醉，行大泽草中，眠，不能动。时方冬月燎原，风势极盛。狗乃周章号唤，生醉不觉。前有一坑水，狗便走往水中，还以身洒生左右草上。如此数次，周旋跬步，草皆沾湿。火至免焚。生醒，方见之。"这是说东晋时期，有一扬州人名叫杨生，养有一犬，很是喜爱，常随出行。有一天，杨生外出与朋友饮酒，回家途中至一草丛中，醉卧不醒，这时正是寒冬腊月，草丛突然火起，火借风势，越来越急，尽管其犬在他周围吠叫，杨生也不能醒来。正好不远处有一水坑，犬便到水中，以身沾水，再将水洒在杨生卧处周边草丛上，如此数次，使杨生卧处周边草丛全部湿透，当火烧至杨生周边时就灭了。杨生醒后才知道是犬救了他。这则故事也充分说明，狗在

① 安岚：《中国古代畜牧业发展简史（续）》，《农业考古》1988年第2期，第369页。
②《晋书》卷九十《吴隐之传》。
③ 马俊亚：《江苏风俗史》，江苏人民出版社2020年版，第120页。

当时已退出肉用家畜行列,成为人们重要伴侣动物之一。

第四节　畜牧技术的提高

一、饲料生产技术

随着畜禽圈养(舍饲)技术的发展,人们开始广泛收集野生饲草及农作物秸秆饲喂家畜,民间还有利用残羹剩饭及其洗刷物(又称"泔水")喂猪的习惯。随着农产品加工业出现,酿酒、制粉等剩余物的糟渣之类也用作饲料。北魏《齐民要术》中就有利用泔、糟水喂猪的记载,这种养猪方法一直被沿袭下来。为了增加饲料,人们还种植各类饲草,尤其是种植紫花苜蓿,这一品种自汉代引入中国以来,到南北朝时期,江苏地区已广泛种植,并用作马、猪、羊的饲料。

二、畜产品加工与贮藏技术

畜产品历来以肉、蛋为大宗。肉类以猪肉为主,禽肉次之。蛋类以鸡蛋为主,鸭蛋次之。自古以来,随着养猪业的发展,猪肉逐渐成为人们的主要肉食品之一,三国两晋南北朝时期也不例外。

江苏饲养耕牛(黄牛和水牛)以役用为主,牛肉产量很少。加上当时的牛、马作为生产和运输重要工具,往往被历代统治者禁令宰杀,而养羊业不如养猪业发达,羊肉生产水平也相应较低。但市场上鸡肉较多,价低,为普通百姓重要动物蛋白质来源。鸭在南方江河湖沼中普遍养殖,《齐民要术》中记载了鸭的众多吃法,包括蒸、煎、炙等众多烹饪方法。当时还创造性地发明咸鸭蛋腌制技术,延长鸭蛋贮藏时间,其加工方法为:"纯取雌鸭,无令杂雄,足其粟豆,常令肥饱,一鸭便生百卵。取杬木皮,净洗细茎,锉,煮取汁。率二斗,及热下盐一升和之。汁极冷,肉瓮中,浸鸭子。一月任食,煮而食之,酒食俱用。咸彻则卵浮。"①六朝

---

① 《齐民要术》卷六《养鹅、鸭第六十》"作杬子法"。

时期,肉类的炙法极为普及,作炙的原料也多,除牛、羊、猪等常用肉外,还有黄雀炙、鹅炙、牛心炙等。各族饮食习俗互相交流,不少新的食品制作方法进入汉民族的生活之中,其中以"羌煮貊炙"(涮烤羊肉)最为典型。① 肉类还可以干制,《齐民要术》中还提到了作度夏白脯法②。该时期对食物的发酵技术也颇有研究,关于肉类酱料的制作,《齐民要术》提到了以羊肉、猪肉、鸡肉等原料制作燥脡和生脡(生肉酱)的方法③。

三、动物疾病防治技术

在长期的生产实践活动中,人们在防治家畜疫病中总结了许多有效的经验。据《魏书·志第二·天象一之二》记载:"牛大疫,死者十八九,官车所驭巨犗数百,同日毙于路侧,首尾相属,麋鹿亦多死",这表明当时疫病的传染范围很大,很严重,类似传染病时有发生。《齐民要术·养羊第五十七》记载:"羊有疥者,间别之;不别,相染污,或能合群致死。"当时人们想到了用隔离的方法预防。对于马、羊的疥癞治疗,《齐民要术》提出了 7 种外治药方,《肘后备急方》提出了 3 种,例如黎笋捣碎以米泔水浸之,腊月猪脂加雄黄、柏沥、芥子等药,根据家畜疥癞病的轻重分别涂搽。④ 这里提到的《肘后备急方》是西晋江苏句容人葛洪的著作,书中详细地介绍"起卧入手"诊疗法,书中载有牛、马疾病与治疗验方及 8 种中药剂型,这些方剂多为其在江苏句容茅山修炼时收集的方药。

兽医针灸疗法是中兽医学的重要方法之一,在南北朝时期,家畜针灸有了新的发展。传统的针灸疗法是采用针灸熨烙等技术,主要用以治疗大家畜外科、内科病。江苏地区兽医人员运用最多的针术有血针、火针、白针等,常用针具沿袭秦汉时期的宽针、三棱针、圆利针三类,选用穴位和针刺手法也各具特色。扬州地区的仪征、江都一带的一些中兽医对马、驴、牛四肢病,常用不同的烧烙疗法颇有疗效。徐州地区常

① 马俊亚:《江苏风俗史》,江苏人民出版社 2020 年版,第 110 页。
② 《齐民要术》卷八《脯腊第七十八》。
③ 《齐民要术》卷八《作酱等法第七十》。
④ 王晨璐、马刚:《〈齐民要术〉中的动物养殖技术伦理探析》,《青岛农业大学学报(社会科学版)》2017 年第 3 期,第 84—88 页。

见的马、骡跛行，主要靠针灸术治愈。

中草药治疗兽病历史久远。从长期实践经验中，已积累了有关中药的种类、药性及采收的丰富知识并且产生了大量治疗畜病的药方（如各种验方、丹方），多种中药剂型（如丸、散、膏、汤、栓、锭、条、饼）与泡制方法，以及各种给药的途径与办法（如口服、涂搽、吹服、鼻烟）。在当时，中草药对马属动物的几个常发病症，如便秘、疝等有一定的治疗效用。对于蹄疫病，《齐民要术·养牛、马、驴、骡第五十六》提出了多种治疗方法，其中有用沸醋酒盐溶液来浸泡漏蹄这一方法。

第四章　隋唐五代时期江苏畜牧业

隋唐五代是中国社会一个大发展时期,被人津津乐道的"贞观之治""开元盛世"都出现于此时期。这一时期,尤其是唐朝前期,政治比较清明,社会和谐,为社会经济发展创造了有利条件,而作为传统经济重要组成部分的畜牧业,也在这个时期得到快速发展。

江苏地处中国东南部,其区域内一向以农耕经济为主,但在这个时期,畜牧业也得到了一定程度的发展。"安史之乱"以后,大量的北方人再次南迁,他们给江苏带来了新的畜禽品种,先进的畜牧养殖技术,这一过程,不仅促进了南北方文化进一步交融,也促进了江苏畜牧业的发展。

第一节　畜牧业发展的历史背景

一、政区沿革

隋唐五代(581—960 年),共 380 年,此时期中国从长期分裂走向大一统社会,到五代又进入较短时期的南北分裂状态。这一时期的行政管理基本上是道、州(府)、县三级地方行政管理制度。这期间江苏区域内仍经历了一些变化过程,大体情况如下:

隋统一后,改州为郡,依汉制设置太守。江苏主要分属于彭城郡(彭城、沛留、丰萧),东海郡(朐山、东海、涟水、沭阳、怀仁),下邳郡(宿豫、徐城、下邳、良城），江都郡（江阳、江都、海陵、宁海、高邮、安宜、山阳、盱眙、盐城、六合、句容、延陵、曲阿），丹阳郡（江宁、溧水），毗陵郡（晋陵、江阴、无锡、义兴），吴郡（吴、昆山、常熟）等。618年，唐朝将秦汉三国两晋的州、郡、县三级地方行政管理制度中的郡改为州。到了627年则根据山河走向，将整个统治领域划分为10道。再到639年时，唐朝已经有10道、358州、1551县。直到713年开始有了府的行政区划建制，此时的府与州在同一级别，但地位比州还要高。733年，全国从10道改为15道。到了741年时唐朝已经有15道、328州、1573县。742年，又改州为郡。758年，复改郡为州。"安史之乱"期间，开始大量设置藩镇。"安史之乱"结束后，藩镇已经成为一级行政区划。807年，唐朝共有48道、295州（府），1都护府，1453县。位于东部地区今属江苏区域内的行政区域，有辖14州的淮南道，含扬州广陵郡（治今江苏省扬州市），楚州淮阴郡（治今江苏省淮安市淮安区）；辖23州的河南道，含徐州彭城郡（治今江苏省徐州市），泗州临淮郡（治今江苏省淮安市盱眙县），海州东海郡（治今江苏省连云港市海州区）；辖19州的江南东道，含润州丹阳郡（治今江苏省镇江市），常州晋陵郡（治今江苏省常州市），苏州吴郡（治今江苏省苏州市）等。①

到了五代时期，后梁、后唐、后晋、后汉，均为武宁军节度使治徐州和宿州，后周增加了淮南节度使治扬州、泰州、雄州、楚州、泗州、海州，濠州观察使治濠州、楚州、泗州、海州。958年时升静海军置通州，升静海县东洲镇置海门县；废雄武军，涟水县属泗州；废东海县，置东海监。到了南吴时期，镇海军节度使治江宁府、润州、常州，淮南节度使治扬州、江都府、楚州、泗州、海州，静淮军节度使治泗州。南唐时期镇海军节度使治江宁府、润州、常州、侨和州、涂县，定远军节度使治濠州、楚州、泗州、海州，濠州观察使治濠州、楚州、泗州、海州、涟州、涟水县。吴越时期镇海军节度使治杭州、苏州、吴县、嘉兴县等。②

由于江苏位于中国沿海地区中部，东临黄海，地跨长江、淮河南北，与上海、浙江、安徽共同构成长江三角洲城市群。而在隋唐时期，江苏

---

① 周振鹤：《中国地方行政制度史》，上海人民出版社2019年版，第466页。
② 潘法强：《江苏地方文化史》，江苏人民出版社2020年版，第410页。

在地理上的位置与现代相比并不完全相同。隋朝时期，中国的江苏区域内分别设置了苏州、常州、蒋州、润州、扬州、方州、楚州、邳州、泗州、海州和徐州等 11 州处所。从晋朝开始，就一直有南迁至今江苏所处地区的北方移民，这些移民主要南迁至今天的南京、镇江、常州、扬州、淮安等地。

唐朝时期，江苏区域分属全国 10 道中的河南道、淮南道和江南东道。江苏地理上自古纵跨南北，既有北方冬季寒冷干燥，夏季高温多雨的气候特征，也有南方冬季温暖少雨，夏季高温多雨的气候特征，江苏的山不高，江苏的水兼有江河湖海，因此植被种类多，使得江苏地区拥有适宜中小畜禽发展的地理环境和自然条件，这种优越的地理环境在全国并不多见。

由于江苏以平原为主的地理环境，以及气候条件比较适宜中小畜禽的发展，在隋唐时期就已经展现了其丰富的畜牧业资源。因此，这一时期，江苏的畜牧业已呈现出多样化发展格局，在苏北平原、苏南丘陵地区重点发展牛、羊、猪、禽，并且有丰富的雨水提供源源不断的农作物和牧草生存必需的水资源，为畜牧业的饲料来源提供坚实保障；在苏南水乡，重点发展了水牛、猪、禽类，尤其是鸭、鹅，使江苏畜牧业得到进一步发展。

二、社会条件

隋朝建立后，为强化中央集权，隋文帝进行了一系列的整顿和改革，加强了国家对人力物力的控制和调拨，也在较大程度上调整了社会生产关系，为各方面的发展提供了强有力的社会保障。据《通典》卷七记载，隋夺北周政权后，仅过了 30 年，人口就增加到 4807932 户。《贞观政要》卷八《辩兴亡》还载，隋文帝末年，"计天下储积，得供五六十年"。可见当时的社会经济比较繁荣。隋后期炀帝暴政，虽修建东都、开凿运河、创置进士科，功不可没，但是远征林邑、三征高句丽、三下江都、六巡北塞、赋役繁重、滥刑酷罚，推行了一系列的暴政，一定程度上破坏了农村经济。劳役和兵役的苛重造成农村劳动力的短缺，"耕稼失时，田畴多荒"，《隋书·杨玄感传》载"黄河之北，则千里无烟，江淮之间,则鞠为茂草"。直到唐代前期的"贞观之治"和"开元之治",社会才得以继续繁盛起来。唐中期的"安史之乱"是唐代由盛转衰的转折点,土地集中、政治腐败、藩镇割据、朋党之争、宦官专权、国破民苦是当时最显著的特点。《旧唐书》卷十九上《懿宗纪》载:"富者有连阡之田,贫者无立锥之地。"百姓赋税负担重,冤不得理、屈不得伸、冻无衣、饥无食、病不得医、死不得葬。到五代十国时期,更是军阀混战,各地军阀为了战争,大量增加赋税和徭役,更加重广大百姓的痛苦。而此时的南方,因偏安一隅,相对比较稳定,战争较少,农村经济也得到一定的恢复发展。

隋朝统一全国之后,隋文帝下令开凿广通渠,由大兴城引渭水,东至潼关入黄河。这条渠后来避隋炀帝杨广名讳,改称永通渠,唐时称漕渠。隋炀帝又下令开凿了通济渠、邗沟、永济渠和江南河。唐朝时期的永通渠被称为汴渠或汴河,邗沟被称为官河或漕渠,永济渠和江南河则没有因为朝代更迭而改名。通济渠从洛阳西苑处引谷水、洛水到黄河流域内,又在板渚处分河东向南流经汴州、宋州等地,直到泗州汇入淮水。邗沟本为春秋后期吴王夫差开凿的运河,中间屡经疏浚,河道也有所移动。隋代再度兴工开凿疏浚,从而使邗沟北起山阳(治今江苏省淮安市),南至扬子(治今江苏省仪征市),上接通济渠,下接江南河。江南河则自京口(治今江苏省镇江市)绕太湖的东面,直到余杭再与钱塘江汇合。江南河、邗沟连接了长江和淮水,并往上连接了通济渠和永济渠,从而构成贯通华东南北的大运河。

隋唐大运河成为隋唐时期重要的漕运水道,两岸出现了不少都会,其中江苏境内自北向南依次有徐州、楚州(治今江苏省淮安市)、扬州(治今江苏省扬州市)、升州(治今江苏省南京市)、润州(治今江苏省镇江市)、常州、苏州。隋唐时期,徐州又称彭城,隶属于河南道。徐州并不濒临汴渠,但唐人仍然认为徐州是汴渠重镇,是"咽喉要地,据江淮运路"[1];"自隋氏凿汴以来,彭城南控埇桥,以扼汴路,故其镇尤重。"[2]楚州处于邗沟和淮水的交汇处,"全盛时,北客所经从,一道自南渡门绝

---

① 《旧唐书》卷一四〇《张建封传》。
② 李吉甫:《元和郡县图志》卷二十上。

淮,则之齐、鲁、山东;一道自淮阴放洪泽闸达淮,则入汴入洛"[1]。楚州盐业发达,当时全国设立"四场""十监",以督促产盐,四场中有楚州涟水,十监中有楚州盐城[2]。隋代和唐代前期,江淮地区尚不是国家赋税主要来源地和国防重地而不为朝廷所重视。且江南地区乃是南朝故地和割据政权的温床,故长期受到中央朝廷的打压和监控。隋平陈后,隋文帝下诏将建康(今南京市)的宫阙城邑全部摧毁,平荡为耕地。南京自古乃雄踞之地,唐代统治者很担心这个龙盘虎踞之地为他人所利用以与中央王朝相对抗,故虽然曾在此设置名为升州的州级行政建制,又曾数度废州更名,将其隶属于其他州郡。与升州形成鲜明对比的是扬州,在隋唐时期占有显赫地位。扬州为淮南道治所所在地,唐朝在此设置扬州大总管府,任命晋王杨广为扬州大总管,监控江南陈朝旧境。邗沟与长江相会合,而扬州在邗沟南端,扬州实为居于水上交通枢纽的都会。隋炀帝开凿通济渠和疏浚邗沟,其最初动机就与扬州有关。运河开凿疏浚成功,更促进扬州的繁荣。到了唐代,其繁荣程度为全国少有,超过了长江上游的益州(今四川成都市)。当时俗谚就以扬州和益州相提并论,称之为"扬一益二",意思是说扬州位于第一位,益州居于第二位,这是唐代后期社会上对于扬、益二州繁荣的称道。扬州能够不断繁荣,是得益于通济渠和邗沟,因其是汴渠和官河的漕运要道,也连接都城长安,各地的漕运和商旅,需经过扬州才能到达长安。扬州的繁荣也得益于当地物产的富饶。扬州富饶的物产主要是粮食和盐,唐代盐税是王朝重要的收入。便利的交通和富饶的物产,促成了扬州成为当时的经济中心。润州位于江南河北口,与扬州隔江相对。凡是从扬州所能达到的地方,由润州同样也可以达到。由于长江上下游进入邗沟(官河)的船舶较多,也由于官河南行的船舶并非都再进入江南河,所以润州就显得不如扬州。但润州仍然有其相当重要的地位。常州距润州最近,对于润州的繁荣更能有所助力。润、常二州的东南就是苏州。苏州是江南东道的治所所在地,濒临太湖,周围土地适于农耕,本来就

---

[1] 王象之:《舆地纪胜》卷三十七下,江苏广陵古籍刻印社1991年版,第117—118页。
[2]《新唐书》卷五十四《食货志》,中华书局1983年版。

是鱼米之乡。随着大运河的开通,江南地区与北方的经济联系日趋紧密,也刺激了苏州经济的快速发展。特别是"安史之乱"后,北方一片残破,而江南地区的经济却日益发达,逐渐成为大唐财政的支柱,苏州地区在唐代中叶以后也就成为全国最为富庶的地区之一。白居易曾在《苏州刺史谢上表》中说:"况当今国用,多出江南;江南诸州,苏最为大。兵数不少,税额至多。"①

运河沿岸都市经济的发展,也促进了这些地区社会文化的繁荣。儒学研究和儒学教育作为社会文化上层建筑的一个领域,也或多或少地影响了该地区。尽管在研究中并没有发现一个地方的经济发达程度与儒学发展程度之间有完全对应的正态比例关系,但隋唐时期江苏地域最为发达的运河沿岸都市,的确也产生了不少著名的儒学人物和重要的儒学著作,两《唐书》的《儒学传》所列江淮地区儒生的比例也相当高。可见儒学的发展,特别是对儒学研究及学术性成果的产生而言,也是需要一定的经济基础作为条件。

三、经济背景

由于隋结束了南北长期分裂的局面,使国内再次实现统一,百姓的生活比较安定,人口也较快增长。到了唐玄宗时期,社会经济达到了一个新高峰,为畜牧业发展提供了优越的经济条件。史载"天下大稔,流散者咸归乡里,斗米不过三四钱,终岁断死刑才二十九人。东至于海,南极五岭,皆外户不闭,行旅不赍粮,取给于道路焉"②。当时公私粮食满仓,即"公私仓廪俱丰实",男耕女织的农业生活为社会各方面创造了很好的条件。此时朝廷还实施了更加科学完善的经济政策,即租庸调和均田制,综合人力和土地、赋税资源,减轻农民负担、解放农业生产力,调动全社会开垦荒地和发展农耕经济的积极性。

(一)实行租庸调制度

为了解决过去官吏无休止无节制地苛索农民,隋唐政府在均田制基础上实行租庸调制,计丁征取。规定每丁年纳"租"粟 2 石,随乡所

---

① 丁如明、聂世美点校:《白居易全集》,上海古籍出版社 1999 年版,第 125—227 页。
② 《资治通鉴》卷第一百九十三,"贞观四年"。

出,输"调"绢2丈、棉3两或布2丈5尺、麻3斤。每年服徭役20日,不应役者,则按每日3尺绢折纳,叫做"庸"。凡加役15天免调,加30天役租调俱免,额外加役最多不超过30天。租庸调制不但有利于解决官吏无休止无节制苛索农民,减轻了农民的赋役负担,而且以庸代役,有利于解决过去农民必须利用大量时间进行重体力或无劳动力服徭役的问题,在一定程度上解放了劳动力,促进经济发展。

(二)推广先进农业生产工具

古代,农业是经济的核心,生产力水平的先进与否首先体现在农业生产工具上。三国两晋南北朝时期,农民在农业生产中普遍使用犁、耰、耙、叉、连枷、锄、镰、车、挽具。其中,最主要的农业生产工具之一的犁是二牛抬杠。隋唐时期,犁经过二牛三人耦犁、二牛一人双辕犁的改进,发展为曲辕犁。根据陆龟蒙①《耒耜经》记载,曲辕犁共有11个部件构成:即犁镵(铧)、犁壁、犁底、压镵(铧)、策额、犁箭、犁辕、犁梢、犁评、犁建、犁槃(盘)等。犁长1丈2尺。曲辕犁的优点:(1)改直辕、长辕为曲辕、短辕,便于回转,操作灵便。(2)犁辕前安装能转动的犁盘。犁盘两端以绳索与牛轭(曲轭)相连,便于犁身自由摆动和改变方向。(3)具有犁箭、犁评和犁建。通过犁评的进退调节犁箭的长短,以改变辕牵引点的高低,控制翻土的深浅。(4)犁梢与犁底分开。通过犁梢

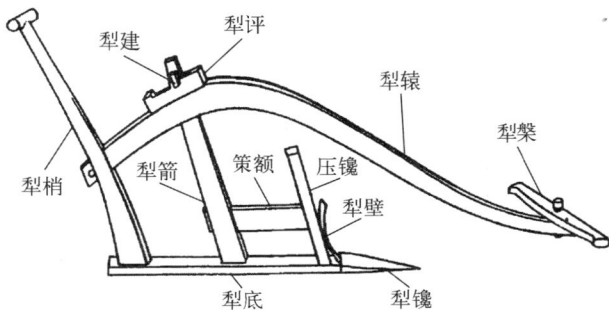

图4-1 唐代曲辕犁结构示意图

---

① 陆龟蒙(? —881),唐代农学家、文学家,字鲁望,别号天随子、江湖散人、甫里先生,江苏吴县(今苏州吴中区)人。曾任湖州、苏州刺史幕僚,后隐居松江甫里,编著有《耒耜经》《吴兴实录》《小名录》等均收入《唐甫里先生文集》中。

摆动的幅度,调节耕垡的宽窄。(5)犁壁与犁为不连续曲面。此种结构便于形成窜垡,碎土效果好。曲辕犁的发展,使耕犁开始定型化,这大大提高了垦荒和耕种的能力,提高了农业生产力。

（三）实行均田制

均田制是国家将荒田闲地分配给无地和少地的农民,将农民与土地结合起来的土地制度。早在北魏时期,均田制作为一项基本土地制度得到推行,隋朝继续实行,唐朝均田制更加完善。根据《唐会要》记载,唐高祖武德七年(624年),在全国面向满18岁的男丁、工商业者、60岁以上的老年人和废疾人口、寡妻和妾、僧徒、道士、女冠、尼等实行均田制。[①] 虽然他们各自得到土地不一样,但都有了一定数量的土地,不仅稳定社会局面,也有利于农牧业发展。

四、畜牧管理机构

隋唐时期的畜牧管理机构与秦汉时期大体相同,官营畜牧机构在中央有太仆寺、驾部、尚乘局等,在地方有监牧等。

（一）太仆寺

太仆寺是唐代中央官营畜牧业管理机构之一,其总领者为太仆卿,并以少卿为其副。太仆寺之职能,一是掌管宫廷皇帝及王公们的乘舆、车辆的供应,二是掌管监牧的籍帐及属官考课。前一个职能,为四署所属,其中乘黄、车府二署,是掌管宫廷及王公以上人员车格及驯驭之法,供帝王、贵戚所需各种车乘畜力的御用机构。乘黄署有驾士140人,羊车小史14人,车府署有驭士175人,但均为调习役畜以供役使的属士,并非从事饲养的役丁。这二署的职责与畜牧业生产并无直接联系。另二署是典厩署与典牧署,系专供中央朝廷御用役畜及凛牺、尚食的机构,与官府畜牧业有一定的关系。如典厩署的"典厩令,掌系饲马牛、给养杂畜之事"[②],系太仆寺属下专供官府所需役畜的舍饲机构,其饲养所需均由官府供给。

---

① 《唐会要》卷八十三《租税上》,中华书局1998年版,第1531页。
② 《大唐六典》卷十七《太仆寺》,日本广池学园本。

（二）驾部

驾部是隶属于尚书省兵部的一个司。驾部掌管全国的舆辇、车乘、传驿、官私马牛杂畜的增损等。舆辇为皇帝王公所乘，与畜牧业关系不大。车乘涉及官员的用马乘骑，驾部除管驿马外，还管中央诸卫的承直马。古代官府运送物资，皆用牛车，中央各部门均有牛车配备，这些牛车归驾部所辖①。驾部虽隶尚书兵部，却是中央朝廷畜力管理和车乘配给的保障机构，其职责主要是：(1) 管理全国驿传役畜供给，马匹、船只分拨，管理役丁，确保馆驿交通、通讯系统畅通。(2) 制订诸卫府役畜及京师诸司牛畜、马匹、车乘的定额配备。从这两方面看，尚书驾部非畜牧业生产的机构，而是馆驿及诸卫府、京师诸司交通畜力与车乘的供给保障及管理机构。②

（三）尚乘局

尚乘局为唐代中央朝廷所属六局之一，掌天子乘御，其官有奉御、直长等。尚乘局设有奉御4人，"掌内外闲厩之马，辨其粗良，而率其习驭"；直长为奉御之贰，共10人，奉乘18人，"掌率习驭、掌闲驾士及株饲之法"；习驭500人，掌马的调习；掌闲5000人，掌饲养马；司库一人，掌鞍辔乘具；司廪2人，掌真秸出纳；典事5人，兽医70人，掌疗马病。③ 从这个分工编制看，尚乘局所辖的马匹，至少也在5000匹以上，由于马匹众多，故分为二厩十二闲来饲养。尚乘局，"掌天子之御"④，是唐朝皇帝御马的特殊畜养机构，虽不算全国性的官府畜牧业，但与官府畜牧业有直接关联，如他们的马匹来源，直接来自官营的监牧。

（四）监牧

据《新唐书·兵志》记载："马者，兵之用也；监牧所以蕃马也，其制起于近世。唐之初起，得突厥马二千匹，又得隋马三千于赤岸泽，徙之陇右，监牧之制始于此。"监牧制度确立后，按其设置地区山川形势、草场状况、气候条件优劣等综合因素，规定其发展规模，区分为上、中、下

---

① 《新唐书》卷四十六《百官一》。
② 杨际平：《唐代官营牧畜业的管理体制》，《中国经济通史》第四卷第九章《畜牧业》。
③ 《新唐书》卷四十七《百官二》。
④ 《大唐六典》卷十一《殿中省·尚乘局》。

三等。牧监的长官称"监",监之上的长官为坊使,或监牧使。监以下的机构,据《大唐六典》记载:"凡马、牛之群以百二十;驼、骡、驴之群以七十;羊之群以六百二十。群有牧长、牧尉"。依据《厩牧令》《唐律疏议》及《新唐书·兵志》等综合分析表明,每一牧监的监官管 5 名牧尉,每一牧尉管 15 名牧长,牧长即是群头,群头直接管理畜群,其下还有牧子。

由于牧监主要设于西北草原地区,这一时期江苏未见有牧监设置。

五、社会条件对畜牧业的影响

隋文帝统一南北建立隋朝,在经济上轻徭薄赋。隋炀帝创科举,开运河,北败匈奴。唐太宗爱民如子,击退突厥,唱贞观长歌。武后政启开元,志宏贞观,明皇建开元盛世,扬中华之威。这一时期,多少豪杰并出,在中国历史上留下了浓墨重彩的一笔。这个时期是中国农耕文明的一个高峰,农业在隋唐五代有了快速发展,作为农业的重要组成部分,畜牧业在隋唐五代也得到了较好发展。

在军事上,国家需要畜牧业去提供战骑及运输畜力。隋唐帝国为军事强国,成就无数,光辉耀眼,常被古今学者津津乐道。隋炀帝三次出征高句丽,北拒匈奴。盛唐败突厥、吐鲁浑,西敌吐蕃,都得益于"马政"。能让游牧民族俯首称臣,不仅需要巧妙作战思维,还要有着比他们更多数目的骑兵、更强壮的战马。唐武德年间,突厥多次入侵中原。武德九年(626 年),颉利可汗号称战骑百万,浩浩汤汤,驶入京师。太宗无奈以对,只得"卷甲韬戈,啖以金帛"[1]。贞观年间,唐太宗励精图治,大兴马政,誓以强大之骑兵北斗突厥,还百姓安宁,建强盛之国。贞观四年(630 年),兵部尚书李靖率兵出马邑,并州都督徐茂公领兵出云中,突袭颉利可汗于阴山,斩首百万,俘虏十万。而后突厥势力大衰,不敢轻易南下。"安史之乱"后,国内大乱,节度使拥兵自重,拥有大量战马的藩镇往往称霸一方。五代十国时期,骑兵众多的国家可以称雄一方。由此可见,在隋唐五代时期,军事对畜牧业尤其是养马的依赖度,是显而易见的。

---

[1]《资治通鉴》卷第一百九十一,"武德九年"。

在交通运输上,大牲畜是畜力的重要来源。唐朝立国之初,就在全国范围内建立了完备的交通运输体系——驿传制度,在全国范围内依据一定的规则设立驿站,用于交通和运输。交通运输中用马最多,这在一定程度上促进了养马业的发展和繁荣。驿传制度所用之马一方面来自官方,一方面来自民间。来自民间的马匹数量远远超过前者,这是经济发达、政治昌盛的体现。到了五代时期,因马匹不能满足交通需要,故常以驴代步,由此而产生出驴驿。驴驿多居于通衢大道近侧设置,官方租用百姓饲养的驴,按路程远近,论价租用。驴驿的发达,当然也带来了民间养驴业的兴旺。

在农业方面,畜牧业为其提供畜力和肥料。耕牛在传统农业社会的生产过程中一直占据突出的地位,牛可以用来耕田、播种。牛存则耕存,牛亡则耕废,耕废则民无食,民无食则亡,民亡则何恃为君。按照这个说法,耕牛在那个时代不仅仅是一种"生产力符号",还是一种政治符号。明智的统治者们显然也是这样认为。《唐律》就规定:"诸盗官私马牛而杀者,徒二年半。"①这既是维护社会生产的需要,又是维护统治的需要。唐前期实行均田制,后来均田制虽然土崩瓦解,但自给自足的小农经济依然是主流的农业形态,小农家庭里的人力,畜牧业所提供的畜力,不断革新的农具,三者有机结合,成为当时农业生产的美妙图景。农业和畜牧业,向来都是相互联系,不可分离。五代时期广大农村的农耕生产,多是以家庭为单位的个体农业,农业与畜牧业总是天然地结合在一起,每户农家或多或少拥有一定数量的土地,多数农户有耕牛,并饲养一些猪、羊、鸡、鸭,有的甚至养有少量的驴、骡、马。大牲畜可为农家提供畜力,小家畜、家禽能为农户增加副业收入。种植业的各种收获物的副产品,可以供给畜、禽饲料,而各类畜、禽可制造有机肥料提供给种植业。据推算,一头牛每年可积粗肥料 25 方,约可养田 5—6 亩。几千年来,农业耕地亩产在逐步提高,而耕种过的土地长期能维持和增进肥力,养育着大地上的百姓,与完善的农牧结合、精耕细作密切相关。可见种植业和畜牧业之间,存在着一种互补共生、共兴的关系。

---

① 《唐律疏议》第五篇《厩库律》。

在手工业方面,畜牧业为其提供原料。隋唐五代时期,官营手工业和私营手工业都获得较大发展,很多手工业产品的原料都来自畜牧业,如牛皮做的靴子,羊皮做的帽子。据记载,唐中期以后,牛皮制的靴子广受欢迎,甚至一度成为身份和财富的象征。在民间手工匠中,有皮裘匠、皮条匠、鞋匠、骨匠、角匠,这些都是以畜产品为加工对象的匠人。他们所从事的生产,都是从畜牧业中衍生而来。由此可见,畜牧业对于手工业也有相当重要的影响。

从以上诸方面看,畜牧业在隋唐五代时期确实具有重要地位,在整个社会生活中,是一个不可缺少的经济部门,它支撑着整个国家军事机器的运转,支撑着边境的安宁、国家的统一和强盛;同时也支撑着农业有效率的发展,为百姓丰衣足食、充实国家赋税收入提供了保证。可以想象,没有马、牛、驴、骡、猪、羊、鸡、鸭等畜禽的发展,就不会出现一个强大、兴盛、繁荣的时期。

第二节 各种畜禽发展状况

一、养牛业

作为农业人口大国,历代统治者都非常重视农业。隋灭陈后,隋文帝"以江表初定,给复十年。自余诸州,并免当年租赋,十年五月,又以宇内无事,益宽徭赋。百姓年五十者,输庸停防"(《隋书》卷二十四《志第十九》)。隋文帝主张藏富于民,反对严酷剥削。这使得江南的经济,尤其是农业,在这个时期有了较好发展基础。唐太宗主张"君舟民水,水可载舟,亦可覆舟"。他实行轻徭薄赋,与民休息,爱民如子政策。作为初唐明君,他起到了良好的表率作用,后来的继承者大多数继承了唐太宗的这一政策,使得大唐农业经济出现繁荣景象。作为中国东南部地区的江苏,其农业经济也得到了较好发展。除了统治者实行轻徭薄赋的经济政策外,战争引发的人口南移,也成为促进江苏农业大发展的重要因素之一。"安史之乱"使得北方经济受到比较严重摧残,百姓流离失所,被迫离开战争频繁的北方而来到南方。江苏是北方人口大量迁入之地,这给江苏带来了大量的农业劳动力。这些因素,促成江苏农业一度有了"飞跃式"的发展,民谚"江淮熟,天下足"也在唐代的中后期传开。在这个诗歌大繁荣的时代里,写于江苏一带的"咏农诗"层出不穷,江苏的农业发展水平可见一斑。

农业的发展离不开畜牧业提供的动力。隋唐时期,江南牛耕普遍,农家多饲牛,每家有牛栏,俗称"牛宫"。陆龟蒙《祝牛宫辞》写道:"冬十月,耕牛违寒,筑宫而纳而皂之。"并赋诗:"四牸三牯,中一去乳。天霜降寒,纳此室处。老农拘拘,度地不亩。……耕耨以时,饮食得所。或寝或卧,免风免雨。宜尔子孙,实我仓庾。"①这首诗的意思是:四头母牛和三头公牛,其中一头公牛是刚刚断乳的小牛犊。天上已降下霜来很寒冷,必须把这些牛放进室内。老农经常很拘泥,土地也不丈量,不知有多少亩。……耕种役使要适时,饮食也要适当。或睡或卧,都要避免风雨。这样做既有利于牛的繁衍,也有利于粮食丰收。如此三言两语,就把牛宫的作用讲得很清楚。这是农业和畜牧业相互作用,相互影响的经典案例,常被人津津乐道。由此可见,传统农业(种植业)与畜牧业难于割裂。

在古代,牛最早主要用作肉食和祭祀,后来牛的用途除役用外,还用作生产牛奶、牛毛、牛皮等。到隋唐五代时期,官府十分重视养牛业,这从张廷圭的奏书可见一斑。廷珪上书曰:"今河南牛疫,十不一在,诏虽和市,甚于抑夺。并市则价难准,简择则吏求贿,是牛再疫,农重伤也。高原耕地夺为牧所,两州无复丁田,牛羊践暴,举境何赖?荆、益奴婢多国家户口,奸豪掠买,一入于官,永无免期。南北异宜,至必生疾,此有损无益也。抑闻之,君所恃在民,民所恃在食,食所资在耕,耕所资在牛;牛废则耕废,耕废则食去,食去则民亡,民亡则何恃为君?羊非军国切要,假令蕃滋,不可射利。"②这段上书,把耕牛对于农业和国家的长治久安的重要性作了充分说明,非常难得。

隋唐时期,中国的漠北诸族及关中、中原农业区主要饲养黄牛,青

---

① 陆龟蒙:《甫里先生文集》卷十六《祝牛宫辞并序》。
②《新唐书》卷二四九。

图 4-2 徐州市花马庄唐墓出土陶牛像①

藏高原上主要饲养牦牛,在江南水乡主要饲养水牛。隋唐时期,犁耕动力主要靠黄牛和水牛,因此对用作耕牛的黄牛、水牛非常重视,认为"农功所切,实在耕牛"。从巩固统治者政权的需要出发,隋唐王朝非常强调要保护耕牛,禁止宰杀,有力地保护了养牛业的发展。这从江苏地区出土的文物资料中,可以得到充分证明。铜山县茅村隋墓出土的陶牛,立姿,颈前伸,高 14 厘米,长 21 厘米②;江苏徐州市花马庄唐墓出土的陶牛,四蹄立地,牛首正视前方,牛角短而尖,耳上耸,弧背,长 24 厘米,通高 13 厘米;以及扬州出土唐青瓷褐彩牛车③等。

二、养马业

隋唐王朝对养马极为重视。据《大唐六典》卷三《户部尚书》记载:"凡亲王入朝,皆给车牛驮马,车牛六十乘,驮马一百匹。若大妃回来,加车牛二十乘,马二十匹。别敕追入,给马六十匹。内外百官家口应给递送者,皆给人力车牛。一品,手力三十人,车七乘,马十匹,驴十五头;二品……若别敕给递者三分加一,家口少者,不要满此数,无车牛处,以马驴代。"这一时期的官吏迎送和军队出征,所经州县要提供递驮,同样需要使用大量马匹。由此可见,畜牧业在隋唐社会经济中确实具有重要地位,在整个社会生活中是一个不可缺少的经济部门,它支撑着整个国家军事机器的运转,支撑着边境的安宁、国家的统一和强盛;同时也支撑着农业有效率的发展,为百姓丰衣足食、充实国家赋税收入提供了保证。《新唐书·五行志》中也载:"马者,国之武备,天去其备,国将危亡。"把养马看作极为重要的事项,这对于农业民族来说是非常难能可贵的。

---

① 盛储彬:《江苏徐州市花马庄唐墓》,《考古》1997 年第 3 期,第 49—50 页。
② 金澄:《江苏铜山县茅村隋墓》,《考古》1983 年第 2 期,第 150 页。
③ 李则斌:《扬州出土唐青瓷褐彩牛车》,《文物》1999 年第 5 期,第 93 页。

隋唐时期的养马业与前代一样，分为官营和私营两种形式。其中，官营养马业发展迅速，养马地区相当广大。"安史之乱"后，吐蕃乘机占领陇右，使唐失去西部地区大片适宜养马区域，唐朝牧马区被迫南移，徐州等地逐渐成为唐朝的重要牧马区，这里所养战马一部分用于本地防务，一部分还会被抽归中央，以敌北寇。民间牧马业方面，由于战乱，北人南迁，迁入江苏的北人为这里的人们带来了不少优良马种，还有先进的养马技术，促进了江苏民间养马业的发展。江苏私营养马业在这一时期也得到了迅速发展，值得一提的是，由于马的数量在短时间内增加颇多，江苏区域内马的价格曾一路走低，说明养马绝不在少数。按唐律，马、驼、牛等大牲畜是不准私自宰杀的，欲屠宰者，还需要向官府申报批准。

图4-3　扬州出土一批唐代彩绘俑[1]

三、养猪业

隋朝养猪相当的普遍。"李汾秀才者，越州上虞人也。性好幽寂，常居四明山。山下有张老庄，其家富，多养猪。"[2]可见养猪已经不再只是普通农家的专属。

人们常说，唐人以胖为美，固唐人喜猪肉。"以胖为美"的说法曾经多次受到历史学者的反驳，但唐人喜吃猪肉却是事实。穷人吃不起猪肉，富人却大量地囤积。"诗圣"杜甫曾经讲："朱门酒肉臭，路有冻死骨。"[3]"政启开元，志宏贞观"的武则天信佛，曾制定"禁屠猪令"，但收效甚微，一度遭遇民众的抵制，大臣们也纷纷上书表示反对。武则天无奈

---

① 李万、张亚：《扬州出土一批唐代彩绘俑》，《文物》1979年第4期，第1—6页。
② 唐薛：《集异记》（又名《古异记》）。
③ 杜甫：《自京赴奉先县咏怀五百字》。

之下朝令夕改。值得一提的是,江苏南部素来为"鱼米之乡",南方人多食鱼肉,但这一现象在隋唐五代时期有了一定改变。"鸡猪鱼蒜,逢着则吃,生老病死,时至则行。"[1]可见当时吃猪肉相当平常,陆龟蒙的"去年十二月,身在雪溪上,病里贺丰登,鸡豚聊馈饷"[2],可见鸡、猪肉已经成为许多人的日常食品。

随着养猪业的发展,猪肉的产量也不断增加。"安史之乱"之后,北

方人口的大南迁极大地促进了南北融合,南方人迅速融合北人的生活习惯和饮食习惯。南迁的北方人在带来先进的畜牧技术促进江苏养猪业发展的同时,又进一步改变了江苏本地人的饮食结构,喜爱吃猪肉的人越来越多,江苏饭桌上的猪肉也越来越多。

"咸通七年,徐州萧县民家豕出圂舞,又牝豕多将邻里群豕而行,复自相篜啮。"[3]圂指猪圈,可见周边邻居百姓家家皆养猪。并且出现了专门以养猪为业的人家,出现了养猪大户,他们不像普通农家仅养一至两头猪。[4] 不但私人养猪致富,官府也养猪。考古学家在江苏地区就曾发现了三彩猪、陶猪等,由此可见唐代江苏地区有发达的养猪业。

隋唐时期,江苏农业发展正处在北方经济重心逐步南移时期,在一定程度上促进了南方畜禽养殖业发展。因为畜牧与种植之间存在着明显互补关系,即粮食产量的增加,势必促成农副产品增加,农副产品又能够提供更多的饲料养猪,进而促进畜牧业的发展,也在很大程度上加快了畜牧技术的提高。

根据文献记载,这一时期还出现了专门以杀猪为职业的屠夫,如司马德戡。如果当时

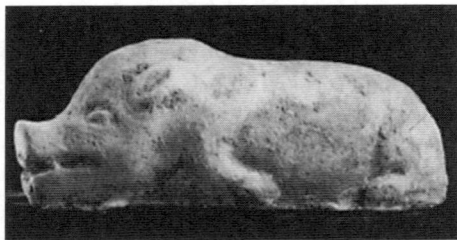

图4-4 江苏徐州市花马庄唐墓出土陶猪[5]

---

[1]《唐语林》卷三。
[2] 陆龟蒙:《纪事诗》卷二十六。
[3]《新唐书》卷三十六《五行志》。
[4]《新唐书》卷五十《食货志》。
[5] 盛储彬:《江苏徐州市花马庄唐墓》,《考古》1997年第3期,第49—50页。

养猪业仅仅是部分人家所有，应该不会出现职业屠宰猪的人。[①] 这从侧面也反映唐代养猪业的兴盛。

四、养羊业和养禽业

"安史之乱"后，北方人口的大量南迁，一方面给江苏引入大量北方家畜品种，另一方面也促进了江苏畜禽养殖技术的提高。其中，北方人将蒙古绵羊引入南方就是一个典型的例证。

受自然环境和地理因素影响，过去江苏很少饲养绵羊。"安史之乱"以后，随着大量北方居民进入江苏北部地区，他们将原居住地长期饲养的蒙古羊带到江苏淮北，后经当地群众长期饲养选育，逐渐形成具有多胎高产的裘肉兼用型绵羊品种类型，俗称"淮羊"，即小尾寒羊。小尾寒羊身体结构匀称，体格大，蹄质结实，被毛白色，鼻弓耳长，身体较高呈方形，身体粗壮。自唐末进入江苏后迅速繁衍，成为独具特色的江苏绵羊品种。

江苏饲养山羊历史悠久，隋唐时期也获得较好发展，出现"白羊成队难收拾，吃尽溪谷巨胜花"[②]的局面。句容一带的居民还将当地饲养的白山羊带入长江入海口崇明岛饲养、繁殖。在当地气候温和，水草丰盛的条件下，经过当地人们的长期选育，形成了适应当地生态环境的品种，后来遍布长江三角洲一带，因海门所产该山羊数量最多，故称海门山羊。

隋唐时，不仅官府大量养羊，平民百姓也普遍养羊。目前各地出土的陶羊文物很多。由于唐朝与吐蕃交往多，西藏的蛮羊和吐蕃羊也运往内地，丰富了唐代的养羊业。[③]

隋唐五代时期，随着江苏地区的不断开发和经济迅速发展，人口也逐渐增多起来，形成了较大消费市场。尤其是苏南地区，位于长江中下游，湖泊陂塘星罗棋布，是典型的水乡泽国，发展水禽的地理条件十分

---

① 徐旺生：《隋唐时期的养猪业》(《中国养猪史》连载之六)，《猪业科学》2010 年第 10 期，第 114—116 页。

②《全唐诗》卷六四〇。

③ 乔卫平、翟林东等：《中华文明史》第五卷，河北教育出版社 1992 年版，第 113—134 页。

优越。因此,江南水乡民户养鸭、鹅众多,凡是江河湖泊均有饲养。

图 4 - 5　江苏徐州市花马庄唐墓出土的陶羊①

第三节　畜牧技术的发展

一、饲养与繁殖技术

隋唐是中国古代各领域技术发明和革新的高产时期,在多个领域都有创造发明。农业生产工具、农田水利、大田作物栽培技术、畜牧兽医、渔业技术等各方面均有许多发明创造,在当时世界上均处于领先地位。

在《大唐六典》卷十七《太仆寺》中,有关于家畜饲养饲料定额的记载。家畜饲料定额标准包含了马、驼、牛、羊、蜀马、驴、骡等不同家畜的饲料种类和具体用量,其中规定的饲料主要有大豆、盐、粟、青草、青刍、稻谷、禾和青豆等,可见当时的饲养技术已经十分成熟。这一时期,唐王朝为了保证冬季的饲料供应,专门建立了家畜饲料基地,不仅使得家畜饲养规范化,还带动了周边农户的家畜养殖发展。唐朝廷还制定了各监牧所饲养牲畜的组群规模、仔畜繁殖的成活率、牲畜损亡率、劳动定额、草料定额、成绩考核以及奖惩制度等,可见当时对官营畜牧业的

① 盛储彬:《江苏徐州市花马庄唐墓》,《考古》1997 年第 3 期,第 49—50 页。

组织管理工作比较完善。

此外，隋唐时期的相畜理论和相畜技术也有进步。在《司牧安骥集》中不仅论述了"由外以知内"和"由粗以及精"①等相马技术要领，还对良马眼睛以及体格、色泽、五官、神情、形态等各方面都作了详细的论述，并对当时关于旋毛的一些迷信说法进行批判，一定程度提高了当时相马的技术水平。

唐代在官营牧苑中，为了更好地管理众多马畜，还建立了一套比较完备的马种优劣登记制度（即马籍制度）。同时还相应建立马印体系，给各种马匹打上不同的印记，以此来区别不同的马匹。这样把马的良驽强弱区别开来，不但方便了征调，还具有存优去劣的意义，同时也为马匹的良种繁育创造了有利条件。

与此同时，隋唐时期官府还从境外引进不少优良马匹品种并对这些马匹进行改良与培育，培养出一批批健壮的优质马匹。② 如唐初武德年间，位于今中国新疆北部至中亚细亚一带的康居国，献马 4000 余匹。从各地出土的唐三彩陶马，其健壮优美的形态，也可看到唐代良马的具体形象，它应是良马的真实写照，而不仅仅是陶塑工人的艺术夸张。

在饲养管理方面，隋唐时期也积累了丰富的经验。唐代张说在《陇右群牧颂德碑序文》中提到春分时节出牧，秋分时节收牧，烧野和清除马厩，以及用泉水清洁牲畜的身体，给牲畜喂养精美的草料，在夏天搭建凉爽的草棚，在冬天布置温暖的遮蔽处，调教小牲畜，驾驭大牲畜，定期为其修整毛发，通过鞭子等工具控制和驯养它们，③这充分显示出当时在马的饲养和繁育上的进步。

二、兽医技术

在中国传统农业中，人与动物的关系密切。人靠动物而生活，动物靠人的保护而生存，畜牧兽医科学就是在这种交互作用中得到发展。

隋唐时期，已有相对成熟的兽医教育体系与家畜治疗方法。当时，

---

① 孙阳：《伯乐相马经》。
② 段成式：《酉阳杂俎》，浙江古籍出版社 1987 年版，第 89—90 页。
③ 李元放：《我国古代的畜牧业经济》，《农业考古》1985 年第 1 期，第 67—68 页。

在唐朝太仆寺内就设置了兽医教学府邸。据《旧唐书·职官三》记载，"太仆寺设兽医博士四人，学生百人"。太仆寺的兽医博士承担教授生徒之职。博士的产生采取推举和选举相结合的方式，将群众中有威信、博学多识的人员选拔到太仆寺教授学生。此外，当时中国的兽医学校还接收外国留学生。据记载，唐贞元元年（785 年），日本兽医平仲国等来到中国留学。此时的兽医学校比起法国的巴黎兽医学校（1762 年）和奥地利维也纳兽医学校（1769 年）要早约 1000 年。当时设置的兽医教育内容包括了疾病的病因教育，疾病的症候学教育，疾病的疗法教育，不仅包括了药物治疗，还有针灸疗法等特色理疗。这可能是中国最早的官办兽医教育学校，其学校规模、师资力量、教材专业度以及教学水平，在当时都遥遥领先于世界其他国家，具有重要的历史意义。这些不仅为当时江苏畜牧业的发展提供保障，也为后续各个时代的农业、畜牧业、林业等各个领域的发展奠定了坚实基础。

隋唐时期，兽医的解剖针灸学也有所发展。根据《隋书·经籍志》记载，当时对兽体外科手术及针灸治疗均有一定研究。隋朝的《马经孔穴图》就通过绘制马的全身图，标注出马体的穴道位置，向学者详细介绍针灸治疗的具体取穴方法，相应的针灸运针手法，以及相应的治疗手法及对应的疾病症状等。使得该书成为当时以及随后历代民间兽医用针的重要依据，随后历代畜牧兽医经典内均有效仿该书针灸治疗方法的相关记载。唐代出版的《司牧安骥集》一书中，还通过绘制马体骨头结构，并标出相应的名称，制成著名的马体骨名图，以此详细记载了马相关疾病的针灸疗法。在该书中，还对于马匹等牲畜躯体的穴位选定，治疗中采取的针刺手法，传统补泄手法的选择，具体的针具选择，抑或是放血、烙画、围刺、点刺等手法的运用，都有记载，这些方法在今天仍然有很好的临床实用价值。

这一时期，已经总结出多种兽类病种，并能够从病因、病机、病变、症状和治疗方法等方面进行具体分析和治疗，[①]还有先进的"焊药疗法""冷敷理疗法"等创新疗法，在如今的临床应用也有很重要的借鉴作用。

---

① 谭黎明：《魏晋隋唐时期的畜牧兽医技术研究》，《安徽农业科学》2011 年第 30 期，第 19029—19030 页。

除了兽医学校进行正规的兽医教育,其他非正规的兽医教育也得到发展。唐代中兽医队伍比较大,从中央到各地监场牧场,分别设有兽医官员和专业兽医师。民间的兽医师更是不计其数,他们主要通过家传兽医教育,即父子相传,师徒相授等形式,也对当时的兽医教育发展起到了积极作用。

第四节 畜牧业的地位及影响

畜牧业是农业和整个国民经济的重要组成部分,也是社会发展的基础产业。发展畜牧业对保障国家食物安全、增加农民收入、推进农业发展,促进社会经济发展均具有极为重要的作用。由于各地区的自然、经济、社会条件差异较大,不同地区、不同历史阶段中,畜牧业的发展形成了不同模式和发展道路。在隋唐五代的经济结构中,畜牧业可以被看作为重要产业,其作用和影响不言而喻。畜牧业不仅可以为人类生活提供丰富肉食的来源,上至帝王,下至布衣百姓,每逢佳日,都会杀鸡宰羊,以迎宾客。这一时期的肉食品价格远远高于蔬菜,可见在当时,肉类已经广受欢迎。畜牧业还可以提供交通运输工具,成为国家兵力强弱的重要装备,以及农业(种植业)重要的肥料来源。

由于隋文帝继续实行北魏的均田制,减轻了农民交粮纳税的负担,使得农民的生产积极性大大提高。在这期间,为了鼓励民间养牛,隋王朝将 5000 余头官牛分给贫困的农户,以资畜牧业和农耕。为了军事上的需要,隋王朝非常重视养马业的发展;为了促进社会经济的发展,隋王朝扩大了耕地面积,粮食产量得以提高。这些都为隋朝畜牧技术的发展,提供了良好发展基础。虽然隋朝存在的时间并不长,但隋朝经济在南北朝经济发展的基础上,进一步向前推进,甚至出现一定繁荣的景象,并且为后来唐朝经济的繁荣奠定了基础。

唐朝时,随着全国社会经济得到很大的发展,尤其是作为南方稻作区域的江苏地区,随着南北朝以来人口的不断迁入,水利设施不断升级,农业工具、农业技术的不断进步,再加上江苏多样化的气候因素配合,促成了江苏地区畜牧生产的进步。这一时期,大批人口向江南一带移民,不仅带来了大量劳动力,对江苏当地经济发展,特别是对畜牧业发展起到了很好的助推作用,促进了江苏当地的畜牧业开发和发展。

第五章　宋元时期江苏畜牧业

宋元时期是中国古代社会经济高度发展时期。作为经济的重要组成部分,畜牧业为其发展作出了重要贡献。这一时期,宋元王朝不仅从中央到地方设置了较为完备的畜牧管理机构,还颁布了一系列相关律令。在官府的重视下,江苏地区的官营畜牧业有了一定发展,养马数量增加,牛、羊等牲畜也得到较大发展;其私营畜牧业,在农区虽作为农家副业,但已成为农家经济的重要来源之一。在畜禽饲养、品种改良、兽医技术等方面也得到显著提高,畜牧业对当地文化习俗也产生很大影响。

第一节　政区沿革

在宋代,江苏苏北主要属于京东东路的淮阳军,辖下邳、宿迁;京东西路的徐州,辖彭城、沛、萧 3 县。京东路东西两路,"西抵大梁,南极淮、泗,东北至于海,有盐铁丝石之饶。其俗重礼义,勤耕纴,浚郊处四达之会,故建为都。政教所出,五方杂居。……下邳俗尚颇类淮楚焉。"①淮南东路的扬州,辖江都,南宋增广陵、泰兴 2 县;楚州,辖山阳、盐城、淮阴、宝应 4 县;海州,辖朐山、怀仁、沭阳、东海 4 县;泗州,辖临淮、虹、淮平 3 县(淮平[盱眙]与虹县后分出的泗洪县现属江苏);真州,

---

① 脱脱等:《宋史》卷八十五《地理一》,中华书局 1977 年版,第 2112 页。

辖扬子、六合2县；通州，辖静海、海门2县和利丰监；另有高邮军、安东军、招信军、清河军。淮南东西路，"土壤膏沃，有茶、盐、丝、帛之利。人性轻扬，善商贾，鄽里饶富，多高赀之家。扬、寿皆为巨镇，而真州当运路之要，符离、谯、亳、临淮、朐山皆便水运，而隶淮服。其俗与京东、西略同。"①江南包括江南东路的江宁府，辖上元、江宁、句容、溧水、溧阳5县。江南东西路，"川泽沃衍，有水物之饶。永嘉东迁，衣冠多所萃止，其后文物颇盛。而茗荈、冶铸、金帛、秔稻之利，岁给县官用度，盖半天下之入焉。其俗性悍而急，丧葬或不中礼，尤好争讼，其气尚使然也。"②两浙路的平江府，辖县现属于江苏的有吴、长洲、昆山、常熟、吴江5县；镇江府，辖丹徒、丹阳、金坛3县；常州府，辖晋陵、武进、宜兴、无锡4县，另有江阴军。两浙路，"东南际海，西控震泽，北又滨于海。有鱼盐、布帛、秔稻之产。人性柔慧，尚浮屠之教。俗奢靡而无积聚，厚于滋味。善进取，急图利，而奇技之巧出焉。"③

宋金对峙时期，南宋控制江南和淮南。镇江府、平江府、常州、江阴军属两浙西路；建康府（前江宁府）、和州之江浦属江南东路；扬、楚、通、泰、真五州和高邮军、淮安军、盱眙（后改招信）、涟水军（后升安东州）属淮南东路。金人控制淮北地区，徐州、邳州和滕州的沛县属山东西路，泗州属南京路，海州属山东东路。

到元代，徐州、邳州原属京东行省，后徐州降为下州领萧县1县。邳州，在至元八年（1271年）划属归德府；至元十二年（1275年）复置睢宁、宿迁两县，属淮安；至元十五年（1278年）恢复原属领下邳、宿迁、睢宁3县。扬州路，至元十三年（1276年），初建大都督府，置江淮行中书省；至元十四年（1277年），改为扬州路总管府，后改立河南江北等处行中书省，割出高邮府为散府，领录事司、江都、泰兴、真州（领扬子、六合）、泰州（领海陵、如皋）、通州（领静海、海门）、崇明州。至元十四年（1277年），改立淮安总管府，领山阳、盐城、淮安、淮阴、新城、清河、桃园7县，设录事司；至元二十年（1283年），升为淮安府路，

---

① 脱脱等：《宋史》卷八十五《地理一》，中华书局1977年版，第2185页。
② 脱脱等：《宋史》卷八十五《地理一》，中华书局1977年版，第2192页。
③ 脱脱等：《宋史》卷八十五《地理一》，中华书局1977年版，第2177页。

并淮安、新城、淮阴 3 县入山阳,兼领临淮府、海宁、泗、安东四郡,其盱眙、天长、临淮、虹、五河、赣榆、朐山、沭阳各归所隶;至元二十七年(1290 年),革临淮府,以盱眙、天长隶泗州。至元十四年(1277 年),升高邮为路总管府,领录事司及高邮、兴化 2 县;至元二十年(1283 年),废安宜府为宝应县,又并录事司,改高邮路为府,属扬州路。江浙等处行中书省有平江路,领一录事司,吴县、长洲 2 县及昆山、常熟、吴江等州。至元十四年(1277 年)升常州为路,领一录事司,晋陵、武进 2 县及宜兴、无锡 2 州。至元十二年(1275 年),设江阴军,行安抚司事;至元十四年(1277 年),升为江阴路总管府,后降为江阴州。镇江在至元十三年(1276 年),升为镇江路,领一录事司及丹徒、丹阳、金坛 3 县。集庆路下设上元、江宁、句容 3 县及溧水、溧阳 2 州。

第二节　气候条件与自然灾害

根据中国自古形成的农牧分界线,宋代适合畜牧的区域基本上都被周边少数民族政权所占有。[①] 但实际上由于地形、气候的复杂性,两宋时期适合畜牧的区域又南移了将近 2 个纬度。[②] 所以江苏区域也有发展畜牧业的地方。据以竺可桢为代表的历史气候学家针对 1 万年以来挪威雪线高度与中国 5000 年的气温变化比较,可以发现宋代气候寒冷,中后期总体呈现下降趋势,中国近 5000 年来的气候经历了一个寒暖交替的变化过程。两宋时期正处于第三个寒冷期,所以两宋时期气候总体上讲要比现今寒冷得多,降雪界线也南移了不少。这种严寒的气候对农业生产是不利的,却为畜牧业生产提供了某些可能,特别是对江苏而言。

两宋时期不仅是中国历史上第三个寒冷期,也是水旱等自然灾害极为频繁的时代。据康弘统计,在两宋长达 320 年的时间里,发生水患

---

① 韩茂莉:《宋代农业地理》,山西古籍出版社 1993 年版,第 4 页。
② 葛金芳:《中国经济通史》第 5 卷,湖南人民出版社 2002 年版,第 50 页。

挪威雪线海拔高度（米）　　　　　　中国气温距平变化（℃）

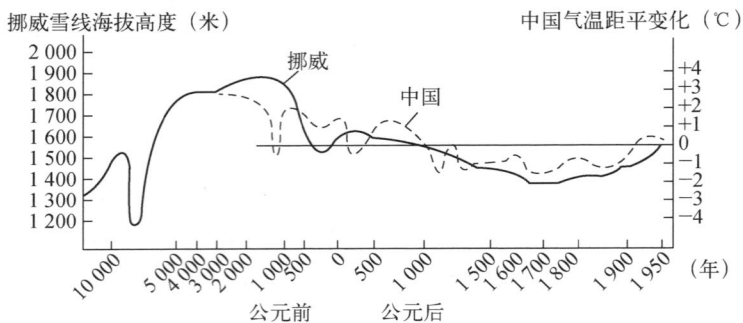

图 5‑1　1 万年以来挪威雪线高度与中国 5000 年的温度变化①

465 次,旱灾 382 次,蝗灾 108 次,大的瘟疫 40 次,②此外,还有异常高温和异常低温天气,极大地影响了宋代畜牧业的发展。

宋代江苏地区的自然灾害也非常普遍。史载:"庆元元年(1195年),淮浙牛多疫死。"③宋宁宗嘉定八年(1215 年)五月,"大燠,草木枯槁,百泉皆竭,行都斛水百钱,江淮杯水数十钱,渴死者甚众"④。高温干旱,使草木枯竭,人畜饮水严重缺乏,中暑死亡者很多。旱灾往往会引发蝗灾。宋代蝗灾具有出现频率高,范围大的特点。正如宋人记述的那样:宋宁宗嘉定八年(1215 年)四月,"飞蝗越淮而南,江淮郡蝗食禾苗,山林草木皆尽"⑤。面对蝗虫蚕食庄稼、牧草,宋王朝也采取了一些灭蝗措施,但成效并不显著。旱、蝗频繁发生,是危害畜牧业发展的自然灾害之一。南宋以后,由于蝗虫危害太大,民间社会越发笃信神灵可以驱蝗。民众将南宋初年在江淮一带大破入侵金兵的宋朝大将刘锜(1098—1162)形象,附会上景定六年(1265 年)蔓延至江淮地区的蝗灾,祈求"刘将军显灵",驱逐由"敌境"南侵的蝗虫,将宋金战争、宋元战争中的民族意识与驱除蝗灾(外患)相结合,于是出现了"刘猛将军"。旧俗以正月十三日为刘猛将军诞辰,到时均有地方官府主持祭祀,民间也举行盛大的迎神赛会。无锡南刊沟旧有刘猛将军庙,庙中

① 竺可桢:《中国五千年来气候变迁的初步研究》,《考古学报》1972 年第 1 期,第 36 页。
② 康弘:《宋代灾害与荒政述论》,《中州学刊》1994 年第 5 期,第 125 页。
③ 马端临:《文献通考》卷三一一《物异考第十七》,中华书局 1986 年版,第 2440—2442 页。
④ 脱脱等:《宋史》卷六十三《五行志二》上,中华书局 1977 年版,第 1385 页。
⑤ 脱脱等:《宋史》卷六十二《五行志一》下,中华书局 1977 年版,第 1356—1358 页。

有对联:卧虎保岩疆,狂寇不教匹马返;驱蝗成稔岁,将军合号百虫来。

此外,地震、冰雹等同样会威胁畜牧业的生产。地震、冰雹等具有发生范围广、破坏性大等特点,是导致牲畜死亡的重要原因之一。

北方领土的丧失,使宋代疆域狭小,畜牧业发展的自然地理条件受到了限制,加之频繁的自然灾害,造成宋代畜牧业具有先天不足的特点。然而,在这种不利的自然地理条件下,宋代江苏境内畜牧业,尤其是私营畜牧业,不仅能够顽强地有所发展,并且在诸多领域还超过了前代,不能不说是一个奇迹。

自然灾害也是影响元代江苏地区畜牧业发展、加剧畜牧业凋敝的主要因素之一。史料记载,元代自然灾害频发,受灾范围较广,且灾害形式多样。宋景定二年(1261年),彰德、大名、南京……遭遇雹灾;西京……徐、宿、邳遇旱灾和蝗灾(《元史·世祖纪》)。宋咸淳二年(1266年),南京、河南等路遭遇蝗灾(《元史·世祖纪》)。元至元十九年(1282年)七月,淮安清河县飞蝗蔽天,禾稼俱尽(《元史·五行志》);八月,江南水,民饥者众(《元史·世祖纪》)。至元二十五年(1288年)三月,徐、邳屯田及睢宁屯雨雹如鸡卵,害麦;五月丁酉,平江水(《元史·世祖纪》)。大德二年(1298年)正月己酉,建康水灾;二月,江阴、溧阳水灾;四月,两淮及江浙多处蝗灾;七月,江浙水灾;十二月,扬州、淮安两路旱蝗,以粮十万石赈之;同年,江都、如皋、泰兴及通州江水因大风溢高四五丈,漂没人畜庐舍(《元史·成宗纪》)。至治元年(1321年)五月,高邮府旱;七月丙子,淮安路属县水;壬午,临淮、盱眙蝗;八月甲辰,兴化县水;丙午,泰兴、江都蝗;壬戌,盐城、山阳县水(《元史·英宗纪》)。至正十七年(1357年)六月,邳州蝗(《同治徐州府志》卷第五下)。至正十九年(1359年)七月,淮安清河县飞蝗蔽天,自西北来,凡经七日,禾稼俱尽(《元史·五行志》),等等。频繁自然灾害,给农牧业带来巨大的打击,直接影响了国家经济的发展。

第三节 畜牧业发展的条件

一、政治方面

北宋结束唐末五代长期割据和混乱的政治局面,建立了一个相对统一的政权,为中国社会经济发展创造了稳定的政治环境。专制的中央集权,也为官营畜牧业发展提供了前提条件。宋太祖、宋太宗时期,为巩固和加强统治,初步建立了官营畜牧业管理机构等。宋真宗时国家政权更加巩固,社会安定,统治者进一步完善从中央至地方官营畜牧业管理机构,颁布了一系列有利畜牧业发展的法令。其后,由于统治集团内部矛盾的加深,极大地影响了官营畜牧业的发展。熙宁变法,王安石等改革派废除监牧,实行保马法。宋哲宗初年,以高太后和司马光为首的保守派则重建监牧,实行"元祐更化"。宋哲宗亲政后,章惇等改革派重新罢废监牧,宋代官营养马就在这种"你方唱罢我登场"的无休止党争中艰难地发展,乃至衰败。

国家政策对官营畜牧业的发展影响极大。宋真宗时,在景德三年(1006年)十一月"诏牛羊司畜有孳乳者放牧勿杀"(《宋史·本纪第七》)。在大中祥符九年(1016年)"癸未,薮牧之畜。农耕所资。盗杀之禁素严。阜蕃之期是望。或罹宰割。深可悯伤"(《宋大诏令集》卷一九九《政事五十二》)。宋仁宗明道二年(1033年)"乙亥,罢群牧制置使……景祐二年(1035年)冬十月癸亥,复群牧制置使"(《宋史·本纪第十》)。宋神宗元丰年间(1078—1085年)"罢群牧行司,复置提举买马监牧司"(《宋史·本纪第十六》)。宋徽宗政和二年(1112年)"十二月甲申,行给地牧马法"(《宋史·本纪第二十一》)。宋高宗建炎二年(1128年)"春正月丁亥……沿河给流民官田、牛、种"(《宋史·本纪第二十五》)。高宗绍兴二年(1132年)四月,"诏两浙路收买牛具,贷淮东人户。耕牛勿算;继令群牧司选医牛古方,颁之天下"(《宋史·食货志》)。高宗绍兴十九年(1149年),"夏四月丁巳,立孳生牧马监赏罚格"(《宋史·本纪第三十》)。宋孝宗淳熙元年(1174年)春正月,"丙午,禁两淮耕牛出境"(《宋史·本纪第三十四》)。宋宁宗开禧元年(1205年)冬十月,"庚午,复置和州马监"(《宋史·本纪第三十八》)。宋度宗咸淳六年(1270年)春正月,"丁卯,上制《字民》《牧民》二训,以戒百官"(《宋史·本纪第四十六》)。两宋时期还推行茶马制度,以内地的茶换取北方地区少数民族的马匹,既增加了官营马匹的数量,又引进了优良品种,客观上促进了官营养马业的发展。

国家政策对民间畜牧业的发展影响也很大。宋朝为增加马匹的数量,先后实行保马法、户马法、给地牧马法等"牧马于民"的政策,这些政策都极大地影响了民间养马业的发展。

保马法,为王安石变法之一,又称保甲养马法。宋神宗熙宁年间,规定河北、河东、陕西、京东、京西五路及开封府界诸县保甲养马,户一匹,物力高而自愿者二匹,给以官马,或官给钱自买。养马户可减免部分赋税。三等以上户十户为一保,四等以下户十户为一社。保户马病死,由养马户单独赔偿;社户马病死,由养马户与其他九户共偿其半。当时出现"使民计产养马",结果出现了"畜马者众,马不可得,民至持金帛买马于江淮"①的状况,极大地促进了民间牧马业的发展。

行户马法,是神宗熙宁五年(1072年)在原各监牧养马地区废除各牧马监(仅留河苑一处)之后,实行的一种民户养马法。将各监牧官马分派给民户牧养,不足之数自陕西购马派给,或给银由民户自购。民户养马,可免缴折变缘纳钱(税名),所派养马匹数按各户资产多寡决定。

都保养马法,是宋神宗元丰七年(1084年)春,在京东、京西地区实行的一种养马制度。规定每一都(一基层军户编制)保养马50匹,这种养马法是熙宁保马法的演变,都是民间养马。

1096年(宋哲宗绍圣三年),宋王朝还颁行了一种给地牧马法。颁给民户一定田地,并规定其相应养马数,该法虽颁布,但未能推行。1102年(宋徽宗崇宁元年),校阅各路给田养马的数额,只有1800余匹,而河北西路(今河北省保定、石家庄一带)养马就占1400匹,其他路养马都在200匹以下,河东路仅9匹。开封府界,京西南路,京东路皆无

---

① 李攸:《宋朝事实》卷十五《耕田》,中华书局1955年版,第229页。

应募者。由此可见当时民间对这种养马法并不信任。到 1107 年(大观元年),该法又推行于西北边防各地。1112 年(政和二年),又于京东、京西、河北等地以旧牧地募人牧马,其制以官有逃田,每 2—4 顷,以其高下肥硗,授给牧马一匹,并蠲免一顷的田赋;凡牝马每三年纳一驹,牧满五年,可从官方再换新马。于是尽收泽、潞(今山西省晋城市及长治市)、京西、山东、河北各地牧田,而以陕右军一带的蕃羌马分给牧养(蔡条《国史补》)。在制度的形式上,给地牧马是当时较好的一项马政措施,在一定程度上使官民两受其益。

在一些重大节日,朝廷还颁布禁屠诏令,对保护和发展畜牧业有重大意义。宋代制订了一些有关畜牧业的律令条文。宋初的《宋刑统》和南宋中期的《庆元条法事类》等,从法律上保障农户对私有畜产的所有权,促进了民间畜牧业的发展。

国家政策有时也会对民间畜牧业造成消极影响。宋代多次颁布禁止民间沿边市马的诏令,在一定程度上影响人们养马的积极性,沉重的赋役也严重阻碍了民间畜牧业的发展。宋代推行的括马政策,对民间牧马业影响也很大。宋仁宗康定年间(1040—1041 年),官府征括京畿、京西、淮南、陕西诸路民马,规定"马自四尺六寸至四尺二寸,其直自五十千至二十千,凡五等。敢辄隐者,重置之法"[1]。宋孝宗乾道年间(1165—1173 年),由于官府无偿征稽民马,结果使得民户"恐为子孙之患,则杀马而逃"[2],极大地摧残了民间牧马业。

元世祖忽必烈于 1260 年在诸王的拥戴下,即汗位于开平(今内蒙古自治区锡林郭勒盟正蓝旗境内),1271 年正式诏告天下,建国号大元。1279 年灭南宋,统一全国,结束了较长时期的南北分裂状态,而且实现了辽东、漠北、西域、吐蕃、云南等地区的空前大统一,奠定了中国又一次的大一统。

蒙古人以马上英雄入主中原,思想上重畜牧,轻农桑。因此,元朝建立之初就在各地设立了中央直接管理的牧场,并实行一系列保护牧业的法律措施,设置了一系列管理畜牧业的机构,颁布相关政策支持畜

---

① 马端临:《文献通考》卷一六〇《兵考十二》,中华书局 1986 年版,第 1390 页。
② 徐松:《宋会要辑稿·兵二五之五一》,中华书局 1957 年版,第 7225 页。

牧业的发展。^① 忽必烈即位以后,于中统二年(1261年)"弛诸路山泽之禁。禁私杀马牛。申严越境私商,贩马匹者罪死"(《元史·本纪第四》)。中统三年(1262年)十二月"丙寅,申严屠杀牛马之禁。中统四年(1263年)秋七月壬寅,诏阿术戒蒙古军,不得以民田为牧地"(《元史·本纪第五》)。至元九年(1272年)八月戊子,"立群牧所,掌牧马及尚方鞍勒"(《元史·本纪第七》)。至元十二年(1275年)夏四月"丙寅,立尚牧监"(《元史·本纪第八》)。至元二十二年(1285年)"春壬午,诏立上都等路群牧都转运使司"(《元史·本纪第十三》)。对于牲畜,禁止偷盗、禁止杀生、禁止贩卖走私,很好地保护了畜牧业的生产。虽然像羊马抽分、和买马及括马制度对于畜牧业的发展有着消极阻碍的作用,甚至成为元末畜牧业凋敝衰退的主要因素,但是不可否认的是,元代的畜牧业在这一时期,至少在忽必烈当政的30多年间,达到了较为繁盛时期。继世祖之位的成宗,"以去世祖为未远,成宪具在故也",是以史称"可谓善于守成者矣"(《元史·本纪第二十一》)。成宗元贞八年(1302年)三月诏:"诸路牧羊及百至三十者,官取其一,不及数者勿取。"十一月壬子,诏:"盗禁骒马者,初犯谪戍,再犯者死"(《元史·本纪第二十一》)。其后从武宗至元代后期,如武宗在至大四年(1311年)八月"戊申,禁民弹射飞鸟、杀马牛羊当乳者"(《元史·本纪第二十四》);文宗天历二年(1329年)冬十月"申禁天下私杀马牛"(《元史·本纪第二十四》);顺帝至正十九年(1359年)八月"丁未,禁军人不得私杀牛马"(《元史·本纪第三十三》)。但是由于自然灾害、政局动荡等等各方面的原因,畜牧业便逐渐衰微凋退不振了,直至元朝灭亡。

元代的畜牧业,蒙古本部的草原地区发展较好,具体表现在官营牧地中一大半都分布在草原地区或是传统的游牧地区。而中原内地的畜牧业仍然没有太大的发展,主要是元朝统治者出于政治方面的考虑,为防止汉民谋反,限制民间养马,采取抽分、和买、刷括等政策措施,把民间马匹搜刮一空。因此,农区的养马业发展,无从谈起。这种状况,在元代三大农书里,有间接反映。《农桑辑要》涉及养马的部分虽然内容

① 萨尔娜:《元代蒙古族经济史研究》,硕士学位论文,中央民族大学,2013年,第63页。

不少,但全系转抄。《王祯农书》中谈及养马,仅寥寥数言,还多是抄自《齐民要术》。而《农桑衣食撮要》对于养马内容只字未提,表明农区养马业的停滞不前。不过,这一情况在一定程度上却又间接有利于当地牛、羊业的发展,牛的饲养得到重视。元代三大农书中,对养牛的记载增加,可以看出对于牛的重视,表明牛在农区畜牧业中占有重要地

位。元代统治者禁止农区养马,但对于作为家庭主要役畜耕牛的饲养,还是持鼓励的态度。加之自宋以来南方水田生产的迅速发展,耕牛越来越受到重视,像《农桑衣食撮要》中就谈到,"牛者农之本",同时还表现在对于牛的爱护上。《农桑衣食撮要》中对于牛衣制造的详细记载便体现出这一思想。

忽必烈之后,由于统治集团内部争斗不断,加之地方势力的不断发展壮大,各地的叛乱一直不曾间断。在南方,不断出现官员的叛乱。像山东李擅之乱,仁宗时的"关陕之变"以及文宗即位以后四川地方官员的叛乱,都给当地的社会发展、经济生活、农业及畜牧业生产带来了消极的影响。

到元代末期,全国各地又不断爆发农民起义和农民战争。在江苏地区发生的是至正十三年(1353年)正月,在兴化、高邮,由张士诚、张士义等人领导的农民起义。①

张士诚起义,又称"十八条扁担起义"。"十八条扁担"指的是张士诚、张士义、张士德、张士信兄弟4人及李伯升等14人,"扁担"是他们起义时用的武器。至正十三年(1353年)五月的一天晚上,他们18人揭竿而起,用扁担打死一直欺负他们的盐警邱义,随后冲进当地大户家中,开仓放粮分钱。"十八条扁担"的义举感动了受苦多年的盐丁,他们推举张士诚为主,一起起兵反元,义军不久攻下泰州、高邮,张士诚在高邮建立政权,以周为国号,天佑为年号,自称诚王。

张士诚建立政权后,占据江南一带富庶地区,而这片地区长时间不受战争的困扰,因此张士诚也变得骄奢起来,到元至正二十七年(1367年),他在与朱元璋的争斗中,很快被打败而亡,至此,轰轰烈烈的张士

---

① 内蒙古社科院历史所《蒙古族通史》编写组:《蒙古族通史》上卷,民族出版社1991年版,第369—370页。

诚起义也落下了帷幕。

二、经济方面

宋代经济较之前有较大发展,畜牧业同农业一起发挥了巨大的作用。农业经济的发展,农具的改进(比如踏犁在耕牛缺乏地区的普遍推广)减轻了饲养耕牛的负担。土地垦殖面积的扩大又增加了对畜力的需求,为畜牧业的发展提供了条件。一些手工业,如军器制造业、皮革加工业、毛纺织业、造酒业、制笔业等的发展,扩大了对原料的需求,而这些手工业原料大多来源于畜牧业,客观上刺激了畜牧业的发展。

宋元时期商品经济的发展促进了交通运输业、租赁业等行业的兴盛。江苏地区由于是当时国家经济重心,为了保障经济的发展和交通运输的畅通,宋元时期建立了完备的交通、通信体系——驿递制度。从北部边疆到烟瘴之地的岭南,全国分布了大大小小的驿站和递铺,驿站递铺中使用驿马、驿驴、驿驼等驮运物资和传递信息,扩大了对马、驴、驼等大牲畜的需求,客观上促进了这些大家畜的发展。特别是江浙地区,经济发达,商业繁荣,频繁的交往再加上货物运输的要求,使得官府对这一地区驿站的兴设和整饬十分重视。

图 5 - 2 《王祯农书》中的踏犁①

经济的快速发展还刺激了牲畜贸易、食品加工业和餐饮业的繁荣。这些行业的发展又增加了对肉、蛋、奶的需求,对畜牧业的发展是一个极大的促进。畜牧业的发展又为上述经济部门提供了更多的畜力和原料来源,畜牧业同国家商品经济之间形成了一种相互依赖、相互促进的关系。

三、民族关系和军事

宋朝是以农立国的王朝,而周边辽、夏、金、吐蕃、大理等是以牧为

---

① 宋兆麟:《我国古代踏犁考》,《农业考古》1981 年第 1 期,第 65 页。

主的政权,农耕文明与游牧文明的冲突与融合,对畜牧业的发展有巨大的影响。当民族关系缓和时,周边政权的畜牧产品源源不断地流入中原王朝,换取他们所需的茶叶、书籍、铁器、丝绸及其他农副产品等,其中流入宋朝最多的是马匹和羊群。当民族关系紧张时,和市之门被关闭,在一定程度上又影响了畜产品的交流和畜牧业的发展。

军事形势对畜牧业的影响主要表现在:当战乱频繁时,国家就会向民间购买马匹、驴、骡等大牲畜,用以骑乘和交通运输,扩大对牲畜的需求。江浙地区是国家重要的扩马地区。为满足军事需求,官方甚至强迫民间饲养马、驴等牲畜,此种做法客观上促进了民间马、驴业的发展。战争又会导致大批牲畜(尤其是马匹)死亡,而且这种创伤影响至整个宋朝。军事形势对畜牧业的影响还表现为,稳定的国内局势能够为畜牧业的发展提供一个良好的环境。

元代在元世祖到元成宗期间,即从 1260 年到 1328 年近 70 年里,是统治稳定期。元成宗死后,统治集团内部争权夺势的斗争越来越激烈,漠南漠北数次被卷入战乱之中。政局动荡给农业带来了直接危害。常年战乱,一方面对农业生产造成极大的破坏,田地荒芜,农民弃耕流亡现象普遍存在;另一方面造成大批人口死于战争,赋役人数减少,农民生产生活更加艰难,民众不得不宰杀耕牛、卖农具来维持生计。

四、科技文化方面

在科技方面,宋朝是中国古代科技最为发达的一个时期。中国古代的四大发明除造纸术外,其他 3 项均在宋朝取得了突破性进展。科技的发展也促进了畜牧技术的进步。畜禽的饲养、品种改良和繁育、相畜(禽)技术、兽医技术等在宋代取得了突出成绩。家畜饲养上采取舍饲、牧放、舍饲和牧放相结合的方式;畜禽繁育上已使用试情技术和人工孵化技术;品种改良上不仅引进了一些新品种,甚至连在北方生活的绵羊也成功地引进南方繁衍。兽医技术方面成就更大,宋代不仅建立了一套完备的兽医医疗机构,有药蜜库、牧养上下监、医马院等,制订了不少畜病治疗方法,还编纂了 40 多种畜病治疗著作,所有这些正是以发达的科技文化为后盾。科学技术是第一生产力,这些技术的进步,极大地促进宋代畜牧业的发展。

元代的畜牧科技虽然并没有太多可圈可点的地方,但也有不少成果。在畜禽的饲养上,《农桑辑要》上总结了"三和一缴"养牛法,《农桑衣食撮要》总结了羊的四季放牧以及补喂食盐、病畜隔离等养羊以及利用发酵饲料养猪的经验和方法等,这些都为后世所继承和发扬,至今仍在使用。在品种改良和繁育、相畜(禽)技术、兽医技术等方面,元代也有一定发展进步。

在祭祀方面,"国之大事在祀与戎"。祭祀是国家政治生活的重心之一,宋元时期每年都有大量的家畜、家禽成为祭品。宋代由于严禁屠杀耕牛,用牛祭祀相对减少,而用以祭祀的猪、羊等牲畜的数量大大增加。史载:宋朝"岁之大祀三十",必须屠杀牛、羊、猪等牲畜。[①] 民间因祭祀而宰杀的家畜、家禽更多。如果把全国每年因祭祀而遭到宰杀的牲畜累计的话,无疑将是一个天文数字,祭祀扩大了对牲畜的需求,促进了畜牧业的发展。

元代的饮食中,因为法律规定不允许杀马,而牛又是屯田生产的主要役畜,所以民间肉类的消费主要是猪肉、羊肉、禽肉。虽然史料中没有具体数字的记载,但是从元朝征收的食羊屠宰税就可以窥见一斑。元朝的食羊屠宰税是额外课税,"谓之额外者,岁课皆有额,而此课不在其额中也"。元代宰杀羊食用的数量应该是很大。除了肉食之外,乳酪制品作为游牧民族主要的传统食品,消费也很可观。除此之外,牲畜的毛皮、骨角等又是做毡、制皮等畜产品加工不可或缺的原料,元代规模空前的手工业生产,主要是官营手工业,构成了对这些原料的大量需求。除此之外,庞大的军事需求以及前文提到的驿站交通,也是促进元代畜牧业发展的重要因素。

总之,畜牧业不是一种孤立的产业,它受到各种社会因素的制约,从物质层面到精神层面,从经济基础到上层建筑,畜牧业与之共生共存,和谐有序地发展。

---

① 脱脱等:《宋史》卷九十八《礼志五十一》,中华书局 1977 年版,第 2425 页。

第四节　宋元养马业

一、宋代官营养马业

宋代官营养马业与唐代相比,其规模相对萎缩不小。主要因为统治的面积大大缩小,适宜养马的草原地区大多属于夏、辽、吐蕃等国。江苏由于是沿海地区,在北宋时期没有马监。1127 年北宋灭亡,赵构在南方重建国家,由于南宋统治者丧失淮河以北大片土地,苟安江南,使南宋养马业进一步萎缩。虽说南宋统治者屡屡试图在南方建立马监,但终因南方高温多雨的气候,不利于马匹的繁衍,未取得很好成果。

(一) 监牧的设置及其管理系统

监牧是饲养、孳生马匹的场所。宋代官营养马主要采取监牧管理。"马者,兵之用也。监牧所以蕃马也,其制起于近世。唐之初起,得突厥马二千匹,又得隋马三千于赤岸泽,徙之陇右,监牧之制始于此。"[1]宋承唐制,又有所损益。宋初沿袭前代置左右飞龙二院,太平兴国五年(980年)将其改为天厩坊。雍熙四年(987 年),又改天厩坊为左右骐骥院,左右天驷四监、左右天厩二坊皆为其下属机构。诸州牧监,知州、通判共同管理。这些坊、监则是官营养马基层管理和牧养机构。两宋时期,陆陆续续设置了大大小小 110 多所监牧。江苏地区在南宋时期存在过4 所监牧,不过南宋时期因地理环境和气候条件不大适合养马业发展,监牧比北宋更是兴废无常。

宋代监牧管理系统呈现金字塔形的结构。位于塔顶的为各监长官"监",其下有副监、臣、主簿等,第三层为管理和饲养各监牲畜的军兵,有提举、指挥使、副使、员僚等。监下有群,群是官营养马业的最基本单位。每群设有牧长,牧长下有牧子,牧子是金字塔的最底层。马以 120匹为一群,这是一般的分法,在实际中也有超过此数。南宋高宗时期就

---

[1] 欧阳修:《新唐书》卷五十《兵志四十》,中华书局 1975 年版,第 1337 页。

图 5 - 3　扬州市江都区昭关蔷薇徐庄南宋墓白釉褐彩马形插座①

规定,"每群牝马一百匹,牡马二十三匹为一群"②。南宋时,凡由川峡水路运往江南的马匹,每年有大批放牧于镇江一带,但因不习水土,未见繁息,在 1149 年春,即分配给江、淮各驻军。1163 年(隆兴元年),枢密使张浚请于扬州置孳生马监,知扬州向子固谓:"于本路踏逐水草稳便处,以一千匹为一监,乞下镇江、建康、江、池州驻军,于拣退内选无肺疾,四尺四寸以上,堪充马父、马母发付本监。"但下诏:"马虽有疾,不妨孳生,但将不中披带发付扬州。"可是结果仅牧马 128 匹,皆是驽骀下驷,枉费钱财而止(《宋会要辑稿·兵二一》)。

(二) 监牧的分布

宋代 320 年间陆陆续续建立了 110 多所监牧,可见对养马的重视。在江苏地区马监分布如下表:

① 席晓云:《江苏省出土的宋元瓷器研究》,硕士学位论文,吉林大学考古系,2016 年,第 136 页。(白釉褐彩马形插座 2 件,出土于扬州市江都区昭关蔷薇徐庄。立像,昂首向前,背上有马鞍,鞍上置壶状插座,插座上壁两侧有双耳,四立足置于长方形底座上,底座四角略外斜。马口、眼、耳、四蹄、马鞍、插座口、颈、近底处均绘褐彩。长 12 厘米、宽 4.8 厘米、通高 17.2 厘米。)
② 徐松:《宋会要辑稿·兵二一之一一》,中华书局 1957 年版,第 7130 页。

表 5-1　两宋时期江苏地区马监分布

路名	马监名称	今地名	马监性质	兴废沿革	史料来源
两浙路	宜兴马监	江苏宜兴	牧养监	牧马寨旧有二，一在今宜兴市法藏寺前，一在漳渚村。中兴后为殿司牧放之所，乾道年间徙往苏、湖等州。	史能之：《咸淳毗陵志》卷十二《武备》，第 3058 页。
淮南东路	瓜州马监	江苏扬州	孳生监	设置时间不详，淳熙七年（1180 年）二月废监。	《宋史》卷三十五《孝宗纪三》，第 672 页。
淮南东路	扬州马监	江苏扬州	孳生监	隆兴元年（1163 年）张浚请求置监，扬州守臣向子固买马 1000 匹。所养马皆质量低劣，不堪军用，隆兴二年（1164 年）五月罢废。	《宋会要辑稿·兵二一之一二至一三》，第 7130—7131 页。《宋会要辑稿补编》，第 413 页。
江南东路	建康府马监	江苏南京	普通	乾道五年（1169 年）二月置监，马 5000 匹，由淮西总领所管理。	《宋会要辑稿·兵二一之三四》，第 7141 页。

宋代，因战争需要，在江苏地区饲养马匹。"建康府厢禁军隶安抚司四千人，亲兵一千人，驻劄御前诸军隶都统制司兵五万人马五千人十七匹，侍卫马军移屯建康府，以三万人骑为额沿江制置司，增置军额防江军三千三百人，内步军三千人，胜捷五百人，吐浑一千人，雄威一千五百人，马军三百人，效用军一千四百五十五人……"（《至大金陵新志》卷十）。在高宗南渡时，"高宗南渡改建康府，即府治为行宫，设留守以守臣兼之，而安抚制置总领、转运，提领御前马步军诸司，皆治于此江东"（《至大金陵新志》卷二《金陵通纪》）。在江苏地区，无论北宋还是南宋，都驻扎不少骑兵队伍，养马自不在少数。

（三）官营养马的管理

为加强对养马业的管理，宋代除在中央设置官营养马的管理机构外，还在牲畜的分群、注籍、烙印、畜群保护等方面出台了一套易于操作、行之有效的管理法规。

1. 马群的注籍管理

宋代有一套严密的畜籍管理制度。统计掌握各类牲畜的孳息、饲养、牧放和死损情况，并以此对各级管理人员进行算会、考核。对各种牲畜的登记管理，便于掌握畜牧业的发展状况，为征括和使用牲畜提供依据，还可以防止滥杀、乱宰现象，有利于牲畜的保护。

宋朝规定，新生的马要登记造册。通过登记造册，可以知道马匹的存栏数量，为以后取用提供依据。不仅如此，连即将出生的马也要登记，"有孳生犊将未生时，先关本州注籍"（《宋会要辑稿·食货六三》）。可见其注籍管理之严密。

牲畜死损也要注籍登记。"诸马、牛死，报本厢耆镇，即时验实开剥，限二日申官，当日注籍，限三十日纳筋、皮、鬃、尾、角（皮、角须相连。黑、白马鬃、尾本处用外，余逐旋附纲上京）。遇灾伤，展限十五日。"①马是重要的交通运输工具，注籍管理有利于减少滥杀、私宰现象。

在簿籍管理的过程中，不仅官营马群需要登记，民间的马匹也要注籍。宋神宗元丰年间实行户马法，要求民间"自买马牧养。坊郭户家产及三千缗，乡村及五千缗养一匹；各及一倍增一匹，三匹止。须四尺三寸以上，及八岁以下，令提举司注籍"（《宋会要辑稿·兵二四》）。官府通过注籍掌握民间养马的情况，以备战争时向民间征购。

宋代马群的注籍管理，不是简单地统计一下马的数量，而是把各种马的数量、牝牡、毛色、年龄、尺寸都要逐一登记，在管理上做得非常精细。对祠庙献马方面，宋王朝规定："诸祠庙献马限一日申所属州，本州三日内具牝牡、毛色、齿岁、尺寸，差人依程牵赴提举京畿监牧司，纳本司看详"（《宋会要辑稿·兵二一》）。详细登记牲畜的齿岁、尺寸、毛色等，其目的是防止贩运过程中出现偷梁换柱、损公肥私的现象。

2. 马群的烙印

马群烙印，即对马匹按种类、齿口、牝牡、归属，用不同的印记分别烙于马的相应部位，形成鲜明持久的标志，易于辨别，以便在放牧与管理中不致混乱，或在放牧时不慎走失及被盗时易于查找。② 宋代官营牧

---

① 谢深甫：《庆元条法事类》卷七十九《厩牧令》，黑龙江人民出版社 2002 年版，第 873 页。

② 乜小红：《唐五代畜牧经济研究》，中华书局 2006 年版，第 65 页。

马诸马匹、蕃部贡马都要烙印。

　　官营饲养的马、牛及诸杂畜都要烙上印记。宋代官营畜群烙有官印，私家牲畜标有私记，其目的很明确，就是在牲畜走失时易于辨认。如果牲畜官印、私记均有，随私人认领。核实后确系私人所有，也要盖一"还"字印，以免以后发生官、私纠纷。可见，宋代畜群印记的管理是相当完善的，对解决因牲畜走失而引起的官私、邻里纠纷有很大帮助。宋代畜群印记的管理制度，不仅诸畜要烙印，而且每个监牧，乃至每个军中的畜群，甚至蕃部上贡的牲畜都要用不同的烙印。宋代常见的几种用印：

　　监牧用印：监牧用印始于宋太祖时期。先是诸坊监统一借用奉使烙印，随着官畜的增多，群牧司允许坊、监"各铸印给用"。景德二年（1005 年），"改诸州牧龙坊悉为监，赐名，铸印以给之"（《宋史》卷一九八《兵十二》），这是各监独立用印之始。凡各监马驹一般在 2 岁时打上烙印（后来亦有三四岁用印的）（《宋会要辑稿·兵二四》）。畜群用印可以明确地知道各监牧牲畜的归属，有利于对畜群管理人员进行考课和对牲畜调拨使用。

　　诸军用印：南宋时期，官府所买马匹大多直接调拨给诸军，为了有所区别，易于辨认，各军将这些马匹打上不同的烙印。"（乾道四年）四月六日，枢密院言：汉阳军置收发马监。检会绍兴三十一年（1161 年）正月十四日指挥，今后三衙取押到纲马看验讫，候降出，令都承旨用火印拨付逐司，其见管马亦依此用印。江上诸军委总领所，江州、池州、荆南委守臣。自近及远，欲依下项字为文：殿前司'甲'，马军司'乙'，步军司'丙'，江上驻扎御前诸军、镇江府'丁'，建康府'戊'，池州'己'，江州'庚'，鄂州'辛'，荆南'壬'。诏令茶马司将所起三衙并江上诸军纲马，先于左胯上各随逐司并驻扎诸军字号用火印讫，仍选差有心力人及能养马军兵管押，赴收发马监交割"（《宋会要辑稿·兵二五》）。各军队自近及远用"甲""乙""丙""丁"等不同的烙印，一般烙在马匹的左胯上，烙印后交给收发马监饲养，使用时易于辨认，不致发生归属纠纷。

　　纲马用印：宋自建国起，几乎每年都要向周边民族购买很多马匹，运送时每 50 匹或 100 匹为一纲，称为"纲马"。茶马司不仅要将买回的马打上"纲马"烙印,还将各匹马的体尺、毛色、齿岁等外部特征,逐一登记,如法封存,其目的是防止失损,以便对押纲官兵进行考核奖惩。诸蕃上贡的马匹,也要烙印。

总之,宋代畜群用印管理非常完备。官私各种畜群都要用印,监牧及各军中马匹管理也要用不同的印记。诸纲马及蕃部贡马由于其马匹的归属不同,印记也有区别。畜群用印,对于区别马匹的良驽、马匹的所有权、考核官吏、防止奸弊、加强马匹管理和解决因丢失马匹而引起的纠纷都具有重要意义。

3. 马群的分群管理

分群管理是官营养马中的一项重要制度。马群过大,会造成马匹患病和死损,给管理带来一定的困难。马群过小,会导致资金浪费,人浮于事。马匹的合理分群非常重要,它不仅有利于保证马群的健康,减少开支,同时对牧地载畜量及牧子饲养、牧放马匹都有重要影响。宋朝廷对马匹的分群管理比较重视,规定凡马、牛之群以百二十……群有牧长、牧尉。①

4. 马群的饲养

马群的饲养是牲畜生产的主要过程,既是一门学问,也是一门技术。饲养不得法,或饲养不及时,常会造成牲畜死损。早在宋初,官方便让有专业技能的人员传授牲畜的饲养技术。宋太宗淳化年间,"命圉人取善马数十匹于便殿,设皁栈教以刍秣。帝以其法谕辅臣,颁于诸军,复以马医方书赐近臣"。让有经验的饲养人员传授饲养技术,总结其经验,颁于诸军和近臣,足见宋太宗对畜群牧养之重视。宋真宗时,命朱峭制定《牧马法》赐给内外坊监(《玉海》卷一四九《祥符牧马法》)。当气候严寒、冬雪无草时,常会造成牲畜"冬瘦"。对此,宋朝廷诏令各监牧在春夏牧草茂盛时收割,晒干后堆积起来"以备冬饲"(《宋史·志第一百五十一·兵十二》)。

5. 马病的防治

在古代医疗条件不甚发达的情况下,大灾之后常常伴随着大的瘟

① 孙逢吉:《职官分纪》卷十九《群牧司》,中华书局 1988 年版,第 451 页。

疫,对畜群常会造成严重威胁。为了防止畜群疾病的发生,宋王朝可谓费尽心思。官方在中央成立了药蜜库,设"监官二人,以京朝官充,掌受糖蜜药物,以供马医之用"①。

药蜜库的职责是每月支给各班、各军马药,以防治马病。对于那些患病的牲畜,官方还将其隔离开来,送至牧养上下监,病轻者送上监,病重者送下监专门治疗(《宋史·志第一百一十七·职官四》)。南宋时,牧养上下监罢废,官府在医马院内"将病轻者作一处,病重作一处",并派专人看管(《宋会要辑稿·兵二五》)。

为加强官畜疾病的防治,北宋初期规定内外闲厩所管马,配给兽医70人。② 南宋时期,官马死损严重,宋高宗诏令每群(123 匹)马配给军兵兽医 70 人(《宋会要辑稿·兵二》)。为增强兽医的责任意识,提高病马治愈率,官府还实施一些奖惩措施。

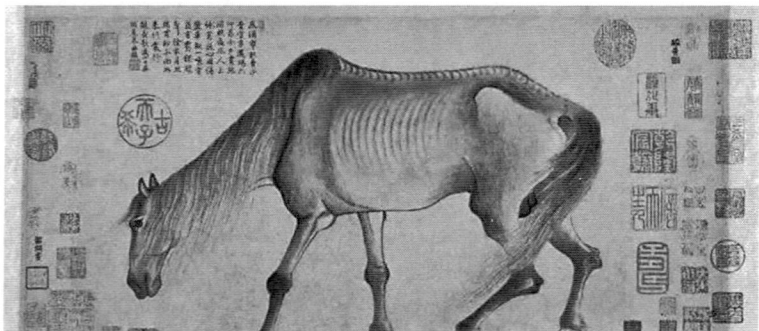

图 5-4　宋末元初画家龚开《骏骨图》③

此外,宋代还把防治畜群疾病的经验编撰成书,有《医马经》《医驼方》之类。据统计,宋人编撰的兽医书籍达 40 多种。总之,宋代通过成立畜牧管理机构,实施簿籍和分群管理、禁屠、加强饲养和疾病防治等措施,保证了畜群的良性发展,有利于畜牧经济健康有序运行。

---

① 马端临:《文献通考》卷五十六《职官考十》,中华书局 1986 年版,第 506 页。

② 孙逢吉:《职官分纪》卷二十四《殿中省》,中华书局 1988 年版,第 513 页。

③ 龚开(1222—1307),宋末元初画家,字圣予(一作圣与),号翠岩,晚号龟城叟、岩叟,人称龚高士。淮阴龟山(今属江苏省淮安市洪泽区老子山镇)人。《骏骨图》是宋末元初画家龚开创作的一幅纸本墨笔画,现藏于日本大阪市立美术馆。

6. 马群的算会

马群的算会,是指官府依据马群簿籍,对牧长、牧子及牧放人员所管马群进行检查核实。算会的内容包括马的岁齿、牡牝、数量、当年产仔数,以及与上一年比较各种类别的欠缺,一一核实并登录备案,作为来年的凭据,称为后籍。定期算会,目的是掌握马群牧放中的发展变化,兼以考核牧子的业绩,以资奖惩。[1]

宋代马群的算会一般在每年的十二月份进行。各监牧把本监马群的病笃、死损数目上报比较,死损数少者予以奖励,反之则受惩罚。如果当年不及时算会,使臣、医兽人员将遭受相应处罚。在大中祥符四年(1011年)前,每月都要算会。大中祥符二年(1009年)规定:"骐骥院诸坊监及马数自今旬奏月比。"[2]每月算会未免有点烦琐。

二、宋代私营养马业

宋代因丧失北部和西北大片天然牧场,民间养马业总体上是以农区为主,大规模养马现象不多。宋代私营养马业主要包括两个方面:普通百姓的私人养马和王公百官的私营养马。江苏地区由于自然环境和气候条件的差异,养马业具有明显的地区发展不平衡性。总体而言,民间养马业较前代有一定发展。

(一)普通百姓私人养马

马是宋代民间广泛役使的畜力之一,因此普通百姓私人养马也有发展。尤其是京东路民间养马业比较兴盛,但各地发展又具有不平衡性。京东路中的徐(今江苏徐州)、淮扬军(今江苏邳州南)产马相对京东路其他地区少一些(《宋会要辑稿·兵二二》)。江苏地域内的汴河附近较为适合养马,"汴河以南县邑,长陂广野,多放牧之地"。而且,汴河两岸,更是沃壤千里,夹河两岸公私废田,略计2万余顷,大多用来牧马(《宋史·志第四十九·河渠六》)。

江淮养马最初也很兴盛。据史料记载:"淮民多畜马善射","两淮

---

① 乜小红:《唐五代畜牧经济研究》,中华书局2006年版,第64页。
② 王应麟:《玉海》卷一四九《祥符马籍定式》,江苏古籍出版社、上海书店1987年版,第2737页。

图 5 - 5　宋木刻马①

之地,承平之际,畜马成群"(《宋史》卷四六〇《列传·崔舆之洪咨夔许奕陈居仁刘汉弼》)。宋宁宗开禧之后,两淮养马业由于战争破坏才日渐萧条。② 因为养马较多,这里成为重要的马匹输出地。元丰年间推行保马法,"使民计产养马,畜马者众,马不可得,民至持金帛买马于江淮"(《宋朝事实》卷十五《耕田》)。淮马主要是指淮河南、北各地所产的马。南宋以淮河与金为界,因而凡是北地产马渡河南来的,也称为淮马。1163 年(隆兴元年),两淮宣抚使张浚在淮上买马,且说:"川、广市马,每匹不下三四十千,且路远多死损,今淮马每匹均不满二十千,且军用即日可得"。一直到督府废止,张浚做了宰相,才停止在淮上买马(《文献通考·兵考》)。其他带兵大将也常在江淮买马。镇江府驻扎御前诸军都统制刘宝,仅隆兴二年(1164 年)五月一次就在江淮购得马 4512 匹(《宋会要辑稿·兵二二》)。虽同为淮马,但淮南、淮北的质量差别很大。"然淮南马矮小,实不可用,其可用者,乃取之淮北耳"(《文献通考》卷一六〇《兵考》)。淮南马质量比淮北要差,矮小不堪军用,故军事用马多取淮北一带的马。但淮北属于金,朝廷恐因买马惹恼金人引起不和,因而常禁止民间越界买马。乾道(1165—1173 年)以后,淮郡马市兴盛,于是很多人冒险偷越淮水购马南贩。金人素来禁止贩马入宋境,

① 南京博物院馆藏。宋木刻马,高 20.9 厘米,宽 15.9 厘米。
② 黄榦:《勉斋集》卷十八《代湖总领论保伍》,文渊阁四库全书本,第 1168 册,第 203 页。

常以"盗马"事件通知南宋朝廷。淮西守将赵善俊上奏此事,大臣们认为应当归还,但孝宗以为有失国体,却谕赵善俊把贩马人囚交濠州(今安徽省凤阳县),竟以"此盗马者也"(《建炎以来朝野杂记》卷十八)处以斩刑,其后再也无人敢去买马。到 1228 年(宝庆四年),两淮制府再向北方贸易马 5000 余匹。当时王霆知濠州,依靠民力,节约浮费粢粟,买马以备不虞,于是他郡也往马市。1274 年(咸淳十年),一位叫纪智立的百姓,鉴于国家危急,向朝廷献策,以为两淮军将、武官、臣室皆养私马,宜以三借二,二借一,一全借的定率,团结队伍,借助江防,饲马役佚由备马的官吏优给月钱,到江面宁静,即行放还(《宋史》卷一九八《兵十二》)。

宋代江苏的镇江府、平江府、常州府属两浙路,这一带养马很少。"江东素乏马,每县不过十余匹"。[1]两浙路"地气卑湿"(《宋会要辑稿·兵二一》)也不太适合马匹生存,产马不多。江南东路的江宁府产马也不多,据《宋会要》载:"江表本无战骑"(《宋会要辑稿·兵二四》)。表明当时这一带养马确实很少,但饲养外来马种还是有,其品种有蛮马,"出西南诸蕃。多自毗那、自杞等国来。自杞取马于大理,古南诏也。地连西戎,马生尤蕃"(《桂海虞衡志辑佚校注·志兽》)。还有一种土产小马,"匹直十余千,与淮、湖所出无异"(《宋史》卷一九八《兵十二》)。估计与淮南、湖州土产马及越州兔马为同一个类型。

图 5-6　仪征铝器厂工地北宋中期墓骑马俑[2]

宋时,江苏马市较为兴盛,如文献记载:"前宋又立南市在三桥篱门外,斗场村内,亦名东市,又有小市、牛马市……等十一所,皆边淮列肆

---

① 罗愿:《新安志》卷五《贤宰》,《宋元方志丛刊》,中华书局 1990 年版,第 7671 页。
② 仪征市博物馆藏品,北宋青白釉骑马俑。1983 年江苏省扬州市仪征市铝器厂工地出土。高 16 厘米。瓷塑为一戴冠男子侧坐于马背上。人物面带微笑,五官清晰,左手持物扶于马背,右手上举于胸部。马站立,头微扬,侧视。瓷胎白洁细腻,通体施青白釉,釉色莹润。器型规整,小巧精致。

裨贩焉"(《至大金陵新志》卷四上)。

江苏地区民间养马业除受气候、地理条件影响外,还受诸多社会因素影响。在中央集权统治下,农户作为弱势群体,虽为国家提供了大量的马匹,为民间养马业的兴盛作出了贡献,但他们的养马业无时无刻不在遭受官方的影响和制约。

其一,从北宋初年开始,宋王朝就颁布了不少禁止民间买马的诏令,这对当时江苏的民间养马业有很大影响。宋孝宗不仅禁民买马,连私渡淮河买马人都要受到严厉处罚。当这种禁买政策危害到官府利益时,宋王朝就会驰天下马禁。总之,宋代禁买与解禁政策反反复复地进行着,影响了民间养马的积极性。

其二,宋王朝为了减轻国家财政负担,增殖马匹以备国用,有时也放宽限令,允许民间买马和养马。国家令民养马,无疑是把财政负担转嫁给农户。早在宋真宗天禧年间,为了减轻财政开支,大臣向敏中就建议废去牧监,养马于民,缓急取之,如同外厩,于是群牧司就将 13 岁以上军马估值出卖。为了鼓励民间买马和养马,宋王朝还出台了许多保护发展养马业的措施。宋仁宗时推出一些鼓励民间养马的优惠政策:"民间能养马二匹者,免半丁科率,三匹者免一丁,五匹者免二丁,仍州县不得寻常专擅差借。其有第一等、第二等二户,全无丁者,勒养马三匹;一丁者,勒养马二匹;其力及一丁养马户比有丁养马户,免一半科率。……所养马州县为立籍,许令提点刑狱与知州一岁一阅,以知实数。如有死损,仍委本户置买及数。……民间如有力及人户能养马及十匹以上,其户下科率,十分与免七分。所养马不得夹带川蜀、淮马至小怯者充数,并须堪任负载者。"①

宋仁宗时,群牧使宋祁还建议依据民户养马的多少,免除相应的科率数额,禁止饲养南方劣质马,以保证马匹的质量。宋神宗时,监牧一蹶不振,为保证马匹供给,他和他的后继者们相继实施了保马法、户马法、都保养马法、给地牧马法、弓箭手养马、沿边蕃落养马等措施,这些都是由官府招募的民间牧马措施。有些措施在实施初期,有一些积极

① 宋祁:《景文集》卷二十九《又论京东西淮北州军民间养马法》,丛书集成本,第 1872 册,第 367—368 页。

效果。比如,都保养马法实施之后,"畜马者众,马不可得,民至持金帛买马于江淮"。据陈振估计,仅京东两路和京西两路民间所养马,当在10万匹左右。[①]保马法采取自愿原则,而且由官府提供马匹,国家还免去养马户每年所输草料,并赐给钱布(《续资治通鉴长编》卷二七八)。这种优惠政策对一般民户来说是一个极大的诱惑,当时就有自愿养马者1500户(《续资治通鉴长编》卷二三三)。可见,这些政策起初实施时确实推动了江苏民间养马业的发展。

其三,随着统治阶层的腐败和频繁的战争,这种鼓励养马的政策变成了强制措施,变成了对民间马匹的直接侵夺。尤其是北宋元丰年间和南宋时期,如对敌用兵时,虽然保马法实施后马匹有所增加,但仍未能满足军事对马匹的需求,于是改行保养马法,在江苏地区乃至全国按户等强迫民间养马,甚至规定一定年限完成,结果导致民户变卖耕牛买马,苦不堪言(《续资治通鉴长编》卷三六三)。原来的自愿养马变成了一种劳役,变成了对民户马匹的无偿掠夺。宋孝宗乾道年间,由于官府无偿征稽民马,结果使得民户"恐为子孙之患,则杀马而逃"(《宋会要辑稿·兵二五》)。官府对民马征调掠夺的类似事件很多,极大地摧残了民间养马业。

总之,宋代江苏民间养马业虽遭受一些制约和侵害,但在社会需求和市场贸易存在的情况下,总体而言有些发展。随着北宋的灭亡,北方适合养马区域的进一步丧失,民间养马业也如同大宋的国运一样,江河日下。江苏地区民间养马虽慢慢发展成一定规模,但无论就其数量还是质量而言,都远远不能和北方少数民族地区的养马业相比,这是由特定自然条件所决定的。

(二)官员私营养马

历代官员都酷好养马,江苏区域的官员也一样。宋度宗咸淳末年,大臣纪智立请求向官员括马,"以为两淮军将、武官、巨室皆畜马,率三借二,二借一,一全起,团结队伍,借助防江……江面宁静,即行放还"(《宋史·志第一百五十一》)。根据官员养马的多少括以不等的马匹,

---

① 陈振:《宋史》,上海人民出版社2003年版,第384页。

这就是团马。宋代百官的私营养马非常兴盛,尤其是宋初,其马匹的来源主要有朝廷赐马和购买两种方式。

图 5 - 7　常州朱夏墅南宋家族墓群石马①

　　百官养马主要用于自己骑乘。北宋名宦兼科学家苏颂的父亲、同安县人苏绅在《题胶山寺》中写道:"驱马款禅扉,松风冷拂衣"(至正《无锡县志》卷四上)。徽宗大观三年(1109 年)的进士、常州晋陵(今江苏武进)孙觌(县志中为"孙迪",与《全宋诗》校对后,应为"孙觌")在《过惠山皞老试茶二首》中写道:"一别名山十五年,宦情羁思两茫然,故人半作累累冢,只有苍官立道边,髀肉消磨马上鞍,尘砂满眼路漫漫,不须更障西风扇,为酌崖泉一洗看"(至正《无锡县志》卷四上)。苏台父在《题惠山翠麓亭》中写道:"山势丛丛向北盘,高僧平日为开轩,莫嫌长有车马到,真爱都无鸟雀喧"(至正《无锡县志》卷四上)。杨文炳在《游惠山》中写道:"骑马西神访远公,湛君旧宅且从容"(至正《无锡县志》卷四上)。也有一些官员将马作为向权贵行贿的礼物。作为统治阶级的一部分,他们的马匹虽不像一般百姓那样随时遭到掠夺,但不可否认的是,王公百官的私人养马也受到国家政策及战争等因素的影响。

　　总之,宋代江苏区域的私人养马还是有一定的发展。根据文献记载,当时官府到江苏地区购买马匹,一次就是数千匹,表明当时民间养

---

① 陈荣春:《常州考古重大发现!"椿桂坊之子"家族墓园在西林被发现!》,《常州日报》2017 年 8 月 30 日。

马的发达。隆兴二年(1164年)官府买马数额8352匹,其中从两淮买马4512匹,从广西买马2340匹(《宋会要辑稿·兵二二》)。宝庆四年(1228年)买马数额5000匹,这是两淮制府贸易北马数(《宋史》卷一九八《兵十二》)。

三、元代官营养马业

(一)牧地与驿站

元代的官营牧地,主要是以皇帝和大斡耳朵等名义下的14道牧地为代表。"凡御位下、正宫位下、随朝诸色目人员,甘肃、吐蕃、耽罗、云南、占城、芦州、河西、亦奚卜薛、和林、斡难、怯鲁连、阿剌忽马乞、哈剌木连、亦乞里思、亦思浑察、成海、阿察脱不罕、折连怯呆兄等处草地,内及江南、腹里诸处,应有系官孳生马、牛、驼、驴、羊点数之处,一十四道牧地"。但这些牧地和唐、宋的牧监经营方式完全不同,大多是游牧,缺乏前代牧监的组织。有些牧地是没收宋、金统治者的田产和夺取农民的耕地改变而成,因此大大损害了当时当地的种植业生产。而且这14道牧地,都不在江苏区域。这时期,江苏虽没有官营监牧养马,但江苏区域内却遍布驿站。元代的驿站分为陆站和水站。陆站又称为旱站,"凡站,陆则以马以牛,或以驴,或以车,而水则以舟"。元代的驿站,是元代马政的重要组成部分。

元代在江苏地区的驿站较多。据记载:金陵马站"在青溪坊前宋试院地基,东至东阳马站七十里,南至江宁马站五十里,东南至溧水州马站一百二十里,正备马八十八匹"。江宁水马站"在江宁镇正备马五十匹"。句容东阳马站"至在城金陵驿七十里,正备马五十匹",其"下蜀马站至东阳站四十里到镇江路六十里正备马四十匹,老鹳觜马站至东阳站三十里正备马二十匹,溧水州中山驿在州惠政桥西南正副马六匹,溧阳州馆驿一所在本州永定坊至元二十四年置立正副马六匹"等(《至大金陵新志》卷四下《疆域志二》)。

据统计,元代大约有各类驿站约1400处,大多以马、牛等牲畜作为主要交通工具。据《元史》卷一〇一《兵志》整理计算,江浙地区的畜力作为工具的驿站总数为262个,其中马站134个,共有马5123匹。在元代,江浙行省驿站的数量最多,甚至多于两都所在地,这是与当地的经济发展水平有着密切的关系。元代的江浙地区,经济发达,商业繁荣,频繁的交往再加上货物运输的要求,使得朝廷对这一地区驿站的兴设和整饬十分重视。此外,元廷出于政治和军事上的考虑,星罗棋布的驿站系统,是为其在南方汉族地区加强统治的得力工具。

马,是元代驿站中最主要的役畜。马的实效性、持久力,尤其是元朝疆域辽阔,要维持如此庞大的驿站系统,马的作用无可替代。虽然元代驿站的站马数量繁多,但由于使用频繁,加之经常需要长途奔袭,马匹倒毙死亡的现象时有发生,所以元朝每年都要调拨大量的马匹来补充、更换,以增加驿站的站马,使得驿站系统不断充实,趋于更加完善。驿站交通对于马匹的大量需求,从一个侧面也反映了元代养马业的发展。每一处驿站,就是一个小的牧马场。各驿站马群,由公马、母马、儿马、骟马组成,在提供运力的同时形成自我繁衍、再生产的能力。众多站马,都由站户自己牧养、繁殖,以供应国家驿站所需。驿站各站户为维持元王朝庞大的交通系统运转,做出了重要贡献。

元朝统治者曾多次下令,要求体恤站户,可是效果甚微。在供役浩繁、战马凋敝、站户逃亡的情况下,在导致国家军政交通出现障碍时,元王朝不得不采取对逃亡站户及时补签,用官马来补充驿马或官给站户马价钞,以挽救站马贫乏。大

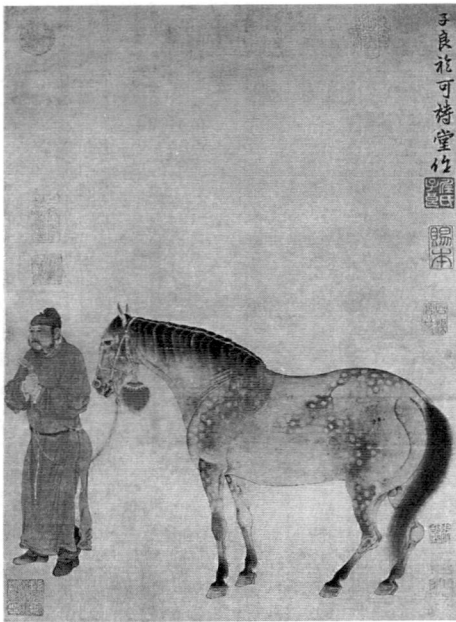

图5-8　元代画家任贤佐《人马图》①

① 任贤佐(约1287—1358),元代画家。字子良,号九峰道人,松江青浦(今属上海)人,任仁发第三子。1327年父卒,由荫累官台州判官,曾与王逢有书信往来,1348年台州方国珍等农民起义军起,任贤佐远行归吴(今江苏苏州),后被降为南陵(今江苏常州)尹,终老于吴地。

德年间,江苏地区官府实行了以盐引折驿马的方法。皇庆元年(1312年),元王朝"给上都、溧阳驿马三百匹"(《元史》卷二十四《仁宗一》)。

(二)官府的马赋差发

1. 常制下的羊马抽分

在《大元马政记》中,记载了元王朝征收马、牛、羊税的情况,且和平时期与战乱时期还有所区别。在大德年间,全国抽分税制趋于统一,但税率有所上升。大德八年(1304年)三月下诏,"诏诸路牧羊及百至三十者,官取其一,不及数者勿取"(《元史》卷二十一《成宗四》)。大德八年(1304年)七月,制定《抽分羊马牛例》:"一百口内抽分一口,见群三十口抽分一口,不到三十口,休抽分。这般立定则例。"①这是从太宗窝阔台以后,确立的新的羊马牛抽分定制。抽分的蒙古民、诸王、妃主、色目人、汉人等私人马匹,皆变为官马。连年不断地抽分,为蒙古统治者输送了不计其数的大量马匹,从而使元代国家养马业盛极一时。

2. 非常制的和买与拘刷

元朝建立后,常面临蒙古本族宗王的叛乱,几乎都发生在马匹众多,军事机动能力较强的地区。所以使元王朝不得不采取非常措施,从国内农业地区来征用马匹,用来加强军事机动力量,维护国家的统一。在《大元马政记》和《元史》中都记载了有关和买马与拘刷马的规定,都是非常制的、为了某一特定目的,强制购马或征用马匹的记录。

和买马:按理讲,和买马应该是国家出钱从民间百姓手中购买私马,官民都是平等自愿的买卖关系。但实际上,是元朝官府用低廉的价格从民间私人手中强行征购马匹。其后,该制度不断完善,不仅有具体的规定,而且还有定额,后来和买的数目也是越来越大。

拘刷马:又称"括马""刷马",是指国家遇到紧急军事情况,需要大量调用民马,是直接从百姓手中强行征集马匹的制度。"凡刷马,以军事急,和买不及,故科民马以应之"(《新元史》卷一〇〇《兵志三》)。和买马可以说是官府以很低的价格象征性地支付一些银两购买民马,至少还保留一些官府的颜面,但是拘刷马完全没有任何代价,强制性征

143

---

① 陈高华、张帆、刘晓、党宝海点校:《元典章》卷五十七《刑部十七》,天津古籍出版社 2011 年版,第1948 页。

收,掠夺和没收民间马匹。元王朝通过这种马政,为所欲为地"行讹文书",从民间诸色人户手中强征大量马匹(《新元史》卷一〇〇《兵志三》)。

现将见于《元史》和《大元马政记》中有关江苏地区拘刷马匹的资料辑出如下:

表 5-2　元代江苏地区拘刷马匹资料汇集

年份	地区	数量
至元二十三年（1286 年）	中原汉地诸路拘刷以及括江南僧道	总共刷到马匹十一万两千匹
至元二十四年（1287 年）	拘刷江南杭州、江淮。江西、福建、湖广省马	拘刷马总计一千五百三匹
至元二十七年（1290 年）	于江淮、福建、湖广、四川等省拘刷马匹	拘刷马匹九千一百三十七匹
至元三十年（1293 年）	山东、河东道宣抚司及腹里诸路、江浙、福建、湖广、江西、河南、陕西、辽阳、四川诸省拘刷马匹	拘刷马匹十一万八千五百匹
至大三年（1310 年）	腹里、河南江北、湖广、江浙、江西诸省拘刷马匹	刷马四万一百三十匹
天历元年（1328 年）	淮东道、荆湖北道、汴梁、黄州、庐州、安丰诸路拘刷马匹	刷马三万九千八百二十八匹

资料来源:宋濂等撰:《元史》,中华书局 1976 年版;《大元马政记》,国学文库第四十九编,文殿阁书庄。

从上述资料可以看出,在短短数十年间,元王朝在江苏地区拘刷马匹非常多。拘刷马匹不仅给当地农牧业生产带来很大破坏,单纯从马价上来说,以每匹马价值五锭(中统)为标准,就是一个总计不小的数字,这是对劳动人民赤裸裸的剥削和压迫。终元一世,不仅仅是有紧急军事的情况才拘刷马匹,和平时期也有拘刷马匹的情况。因而元代各族人民深受拘刷马匹之苦,这种马政带来的隐患,即使是在统治阶级中也有人意识到"为刷马之故,百姓养马者少"(《新元史》卷一〇〇《兵志三》)。在江苏地区"至元廿四年,江淮省言,江南和尚也里可温先生,出皆乘轿,养马者少"①(《经世大典·马政篇》)。因此有人提出要整修、专治马政,更有忧虑者惊呼:"刷行省之马,使百姓受累,非制也"(《新元史》卷一〇〇《兵志三》)。对于元王朝无休止的和买马匹、拘刷马匹,给各族人民造成恶劣影响,虽然当时不少人士提出了修治马政,改变这种情况的建议,但元朝的统治者不予理睬,拒绝改正。

(三)养马相关法令条例

1. 禁止马匹毁农

历史上蒙古族一直是过着游牧迁徙,逐水草而居的生活。以弓马之利夺取天下后,最初对于农业生产并不重视。"今地广民微,赋敛繁重,民不聊生,何力耕褥以厚产业"(《元代奏议集录[上]》)。随着时间的推移,元统治者渐渐意识到农业的重要性。特别是忽必烈即位以后,采取一系列措施发展农业,并且多次发布诏令严禁那些毁农就牧的行为。中统三年(1262 年)正月,"禁诸道戍兵及势家纵畜牧犯桑枣禾稼者"。中统五年(1264 年)八月,又通令"诸军马营寨及达鲁花赤、管民官、权豪势要人等,不得恣纵头匹,损坏桑枣,践踏田禾,骚扰百姓"(《大元通制条格》卷十六《田令》)。至元七年(1270 年)二月,"申严畜牧损坏禾稼桑果之禁"(《元史·世祖纪》)。

图 5-9　元代画家任仁发②《二马图》

---

① 田虎:《元史译文正补校注》卷二十九,河北人民出版社 1990 年版,第 392 页。
② 任仁发(1254—1327),字子明,一字子垚,号月山,青浦(今属上海)人。元代画家、水利家,书学李北海,画学李公麟。擅长人物画,所画人物笔墨苍润,生动传神。

2. 保护马匹产权

元朝的法律规定,对于偷盗马匹的罪犯,以盗一赔九进行处罚。"诸盗驼马牛驴骡,一赔九",并根据偷盗牲畜数量及初犯、再犯的不同,处以不同的刑罚,主要是鞭杖数目的不同。"盗骆驼者,初犯为首九十七,徒二年半,为从八十七,徒二年;再犯加等;三犯不分首从,一百七,出军。盗马者,初犯为首八十七,徒二年,为从七十七,徒一年半;再犯加等,罪止一百七,出军。"(《元史·志第五十二·刑法三》)对盗窃官牧的,则罪加一等,"盗系官驼马牛者,比常盗加一等"。而对于"诸白昼剿夺骚马"的,刑罚最重,"为首者处死"。对于不同身份的偷盗者,元朝的法律还有着不同的处罚。若"诸奴婢盗人牛马",则"既断罪,其赃无可征者,以其人给物主,其主愿赎者听";若是"诸系官人口盗人牛马",则"免征倍赃";如若"诸遐荒盗贼,盗驼马牛驴羊",则"倍赃无可征者,就发配役出军";对于流囚的偷盗行为,则是"初犯怯烈司盗驼马牛,为从……并杖一百七,流奴兄干。初犯盗驼马牛,为首……并杖一百七,发肇州屯种"(《元史·志第五十二·刑法三》)。

3. 严禁随意屠宰

中统二年(1261 年)五月,就"禁私杀马牛"。次年十二月,"申严屠杀牛马之禁"(《元史·世祖纪》)。元朝法律还规定,"诸每月朔望二弦,凡有生之物,杀者禁之。诸郡县岁正月五月,各禁宰杀十日,其饥馑去处,自朔日为始,禁杀三日"(《元史·志第五十三·刑法四》),这是对禁杀日期的具体规定。另外,严禁以马作为礼物赠送,"诸宴会,虽达官,杀马为礼者,禁之",可见马受到特别的重视。而对于"其有老病不任鞍勒者",则必须"与众验而后杀之"。此外,对私宰牛马、官员失职及隐瞒不报等一些行为,也都有很具体严厉的惩罚措施,目的是要求牧人及管理人员增强责任感,管理好牲畜。

4. 禁贩运和走私

对贩运和走私牲畜,元王朝亦屡次下诏令予以禁止。中统二年(1261 年),"严越境私商,贩马匹者罪死"。至元元年(1264 年),"申严持军器、贩马、越境私商之禁"。至元二年(1265 年),又"诏申严越界贩马之禁,违者处死"。至元十五年(1278 年)正月,"官吏隐匿及擅易马匹、私配妇人者,没其家"(《元史·世祖纪》)。对马匹的贩卖及走私的处罚如此严厉,一方面是保护畜牧生产发展,另一方面是出于军事方面的考虑。战争离不开马匹和其他牲畜,特别是对于"马上得天下"的蒙古族统治者来说,意义更为重大。而这一时期,又是宋元之间的战争对峙时期,所以对于边境地区的马匹走私和贩卖活动控制尤为严格,还设置专门的机构和人员,以防贩马过南界而资敌。此外,在对外贸易中,元朝还严禁马匹的出口,"诸下海使臣及舶商,辄以中国生口、宝货、戎器、马匹遗外番者,从廉访司察之"。大德三年(1299年)六月,"禁海商以人马兵仗往诸番贸易者"(《元史》卷二十《成宗三》)。

四、元代私营养马业

元代除拥有 14 道官营牧地外,还有为数众多的私营牧地分布各地。当时,江苏地区有许多官员及普通百姓私人养马,私营养马业是元朝社会经济发展中的一个重要组成部分。

根据史料记载,元在江苏江北一带设置许多牧场以养马,还在集庆(治今江苏南京)建立了牧场。这些牧场,在很长一段时期内属"随朝诸色目人员"中的土土哈家族。平南宋后,忽必烈以三处"先秃哈民户"赐伯颜,并于句容(属今江苏)"设长官所领之"(《元史·顺帝纪》)。这些牧场受到的是四等人制政策保护。元代一些南下各地的宗族亲王,在当地利用自身特殊身份占领了相当规模的围猎场所,其中就有很多牧场。这些牧场占了很多的田地,使很多农民失去了土地,阻碍了农业的发展。

在江苏地区,元代官员和富人养马用于骑乘比较常见。元代著名画家柯九思在《留题惠山》中写道:"骑马东华尘满道,山川如此不曾来"(至元《无锡县志》卷四上《辞章第四》)。元代无锡人周翼在《游惠山寺》中写道:"野人不惯乘车马,也向溪边具小舟"(至元《无锡县志》卷四上《辞章第四》)。元代著名画家李士行在《留题时思精舍》中写道:"匹马九峰道行行,如山阴胜境不暇接"(至元《无锡县志》卷四上《辞章第四》)。倪瓒在《送甘允从北上》中写道:"驱马流星繁,垂轩春雾集"。

元代马市十分兴盛,如在金坛县的 5 市:大市、小市、马市、米市、菜市中就有马市。在 82 条巷中,名称与马相关的就有 4 个,分别是乌马儿巷、博马务巷、大马巷和小马巷(《志顺镇江志》卷二)。

江苏地区元代还有很多建筑以马命名,这也从侧面反映了江苏养马业的兴盛,如在镇江丹徒县有洗马桥、马林桥、马司桥、马鞍桥、渡马师。金坛县有马塘渡。在丹阳县"大慈乡……今散为村为坊,凡四十八,惟马迹(马迹里)尚袭故名","后贾保,东武保……马巷保……今散为村二十一惟……马巷后贾尚袭故名"。除了这些,镇江还有博马务巷、南马巷等(《志顺镇江志》卷二)。无锡有"皆重建易名详见前各桥下,见前菰首桥下"的走马桥;"在城录事司及上元县境,在城东南二十五里唐置马务于此"的马务桥;"牧马桥在县东南三十九里,南朝放牧者在此,南出有浦水阔三丈,深一丈,有桥乾道志,一名牧马堰,在城西南七十里,长三里,阔二丈五尺堰牧马浦水……"(《至大金陵新志》卷四下)。

元代江苏的牧场和草地主要来自民田,较大的多达数千顷,"不耕不稼,谓之草场,专放孳畜"(《续文献通考·田赋考》)。当时大军所经过的官路,一里以内都作为营盘牧地,提供给军马牧放。忽必烈即位后,禁止占用民田,派人清理被抢占为牧场的两淮农田,把田地"悉归于民"或"听民耕垦"。后又屡次申戒蒙古军将"'不得以民田为牧地',并追令退还冒占耕地,给无地农民耕种"(《元史·世祖纪二》)。同时,忽必烈还一再"申严畜牧损坏禾稼桑里之禁,通令诸军马营寨及达鲁花赤、管民官、权豪势要人等,不得恣纵马匹损坏桑枣,踏践田禾,骚扰百姓"(《通制条格》卷十六《农桑》)。这些措施颁布后,虽未杜绝蒙古军将改农田为牧地的现象,但无疑对变农为牧、以牧伤农的现象起到了抑制作用。

总而言之,江苏地区的大家畜饲养在当时并不占优势,有的地方则出现了退牧返耕的情况。包括部分国有牧地在内的"驿站牧地、贵族牧地与探马赤军'原分拨草地'等类南北各地的'牧马草地'普遍以占垦、出佃或改成官田等形式转成耕地或民用地"①。从文献记载来看,这个

---

① 中国元史研究会:《元史论丛》第 6 辑,中国社会科学出版社 1997 年版,第 142 页。

过程早在至元、大德年间就开始了。当时元朝官府默认了这种现实,并且要求各地将出佃地"取勘收租"和"附簿收贮"(《元典章》卷三十六《兵部三》)。当然,这种"返牧为耕"的情况主要来自南方地区。这是元朝官府实行汉化政策的结果,也是在四等人制政策总体框架下的变相实行,这种情况无论对统治者,还是对南方人民都有巨大的影响。

第五节　宋元养牛业和养羊业

一、宋代官营养牛业

宋王朝一直很重视养牛业的发展。不仅官方饲养很多官牛,还时常租借给民户。《宋会要辑稿·食货一》记载:"诸路州县将寄养官牛权那一半,许缺牛人户租赁。依本处乡原则合纳牛租,以十分为率,量减二分"。要求各路将寄养官牛的一半,租给缺牛农户,租牛者要交纳一定的租金。江苏地区因人口众多,农业发达,官营养牛十分兴盛,官牛不仅增加了国家的财政收入,而且为当地的农业生产提供了畜力。因资料缺乏,现无法统计出当时官牛的总数,但从间接史料中仍可看出宋代江苏官营养牛业还是很发达。

(一)养牛管理机构

在中央朝廷,管理养马的机构是太仆寺、驾部、群牧司等。这些机构也是官营养牛业的主要管理机构,除此之外,中央朝廷管理养牛羊的机构还有牛羊司等。

牛羊司是隶属于光禄寺下的一个机构,其前身为隋唐时期的牛羊署。宋太祖开宝二年(969 年)六月沿置[①],牛羊司"掌供大中小祀之牲牷及大官宴享、膳馐之用"(《宋史》卷一六四《职官四》),即主要负责供应祭祀和宫廷宴享所用的牲畜。具体而言,牛羊司的职能主要有以下 4个方面:其一,饲养牛、羊、猪等牲畜;其二,为宫廷宴享提供肉类;

---

① 高承:《事物纪原》卷六《牛羊》,中华书局 1989 年版,第 299 页。

图 5 - 10　常州天宁宋代墓藏铁牛①

其三,为宫廷各种祭祀及礼仪提供牺牲;其四,为官员提供食用牛羊。

(二)官牛的来源和作用

江苏地区宋代官牛的来源主要有以下两种途径:

其一,从民间购买。两宋时期,江苏民间养牛业比较发达,官府经常从民间购买牛只以补充官牛,并租给缺牛农户。宋王朝对耕牛贸易非常重视,并派专人负责。宋代的江苏地区牛市也较为兴盛,南京城区就有"牛市""牛角湾""牛皮巷""牵牛巷"等街巷名称从宋保留至今。秦淮古民居老街"牛市",早在宋代就是卖牛买牛的市场。"前宋又立南市在三桥篱门外,斗场村内,亦名东市,又有小市、牛马市……等十一所,皆边淮列肆裨贩焉"(《至大金陵新志》卷四上)。

其二,孳育。牧场繁育也是官牛的重要来源。

蓬勃发展的官营养牛业在社会经济生活中,尤其是农业生产中发挥了重要作用。在江苏地区,官牛广泛地用于农业生产和交通运输。首先用于官方屯田和营田。屯田和营田是宋代推行的一项重要的发展农业生产的措施。宋代由于人口迅速膨胀,更需要开垦大批农田,以满

① 佚名:《盗掘宋代古墓,这伙"摸金校尉"栽了!》,《半岛晨报》2021 年 3 月 20 日。

足不断增长的粮食需求。凡屯田（包括营田）所需耕牛一般由国家提供，有时由官府买来耕牛交给农户，或借给牛钱由缺牛者自己买牛，国家收取一定的租金，通常是 50 亩给牛 1 头。宋孝宗乾道二年（1166年），官府募民屯田，"每户给田五十亩，牛一头"（《宋会要辑稿·食货一》）。

正是由于官营养牛业的快速发展和统治者的重视，江苏地区宋代屯田和营田才得以在深度和广度上展开，史料对此多有记载。宋太宗时，大臣陈靖建议任命大臣或三司使担任屯田制置使，在东、西京方圆千里的地区令民屯田，官府配给耕牛和农具（《宋史》卷四二六《循吏》）。宋室南迁后，为安抚民心，官方大量招募流民屯田，并官给耕牛。建炎元年（1127年），为招引农民屯田，凡归业者赈贷之，并免其欠租及牛税。凡官给耕牛，往往购自南方远处。绍兴五年（1135年）闰二月，淮南东路宣抚使韩世忠奏言，浙东、福建系产牛出处，欲收买水牛 1000头，并依市价置场和买，限三个月数足，耕牛每百头作一纲起运，日行 30里，选差士兵 20 人，由一官管押赴淮东交纳，每牛有牌子标号，齿口格尺（年龄体尺）别用申状。每纲交纳时，如倒死不及五厘（0.5%），押运官奖转一资，管押人赏银一两及绢一匹；如死损过分，从杖一百科罪，并依原份赔偿（《宋会要辑稿·食货二》）。绍兴六年（1136年），张浚在江淮屯田，"官给牛种，每家贷本钱七十千，分二年偿"。借给屯田户耕牛、种粮和本钱。同年，李纲又建议招纳京东西、河北流民，在淮南、襄汉等地屯田，官府租给耕牛农具，借给种粮。[①] 绍兴七年（1137年）四月右谏王缙上言：江淮州县租给寄养官牛，来自广西，乍遇寒冻，多有死损（《宋会要辑稿·食货六》）。

淳熙六年（1179年），宋孝宗又诏令百姓在淮西屯田，一次给官牛1500 头（《宋会要辑稿·食货六三》）。总之，由于宋代官营养牛业的发展，官牛广泛地运用于屯田之中，屯田的大规模开垦，扩大了对耕牛的需求，进一步促进了养牛业的发展。

此外，在江苏地区，宋王朝还通过馈赠、出租等方式将官牛交给无

① 佚名：《宋史全文》卷十九下，绍兴六年二月壬寅，黑龙江人民出版社 2003 年版，第 1202 页。

牛农户,帮助其发展农业生产。当然,官牛出租又是国家财政收入的来源之一。官牛租借和馈赠对象通常分为以下两类:

其一,一般无牛农户。这是官牛出租的主要对象,也是牛租收入的重要来源。淳化元年(990年),宋太宗下诏废除……两浙地区南方割据政权时期的牛租,仍然把官牛租给缺牛户(《宋会要辑稿·食货一七》),同时将各路寄养官牛的一半,"许缺牛人户租赁"(《宋会要辑稿·食货一》)。官府将这些耕牛租借给无牛农户,既解决了牛的饲养问题,为农业生产提供了畜力,又获得了丰厚的租费,可谓一石三鸟。

其二,流亡农民。北宋时期频繁的对外战争和饥荒,造成大批农民流离失所,成为流民。他们没有土地、农具和赖以养家糊口的耕牛,只能等待官府的救济。宋室南迁后,这种现象更为普遍,促使官府不得不给他们提供耕牛。江苏地区的地方官员采取租给官牛、官田的方式,帮助他们重建家园,恢复生产,有利于社会的稳定和经济的发展。

(三)官牛的饲养管理

1. 牛群的注籍管理

宋代畜籍管理制度严格,要对各类牲畜的孳息、饲养、死损等情况统计掌握,并通过对牲畜的管理情况对各级管理人员进行算会、考核。

牛的孳息方面,宋朝规定,新生的牛要登记造册,即将出生的牛也要登记,"有孳生犊将未生时,先关本州注籍"(《宋会要辑稿·食货六三》),可见其注籍管理之严密。

牛的死损也要注籍登记。"诸马、牛死,报本厢耆镇,即时验实开剥,限二日申官,当日注籍,限三十日纳筋、皮、鬃、尾、角(皮、角须相连。黑、白马鬃、尾本处用外,余逐旋附纲上京)。遇灾伤,展限十五日。"①牛在交通运输和农业生产方面能发挥重要的作用,注籍管理一方面可以减少滥杀、私宰现象,另一方面在一定程度上可以防止民间隐瞒牛皮、筋、角的行为,为官方提供更多的军工原料。

在簿籍管理的过程中,不仅官营牛群需要登记,民间的牛群也要注籍。购买耕牛等牲畜时,也要求"每头用牌子标号,齿口、格尺别用申

---

① 谢深甫:《庆元条法事类》卷七十九《厩牧令》,黑龙江人民出版社2002年版,第873页。

状,依此开具,令宣抚司照会交割,以防换易"(《宋会要辑稿·食货二》)。详细登记牛的特征,其目的是防止贩运过程中出现偷牛换牛的现象。

2. 官牛的其他管理措施

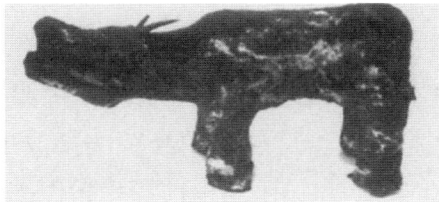

图 5-11　常州北环新村宋代墓铁牛①

家畜的分群管理,是官营畜牧业中的一项重要制度。宋廷对马、牛等牲畜的分群管理比较重视,"凡马、牛之群以百二十,驼、骡、驴之群以七十,羊之群以六百三十,群有牧长、牧尉"②。

官牛都盖有官印,私养牛标有私记。宋代畜群印记的管理制度也很完备,不仅诸畜要烙印,而且每个监牧,乃至每个军中的家畜,甚至蕃部进贡的家畜都要用不同的烙印。牛群也和马群一样,会进行定期算会。

3. 官牛的饲养

牲畜的饲养是牲畜生产的主要过程,饲养不得法,常会造成牲畜死损。宋高宗时,军士因不如法喂养官牛,一次就导致 250 头牛死亡(《宋会要辑稿·食货六三》)。早在宋初,统治者便让有技术的专业人员传授牲畜的饲养技术。寒冬经常会有牲畜"冬瘦"现象。对此,宋廷诏令各监牧在春夏牧草茂盛时收割,晒干后堆积起来"以备冬饲"(《宋史》卷一九八《兵十二》)。

4. 牛病的防治

宋代是中国历史上各种灾荒最为严重的时期。在古代医疗条件不甚发达的情况下,大灾之后常常伴随着大的瘟疫,对畜群常会造成严重

---

① 徐伯元、杨玉敏:《江苏常州北环新村宋木椁墓》,《文物》2001 年第 2 期,第 67 页。
② 孙逢吉:《职官分纪》卷十九《群牧司》,中华书局 1988 年版,第 451 页。

的威胁。宋仁宗庆历四年（1044年），江淮以南春季大旱，"至有井泉枯竭，牛畜瘴死，鸡犬不存之处"①。在对牛病的防治上，宋人也颇有经验，提出："然牛之病不一，或病草胀；或食杂虫，以致其毒；或为结胀，以闭其便溺。冷热之异，须识其端。其用药，与人相似也，但大为之剂以灌之，即无不愈者。其便溺有血，是伤于热也，以便血溺血之药，大其剂灌之。冷结即鼻干而不喘，以发散药投之。热结即鼻汗而喘，以解利药投之。胀即疏通，毒即解利。若每能审理以节适，何病之足患哉。"②宋代还把防治畜群疾病的经验编撰成书。据统计，宋代编撰的兽医书籍达40多种，超过隋唐以前历代兽医书的总和。

二、宋代民间养牛业

宋代，苏南民间养牛亦很多。叶梦得认为"两浙、福建、二广出产（牛），除福建外，止是二广"③。如宋太宗淳化元年（990年），淮北诸州民无牛畜，令逐处人户团甲，每牛官方借钱三千，从江浙购入。④ 这是说淮北地区缺牛，官方借钱给农民去江浙地区买牛，说明当时江浙地区养牛较多。

另据记载，宋代民间养牛是需要赋税，买牛也要纳税。宋初建隆三年（962年）七月诏：诸道州府人户所纳牛皮筋角，每年夏秋，按苗十顷，纳牛皮一张，角一对，黄牛干筋四两，水牛干筋半斤，或纳钱一贯五百文（《宋会要辑稿·食货七十》）。这些牛筋主要供工部制造弓弩，由于督催过急，因此就出现宰牛取筋，但也有改征马筋和羊筋代替。"（薛映）映至昇州（现南京），言官有牛赋，民出租，牛死，不得蠲。上览奏，瞿然，曰：'此岂朝廷所知邪？'遂诏诸州条上，悉蠲之"（《至大金陵新志》卷三中）。这是说，薛映到南京发现牛赋有漏洞，向皇上建言：官方按照养牛的情况向老百姓收取赋税，牛死了，但租税得不到解除。皇上看到这一奏章露出惊讶神情，就让各州逐一上奏，予以全部免除。

---

① 李焘：《续资治通鉴长编》卷一四七，庆历四年三月乙丑，中华书局2004年版，第3554页。
② 陈旉撰，万国鼎校注：《陈旉农书校注》卷中《医治之宜篇第二》，农业出版社1965年版，第50—51页。
③ 叶梦得：《建康集》卷七《又与秦相公书》，文渊阁四库全书本，第1129册，第650页。
④ 谢成侠：《中国养牛羊史》，农业出版社1985年版，第55页。

图 5-12　南宋画家毛益《牧牛图》①

图 5-13　牧笛(《王祯农书》卷十五)

　　唐宋以来的文学家,在其文学创作中,常常把耕牛的放牧和牧童联系在一起,描绘出一幅牧童骑在牛背上吹笛似乎很快乐的情景。其实,这未必就是表示牧童或牛郎有愉快的心境。正如宋代王安石诗:"绿草无端倪,牛羊在平地,辛绵旮霭间,落日一横吹。"《王祯农书》也载:"牧笛,牧牛者所吹,早暮招来群牧,犹牧骑者鸣箛也。当于村野间闻之,则知时和岁丰,寓于声也;每见图书,咏为歌诗,实古今太平之风物也。"说它是太平风物,未免言近粉饰,而应把吹笛看作是指挥牛群的一种放牧工具。近世在南方山区农村,也可见到牧牛者以吹牛角为号召集牛群。

　　在饲养方法上,根据记载,宋时江苏一带的人们对牛大多实行圈养。"冬月密闭其栏,重藁以藉之,暖日可爱,则牵出就日,去秽而加新。又日取新草于山,唯恐其一不饭也。浙牛所以勤苦而永年者,非特天产之良,人为之助亦多矣"(《岭外代答校注》卷四《踏犁》)。陆游对两浙地区丰富的养牛经验也有介绍,他写道:"村东买牛犊,舍北作牛屋。饭后三更起,夜寐不敢熟"(《陆游集·剑南诗稿》卷五十五《农家歌》)。牛是农民的衣食之源,又是家庭经济收入的重要来源,农户对牛精心养饲,呵护备至。由上可知,两浙养牛技术水平高,精心喂饲,所以牛体质优良,使用期长。

---

① 毛益:12 世纪南宋昆山(今属江苏)人,一作沛(今江苏沛县)人,生卒年不详。孝宗乾道(1165—1173 年)间画院待诏,工画翎毛、花竹,尤能渲染,似欲飞鸣。

苏南地区所养牛与前代一样,有黄牛、水牛。"水牛色苍而多力,其角如环。古所谓吴牛也;黄牛小而垂胡,色杂驳不正"(《新安志》卷二)。牛除用于农耕之外,还广泛用于祭祀,南方不少地方还出现了养牛专业户和养牛大户。

与苏南地区相比,地处淮河流域的淮南路养牛业发展要稍逊一些。江苏北部大部分属于淮南路,宋代文献中常见其耕牛不足的记载。"淮上不惟人稀,牛亦难得"①,"淮浙耕牛绝少"(《宋会要辑稿·食货一八》),"淮田一废不夏秋,五夫扶犁当一牛"②。由于耕牛不足,出现了人挽犁耕地的现象。宋孝宗以后,淮南路少牛的情况有所改变,不少地方普遍饲养耕牛。宋孝宗乾道元年(1165年),建康(今江苏南京)诸郡所管屯田,一次于淮西买耕牛500头(《宋会要辑稿·食货六三》)。宋宁宗嘉泰四年(1204年),有大臣上书:"牛皮、筋、角惟两淮、荆襄最多者,盖其地空旷,便于水草。"可见,南宋中后期,淮南路民间养牛业已经得到了迅速发展。

一些民风民俗、民间故事等,也从侧面反映了江苏民间养牛业的兴盛。当时江南地区非常流行"行春"(指游春),苏州官员要专门访察乡里。立春前一天,郡守率领僚属迎接于娄门外,鸣驺清路,盛设羽仪,前面排列社伙③,后面跟着春牛。观者如市,男女争相用手摸春牛,以沾新年的运气。当地谚语:"摸摸春牛脚,赚钱赚得着。"当时,一直有禁屠牛的风俗。"郑作肃知镇江府严屠牛之禁,尝有牛奔至府,问之,果将就屠者,人皆异之"。镇江立春日风俗,"立春日,取春牛土书门,本草春牛角上土置户上令人宜田,岁时杂记立春鞭牛讫庶民杂沓如堵,顷刻间分裂都尽又相攘夺,以至伤毁身体者,岁岁有之。得牛角者,其家宜蚕,亦治病故里。谚云:好男勿鞭春,好女勿看灯";乞巧节(七夕节)"天宝遗事,宫中七夕以锦彩结成楼殿,高百尺,可容数十人,陈花果酒,炙设坐具,以祀牛女二星,嫔妃穿针乞巧,动清商之曲,宴乐达旦,

---

① 楼钥:《攻媿集》卷九一《直秘阁广东提刑徐公行状》。
② 周紫芝:《太仓稊米集》卷二,文渊阁四库全书本,第1141册,第11页。
③ 社伙即社火,古代节庆,中国汉族民间一种庆祝春节的传统狂欢活动。亦指迎神赛会所扮演的杂戏、杂耍。

士女皆效之"(《志顺镇江志》卷三《风俗》)。在江苏太仓,《中吴纪闻》《吴郡志》等文献记载,太仓是牛郎织女的降生地,是牛郎织女传说的重要发源地。宋代,太仓就建有牛郎织女庙,如今还保存着黄姑庙、黄姑桥等文化遗迹。

许多生长在江苏或长期居住江苏的文人墨客,也有许多描写牛的诗句。为了给牛过冬,当时还会给牛准备御寒的"牛衣",如长期在南京生活的北宋政治家王安石有诗专门写"牛衣":"百兽冬自暖,独牛非氄毛。无衣与卒岁,坐恐得空牢。主人覆护恩,岂啻一绨袍。问尔何以报,离离满东皋"(《王荆公诗注》卷一)。生动表现了主人与耕牛之间的感情。王安石另一首《耕牛》也值得一读:"朝耕草茫茫,暮耕水潏潏。朝耕及露下,暮耕连月出。自无一毛利,主有千箱实。睆彼天上星,空名岂余匹"(《王荆公诗注》卷十五)。他用充满感情的语句赞扬了耕牛埋头苦干、任劳任怨的奉献精神。出生于无锡的北宋名臣李纲,也是一位出色的诗人,发人深省的《病牛》是他的代表作:"耕犁千亩实千箱,力尽筋疲谁复伤? 但得众生皆得饱,不辞羸病卧残阳"(《梁谿集》卷二十)。老牛耕耘千亩,换来的粮食装满了粮仓,但它却已精疲力尽,满身伤痕,无人怜惜。为了众生能吃到饱足,这头老牛宁可被累垮,倒卧在残阳之下,也在所不惜。坚持抗金的李纲以牛自喻,托物言志,表达了为国家、为苍生,任劳任怨,甘于牺牲的满怀热忱和高洁品格。李纲的《病牛》,也因此成为历代颂牛诗中的佳作,传诵至今。

由于禁宰耕牛,民间吃牛肉成了容易犯王法的行为。这样一来,牛肉理应就此匿迹,但事实上并非如此。当时,仍有牛肉应市。这些牛肉,多数来源于那些老病残牛,也有借故误伤而屠杀的,也有为此冒法趋利的。《宋会要辑稿·刑法》所载:大中祥符七年(1014年)五月四日诏:两浙诸州有屠牛充膳,自非通议,烹宰(有)其因缘,买者不问罪。这是根据司勋员外郎孔宗闵上奏:"浙民以牛肉为上味,不逞之辈竞于屠杀,事发即逮捕滋广,请释不问罪,状下两浙转运使,悉同其议。"故有此诏。到大观四年(1110年)三月二十七日,有大臣奏言:"见无知之民,日以屠牛取利者,所在有之,比年朝廷虽增严法度,然亦未能止绝,盖一牛之价,不过五七千钱,一牛之肉不下三二百斤,每斤价值须百钱,利入厚,故人多贪利,不顾重刑。"甚至于有上下串通,当作病牛倒死而申报。这些情节,不仅在宋朝,历代均有出现。①

综上所知,除极个别地区外,江苏地区民间养牛业均有一定发展。牛被广泛用于农耕、交通运输和祭祀等诸多方面,方便了人们的生活,有利于社会经济的发展。两宋时期无论是官营还是民间,虽在个别地区,个别年份由于灾荒、牛疫、战争等因素的影响,出现了耕牛短缺的现象,但并不能因此而否定宋代江苏地区养牛业所取得的成绩。

三、元代养牛业

根据元末诗人杨维桢"黄牛商、水牛商、驱牛渡淮道路长"②的诗句,反映元代江苏各地都饲养不少黄牛、水牛,并且还有贩运活动。

牛不仅用于农耕,在元代驿站及军事活动中,常有使用。据《至顺镇江志》卷六记载,"军器岁额,水牛皮甲七十六,黑漆红漆绿油黄油各一十九副,紫真皮盔甲袋全"。

江苏还有许多建筑以牛命名。"在城录事司及上元县境,在城南七十里古牧放之所亦作牧牛"的牧放桥。"江宁县境,在县南四十里"的牛桥(《至大金陵新志》卷四)。镇江丹徒县有奔牛堰,吕城奔牛二闸,镇江还有金牛里,黄牛桥等(《志顺镇江志》卷二)。当时还有许多有关牛的诗词。倪瓒的《听钱文则弹琴》中写道:"牛鸣野窳中,鸡登山木上。"

(一)相关法令条例

早在蒙古建国初期,就有有关保护畜牧业的法令条例,主要涉及保护牲畜及草场。对牲畜的产权、屠宰及管理等方面的详备律令,则是到忽必烈时期才制定。这些法律法规的制定,对于元代畜牧业的发展,起到了很好的保护作用。

1. 保护牲畜产权

元朝的法律规定,对偷盗牛的罪犯,以盗一赔九进行处罚。"诸盗驼马牛驴骡,一赔九""盗牛者,初犯为首七十七,徒一年半,为从六十七,徒一年;再犯加等,罪止一百七,出军"(《元史》卷一〇四《刑法三》)。

---

① 谢成侠:《中国养牛羊史》,农业出版社1985年版,第50页。
② 杨维桢:《东维子文集·牛商行》。

对"盗系官驼马牛者,比常盗加一等"。对不同偷盗者,元朝的法律还有着不同的处罚。若"诸奴婢盗人牛马",则"既断罪,其赃无可征者,以其人给物主,其主愿赎者听",若是"诸系官人口盗人牛马",则"免征倍赃",如若"诸遝荒盗贼,盗驼马牛驴羊",则"倍赃无可征者,就发配役出军"。对流囚的偷盗行为,则是"初犯怯烈司盗驼马牛,为从……并杖一百七,流奴兄干。初犯盗驼马牛,为首……并杖一百七,发肇州屯种"(《元史》卷一〇四《刑法三》)。

2. 屠宰牲畜的规定

中统二年(公元 1261 年)五月,"禁私杀马牛"。次年十二月,"申严屠杀牛马之禁"(《元史·世祖纪》)。元朝的法律规定,"诸每月朔望二弦,凡有生之物,杀者禁之。诸郡县岁正月五月,各禁宰杀十日"(《元史》卷一〇五《刑法四》)。对"其有老病不任鞍勒者",则必须"与众验而后杀之"。此外,对私宰牛马、官员失职及隐瞒不报等行为,也有很具体严厉的惩罚措施,这就要求牧人增强责任感,管理好牧地牲畜。

3. 军需征用

太宗五年(1233 年)规定,家有牛羊十至一百者,取牝牛羊各一,交官收牧,并开具原主姓名,头数上缴,听候支拨,不得违错,若有隐瞒,尽行没收。《元史》卷九十四《食货二》中载:诸色目人等,牲畜十取其一,隐形者罪。

(二)耕牛饲养

江苏地区民间养牛主要用来耕作。鲁明善认为"家有一牛,可代七人之力,虽然畜类,性与人同,切宜爱惜保养"[1]。由于耕牛对农家生活有巨大帮助,王祯建议官府祭祀牛宿,并改善耕牛的饲料以示对牛的尊崇,他还认为"在上之人,爱重严禁,使民不敢轻视妄杀"[2],这样可使养牛、用牛之人更加爱惜。当时的王朝也的确做到了"爱重严禁"。忽必烈就认为"凡耕佃备战,负重致远,军民所需,牛马为本"[3],多次下令保护耕牛。社会上从上到下已经形成了重视耕牛的风气。

---

[1] 王毓瑚:《农桑衣食撮要校注》,农业出版社 1962 年版,第 26 页。
[2] 缪启愉:《东鲁王氏农书译注》,上海古籍出版社 1994 年版,第 41 页。
[3] 陈高华等:《元典章点校》,天津古籍出版社 2011 年版,第 1897 页。

元代官府对牛的健康也十分重视。在江苏地区,拥有牛的百姓要对皮、角的完整承担责任,"淮民耕稼禾上场,皮角有令恐牛殃"[①],其中的"令"表明牛在死后要上缴皮、角的规定,为的是要保护耕牛,以防耕牛无故遭殃。

四、宋元养羊业

宋代养羊管理机构仍主要是太仆寺、群牧司,还有牛羊司。隶属于三司度支部的骑案也掌管诸坊、监、院的事务;枢密院下辖机构支马房"掌行内外马政并坊院、监牧吏卒、牧马、租课"等(《宋史》卷一六二《职官二》),也是宋代官营畜牧业的管理机构之一。

元代除太仆寺、群牧都转运司是官营牧马、牧羊主要管理机构外,还有宣徽院。宣徽院,正三品,"掌蒙古万户、千户合纳差发,系官抽分、牧羊孳畜,岁支刍草粟菽,羊马价值,收受阑遗等事"(《元史》卷八七《百官三》),其下设机构有群牧监、尚乘寺、尚舍寺、尚牧所等。群牧监掌管中宫位下孳畜,尚乘寺掌管皇帝鞍辔舆辇,尚舍寺掌管帷幕帐房陈设之事。由此可见,畜牧业管理机构职责划分相当详细,分工精细,也能反映出元代对畜牧业的重视程度。

元代管理牧羊的官员还有经正监、典牧监和阑遗监。经正监掌官营牛羊及放牧草地;储政院典牧监掌孳畜之事;阑遗监秩正四品,掌不阑奚人口、头匹诸物。这些管理牧羊的机构其下还设有众多分支机构,机构之多、品级之重,超过其他任何时期。

元朝对牧羊的保护也有详细规定。"诸每月朔望二弦,凡有生之物,杀者禁之。诸郡县岁正月五月,各禁宰杀十日,其饥馑去处,自朔日为始,禁杀三日。诸每岁,自十二月至来岁正月,杀母羊者,禁之"(《元史》卷一〇五《刑法四》)。

宋元时期,由于羊肉肉质鲜美,深得官员及普通百姓的喜爱。据记载,当时节日庆典、官员俸禄都需要大量的羊肉。因此,官府当时除向民间和周边地区购买外,官方自己也饲养羊。南宋虽偏安江南,由于北

---

① 杨维桢:《铁崖先生古乐府》,上海商务印书馆 1937 年版,第 49 页。

方高门贵族,吏卒僮仆大批移居到南方,致使南方羊肉消费骤增,其数量增加到和猪肉差不多,甚至超过猪肉的情况。

羊除用于肉食消费之外,羊还为皮毛加工业提供重要原料。官营养羊业的兴盛,直接关系到毛纺织业的发展。① 工匠们利用羊毛织成了各种精美的毛纺织品,其中有一种羊毛叠为宋人所创,是馈赠来访使节的重要礼品。羊的饲养还带动了皮革加工业的发展。宋代利用羊皮制作皮裘和军用物资。宋元在宫廷中也有一定的皮革消费,仅皇帝郊祀大礼所穿的一件皮裘,就需上百只黑羊羔皮(《宋史》卷一五一《舆服三》)。羊皮更是制造皮筏的好材料。用羊皮制作的浑脱(皮袋)是行军打仗不可缺少的装备之一。

图 5-14　宋代江宁建中墓缠丝玛瑙羊挂件②

北宋有北方绵羊引入太湖地区的明确记载。据《十国春秋·南唐·元宗本纪》记载:"建隆元年,宋馈羊万口,马三百匹,橐驰三十",且"自后岁以为常"。《十国春秋·南唐列传》也载:"升元二年……契丹主之弟东丹王遣使以羊、马入贡,别持羊三万口,马二百匹来鬻,以其价市罗纹茶药"。同书还载:"升元七年春正月,契丹使达罗千等二十七人来聘,献马三百匹、羊二万五千"。此后,中原朝廷也多次赐给吴越国马、羊等牲畜。到北宋,十国割据逐渐走向统一,南唐、吴越国与宋王朝的

① 李焘:《续资治通鉴长编》卷二一八,熙宁三年十二月乙卯,中华书局 2004 年版,第 5308 页。
② 南京市博物馆馆藏。"缠丝玛瑙羊挂件",这羊挂件非常有特点,其借着缠丝玛瑙的纹路雕琢很有创意。所谓缠丝玛瑙是各种颜色以丝带形式相间缠绕的一种玛瑙,因相间色带细如游丝,所以称为缠丝玛瑙。这件玛瑙羊身长不足两厘米,小巧玲珑,莹润可爱,其纹理和南京特产雨花石有些相似。

贡奉关系更趋密切,北羊继续大批南下。

至南宋初(公元 1128 年),由于金兵在中原一带长驱直入,北方一片混乱,百姓不得安生,大量居民南迁,成为中国历史上又一次人口大南迁。正如莫濛记载:"四方之民云集二浙,百倍常时",凌景也讲:"切见临安府,自累经兵火之后,户口所存裁十二三,而西北人以驻跸之地,辐辏骈集,数倍土著"。由于南迁的居民主要是来自河南、山东、陕西、山西一带,他们携带大量北方绵羊南下。这些南下的北方绵羊,正是南方当时很少饲养的羊类,为其后太湖地区湖羊品种的形成和发展,打下了良好的基础。

北羊南迁太湖地区,也并非一下子变成现今的湖羊,而是经历了缓慢、长期、持续变化的历史过程。在这一过程中,北方绵羊能成为"湖羊",是与当时太湖地区的自然、经济、社会条件等诸多因素密切相关。太湖地区在汉代以前还不甚发达,经济十分落后。据《史记·货殖列传》记载:秦汉之前,这一地区还是"地广人稀,饭稻羹鱼,或火耕而水耨"。其自然条件,因是温暖湿润型的气候环境,复杂的地形,灌木丛生,根本不适于性喜干燥、适于游牧的北方绵羊的生存和发展。但太湖地区在历经其后各朝各代的努力开发下,在水患得到一定控制,沼泽地获得一定治理,经济得到一定发展后,逐渐使这一地区成为人口稠密、经济富裕的地方,尤其是经历隋唐五代以及南宋的大力开发,使得这一地区不仅成为富庶的"鱼米之乡",而且逐渐成为全国闻名的经济中心,形成"苏湖熟、天下足","上有天堂、下有苏杭"的新局面,这些均为北方绵羊南迁太湖地区,并逐渐形成独特的湖羊新品种打下良好基础。[1] 据嘉泰《吴兴志·物产》记载:"旧编云:安吉、长兴(今浙江省属)接近江东,多畜白羊。按《本草》以青色为胜,次为乌羊,今乡土间有无角、斑黑而高大者曰胡羊。"从这段文字看,其中"嘉泰"是指 1201 年到 1204 年,"吴兴"即现在浙江省的湖州市,"江东"多指江苏苏南,"旧编"指嘉泰《吴兴志》的前编淳熙《吴兴志》,淳熙为 1174 年到 1189 年。这段文字记载表明:一是以前浙江湖州及江苏苏南一带

---

[1] 李群:《湖羊的来源及历史再探》,《中国农史》1997 年第 2 期,第 91—97 页。

多饲养白羊,这种白羊是这一带居民很早就饲养的白山羊;二是从嘉泰到淳熙年间,开始饲养一种无角、斑黑而且体型比较大的胡羊,胡羊即后来湖羊的前身。湖羊为北方南下蒙古羊(胡羊)演变形成,而且主要饲养于环太湖地区。湖羊的形成是与当地气候与社会环境因素分不开的,主要得益于如下几点:

(一)舍饲圈养

最初北方蒙古羊南迁太湖地区发展缓慢。其原因是,"一、二年亦不中食",关键在于气候不宜、地形不宜、饲草不宜等几个十分重要的因素。自从宋迁都临安(今杭州),建立南宋政权以后,北方居民为避战乱,出现了我国历史上继东晋后的又一次人口大南迁。使得临安及其附近地区的人口剧增,改变了太湖地区过去"地广人稀"的局面,可用耕地变得十分紧张。随北方居民南下的蒙古羊也根本失去了像唐代或以前听任"食野草、毒草",有较大放牧场的情况,它们不得不被圈养在家,进行舍饲或半舍饲,从而开创了我国太湖地区几百年舍饲养羊的新方式。这种由于缺乏放牧地而不得不舍饲养羊的饲养方式,在传统的世界养羊业中也是十分罕见。它不仅解决了当时无放牧场地的问题,而且也为蒙古羊生长繁育避免了南方(尤其是夏季)强烈的日光照射和室外高温,避免了南方饲草中多针茅、荆棘的危害以及多雨水、多虻蝇的问题,减少了羊的运动,为蒙古羊吃到人为提供的优质饲料创造了条件,为湖羊的形成发展扫除了不少障碍。

(二)饲以枯桑叶

枯桑叶是一种营养非常丰富的饲料,其所含蛋白质为14.61%,比大米(含9.7%)、小麦(含13.3%)甚至苜蓿(含14.17%)所含蛋白质都高。宋代以前,桑蚕业一直主要在北方,南方还不甚发达。自宋迁都临安以后,江南的桑蚕业飞速发展起来,一跃成为全国种桑养蚕和丝织业的中心。整个宋元时期,太湖地区的农民一般不养秋蚕。这是因为"一方面影响翌年春叶,一方面影响湖羊冬季不可缺乏的饲料"。因此,这就给湖羊提供了大量营养丰富的枯桑叶饲料。这是湖羊生长快、成熟早、产羔早、泌乳多等优良特性形成的重要原因。

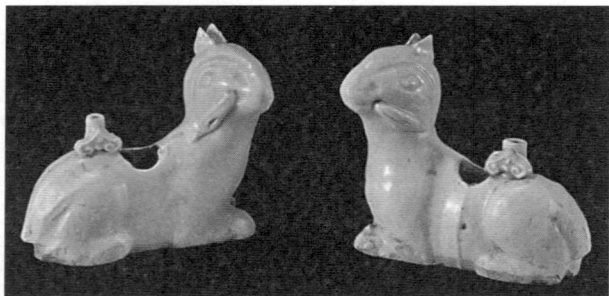

图 5 - 15　常州博物馆元代影青羊形香插①

（三）社会需要

湖羊的形成和发展,也与宋元时期社会的需要分不开。原江南地区主要是饲养山羊,山羊肉味较差,而"胡羊"肉味鲜美,滋多营养。宋迁都以后,由于太湖地区居有大量北方居民以及首都临安府(今杭州市)对羊肉的需要,无疑对当时"胡羊"的发展,起到很大的促进作用。这样一来,使得"胡羊"落脚于江南太湖地区,有了坚实的社会经济基础。② 另外,湖羊的粪秽是很好的肥料,所以太湖地区很早就有"猪田羊地"的谚语,表明群众习惯上喜欢用猪粪来肥稻,用羊粪来壅桑、培茶等。③

第六节　宋元养猪、养犬及养禽业

一、养猪业

宋元时期,随着农业和商品经济的发展,养猪成为农村的主要副业之一,出现了众多的专业户。民户养猪不仅为人们生活提供了肉食,满

---

① 常州博物馆馆藏,影青羊形香插(2 件),高 7.2 厘米、长 7.5 厘米、宽约 3.2 厘米,釉色白中泛青,腹下无釉,露胎呈白灰色。羊的四肢蜷曲,蹲卧式,头部稍旋转,表情丰富,嘴衔草叶,腹内镂空,背上部有一圆孔,孔旁竖一空心小圆柱,可插香,堆贴有如意云头纹,寓"吉羊(祥)如意"。
② 李群:《湖羊的来源及历史再探》,《中国农史》1997 年第 2 期,第 91—97 页。
③ 太湖地区农业史研究课题组:《太湖地区农业史稿》,农业出版社 1990 年版,第 6 页。

足了市场需求,还增加了农户家庭收入。

随着北方人口大量南迁,经济重心的南移,江苏地区的养猪业也兴旺发展起来。据相关文献记载,宋代淮南路民间普遍养猪,甚至有的家庭"养猪数十口"①。由于猪多,猪肉非常便宜,有"淮南猪肉不论钱"②之说。除淮南路外,江南路、两浙路一般农家也都养猪。除一般家庭养猪外,江苏地区还出现了一些养猪专业户和养猪大户,这是宋元时期江苏地区养猪业发展的一大突出特点,也是宋元时期经济发达的表现之一。

随着养猪业发展,宋元时期江苏地区还出现了许多以贩猪为业的商人和以杀猪为业的屠夫,不少人还因此发家致富。常州无锡县(今江苏无锡)村民陈承信,"本以贩豕为业,后极富"(《夷坚甲志》卷七《陈承信母》)。随着养猪业的发展,集镇城市中一些生猪销售点和屠宰点也开始由分散走向集中。据《至大金陵新志》卷十一上记载,元代集庆(今南京)城内还有一条"杀猪巷"。江苏地区生猪销售和屠宰业由分散走向集中,是市场规范发展的必然要求,也是江苏养猪业发达的重要表现。

宋元时期,不仅猪肉受到各阶层人士的青睐,还认识到猪肉能补肾气,壮筋骨,还可以治疗某些疾病。在饮食上,光是猪肉就能做出几十种菜肴。宋元时期猪肉物美价廉,用途广泛。猪肉的生产与销售也走向了专业化道路,是宋元时期商品经济发达的一个缩影。

二、养犬业

江苏地区自古以来,家庭一般都养犬。行走于乡间,几乎到处可以看到"鸡犬之声相闻"的景象。不少文人墨客都在他们的诗词中留有记载,如:"白水沿堤护绿苗,鸡鸣犬卧柳边桥"③,"此欢不许人多得,破晓西村鸡犬鸣"④。宋恭帝德祐元年(1275年),扬州(今江苏扬州)曾严禁城中军民蓄犬,发起了灭犬运动,仅一次就屠杀了数万只犬(《宋史》卷

① 王之道:《相山集》卷二十《申三省枢密利害札子》,文渊阁四库全书本,第1132册,第679页。
② 虞俦:《尊白堂集》卷四《戏书》,文渊阁四库全书本,第1154册,第85页。
③ 陈起:《江湖小集》卷三十八《野望》,文渊阁四库全书本,第1357册,第303页。
④ 陈起:《江湖小集》卷十六《月夜泛湖》,文渊阁四库全书本,第1357册,第129页。

六十六《五行四》)。为什么大规模灭犬,因史料缺乏不得而知,但从另一个侧面表明东南地区民间养犬之普遍。

江苏民间养犬还出现一家饲养数百只犬的情况,堪称养犬专业户和养犬大户。由于养犬多,有些民户把卖狗作为家庭经济收入的来源之一,有的地方还出现了犬的交易市场。

由于养犬普遍,难免会出现盗犬和犬咬伤人的事件。为加强管理,宋王朝颁布了一些关于杀犬的法律规定:"故杀他人犬者,决臀杖十五放。杀自己犬者,决臀杖十下放。"①《庆元条法事类》也有类似记载:"诸故杀犬者,杖七十,杀自己犬者,笞五十","诸盗杀犬者,杖八十"。此外,还规定了偷盗犬只和犬咬伤人,相关人员要受到处罚的法律条文。② 官府加强对犬的管理,从一个侧面说明官府对养犬的重视和民间养犬的普遍。

图 5-16 镇江五洲山宋墓瓷狗③

农户养犬除了看家护院,也有不少用于狩猎。宋时两浙地区就有专门用于狩猎的犬,价格不菲。宋高宗时,泗州(今江苏盱眙)知州贾公望"平居惟好猎,常自饲犬"(陆游《老学庵笔记》卷二)。犬因勇猛、聪明、善于奔跑,是人们狩猎必不可少的工具。

犬还是宋元时期肉食的重要来源之一。犬肉香,营养丰富。由于犬类饲养的普遍,狗肉成为人们生活中经常食用的肉类。京东路徐州(今江苏徐州)厢界还有专门的杀狗行会,"司法言,近敕书,不禁杀狗"④。据《至顺镇江志》卷十九记载:在宋代"周方叔,字矩道,高邮人,博学能文,隐居京口之五州山,读书自娱,家贫,或时终日不得食。邻僧

---

① 窦仪:《宋刑统》卷十五《故杀误杀官私马牛并杂畜》,中华书局 1984 年版,第 238—239 页。
② 谢深甫:《庆元条法事类》卷七十九《畜产门》,黑龙江人民出版社 2002 年版,第 890 页。
③ 许鹏飞:《江苏镇江五洲山宋墓发掘简报》,《文物》2015 年第 5 期,第 58 页。(狗作站立状,眼视向前,双耳下垂,狗尾上翘环连于背上。白胎,青白釉,腿下无釉。)
④ 苏轼:《苏轼文集》卷七十三《记徐州杀狗》,中华书局 1986 年版,第 2375 页。

乞米送之,一日龚农卿澡孙常州吴会同造其庐,无以为具,乃烹畜犬食,客二公欣然尽欢,叹息而去"。在中医典籍中,犬肉在食疗上也有重要作用,有文献记载:"牡狗阴茎补髓。肉温,主五脏,补七伤五劳。填骨髓,大补,益气力,空腹食之。黄色牡者上,白黑色次。"①"追毒饮,治酒疸偏身发黄:狗脊(去毛,酒蒸,一两),白芥子,炙甘草(一分),用酒一升煎半升,分二服,以利下为度,未利再服。"②从这些史料可知,狗肉可以起到治肾虚、延年益寿的作用。狗脊和其他中药、酒等在一起服用,可以治疗黄疸病。

图5-17 田庐(《王祯农书》卷十七)

宋元时期人民还将犬用于盟誓。犬是人类的朋友,忠心耿耿,用于盟誓是一种诚信的象征,所以在不少场合都可以看到以狗为祭品、歃血为盟的场景。

三、养鸡业

在人们的社会生活中鸡利用非常广泛。除用于司晨、肉用、蛋用、斗鸡娱乐之外,在医疗卫生中亦得到广泛运用,是重要的食疗资源。这一时期,鸡的品种改良和人工孵化技术也得到了飞速发展,从而进一步促进了养鸡业的兴盛。

根据宋人唐慎微记载,鸡"今处处人家畜养甚多……鸡之类最多:

---

① 陈元靓:《岁时广记》卷二十五《取狗精》。
② 宋徽宗敕编:《圣济总录纂要》卷十一,文渊阁四库全书本,第739册,第243页。

丹雄鸡、白雄鸡、乌雄、雌鸡"①。在《至顺镇江志》卷四也记载："鸡,有大小数种"。京东路产一种鲁鸡,"枵然而大,绝有力而奋,行有威,视有光,其翮之端若比刃,距去地三寸……无有与之匹者"②。说明江苏民间养鸡不仅普遍,而且种类很多。

江苏有着广阔的荒山、草甸、农田,能为鸡的生息繁殖提供丰富的虫、草、农副产品等绿色食物,为大规模发展养鸡业提供了良好的条件。两宋时期,随着经济重心南移的完成,江南一带发达的农业经济为家禽饲养提供了充足的食物。据谈钥嘉泰《吴兴志·物产》记载:"鸡,今田家多畜,秋冬月,乐岁尤多,盖有粞谷之类为食也。"嘉泰《吴兴志》虽讲的是浙江湖州情况,湖州紧邻江苏苏南,同属太湖地区,大体也反映了江苏太湖地区的情况。

图 5‑18　筛榖簛(《王祯农书》卷十五)

元代的集庆(今南京)有一些地名与鸡相关。《至大金陵新志》记载:"今银行、花行、鸡行、镇淮桥、新桥、笪桥皆市也","鸡行街今在西南隅,旧志云在右南廂是也","南尹桥,今潮沟大巷东,出度此桥,次南鸡鸣桥","建康旧录,青溪有桥,名募士桥。桥西之过沟,有埭名鸡鸣埭。齐武帝早游钟山,射雉至此,鸡始鸣"(《至大金陵新志》卷四下)。还有"金鸡山在州东十里,高十二丈周五里"(《至大金陵新志》卷五上)等。

元代还有很多诗词与鸡相关。倪瓒在《对春树》中写道:

---

① 唐慎微:《重修政和证类本草》卷十九《诸鸡》,四部丛刊本,第5页注文。
② 孔武仲:《清江三孔集》卷十七《鸡说》,文渊阁四库全书本,第1345册,第372页。

"晨鸡催梦短,夜鹊逐魂飞。"他在《踏莎行》中亦写道:"黄鸡啄黍浊醪香,开门迎笑东邻老"(《蕙风词话续编》卷一)。

四、鸭鹅饲养业

宋代江苏地区鸭鹅饲养业,以江南路和两浙路最为突出。它们位于长江中下游地区,湖泊陂塘星罗棋布,是典型的水乡泽国,发展水禽饲养业的地理条件十分优越。南宋时,这里又是经济重心和政治中心,人口众多,商业发达,交通便利,有着巨大的消费市场,无疑促进了家禽饲养业的发展。当地民户充分利用这些优越的条件,大力发展鸭鹅饲养。据《嘉泰吴兴志》记载,"鸭,今水乡乐岁尤多畜,家至数百只。以竹为落,暮驱入宿,明旦驱出。已收之,用食遗粒,取其子以卖。今肥饱一鸭便生百卵,视他禽尤有息。"[1]又如罗愿的《尔雅翼》记载:"鹜,无所不食,易以畜息,今江湖间养者千百为群,暮则舟敛而载之",这不仅说明有的家庭饲养鸭子较多,还有专人看管。养鸭既可以卖雏鸭,还可以卖鸭蛋,在家禽饲养业中利润最大。

江南农村除养鸭外,养鹅也很多。鹅是农村人都可以吃上的肉食。南宋时期,据《至大金陵新志》记载:"刺巫者,溧阳别桥人,能以异法治骨鲠。淳熙九年,长巷村人王四食鹅,遭骾三日,不能下饮食且死。遣子持钱诣巫,即于灶内取灰筛布地,上炷香焚纸钱,诵咒召神,结印次。以苇筒作小犁状耕灰中,云:骨甚深,凡耕至一再筒中,忽微有声,亟倾注水盎间,乃鹅翅骨也。别桥距长巷四十里,王氏子至家父平复已半日矣,其病之浅者,一犁即愈,事见《夷坚志》"(《至大金陵新志》卷十三下》)。

当时,很多文人墨客的诗词也反映了宋元民间鸭鹅饲养兴盛的情况。元代画家、诗人倪瓒(江苏无锡人)在《荒村》中记载:"穴鼠能人拱,池鹅类鹤鸣"(《清闷阁集·荒村》)。

江苏地区农村养鹅不仅满足自家消费,还能为城市提供鹅肉。由于饲养及宰杀鸭鹅多,为保护起见,官府还曾下令禁杀鸡鸭鹅。"民间

---

① 谈钥:《嘉泰吴兴志》卷二十《物产》,《宋元方志丛刊》,中华书局 1990 年版,第 4862 页。

竞食鸡、鹅、鱼、虾之属,害物命多过百倍,可令断三日,生命微物悉禁之。"①当时,养鸭、养鹅还是官府税收的来源之一。为了鼓励民户饲养,国家采取减免鹅、鸭税收的办法。景德三年(1006年),宋真宗下诏:"除两浙州、军税鹅、鸭年额钱。"②

元代还有以鸭鹅作为特产送人的记载。"金坛县子鹅肥美,特异他处,初生无百日即可食。罗隐京口送杨子蒙东归,诗云:东吴逸客楼船后,抛掷子鹅离京口。"以及"土人罕畜之,《尔雅疏》:凫鹜,李巡曰:野曰凫,家曰鹜"(《志顺镇江志》卷四《特产》)。

鸭子是杂食动物,喜吃小鱼、贝类、水草、粮食等,食物较多,利于放养。鹅除了食用外,还是重要的军用物资。比如鹅翎,就是制造箭羽的重要材料。两宋时期,对外战争频繁,箭是战争中的重要武器。为了能够满足需求,官方向民间征收鹅翎成为一种常税。宋代征收鹅翎数额巨大,有时南方的一个州、郡就要交纳10余万支。③ 征收鹅翎虽成为一项沉重的负担,但客观上推动了农村鹅饲养业的发展。

鸭、鹅还广泛用于医疗。鹅膏滴耳可以治疗耳聋④,饮用鸭血可以解金毒⑤,"凡人溺死者及服金屑未死者,以鸭血灌可活"。鹅涎也可治谷芒卡住喉咙,"用鹅涎,无弗愈者"⑥。甚至鸭、鹅的粪便也是治病良药。白鹅屎"用水绞取汁,沥涂口中舌上下",可以治疗小儿鹅口不能吮乳,⑦白鸭屎可治药物中毒等⑧。鸭、鹅及其副产品在医疗中的广泛运用,对鸭鹅饲养业是一个很大的推动。

鹅的警惕性很强,凡是夜间稍微有一些风吹草动就会鸣叫,所以民间还往往饲养鹅看门。《尔雅翼》记载:"(鹅)小而浅黄色者尤可喜,性绝警,每更必鸣,可以警盗。"⑨

---

① 李心传:《建炎以来系年要录》卷一八一,绍兴二十九年三月癸亥,中华书局1956年版,第3008页。
② 李焘:《续资治通鉴长编》卷六十三,景德三年六月壬午,中华书局2004年版,第1046页。
③ 曾巩:《曾巩集》卷四十三《尚书比部员外郎李君墓志铭》,中华书局1984年版,第583页。
④ 宋徽宗敕编:《圣济总录纂要》卷十八,文渊阁四库全书本,第739册,第392页。
⑤ 宋徽宗敕编:《圣济总录纂要》卷二十二,文渊阁四库全书本,第473页。
⑥ 赵溍:《养疴漫笔》,《历代笔记小说集成》,河北教育出版社1995年版,第19—20页。
⑦ 宋徽宗敕编:《圣济总录纂要》卷二十五,文渊阁四库全书本,第516页。
⑧ 宋徽宗敕编:《圣济总录纂要》卷二十二,文渊阁四库全书本,第469页。
⑨ 罗愿:《尔雅翼》卷十七《释鸟五》,丛书集成本,第1147册,第182页。

第七节　宋元畜牧技术

宋元时期,在牲畜饲养、畜种改良、家畜外形学以及兽医技术等方面,比前代有了明显进步,极大地促进了畜牧业的发展。

一、宋代畜牧技术

(一)饲养技术

宋代,江苏地区的劳动人民在长期的探索过程中,总结出不少畜禽饲养经验。

首先,充分利用各种饲料。发展畜牧业,饲料一直是个大问题。为了获得充足的饲料,这一时期江苏地区开辟了不少牧草地,这些牧草地在牧放季节可以为牲畜提供营养价值极高的牧草,冬季还可提供晒干牧草。晒干牧草的营养比较丰富,含有 7％—14％ 的蛋白质,40％—60％ 的碳水化合物,还有丰富的矿物质、维生素和微量元素等[①],这些都是畜禽生长和繁殖必不可少的营养成分。一些农作物的籽实、秸秆也是畜禽的重要饲料。为获得更多的饲料来源,官府除组织民众种植牧草外,还通过和籴、折变等方式向民间征购。为便于清楚地说明情况,现将宋代江苏地区马匹常用饲料列表如下:

表 5-3　宋代江苏地区马匹常用饲料

类别	饲料	史料	出处
青饲料	牧地青草	冬常有青草则依旧放牧。	《宋会要辑稿·兵二四之五》。
	葃草	扬、楚、泰州,高邮军者,葃生陂泺、采斫甚易。	《宋会要辑稿·食货四〇之二一》。
	菱藌	今闻淮泗大军所须菱藌万数浩瀚……每束数十文。	《宋会要辑稿补编》第 625 页。

---

① 贾慎修编:《草地学》,农业出版社 1982 年版,第 247 页。

类别	饲料	史料	出处
干草类	穬草	（贡）穬草一十六万七千束，五县分理应付。	周应合：《景定建康志》卷四十《税赋》。

资料来源：宋濂等撰《元史》，中华书局 1976 年版；《大元马政记》，国学文库第四十九编，文殿阁书庄；徐松撰《宋会要辑稿》；陈智超《宋会要辑稿补编》；周应合《景定建康志》。

其次，在饲养方式上，采用舍饲、牧放，以及舍饲与牧放相结合饲养方式。当时，马匹一般在农历四月至九月就青牧养，每当寒冬之时，割草料储存，预备隆冬与初春缺少青绿饲料时使用。由于江苏南北气候有所不同，农户们在饲养畜禽时往往因地制宜。在江苏的江南地区，这一带的牛大多采取露天牧放的方式，"日暮牛羊饮道边""冬月密闭其栏……又日取新草于山，唯恐其一日不饭也"，而冬季则完全舍饲喂养。

再次，饲养管理强调厩舍卫生。《陈旉农书》这部论述中国宋代南方地区农事的综合性农书中记载："于春之初，必尽去牢栏中积滞蓐粪。亦不必春也，但旬日一除，免秽气蒸郁，以成疫疠；且浸渍蹄甲，易以生病。又当祓除不祥，以净爽其处乃善。"[①]强调每隔 10 日牛栏要打扫一次，这样可以保持清洁，预防和减少疾病。另外，饲养管理和役使方面也有一套完备而细致的规定。简单讲，就是要按时牧放，厩舍要卫生，饲养管理要精心。

图 5-19　清牛舍示意图[②]

精心喂饲是畜禽饲养管理中的最重要环节。宋代特别强调畜禽的精心饲养，不同的季节，甚至不同的天气情况，饲养程序乃至饲料都有所区别。宋人还根据天气情况的变化，饲以不同的草料。在喂饲耕牛方面，对铡草、泡豆、选料等各方

① 陈旉撰，万国鼎校注：《陈旉农书校注》卷中《牧养役用之宜篇第一》，农业出版社 1965 年版，第 48 页。
② 闵宗殿：《中国古代农业科技史图说》，农业出版社 1989 年版，第 323 页。

面都有严格要求。精心喂饲是非常辛苦的劳动,江浙一带的人们常常是"饭牛三更起,夜寐不敢熟"。起早贪黑,照顾有加。对那些老弱患病的大家畜,"就早栈而饲",添加"小灶"。这些都反映宋代对牛、马等牲畜的精心饲养。

宋元时代,由于南方水田农业的迅速发展,作为水田农耕主要动力的水牛,受到了人们高度的重视,这些都在《陈旉农书》中有所记载。

《陈旉农书》是南宋初年专门论述南方特别是太湖地区农桑技术和经营的一部农书,全书共三卷。卷上讲农耕和土地经营,卷中讲牛的地位、饲养和牛病防治,卷下讲蚕桑。在中国古农书中,用和农、桑同样重要的地位来专门论述耕牛(主要是水牛),这还是首见。《陈旉农书·牛说》记载:"牛之为物,驾牛之外,独用于农夫之事耳……岂知农者天下之大本,衣食财用之所从出,非牛无以成其事耶。"因此《陈旉农书》中特作《牧养役用之宜篇》,对耕牛牧养管理进行了较系统的总结,其主要内容有:

1. 保护耕牛。对于耕牛"使民不敢轻,爱之养之,使民不敢杀"。要"视牛之饥渴,犹己之饥渴;视牛之困苦羸瘠,犹己之困苦羸瘠;视牛之疫疠,若己之有疾也;视牛之字育,若己之有子也。若能如此,则牛必蕃盛滋多"。把耕牛的饲养、繁育、疾病防治提高到待人一样高度。

2. 冬月饲喂方法。冬月新草未生,"取洁净稿草细剉之,和以麦麸、谷糠或豆,使之微湿,槽盛而饱饲之"。要注意把豆子破碎,稿草要暴干不能腐朽。天气冷时放在温和的地方,煮糜粥喂牛。牛的饲料还可"收豆楮之叶,与黄落之桑,舂碎而贮积之,天寒即以米泔和剉草糠麸以饲之"。这是说,冬天新草未生时,要选择干净的稿草剉细,并拌麦麸、豆等精料饲喂;在入冬前就要为牛准备好越冬饲料。

3. 春夏放牧方法。"春夏草茂,放牧以恣其饱,每牧必先饮水,然后与草,则不腹胀。又刈新刍,杂旧稿,剉细和匀,夜喂之。至五更初,乘日未出,天气凉而用之,即力倍于常,半日可胜一日之功。日高热喘,便令休息,勿竭其力,以致困乏。……其血气与人均也,勿犯寒暑;性情与人均也,勿使太劳。此要法也。当盛寒之时,宜待日出晏温,乃可用;至晚,天阴气寒,即早息之。大热之时,须夙喂,令饱健,至临用不可极饱,饱即役力伤损也。如此爱护调养,尚何困苦羸瘠之有？所以羸瘠者,以苟目前之急,而不顾恤之也。"这是说,春夏牧草茂盛的时候要让耕牛放牧吃饱,天气炎热时,早放早归,要让耕牛休息。其性情与人同,不要使耕牛太劳累,在寒冷天待日出再放牧,还要早些让其回家休息等。

4. 牛的使役。夏季"乘日未出,天气凉而用之,即力倍于常,半日可胜一日之功。日高热喘,便令休息,勿竭其力,以致困乏"。要"勿犯寒暑","勿使太劳","时其饥渴,以适其性,则血气常壮,皮毛润泽,力有余而老不衰矣"。

5. 指出养牛的积弊。陈旉说:古有公田之制,有牧养之地,但久被废弛,以致养牛不得其宜。并指出:"后世无莱牧之地,动失其宜。又牧人类皆顽童,苟贪嬉戏,往往虑其奔逸,系之隐蔽之地,其肯求牧于丰芑清涧饥渴之患耶！饥渴莫之顾恤,及其瘦瘠,从而役使困苦之,鞭挞趁逐,以徇一时之急。日云莫矣,气喘汗流,其力竭矣。耕者急于就食,往往逐之水中,或放之山上,牛困于水,动辄移时,毛窍空疏,因而乏食,则瘦瘠而病矣;放之高山,筋骨疲乏,遂有颠跌僵仆之患。愚民无知,乃始祈祷巫祝,以幸其生,而不知所以然者,人事不修以致此也。"[1]

在这部农书中,还第一次明确提出了"牛之功多于马"的看法。这种看法,来源于江南的社会实际,又把江南对耕牛的发展,推到了首要的地位。陈旉在《农书》中的"牛说"所言,在耕牛饲养上,要挑脾气好、心细的老人来看管;对牛栏要勤换垫草、勤打扫;要"视牛之饥渴,犹己之饥渴;视牛之困苦羸瘠,犹己之困苦羸瘠;视牛之疫疬,若己之有疾也;视牛之字育,若己之有子也";在使役管理上,要"勿犯寒暑","勿使太劳",完全把牲畜等同于人来看待,体现了爱畜如己的思想。

除《陈旉农书》外,其他文献也有提到要让牛适时休息和饮水。"凡车牛行十里一歇,仍刷鼻,三十里一饮饲"[2]。《农桑辑要》还总结了"三和一缴(搅)"养牛法,"上糟一顿,可分三'和',皆水拌;第一和,草多料

---

[1] 陈旉撰,万国鼎校注:《陈旉农书校注》卷中《牧养役用之宜篇第一》,农业出版社1965年版,第48页。

[2] 曾公亮:《武经总要·前集》卷六《征马》,文渊阁四库全书本,第726册,第317页。

少;第二,比前草减半,少加料;第三,草比第二又减半,所有料全缴(搅)拌。"这一方法采用了先粗后精的原则,当牛饥饿时,什么草与料都肯吃,因此多给草;以后随着饥饿的解除,为了让牛再吃得饱一些增加食欲,第二和、第三和就要多加精饲料。这些饲养技术都为后代农学著作所吸收和借鉴,成为我国畜牧业发展的宝贵财富。

(二)畜种改良技术

随着畜牧业的发展和饲养技术的进步,在前代的基础上,宋代的畜种改良技术也取得很大进步。

1. 马种改良

中国是世界上养马历史悠久、饲养马匹数量最多的国家之一。马在中国分布十分广泛,无论是寒风凛冽的冀北,还是杏花春雨的江南,都可以领略到马的风采。就目前资料统计,中国马匹有 11 个品种,其中 9 个是土产马,另外 2 个是从其他国家引进。[1] 江苏地区在宋代,马的品种有 4 种,分别是东马、淮马、兔儿马以及本地马。

宋代由于丧失了适合养马的西北部大片领土,域内所产马仅北方部分地区品种较优良,南方基本上质量低劣。因此,宋朝要想建立一支好的骑兵军队,不仅要在本国选择良种马,还要向周边国家少数民族地区引进良马。

在宋境内选择良马主要有两种方式,一是从官营监牧中选择良马,二是从群臣敬献良马中选择良种。南宋时期,由于马匹少,马种改良更不如北宋重视。宋孝宗隆兴二年(1164 年),扬州知州向子固建议:"于(诸军)拣退马内选无肺疾,四尺四寸以上堪充马公、马母,发付本监。诏马虽有疾,不妨孳生"[2]。这是因为马少,退而求其次,只要身高在 4 尺 4 寸(约 1.42 米)以上、无肺病者,都可做种马。

从周边引进优良马种主要靠茶马贸易。这样可从北方少数民族地区换取大批良种马,是两宋时期获得良马重要途径。

给良马配种是马匹繁衍生息的必要手段。宋代马匹交配主要采用自然交配,每年农历三月在马的发情季节,官员把选好的种马牝牡同

---

[1] 田家良:《马驴骡的饲养管理》,金盾出版社 2002 年版,第 8—11 页。
[2] 宋祁:《景文集》卷二十九《论养马札子》,丛书集成本,第 1872 册,第 368 页。

群,任其自由配种。为了提高配种和孳育率,宋朝还出台了一系列奖惩措施。

2. 其他畜种的改良

随着宋代科技的进步和畜牧业发展,宋代牛、羊等牲畜品种的改良技术也有了较大提高。

首先,经过长期的培育,这一时期江苏地区的畜禽品种数有一定增加,仅就牛而言,江南一带培育的水牛,"色苍而多力,其角如环。古所谓吴牛也"。

宋代还将生活于北方的"恶湿,性喜干燥"的绵羊成功引进,经过长期的风土驯化和舍饲喂养,培育成一种耐湿热的著名绵羊品种——湖羊。[①]

其次,牛、羊、猪等家畜的孳育率也有很大提高。民间养牛出现了不少双胞胎和多胞胎现象,反映宋代饲养技术、育种技术的进步。

（三）兽医技术的发展

宋代兽医技术在前代基础上也有了很大进步。除建立了较完备的医疗机构外,马牛等大牲畜的疾病治疗水平有了新突破,对疫病的传染性有了进一步认识。兽医技术的进步,对保证畜禽健康和畜牧业的良性发展都有重要意义。其间,针对各种畜病的治疗,总结出很多治疗方案,开列出许多药方。以下是北宋吴郡(今苏州市吴中区)人许洞《虎钤经》中列出的药方:

表 5-4　宋代许洞的《虎钤经》中所列马病药方

药方名	配方	史料出处
治马不进水草方	芒硝一两,□骆半升。已上和郁金散灌之,并刺带血出一升。	《虎钤经》卷十《治马杂病第一百一十三》,第73页。
治马金疮方	芍药、黄耆、当归、芎劳、白芷、续断、鹿茸、黄芩、细辛、干乾、附子,已上各三两,右为末,先饮酒令醉,服五分,七日三服,稍加到方寸立愈。	《虎钤经》卷十《治马金疮药第一百一十二》,第72页。

————————

① 李焘:《续资治通鉴长编》卷三六八,元祐元年闰二月己丑,中华书局 2004 年版,第 8862 页。

药方名	配方	史料出处
灌马方	春夏用白矾,秋冬用郁金、芎藭、当归、大黄、升麻、黄连、细辛、干姜,已上各一两,右为末,入汤中以酒调灌之。	《虎钤经》卷十《治马杂病第一百一十三》,第72页。
治马肚热结寒颤不食方	黄连末三两,白藓皮末一两,油五合,以腊猪脂四两、白水一升半,调下,牵行抛粪立效。	同上。
治马伤水方	以葱、盐、油相和搓成团子内鼻中,以捉马鼻令不通气,又待眼中泪出即止。	同上。
治马伤食方	以生萝葡三个切作片子,啖之立效。	同上。
治马喉中肿方	软物裹刀子露,一刺咽喉令便瘥。又方,以干马粪置瓶中,将头发盖之以火烧,烟出薰马鼻中立瘥。	同上。

资料来源:许洞:《虎钤经》,文渊阁四库全书本。

  牛、羊、驼及其他杂畜疾病治疗方面,宋代也积累了许多经验。对牛病的治疗,《陈旉农书》卷中《医治之宜篇第二》指出:"然牛之病不一,或病草胀;或食杂虫,以致其毒;或为结胀,以闭其便溺,冷热之异,须识其端。"如何治疗呢?"其用药,与人相似也,但大为之剂以灌之,即无不愈者。其便溺有血,是伤于热也,以便血溺血之药,大其剂灌之。冷结,即鼻干而不喘,以发散药投之。热结,即鼻汗而喘,以解利药投之。胀即疏通,毒即解利。若每能审理以节适,何病之足患哉。"强调要了解病因,加大剂量,对症下药。

  宋代经常流行牛疫(一种传染病)。《陈旉农书》卷中《医治之宜篇第二》指出了传统治疗中的一些错误做法,提出要隔离病牛,以防传染。"今农家不知此说,谓之疫疠。方其病也,薰蒸相染,尽而后已。俗谓之天行,唯以巫祝祷祈为先,至其无验,则置之于无可奈何。又已死之肉,经过村里,其气尚能相染也。欲病之不相染,勿令与不病者相近。能适时养治,如前所说,则无病矣。今人有病风、病劳、病脚,皆能相传染,岂独疫疠之气薰蒸也哉。"宋人还研制出了治疗牛疫传染病的方法,有人因精通此道而获利颇丰,成为赚取钱财的资本。传染病的隔离和有效治疗,对防止交叉感染,保证牲畜的健康意义重大。

(四) 相马术的发展

相马术是马种改良和军事用马的一个重要依据,有着重要的军事和经济意义。江苏地区的相马术,北宋吴郡许洞的《虎钤经》写道:"凡马头欲如侧搏。耳欲得厚,小左耳却害主,右耳却不入阵。眼圆欲得满睛,努肉满身。额前锥毛欲得浓盛,鼻欲得大。上唇欲得缓,下唇欲得急。口中欲得赤,舌欲方大,齿欲如钩锯。面欲藏骨。睢欲宽。胸欲广。双筋欲得分明,蹄欲得圆,膝欲得开。腹欲得垂。阴欲得小。肚欲得方。髀肉垂足,足后欲得无毛。尾欲得毛散,尾核欲得长,齐于梁骨,尾林欲得粗。汗沟欲得深。膊际横文,欲得分明。脊欲得平。身欲得短。毛欲得细而突。如是者,马之要相也。"从这段文字可以看出,《虎钤经》对良马提出了更多的要求,包括马的五官、四肢、躯干、尾巴、蹄乃至毛色,身上的纹样等,真可谓详细备至,足见宋代相马技术的进步,也为后世相马术的进一步发展提供了宝贵的经验。另外,《虎钤经》还根据马的毛发、躯干形状、马肋数量等特征来判断马的速度。"夫马之所生无毛者,能行千里。先举一足者,行五百里。但数其筋(肋)得十,即凡马也。十一、十二者,五百。十三者,千里。过十三者,天马也。毛起腕上者,六百里。腹脊上下平者,百里。五项圆者,五百里。眼中如童儿并坐者,二百里。腹下有横筋者,五百里。耳根下生角长一寸者,三百里。二寸者,五百里。三寸者,一千里。"[①]客观地讲,这种根据外部特征断定马行走速度的相马方法,虽不完全科学,但也有一定道理,对于选择良马提供了依据。

二、元代畜牧技术

由于元代时间较短,缺少记载畜牧技术的专门文献,只在几本综合性农书中有一些简单记载。

(一)《王祯农书》的记载

《王祯农书》在中国古代农学遗产中占有重要地位。它兼论了当时

[①] 许洞:《虎钤经》卷十《相马统论第一百九》,文渊阁四库全书本,第 727 册,第 71 页。

中国南北方农业技术。王祯出生于山东,在安徽、江西两地做过地方官,又到过江、浙一带,所到之处,常常深入农村作实地观察。因此,《王祯农书》里的内容总是时时顾及南北的差别。

《王祯农书》"畜养篇"分为养马类、养牛类、养羊类、养猪类、养鸡类、养鹅鸭类、养鱼类和养蜜蜂类等,其中养马类、养牛类、养羊类、养猪类,主要对这类家畜的饲养管理、生产技术和疾病治疗做了较为系统总结,大体反映了这一时期畜牧技术的进步。

在养牛方面,《王祯农书》虽多是辑录了《陈旉农书》内容,但也有一定创新,如"若夫北方,陆地平远,牛皆夜耕,以避昼热。夜半,乃饲以当豆,以助其力。至明耕毕,则放去。此所谓'节其作息,以养其血气'也",说明役使耕牛时,要避开白昼高温而在晚上进行。在论及牛室时说,"门朝阳者宜之,夫岁事逼冬,风霜凄凛,兽既氄毛,率多穴处,独牛依人而生,故宜入养密室。闻之老农云:牛室之外,必事涂墍,以备不测火灾,最为切要。"王祯还引唐代陆龟蒙为建筑牛舍所作

图5-20 牛室(《王祯农书》卷十七)

的序文:"东西几何,七举其武,南北几何,丈二加五(等于一丈七尺),偶楹当间,载尺入土。"按五尺为步(武),依此计算,这相当于35×17=595平方尺(约66平方米)的面积,既立有成对的柱子,这就能分成三间。"载尺入土"一语,未必是柱子埋入土中,因柱子入土在建筑上并不适宜,在江南更不适宜。这样的牛舍还要求至少须养四头母牛,三头公

牛,显然只有地主才可以办到,一般农民绝不可能有这样宽敞的牛舍,也养不起这么多的耕牛。

图 5‑21　牛转翻车(《王祯农书》卷十八)

《王祯农书》中最能反映江苏地区元代畜牧业成就及时代特征的是有关养猪的内容。虽然也有些来自《齐民要术》,但还是总结了不少新的经验,如江南湖泊多,可以利用水草和萍藻来喂猪,"尝谓江南水地多湖泊,取萍藻及近水诸物,可以饲之",既扩大了饲料来源,又节约了粮食。山区有着丰富的山林资源,可以发展养猪,"养猪,凡占山者用橡实,或食药苗,谓之山猪,其肉为上"。此外,在江苏北部,还种植高产的饲料作物,"江北陆地,可种马齿,约量多寡,计其亩数种之,易活耐旱"。还特别提倡用发酵饲料喂猪,"割之,比终一亩,其初已茂。用之铡切,以潜糟等水浸于大槛中,令酸黄,或拌豉(谷)糠杂饲之,特为省力,易得肥脆",这种饲料经过发酵以后,不但可以提高营养价值,而且产生的气味还可以刺激猪的食欲,以增进食量。这种方法,即使今天看来,仍具有一定的科学价值,是中国养猪史上的一大创造。

(二)《农桑衣食撮要》的记载

《农桑衣食撮要》由元代农学家鲁明善编撰。鲁明善曾考察了江南一带的农业,并研究了当时流行的许多农书,在此基础上写成此书。书中按月列举应做的农事,包括农作物、蔬菜瓜果、竹木的栽培,家畜、家禽、蚕、蜂等的饲养,以及农产品的加工、贮藏和酿造等。

《农桑衣食撮要》作为一部月令体裁的农书,有关畜牧业生产的内容分散在各月列举的农事活动当中。像正月教牛,十月收猪种、造牛衣等,主要介绍牛、羊的饲养管理及牛衣的制造,对于猪也略有论及。由于作者鲁明善是维吾尔族人，来自新疆少数民族地区，所以这其中还蕴含有边疆游牧民族长期实践经验的总结。

《农桑衣食撮要·教牛》关于养牛的记述，有正月教牛。"牛者农之本，为家长者，须要留心提调。每日水草不可失时。水牛夏间下水坑，不可触热；冬间要温暖，切忌霜雪冻饿。家有一牛，可代七人力，虽然畜类，性与人同，切宜爱惜保养"，等等。中国古代对于牛衣的制造，以《农桑衣食撮要·造牛衣》的记载最为具体详细。"将蓑草间芦花，如织蓑衣法。上用蓑草结缀，则利水；下用芦花结络，则温暖。相连织成四方一片。遇极寒，鼻流清涕，腰软无力，将蓑衣搭牛背脊，用麻绳拴紧，可以敌寒，免致冻损"，这样可以御寒防冻。

对于羊的饲养，《农桑衣食撮要·收羊种》总结了四季放牧以及补喂盐饲、病畜隔离等养羊经验和方法。"腊月生者良，正月亦好。春夏早放、早收，若收晚，遇巳午时热必汗出，有尘土入毛内，即生疮疥。秋冬晚放，若放早，吃露水草，口内生疮，又鼻生脓。"要因季节气候而异，掌握好放牧的最佳时间。"久在泥中，则生茧蹄。性好盐，常以盐吷（烩）为妙。"同时指出羊蹄不能长时间在泥中，否则生茧，还要经常给羊补盐。"若有疥，便宜间出，则免致相染"，这是说若有羊生疥疮，必须隔离以免传染。

对于猪传染病的治疗，《农桑衣食撮要·十月》记载："猪瘟病，灌以黄栀，或断尾间，唊以水草、绿豆，或灌米泔，或灌盐水，即愈。"这是采取断尾外治法与内服法相结合的治疗方法，有一定创新性。

在作酪法上，虽然都是用牛乳或羊乳，但历来各地技术上有些不同。《农桑衣食撮要·造酥油》中介绍的方法是："以酪盛于桶内或瓮中，安置近屋柱边。可将竹篾或桑条作二小圈，或用二小木板各凿一孔，亦可。于木柱或树旁上下，以绳拴定二小圈或木板，别作一木钻，下钉圆板，一半放置桶中，一半套于上下圈内，都于两圈中间木钻上，以皮条或绳子缠两遭，两手拽钻，钻之令转，生沫，倾于冻水中凝定。候聚得多，都于锅内慢火炼过，去浮上焦沫，即成好酥。"上述这一方法要比《齐民要术》中的抨酥法进步，几乎与近世的奶油搅拌机有些相似，主要部件是下端钉有圆板的木钻，置于盛酪桶中，木钻上半段套在两个小圈或板孔内,以资固定,而以皮绳在上下两小圈(或板孔)之间作为动力带,用手转动木钻,这就能使桶内的酪乳不断搅拌,搅出泡沫,并注入冷水,使乳凝固。最后把所得的凝脂,再在锅里用文火炼出优质的酥油。可能当时的江南农村已经如此做了,这种较为原始的做法至今仍在民间使用。①

(三)《田家五行》的记载

《田家五行》是一部关于太湖流域农业生产与农业气象著作,是中国元末明初农业气象智慧的结晶。该书语言凝练,内容丰富,用词通俗易懂,全书内容大部分以农谚的形式进行表达,总共分为三卷,每卷条理清晰。该书约于1368年成书,是中国现存最早的农业气象专著。

《田家五行》中记载与牛相关谚语颇多。一月"看土牛占岁事。其释色本按立春日之支干纳音,各有定式,田家日以此占岁事颇亦有验。头黄主熟。又专主菜麦大熟。青,主春多瘟;赤,主春旱;黑,主春水;白,春多风。身色主上乡,蹄色主下乡,四时占法并同前",三月"雨在石上流,桑叶好喂牛",八月"月内多雨,主牛贵"。②

其他畜禽的记载中,与鸡相关的有"家鸡上宿迟,主阴雨……母鸡背负鸡雏,谓之'鸡跎儿',主雨③。与狗相关的有"狗爬地,主阴雨;每眠灰堆高处,亦主雨。狗咬青草,主晴。狗向河边吃青草,主水退。丝毛狗褪毛不尽,主梅水未止"④。

总之,《田家五行》中记载了许多与畜牧相关的农谚。这些谚语分散在书的各处,现仍在太湖流域广泛流传,这些谚语从侧面也反映出当时当地畜牧业的兴盛发展。

---

① 曾令香:《〈农桑衣食撮要〉中的新农业生产技术和经验探讨》,《安徽农业科学》2011年第33期,第20931—20932页。

② 訾威:《〈田家五行〉研究》,硕士学位论文,南京信息工程大学科学技术史系,2016年,第27页。

③ 江苏省建湖县《田家五行》选释小组:《〈田家五行〉选释》,中华书局1976年版,第41页。

④ 訾威:《〈田家五行〉研究》,硕士学位论文,南京信息工程大学科学技术史系,2016年,第26页。

第八节　畜牧业发展的影响

一、社会经济影响

　　宋元时期,畜牧业是江苏地区经济的重要组成部分。虽然当地经济结构上,仍以农业(种植业)为主导,但畜牧经济是其必要的补充。宋元畜牧经济的兴盛,为农业和交通运输业提供了畜力,为军事发展作出了贡献,为手工业、餐饮业、医疗卫生事业提供了原料,促进了军器制造业、皮革加工业、毛纺织业、造酒业、牲畜贸易、屠宰业、餐饮业的发展。这些行业的飞速发展,促成了宋元社会各行各业的发展繁荣。

　　宋代官营畜牧业有着完备的管理制度。国家还出台了许多有利畜牧业发展的政策和措施,包括牧地管理、牲畜饲养、官畜的寄养繁殖、牲畜伤人等规定,以及畜群的簿籍管理、定期算会、牲畜烙印、分群管理、畜群的保护等。这些规定和制度,有利于提高牧放效果和管理人员的责任意识,保护畜牧业健康发展,促进社会和谐稳定。

二、文化习俗影响

　　畜牧业的发展对当地文人墨客的创作灵感也有很大影响。乡村无处不在的家畜家禽,极大地丰富他们的创作素材。与家畜相关的诗词和畜牧技术的书籍也逐渐增多。另外,江南地区人民在现实生活中,还开展一些"斗鸡走狗"娱乐活动,促使他们精心培育优良畜禽品种,以便在竞技中取得胜利。开展的马球、马技等体育活动,扩大了对牲畜的需求。一些狩猎活动,也促使人们培育出优质犬种,以便在打猎中取得更丰硕的成果。还有许多习俗,如迎春牛、卖春牛、鞭春牛等活动,体现了人们爱护耕牛的思想,对保护和发展养牛业有一定的促进作用。同时,人们的饮食习惯,也影响了畜牧业的发展。宋人特别喜食羊肉,北宋时期,最为庞大的消费群体当属皇室贵族,使得宫廷成为羊肉最大的消费场所。根据《清波杂志》中的记载:"饮食不贵异味,御厨止用羊肉。"可见,当时皇室对食用羊肉的喜爱。如北宋初年,在一次宫廷宴席上,宋太祖与满朝文武及其家眷共食用了数百只羊。宋真宗时期,每年花费在御膳上的羊有数万只之多。到了宋仁宗时期,这种情况有增无减,每日御膳都得宰杀两百多只羊。宋神宗时期,宫廷内的食羊之风更盛。《宋会要辑稿》一书,详细记载了御膳房每年对羊肉的消耗:"羊肉四十三万四千四百六十三斤四两,常支羊羔儿一十九口,猪肉四千一百三十一斤。"也就是说,仅宫廷御厨每年就消费羊肉达 43 万斤。宋高宗绍兴年间,因经济困难,规定皇太后每月食料羊只有 90 只,并减少了对官员的奖赏用羊。为满足羊肉的需求,朝廷设立牛羊司,"掌御膳及祭之牲"。宋孝宗乾道年间,官方还直接饲养了很多羊,"御马院所养胡羊,每遇断屠,则以一口奉太上,一口奉寿圣"(《宋史》卷二十六下)。

南宋吴自牧(钱塘人,今杭州)编写的《梦粱录》记载:"羊乃北宋以前皇家珍品。南渡之初,南人鲜食羊,高宗每日与后食羊 1 只……南渡中原衣冠嗜羊,致江南羊业始兴,至咸淳时,临安羊价甚廉,于是街楼酒肆,羊菜多矣。"吴自牧把市民兴吃羊肉的习惯,归结于源自"南渡中原衣冠嗜羊"。可以说,从宫廷皇族到平民百姓,从塞北到岭南,人们对羊肉的喜好,形成了有利于养羊业发展的社会氛围。

第六章　明清时期江苏畜牧业

　　1368 年,朱元璋在集庆路(今江苏南京市)称帝,建立明朝,逐步完成全国的统一。为了巩固他的帝王统治,朱元璋确定了"休养生息"发展生产的政策。他认为,"天下始定,民财力俱困,要在修养安息"①,首先就是要恢复和发展农业生产,因为"农桑,衣食之本"②,"若年谷丰登,衣食给足,则国富而民安,此为治之先务"③。为此,明王朝招诱流亡农民垦荒屯田,由官家发给耕牛、种子和农具,免税三年或永不起科;迁徙长江下游的无业农民,到淮河流域开垦荒地;奖励农桑,兴修水利……这些发展农业生产的积极措施,使社会经济迅速恢复发展起来,形成了"明初盛世"的局面,从而为畜牧业的发展提供了有利条件。但是,清人入关后,抑制民间养马,使内地民间畜牧业发展受到一定影响。

第一节　畜牧业发展的历史背景

一、政区变迁

　　明洪武元年(1368 年)元月,朱元璋在集庆路称帝,国号明;八月,将集庆路更名为应天府,后又更名为京师。永乐十九年(1421 年),明

---

① 《明史》卷二《本纪第二·太祖二》,第 43 页。
② 《明太祖实录》第 41 册,卷一七五,第 42 页。
③ 《明太祖宝训》第 3 册,卷三《勤民》,第 63 页。

成祖朱棣迁都今北京,将京师改为留都,行双京制,应天府(今南京市)和顺天府(今北京市)合称二京府。应天府治江宁、上元(在今江苏省南京市区)。辖:江宁(县治在今南京市区东南部)、上元(县治在今南京市区西北部)、句容(县治在今江苏省句容市)、溧水(县治在今南京市溧水区)、高淳(县治在今南京市高淳区)、江浦(县治在今南京市浦口区)、六合(县治在今南京市六合区)、溧阳(县治在今江苏省溧阳市)共 8 县。明洪武十三年(1386 年),罢中书省,苏州府归属南直隶六部管辖。此时各府、州所辖州、县已基本接近于今江苏省各市县的轮廓和范围。①

明清两朝,省的正式名称是布政使司。清朝顺治二年(1645 年),设立江南布政使司,下设江宁巡抚、安徽巡抚和凤阳巡抚。康熙四年(1665 年),裁撤凤阳巡抚,江宁巡抚的辖境包括江宁府、苏州府、常州府、松江府、镇江府、淮安府、扬州府和徐州,大致相当于现在的江苏省和上海市。康熙六年(1667 年),改江南布政使司为左右二司,分别为安徽布政使司和江苏布政使司,此为江苏省设置之始。江苏之名,是取当时两江总督驻所江宁府(今南京市)和江宁巡抚驻所苏州府(今苏州市)的首字而成。康熙二十六年(1687 年),江宁巡抚也改称江苏巡抚。雍正二年(1724 年),升海、邳、太仓、通四州为直隶州,均属江苏布政使司。雍正十一年(1733 年)改徐州直隶州为府,降邳州直隶州为散州。乾隆二十五年(1760 年),增设江宁布政使司,驻江宁府,与驻苏州府之江苏布政使司并存,并将江苏布政使司下辖之江宁、淮安、扬州、徐州四府,海州、通州二直隶州划归江宁布政使司辖领。乾隆三十三年(1768 年),又置海门直隶厅隶属江宁布政使司。至光绪末年,江苏区域内即有江宁府、淮安府、扬州府、徐州府、苏州府、松江府(今上海市)、常州府、镇江府、通州直隶州、海州直隶州、太仓直隶州、海门直隶厅。今泗洪、盱眙二县则隶属安徽省泗州。清朝末年,太平天国曾在咸丰三年至同治三年(1853—1864 年)定都江宁(今南京),改称天京,并在江苏区域内先后设置过天京省、天浦省和苏福省等。②

---

① 桑学成:《江苏发展史纲》,河海大学出版社 1999 年版,第 24 页。
② 牛平汉:《清代政区沿革综表》,中国地图出版社 1990 年版,第 120—127 页。

二、自然环境条件

明清时期,江苏自然灾害频繁,有些灾害发生时毫无预兆,例如雹灾、龙卷风、蝗灾等。发生此类灾害时,往往疏于防备,从而造成庄稼毁坏,人畜伤亡。明思宗崇祯十四年(1641年),"正月二十日,大风旬日,扬沙蔽天。大旱蝗,四月至八月不雨。五月十八日巡抚黄希宪疏:入春以来,二麦在田,时当播莳,烈日如焚,六旬不雨,坡塘尽成赤土,秧田尽见枯黄。又值天灾流行,疫症甚虐,一巷百余家,无一家仅免者,一门数十口,无一口仅存者,各营兵卒十有五病。"①此处记载着旱蝗连灾后,百姓生活的惨状,粮食短缺,饿殍载道,疫病盛行,威胁牲畜发展。

虽然明清时期灾害频发,但总体而言,江苏省当时已发展成为典型的农业区,沿江和太湖地区成为重要的粮食产区,农牧结合更加紧密,各类畜禽业进一步发展。

清代后期,民族资本主义兴起。少数实业家在沿江、沿海地区兴办垦牧公司,发展畜牧业;外国先进的畜牧兽医科学技术及优良家畜品种(黑白花奶牛、巴克夏猪、美利奴羊等)逐渐引入江苏;开始兴办现代农业(包括畜牧兽医)教育,培养专业技术人才;畜牧业除养马有些衰退外,其他畜禽均有不同程度的发展,养猪、牛、羊和家禽已成为广大农村的主要副业,并继承和发展了传统的畜牧兽医技术,一些地方优良畜禽品种也多在此时期培育形成。

三、社会经济条件

由于元末近20年的战争影响,全国人口锐减,土地荒芜,经济凋敝,社会生产力亟待恢复。于是,明王朝集中力量,通过移民屯田,兴修水利,种植桑棉,配发耕牛与种子,减免租税等一系列政策措施,振兴农业,恢复生产。《明太宗实录》卷十记载:"河南、山东、北平、淮南北流移人民,各还原籍复业,合用种子、牛具,官为给付。"②结合明初的社会实况,无论是在维护国防,还是农业生产领域,都亟须大量畜力。为此,加

① 甯云鹏、卢腾龙等修,沈世奕、缪彤纂:康熙《苏州府志》,清康熙三十年刻本,1691年。
②《明太宗实录》第4册,卷十上,第8页。

强畜禽的繁殖与保护,严格牧养管理,严禁偷盗与宰杀,这一系列全面而严格的畜牧律令制度,促进畜牧业的迅速恢复与发展,对繁荣明代社会经济起到促进作用。

与此同时,随着商品经济的发展,农业商品化进程加快,对市场利益的追求等,加快了交通运输业、租赁业、手工业等行业的发展。明清时期是中外经济文化交流最为频繁的时期之一,由历代发展起来的驿递制度得到进一步的完善,从北部边疆到南方各地,全国分布了大大小小的驿站和递铺,驿递中使用大量驿马、驿驴、驿驼等驮运物资和传递信息,扩大了对马、驴、驼等大牲畜的需求,客观上促进了这些牲畜的发展。一些富商大贾和一般小贩为运输商品,也经常从民间租赁大牲畜。经济的快速发展,还刺激了牲畜贸易、食品加工业和餐饮业的繁荣。这些行业的发展又增加了对活畜、肉、蛋、奶的需求,对畜牧业的发展是一个极大的促进。同时,畜牧业的发展又为上述经济部门提供了更多的畜力和原料来源,畜牧业同国家商品经济之间形成了一种相互依赖、相互促进的关系。

图 6-1　驿站图(《地域文化·松原驿站史话之一——重走黄金驿路,追寻》)

明清时期,由于良好的经济基础,江南地区一直是一个令人向往的地方。从明初伊始,江南巨富沈万三广辟田宅、富累金玉,成了后世人们争以求富为务的榜样,生活饰物更是争奇斗巧。① 明人已经承认:"大都江南侈于江北,而江南之侈尤莫过于三吴"②。到明代后期,江南的富庶已在全国处于领先地位。③ 许多地方生活颇为奢靡,缙绅之家宴请官长,一席之间"水陆珍羞,多至数十品"。即使是士庶及中等收入之人家"新亲严席,有多

① 黄省曾:《吴风录》,清顺治至康熙年间刻本,第 7 页。
② 张瀚:《松窗梦雨》卷四《百工纪》,中华书局 1985 年版,第 97 页。
③ 李伯重:《江南的早期工业化(1550—1850)》,社会科学文献出版社 2000 年版,第 487 页。

至二三十品者,若十余品则是寻常之会矣"。而且每品"必用木漆果山如浮屠样",蔬用小磁碟添案,小品用攒盒都用"水漆架"架高,主要就为观赏。有位乡绅曾请总兵马逢知吃饭,宴席极尽豪阔:珍奇罗列,鸡鹅等都是一对一盆,水果高六七尺,甘蔗牌坊下可以行走三四岁小儿,生活极为奢靡。①

清朝时期,在靠近海的地方,如太仓州北、靠近常熟县的璜泾,清前期还只是一个小村,居民却已达 2000 户,多在海边居住,因此民风有二:"自镇而南至于城"②,其田中种植木棉,饲养羊与鸡鱼,并多种竹,民风"柔弱而知耻";自镇而东靠近海边的低洼地,多种稻,百姓"懦悍而怀急"。当地还有一座岳庙,村民每岁自三月朔至四月中,盛行"进香信"活动,多抬村神去朝拜。他们都不是仅靠田地农作为生,日常生活用度都没有问题,"不纫针,不举火,而服食鲜华"③。由此可见,明清时期江苏畜牧业随着经济发展也得到较好发展。

明清时期的军事形势,对畜牧业也有较大的影响。成化时的兵部尚书马文升言:"国家戎务莫先于马政。"④而嘉靖时的都给事中戚贤说得更明白:"夫国之大事在戎,戎之大事在马,马之储养在时与预。海内晏安,献毛献数;一遇烽火,齐足齐力;张皇六师,令甲昭然。"⑤因为在冷兵器时代,骑兵以其速度上的优势和强大的作战能力,成为军队中主要突击力量。一支强大的骑兵部队,首先必须要有数量充足的马匹作为基础,而驾驭车辆、后勤运输,也须征用大量的马匹。当军事形势紧张,战乱频繁时,国家就会向民间括买马匹、驴、骡等大牲畜,用以骑乘和交通运输。为满足军事需求,官方甚至强迫民间饲养马、驴等牲畜,此种做法客观上刺激了民间大家畜的发展。战争又会导致大批牲畜(尤其是马匹)死亡,对畜牧业甚至会造成毁灭性的打击。明朝时期,李自成、张献忠起义,战争频起导致对大型牲畜如马、驴、骡的需求增多,特别是

---

① 黄省曾:《吴风录》,清顺治至康熙年间刻本,第 7 页。
② 赵曜:《璜泾志略·流习》条,稿本"自镇而南至于城"原文作"自城而北至于邑",这里本属常熟境,清属太仓州,故原文有此记录。
③ 劳必达:雍正《昭文县志》卷四《风俗》,清雍正九年刻本,第 304 页。
④ 雷礼:《南京太仆寺志》卷十六《遗文》,齐鲁书社 1996 年版,第 13 页。
⑤ 雷礼:《南京太仆寺志·序》,齐鲁书社 1996 年版,第 2 页。

在蒙古势力的压力下,明王朝在华北平原以北的农牧交错地带布兵防守的力量也随之增长,由此引起对军马需求激增,但此时南京附近地区养马却逐渐减少。其一,是因为明代张居正的改革减少农区养马,改为由互市买马,于是南太仆寺的种马减少,近畿之民无须亲自牧养,只交马价即可。其二,是马在迁移过程中的消耗以及当时江南地区的养殖条件不好,"多矮小,不堪征操"①,所产的马瘦弱矮小,不堪重任,故而养马业衰微。

四、畜牧管理机构与管理法规

明清时期,官府对畜牧业极为重视。在国家机关中,从明朝开国就建立了一套畜牧业管理体制,并随着时间推移,这一体系逐步得到健全和完善。洪武八年(1375 年),朱元璋便命刑部尚书刘惟谦申明马政的重要性。明成祖朱棣也认为:"古者掌兵政,谓之司马。问国君之富,数马以对。是马与国为最重。我朝置太仆,专理马政,各军卫皆令孳牧,卿等宜严督所司,庶有蓄息之效。"②这样,从洪武、永乐时期起,明朝在国家机关中就基本上形成了一套完整的马政机构。

(一)明朝畜牧管理机构

在明朝,管理牧政的机构主要是两京太仆寺、行太仆寺和苑马寺,两京太仆寺、行太仆寺和苑马寺均统归兵部。

洪武四年(1371 年),明太祖朱元璋置群牧监于答答失里营所,并根据各地草场的情况分立官署,专司牧养。洪武六年(1373 年),"始置太仆寺,从三品,在滁州。设卿、少卿、寺丞、典簿等官,职专马政。三十年,置北平及辽东、山西、陕西、甘肃等处行太仆寺。永乐元年(1403年),改北平行太仆寺为北京行太仆寺。十八年,改称太仆寺。洪熙元年(1425 年),复称北京行太仆寺。正统六年(1441 年),定今名;以原置在滁州者为南京太仆寺。"③改置群牧监于滁州(今安徽省滁州市),旋称太仆寺,主管全国的马政事务,听命于兵部。太仆寺设卿、少卿、寺丞等

---

① 雷礼:《南京太仆寺志》卷三《征俵·通折价》,齐鲁书社 1996 年版,第 518 页。
② 雷礼:《国朝列卿记》卷一六五,明万历徐鉴刻本,第 1444 页。
③ 申时行等修:万历《大明会典》卷二一八《太仆寺》,第 3 页。

官，太仆寺卿从三品，少卿正四品，寺丞正六品，同时，又在大江南北牧马之地设牧监和群。南京太仆寺原是滁州的群牧监，于洪武六年(1373年)改称太仆寺，专门负责养马之法。《明史》记载："初，太祖都金陵，令应天、太平、镇江、庐州、凤阳、扬州六府，滁、和二州民牧马。洪武六年(1373年)设太仆寺于滁州，统于兵部。后增滁阳五牧监，领四十八群。已，为四十监，旋罢，唯存天长、大兴、舒城三监。置草场于汤泉、滁州等地。复令飞熊、广武、英武三卫，五军养一马，马岁生一驹，一岁解京。"[1]洪武二十三年(1390年)，设置十四牧监、九十八群。各监有监正、监副、录事各一员，各群有群长一员。洪武二十八年(1395年)，废群牧监，"命有司提调孳牧，每岁寺丞分管江南北、淮东西，俱三年更代，督各府通判并州县判官、县丞、主簿等官，比较各群"[2]。即取消了群牧监，改由地方官参与马政管理，太仆寺分管官员需每年到各地巡视马政。

洪武三十年(1397年)，在北平、辽东、山西、陕西、甘肃等各边镇置行太仆寺，"山西、北平、陕西，每寺设少卿一人，丞三人；甘肃、辽东，每寺设少卿、丞各一人，择致仕指挥、千百户为之"[3]。永乐四年(1406年)，又在北直隶、辽东、平凉、甘肃置苑马寺，寺中设"卿一人，少卿一人，寺丞无定员，其属，主簿一人，各牧监，监正一人，监副一人，录事一人，各苑，圉长一人"[4]。永乐十八年(1420年)，明成祖迁都今北京后，改北平行太仆寺为太仆寺，原滁州的太仆寺则称南京太仆寺，从而大体上形成了南北太仆寺、各边镇地区的行太仆寺、苑马寺以及府县佐官共掌马政的体制。正统六年(1441年)，改南京太仆寺职掌应天、太平、镇江、凤阳、庐州、扬州六府及滁州、和州马政，这种状况，一直延续到明末。

除国家机关外，明代藩王府在明初也负责部分官羊的牧养，相应承担部分管理职能。明初诸王受中央直接管辖，明令牧羊世守，并建立了

---

① 张廷玉：《明史》第33册，卷九十二《志第六十八·兵四》，第45页。
② 雷礼：《南京太仆寺志》卷八《属辖》，齐鲁书社1996年版，第2页。
③ 张廷玉等：《明史》卷五十一《职官四》，中华书局1974年版，第1845页。
④ 张廷玉等：《明史》卷五十一《职官四》，中华书局1974年版，第1846页。

藩府护卫牧羊制度,除护卫军中出现了专门的养羊千百户,羊只产量达到明代藩王府畜牧活动的顶峰。① 该制度随藩王府军权的削夺而解体,藩王府也丧失了官羊管理权,但仍保有群牧所或孳牧所,有专属藩王府的养羊幼军、养羊小厮。永乐之后,除部分藩王府保有官羊以外,多数藩王府仅在庄田牧场内保有一些羊只,仅供自用。

此外,明代的军队卫所设有不少群牧千户所与牧马千户所,其下有养羊幼军、养羊小厮、牧羊军余等人负责卫所内的牧羊活动,该部分人群与羊只,由兵部典牧所甲监管,羊只一般供卫所消耗自用。就幼军、小厮、军余等军队附属人员来看,牧羊并不是正规现役军人的任务,而是这类在军队中不承担正式兵役的青少年、仆从、随军丁壮的主要任务。

(二)清朝畜牧管理机构

清朝和历代王朝一样,只重视与自身统治有关的养马业,并不重视与百姓生活息息相关的牛、猪、鸡、羊等畜禽养殖。因此,国家机关中的畜牧管理机构,实则仅为养马管理机构,主要有兵部车驾司、太仆寺等。只是到了近代,随着官制改革,才有比较综合的畜牧管理机构出现。再者,这些畜牧管理机构多存在于北方地区,有关江苏的畜牧管理机制以南方畜牧管理机构为参考。

1. 兵部车驾司

兵部车驾司"掌牧马政令,以裕戎备"②。凡属全国现役军马,皆在其管理之下,还包括全国各地的邮驿。车驾司的建制,设郎中3人,员外郎3人,主事2人等,下设马政科、脚力科、驿传科、马楼房、递送房等。③ 由于清兵制分八旗,各省设驻防营和绿营,因此军马也有八旗军马及各省营马之分。

八旗军马指在京师八旗所属军马。聚而饲养的称"官圈马"。为官吏使用,分散饲养的称"栓养马"。专供驿传备差的称"传事栓养马"。这三类马各有定额。

---

① 《明太祖实录》卷一一六,第1902页。
② 赵尔巽:《清史稿》第33册,《职官志一·兵部》,第27页。
③ 昆冈、李鸿章等:光绪《钦定大清会典事例》卷一四七《吏部》,第76页。

除在京八旗军马外,各省驻防营及绿营军马也由车驾司厘定数额。各驻防营也有官圈马及栓养马之分,且都各有牧地,依时放牧,以节省饲养费用,这些牧地又称马厂。全国各地比较有名的马厂,有保定宁河、沧州盐山、密云丰宁、德州霄化、绥远大青山、右卫长城杀虎口、江宁京口、荆州石首、西安渭滨、杭州钱塘、宁夏平罗及贺兰山、凉州永昌、庄浪永登、哈密巴里坤、伊犁阿里木图沟、吐鲁番北山、乌鲁木齐南山、成都东郊等。涉及江苏的主要是江苏省营马,以江宁京口马厂为主要标志,马厂中的马夏秋出牧、冬春回槽。

清初,凡各省营马缺额,都需开列马数呈报兵部,然后移交甘肃巡抚,由"招中茶马"购买拨给。1705年,"招中茶马"法废止,于边外购买军马,改由官方给票自行或商贩代为购买。①

表 6-1 康熙朝驻防八旗马步兵表②

八旗驻地	马兵人数(名)	步兵人数(名)	兵丁总计(名)	马兵所占比例(%)
奉天府	2640	400	3040	87
锦州府	150	50	200	75
江宁府	4000	700	4700	85
镇江府	2000	700	2700	74
杭州府	满洲兵马 1564 汉军兵马 1436	700	3700	81
西安府	满洲兵马 4000 汉军兵马 2000	700	6700	90
荆州府	4000	700	4700	85

从上述表格也可以看出,清初,驻防八旗马兵所占比例仍在七成以上,江宁府占八成以上。可以说,江苏马兵无疑也是八旗兵中最主要的来源之一。

① 赵尔巽:《清史稿》卷一三〇《食货五》,第 60 页。
② 伊桑阿等纂修:康熙《大清会典》卷八十二。

2. 太仆寺

太仆寺是国家掌管牧马事务的专职机关。清顺治元年(1644 年)设立太仆寺,初隶于兵部武库司,主要掌管直隶、山东、河南、江南征马银之储库、考核奏销及预备巡幸沿途需用马驼等事。康熙七年(1668 年),将直省额征马之事划归户部考核奏销。康熙九年(1670 年),奉旨将兵部大库口外种马二厂交太仆寺管理。雍正三年(1725 年),建置为独立机构。嘉庆六年(1801 年),奏准将巡幸扈从、牵驼驮载等事,拨归护军统领衙门管理,自后太仆寺专司两翼马厂。[①]

清朝光绪三十二年(1906 年)九月,因官制改革,原兵部改为陆军部,太仆寺被裁撤,所辖两翼马厂亦划归陆军部管理。

3. 农务司

清代于各地设行省、府、县等行政管理机构,行省、府、县分别由总督或巡抚、知府、知县总管,在各地方官制中,并无管理畜牧的专职机构。长期以来,清王朝与历代王朝一样,只重视搜刮民财,维护自己的统治,毫不关心百姓的生产和生活,尤其在以农为主、人口众多的广大内地农区,畜牧业不仅居于很次要的地位,而且一直处于自生自灭的境地。直到晚清,由于清王朝实行官制改革,在各地方官府中陆续设立主管农牧业的机构,有"农务司""劝农所"等。农务司是清末农工商部所属机构。光绪三十二年(1906 年),改农工商部平均司设农务司,置郎中三人、员外郎四人、主事四人,综理各务。主要掌农田、屯垦、树艺、蚕桑、山利、海界,并各省河湖江海堤防工程,以及河道、海港、各处沟洫岁修款项核销事宜。这一机构的设立,表明清朝廷对农牧业给予一定重视,但由于设立时间不长,仍谈不上有多少作用。

(三)明清主要畜牧业管理法规

明王朝对畜牧业的发展,尤其是与国家军队强盛极相关的养马业给予了足够重视。为此,制定了一系列比较完整的律令制度。根据《大明会典》记载,明代有关官畜孳生与牧养、畜产检验与役使、偷盗和宰杀牲畜等方面的畜牧律令制度,在前朝基础上,更加严密,对后世畜牧生

---

① 昆冈、李鸿章等:光绪《钦定大清会典事例》卷五十二《武库清吏司》,第 3—86 页。

产乃至法制建设具有重要借鉴意义。到清代,其《大清律例》中有关畜产的规定,大多沿袭了《大明会典》的内容。

1. 户马法

明朝马政管理法规,主要是"户马法"①。是根据民户的丁口、田产等情况,将马匹交由民户饲养,按期缴纳马驹的制度。同时,减免养马民户一半的田租。

"户马法"最早于洪武年间,在应天六府、滁和二州实行。永乐十二年(1414年),"户马法"经过改革,进一步在北直隶地区施行。宣德四年(1429年),推行到济南、兖州、东昌3府。正统十一年(1446年),又推广到彰德、卫辉、开封3府。正统十四年(1449年),蒙古瓦剌部也先率兵侵犯,明朝将原来安置在京畿地区的种马,调整到永平府(今河北秦皇岛市及唐山部分地区)等地,在北方有14府承担民牧军马,在全国逐渐形成了种马、地亩、认定、岁取都有定额的牧马管理制度。

自隆庆二年(1567年)"半省种马"(即减少了一半),万历九年(1580年)之后尽卖种马,"户马法"基本停止。

对于民牧的管理,主要有②:

(1)养马民户。男子15岁(即成丁)至60岁,规定有养马任务。洪武年间,"江南十一户,江北五户养马一,复其身"。永乐年间,北方五丁养一匹。南方凤阳、庐州、扬州、滁州、和州,五丁养一马;应天、太平、镇江,十丁养一马。淮、徐亦以丁计养马。

(2)马群规格。北方一群马10匹,2公8母。南方一群马5匹,1公4母。

(3)马群管理。一群马立群头一人管理,五群立群长一人管理。

(4)种马额数。弘治六年(1493年),确定两京太仆寺管辖的种马总额为公马25000匹,母马100000匹。

(5)马驹征收。永乐十二年(1414年)开始,一岁征一驹。洪熙元年(1424年),改为二岁征一驹。成化初,改三年征一驹。成化六年(1469年),复两年征一驹。此外,景泰三年(1451年)规定,公马18年、

---

① 杨时乔:《马政纪》卷二《种马二》。
② 张廷玉:《明史》第33册,卷九十二《志第六十八·兵四》。

母马 20 年以上免征驹。

（6）督理岁考。"岁正月至六月报定驹,七月至十月报显驹,十一、十二月报重驹","岁终考马政,以法治府州县官吏","三岁偕御史一人印烙,选其健良而汰其羸劣","种马死,孳生不及数,辄赔补"。

明朝初到永乐时期,官牧在明代马政中占有重要地位。此时的民牧,处于附庸地位,但是这一时期的民牧也在迅速的发展。洪熙、宣德以至正统时期,与官牧的迅速衰落形成鲜明对比的是,此时的民牧达到了鼎盛时期,两者在马政中的地位发生明显变化,民牧逐渐占据主导地位。《明史·兵制》中记载:"成化二年,以江南不产马,改征银。四年,始建太仆寺常盈库,贮备用马价。"①这标志着俵解折银化的开始,也标志着太仆寺有马银的开始。由于太仆寺对马价银的无限度使用以及官员的贪污侵克等,加剧了太仆寺马价银入不敷出的局面。

明成化年间,"因为豪强所侵,议收地租,以杜兼并。"②当时种马孳育并不理想,以至南京太仆寺卿李觉斯云:"总因年来,南直地方灾情未已,而流寇又复平仍,江北一带民生半遭荼毒,即有寇所未到之处而震邻之恐,兽惊鸟散,在在骚动,所以有司官一意抚循而催科又在所缓,虽急公念切,势亦无如之。"③表明此时南京太仆寺已无银可用,直至嘉靖末年,南方马政彻底崩溃。

2. 孳生畜产的规定

明清时期,统治者为保证国家军事实力,十分重视马匹数量的多寡,同时这也成为国家富强与否的象征之一。为保证牲畜的数量,这一时期官府对牲畜的繁殖成功率有严格要求,并严防孳生官畜被隐匿或倒卖。如清律规定:

> 凡群头管领骒马一百匹为一群,每年孳生驹一百匹。若一年之内,止有驹八十四者,笞五十;七十四者,杖六十。都群所官不为用心提调者,各减三等。太仆寺官,又减都群所官罪二等。④

---

① 张廷玉:《明史》第 33 册,卷九十二《志第六十八·兵四》。

②《明孝宗实录》卷二。

③ 李觉斯:《疏草》卷二《循例举劾地方官员以伤马政事》,清初刻本,第 5—6 页。

④ 张荣铮等点校:《大清律例》卷二十一《厩牧》。

凡牧养系官马、骡、驴等畜,所得孳生,限十日内报官。若限外隐匿不报,计赃准窃盗论。因而盗卖或抵换者,并以监守自盗论罪。其都群所、太仆寺官,知情不举,与犯人同罪;不知者,俱不坐。①

由此可以看出,当时统治者不仅对马匹孳生的数量有详细而严格的要求,而且特别注重对官吏的管理。为了防止官属畜产被私自隐藏或瞒报,律令对孳生畜产上报的时间也作了规定,如若私自隐匿或倒卖孳生畜产将会受到严厉惩罚,知情不报也会与犯人同等获罪,体现出律令制度严格而又严密的特点。

3. 畜产检验的规定

明清时期,对于畜牧业管理有专门的巡查考核制度。《大明会典》以及《大清律例》中,对畜产验查以及起解备用,有详细的制度规定:

凡相验分拣官马、牛、驼、骡、驴,不以实者,一头笞四十,每三头加一等。罪止杖一百。验羊不以实,减三等。若因而价有增减者,计所增减价坐赃论。入己者,以监守自盗论,各从重科断。

各州县起解备用马匹,均要经由相关机构检验起解。若有马贩、交通官吏、医兽人等兜揽作弊者,问罪,枷号一个月,发边卫充军。再犯、累犯者,枷号一个月,发极边卫充军。②

明朝对畜产不仅有量的要求,更有质的保证。通过对畜产优劣高下进行检验鉴定,确保畜产质量。以上律令制度,也充分体现了朱元璋的"法贵简当,使人易晓"③的精神,便于理解执行。

4. 家畜饲养与管理的规定

家畜饲养是畜牧生产中的重要一环,正确的饲养是家畜健康生长的关键。明清时期,在官营牧监中,对家畜饲养管理有严格规定。对于方法不当、操作不符合规定,以致畜产受损的行为,规定了严厉的处罚。据《大明会典》"马政"中记载:"(洪武)二十六年定,凡太仆寺所属十四

---

① 张荣铮等点校:《大清律例》卷二十一《厩牧》。
② 申时行等修:万历《大明会典》卷一六七《律例八·兵律二·厩牧》。
③ 张廷玉:《明史》第33册,卷九十三《志第六十九·刑法一》。

牧监,九十八群,专一提调牧养孳生马、骡、驴、牛。其养户,俱系近京民人。或五户十户,共养一匹。每骡马岁该生驹一匹。若人户不用心孳牧,致有亏欠倒死,就便着令买补还官。每岁将上年所生马驹,起解赴京调拨。本寺每遇年终比较,或群监官员怠惰,或人户奸顽,致有马匹瘦损,亏欠数多,依例坐罪。"①"凡养疗瘦病马、牛、驼、骡、驴不如法,笞三十。因而致死者,一头笞四十,每三头,加一等,罪止杖一百。羊减三等。"②

另据《大清律例》记载:"凡牧养官马、牛、驼、骡、驴、羊,并以一百头为率,若死者、损者、失者,各从实报告。死者,即时将皮张鬃尾入官,牛筋角皮张亦入官。其(管牧)牧长牧副每(马、牛、驼)一头各笞三十、每三头加一等。过杖一百,每十头加一等,罪止杖一百,徒三年。羊减三等(四头笞一十、每三头加一等,过杖一百。每十头加一等,罪止杖七十,徒一年半),驴、骡、马、牛、驼二等(一头笞一十,每三头加一等。过杖一百,每十头加一等,罪止杖八十,徒二年)。若胎生不及时日而死者,灰醮并年老而自死者,看视明白,不坐。若失去,赔偿;损伤不堪用,减死者一等坐罪。其死损数目,并不准除。"③

从上述明清律例规定可以看出,繁育死损家畜种类不同,给予的处罚也不相同。而马、牛最受官府的重视,相应处罚也最重,可见马、牛在明清时期的重要地位。对于处于瘦弱疾病状态的家畜,也要按照规定对其详加看护饲养,主要是要求兽医人员等对瘦病官畜的治疗调养要尽职尽责,否则将受到处罚。这一规定在一定程度上有助于增强牧养人员的责任意识,使其在牧养瘦病官畜时,更加积极主动地按照正确的方法进行治疗与牧饲。

在农业社会中,自古以来牲畜就有攻击伤人的动物本性,因此对牲畜严加管束很有必要。尤其是负责牧马的官员,"俱要操练调习,以便控御"④。在明清时期,针对畜产管理不当而咬踢伤害他人,以及不按照

① 申时行等修:万历《大明会典》卷一五〇《兵部三十三·马政一》。
② 申时行等修:万历《大明会典》卷一六七《律例八·兵律二·厩牧》。
③ 张荣铮等点校:《大清律例》卷二十一《厩牧》。
④ 申时行等修:万历《大明会典》卷二十三《仓庚三·马房等仓》。

规定对马匹进行调教训练的行为,《大明会典》以及《大清律例》中都有严格规范。"凡马牛及犬,有触抵踢咬人,而记号拴系不如法,若有狂犬不杀者,笞四十。因而杀伤人者,以过失论。若故放令杀伤人者,减斗杀伤一等。其受雇医疗畜产,及无故触之,而被杀伤者,不坐罪。若故放犬,令杀伤他人畜产者,各笞四十,追赔所减价钱"[①]。"凡牧马之官,听乘官马而不调习者,一匹笞二十。每五匹加一等,罪止杖八十"[②]。

另据《明太祖实录》记载:"(洪武六年)命应天、庐州、镇江、凤阳等府,滁、和等州民养马。江北以便水草,一户养马一匹。江南民十一户养马一匹。官给善马为种,率三牝马置一牡马。每一百匹为一群,群设群头、群副掌之。牝马岁课一驹,牧饲不如法,至缺驹损毙者责偿之。"[③]从这段文字可以看出,明初对养马还是非常重视,不但有牧养的数量要求,种马由官方提供,而且还要求保证马匹的质量等。

5. 官畜使用的规定

官畜属于公物。为了防止官畜被滥用,明清官府制定相应律令举措,严防各种可能出现的致官畜受损的弊端。对于官畜的乘驾使用而致其损伤、私自对外借出官方畜产、私卖战马等行为,有惩戒律令,要依法处置。

凡官马、牛、驼、骡、驴,乘驾不如法,而脊破领穿,疮围绕三寸者,笞二十;五寸以上,笞五十(并坐乘驾之人)。若牧养瘦者,计百头为率,十头瘦者,牧养人及牧长、牧副,各笞二十。每十头加一等,罪止杖一百。羊减三等。典牧所官,各随所管牧长多少,通计科罪(亦以十分为率)。太仆寺官,各减典牧所官罪三等。[④]

凡监临(官吏)主守(之人),将系官马、牛、驼、骡、驴,私自借用,或转借与人,及借之者(不论多近多寡),各笞五十。验(借记过)日期,追雇赁钱入官。若计雇赁钱重(于笞五十)者,各坐赃论加一等。(雇钱不得过其本价,官畜死,依毁弃官物,在场牵去,依

---

① 申时行等修:万历《大明会典》卷一六七《律例八·兵律二·厩牧》。
② 申时行等修:万历《大明会典》卷一六七《律例八·兵律二·厩牧》。
③《明太祖实录》卷七十九,"洪武六年二月戊子"条。
④ 张荣铮等点校:《大清律例》卷二十一《厩牧》。

常人盗。)①

另外,对于在京驻扎的"管操内外官并把总以下官"规定为"若将马匹私占骑用,及拨与人骑坐,至五匹者,降一级。六匹以上,降二级。其各边分守守备、把总管队等官,将骑操,并驿传走递官马擅拨与人骑坐,及私用伺候等项,亦照前例问拟"②。对于"官军将所领官马","耕田走驿,驮载物件,及雇与人骑坐,问罪,俱罚马一匹"③。同时,对"公使人等索借马匹"也有严格处罚规定,"凡公使人等,承差经过去处,索借有司官马匹骑坐者,杖六十。驴、骡笞五十。官吏应付者,各减一等。罪坐所由"④。

在私卖战马方面,"凡军人出征,获到(敌人)马匹须要尽数报官,若私下货卖(与常人)者,杖一百。军官私卖者罪同,罢职充军。买者笞四十,马匹价钱并入官。(若出征)军官、军人买者,勿论(卖者追价入官仍科罪)"⑤。

以上律令规定公私分明,全面而严厉。官畜受损的范围、数量,受罚人员及处罚办法一目了然。私自对外借出官方畜产,不仅管理人员要接受处罚,借入者也要受到处罚。严防官吏徇私舞弊,在一定程度上保护了官畜的发展。

6. 偷盗、宰杀马牛等畜产的规定

马对于国防安全,牛对于农业生产,都是关系到社会稳定和国力兴衰的重要因素。明清王朝对马牛极为看重,若有偷盗与宰杀马牛等畜产行为的,处罚也相当严厉。

> 凡盗马、牛、驴、骡、猪、羊、鸡、犬、鹅、鸭者,并计赃,以窃盗论。若盗官畜者,以常人盗官物论。若盗马、牛而杀者,杖一百,徒三年。驴、骡,杖七十,徒一年半。若计赃重于本罪者,各加盗罪

---

① 张荣铮等点校:《大清律例》卷二十一《厩牧》。
② 申时行等修:万历《大明会典》卷一六七《律例八·兵律二·厩牧》。
③ 申时行等修:万历《大明会典》卷一六七《律例八·兵律二·厩牧》。
④ 申时行等修:万历《大明会典》卷一六七《律例八·兵律二·厩牧》。
⑤ 张荣铮等点校:《大清律例》卷二十《军政》。

一等。①

对于偷盗"御马"者,有更严厉的惩戒措施。"凡盗御马者,问罪,枷号三个月,发边卫充军。"②对于盗卖自己及他人骑乘的官马,则"枷号一个月发落。盗至三匹以上,及再犯,不拘匹数,俱免枷号。属军卫者,发边卫。属有司者,发附近卫所,各充军。五匹以上,属军卫者,发极边。属有司者,发边卫。各永远充军"③;如果养马人户盗卖官马至三匹以上的,"亦问发附近充军"④;对于冒领太仆寺官马至三匹的,"问罪,于本寺门首枷号一个月,发边卫充军"⑤。

在宰杀马牛方面,"凡私宰自己马牛者,杖一百;驼、骡、驴,杖八十;筋角皮张入官。误杀及病死者不坐。若故杀他人马牛者,杖七十,徒一年半;驼、骡、驴,杖一百(官畜产同)。若计赃重于本罪者,准盗论(追价给主系官者,准常人盗官物断罪,并免刺)。若伤而不死,不堪乘用,及杀猪羊等畜者,计(杀伤所)减之价,亦准盗论。各追赔所减价钱(完官给主),价不减者,笞三十。其误杀伤者,不坐罪,但追赔减价;为从者(故杀伤)各减一等(官物不分首从)。若故杀缌麻(族兄弟)以上亲马、牛、驼、骡者,与本主私宰罪同(追价赔主)。杀猪、羊等畜者,计减价坐赃论罪,止杖八十。其误杀及故伤者,俱不坐,但各追赔减价。若官私畜产毁食官私之物,因而杀伤者,各减故杀伤三等,追赔所减价(还畜主),畜主赔偿所毁食之物(还官主)。若故放官私畜产损食官私物者,笞三十(计所食之),赃重(于本罪)者,坐赃论(罪止杖一百,徒三年),失防者减二等,各赔所损物(还官主)。若官畜产(失防)毁食官物者,止坐其罪,不在赔偿之限。若畜产欲触踢咬人,登时杀伤者,不坐罪,亦不赔偿(兼官私)"⑥。

从以上律令可以看出,在明清时期,偷盗马牛等牲畜是犯罪,而宰

① 申时行等修:万历《大明会典》卷一六八《律例九·刑律一·贼盗》。
② 申时行等修:万历《大明会典》卷一六八《律例九·刑律一·贼盗》。
③ 申时行等修:万历《大明会典》卷一六八《律例九·刑律一·贼盗》。
④ 申时行等修:万历《大明会典》卷一六八《律例九·刑律一·贼盗》。
⑤ 申时行等修:万历《大明会典》卷一六八《律例九·刑律一·贼盗》。
⑥ 张荣铮等点校:《大清律例》卷二十一《厩牧》。

杀马牛等牲畜更是重罪。对于私宰、故杀与误杀牲畜,在量刑规定上各有不同,一方面体现出明清官府对马与牛在生产领域和军事领域重要价值有着清醒的认识,同时也可以看出明清时期的畜牧律令制度翔实和严格的特征。

第二节　各畜禽发展状况

一、养马业

明朝时期,江苏的养马业,尤其是官营养马,呈现出上升后逐渐萎缩的趋势,直至清朝也未得到有效缓解。在明朝初期,因江苏是京师所在地,明王朝在此设置了太仆寺以促进马业的发展,官营养马发展迅速。与官营养马相比,民间养马业也有较大的发展。不过,江南因高温多雨的气候,不利于马匹生存和蕃息,明朝初期统治者虽然重视养马业,设置官营机构,但到明代中后期,因"江南地卑,而马性恶湿"①,最终江苏马匹孳育率低,死损严重,未有进一步发展。

明代养马的规模,据《南京太仆寺志》卷十一载,明代初年种马的总额为:"两京太仆寺所属种儿骒马一十二万五千匹,儿马(公马)二万五千匹,骒马(母马)一十万匹,除太仆寺所属共八万七千五百匹外,本寺所属种儿骒马共三万七千五百匹,儿马七千五百匹,骒马三万匹"②。其中,属南京太仆寺管辖范围之内的有:应天府"所属八县并带管滁州卫,原额种儿骒马共四千六百六十四";镇江府"所属三县原额种儿骒马二千三百四十四";太平府"所属三县原额种儿骒马一千四百六十五匹";宁国府"所属南陵县原额种马七百五十匹";徐州"所属三县原额无种马",正德年间又规定"每年备用折色马共一百五十匹";扬州府"所属州县原额种儿骒马五千五百九十三匹";淮安府"所属州县原额种儿骒马

---

① 陈子龙等辑:《皇明经世文编》卷二九七《革种马以助军需以祛民害疏》。
② 雷礼:《南京太仆寺志》卷十一,齐鲁书社 1996 年版,第 1 页。

六千三百一十四"；①等等。以上南京太仆寺种马数额为 3.75 万匹，加上太仆寺所属北方牧养的种马 8.75 万匹，合计有种马 12.5 万匹。然而，其中所载种马数量与万历《大明会典》稍有不同。万历《大明会典》中，各府种马数量都有所减少，估计是万历以后明王朝减少了种马额度。另《大明会典》卷十二载有南直隶各府县牧马的草场情况。一般每县皆有一个或数个草场，从而为如此众多的种马设置了具体的放牧场所。此外，京畿地区又有所谓的'寄牧'，即把征调而来的马匹寄养于民间以备用。从以上分析可知，明代牧马的规模与数量也是很大的。

明代的马政极大地加重了百姓的负担。明王朝规定，"其养户俱系近京民人，或五户十户共养一匹，每骒马岁该生驹一匹，若人户不用心孳牧，致有亏欠倒死，就便着令买补还官。每岁将上年所生马驹起解赴京调拨，本寺每遇年终比较，或群监官员怠惰，或人户奸顽，致有马匹瘦损亏欠数多，依例坐罪"②。这就是说，明代马政制度的主要做法是，强令南北两京附近百姓养马，官府提供一定数量种马，北方五户共养一匹，南方十户（或十一户）共养一匹，百姓必须把每年所生的马驹交给官府，供太仆寺调拨。因此，京畿百姓在承担了田赋、徭役的同时，还必须承担养马的劳务和费用支出。若无法交出孳生马驹，或遇马匹病死或意外死亡，则由养马的百姓赔偿，否则依例治罪。后来，这种由官府下发种马给民户孳牧的规定，又推广到山东、河南等地。马户饲养一匹骒马（母马），每年交纳马驹一匹，实际上已经超过种马的繁殖极限，在当时无法实现，百姓赔付马驹就成为必然了，并且种马倒死损耗，也一概由百姓承担。这一政策，使得部分养马的贫苦百姓穷困潦倒，无以为生，甚至"有为事追陪孳生马匹，受官府逼迫，不得已将男女妻妾典卖与人，以致流离困苦，莫能自存者"③。尽管明代的官府在一定程度上，也认识到这种做法的不合理性，后来将每岁纳马一匹改为两年或三年纳马驹一匹，明成祖、仁宗、英宗、宪宗、孝宗、武宗等皇帝还多次下诏蠲免百姓赔偿倒死马匹及所欠马驹，但这一制度并未从根本上废止。可见，

---

① 雷礼：《南京太仆寺志》卷十一，齐鲁书社 1996 年版，第 1—10 页。
② 杨时乔：《马政纪》卷一《户马一》。
③ 雷礼：《南京太仆寺志》卷之一《谟训》。

明代马政制度,就是国家为了军队建设的需要,把养马的支出和劳务全部转嫁到老百姓身上的一种赋役形式。这虽然对减少国家的财政支出有利,但对于京畿地区和河南、山东等地的百姓,无疑是一种沉重的负担,这便是明代马政制度的本质所在。

明代在马政管理方式上,也存在政出多门的弊端。明王朝在(北京)太仆寺与南京太仆寺之外,又另设行太仆寺、苑马寺分理马政。具体而言,(北京)太仆寺主要负责北直隶、河南、山东等地的马政,南京太仆寺掌南畿马政,全国其他地方的马政则分属行太仆寺和苑马寺。行太仆寺最初于洪武三十年(1397年)设立,当时设有山西、北平、陕西、甘肃、辽东等五个行太仆寺。永乐年间,北平行太仆寺改为太仆寺后,行太仆寺仅剩其四。苑马寺设于永乐四年(1406年),当时有北直隶、辽东、平凉、甘肃四寺。永乐十八年(1420年),革北直隶苑马寺并入太仆寺。正统四年(1439年),又革甘肃苑马寺。行太仆寺掌管边镇卫所营堡之马政,无下属机构,牧马人以卫所军士充之。苑马寺则与卫所无关,下设牧监、苑分群孳牧。① 因此,明朝的马政管理大体上可以分为两个大的系统,一是太仆寺和南京太仆寺系统;另一个是设置于九边地区的行太仆寺和苑马寺系统。另外,在南北两京太仆寺所辖地区,府州县的佐官也参与马政管理。这种马政分散管理的方式,其弊端显而易见。因马政事务分属于众多部门,势必造成事权不一,多头管理,遇事阻力重重,效率低下,此为明朝马政制度的固有缺陷。

清朝从顺治五年(1648年)起,便对马匹进行严格控制。为防止内地汉族民众反抗,在内地推行禁马政策。② 在中原以及江南农区,禁止民间养马,废除明代官督民牧制度。除八旗、驿站、文武官员外,其他人员不准养马,违者没收马匹,畜主受杖责,违禁贩卖马匹者处死。在这种政策影响下,江苏区域内养马业受到很大影响,其广大地区的交通运输只能以牛代替,这种情况直到清代中晚期才逐渐松解。

明清时期,江苏区域内饲养的马匹,主要是北方蒙古马。蒙古马渐次向中原内地推移,引入江苏后,加之江苏原有各地马种,它们流转频

---

① 雷礼:《南京太仆寺志》卷二《孳牧》,齐鲁书社1996年版,第65页。
②《清朝文献通考》卷一九三《兵十五·马政》,商务印书馆1936年版,第6573—6574页。

繁,品种混杂,因此江苏始终未能形成一个独特的地方品种。不过,江苏区域内饲养的马匹,经多年饲养繁殖,逐渐适应江苏地理环境,役用性能良好,属乘役兼用型,所养马主要分布于江北的徐州、连云港、淮阴三市,尤以徐州市最多。据光绪十四年(1888年)《赣榆县志·物产》记载,"禽兽有六畜,牛、马、驴尤富,每岁四月大集,沙河贩夫至者,南自淮扬北自青沂,比物类群动以百计"。而江南湿热加之河湖遍布,养马较少。嘉庆九年(1804年)《如皋县志·物产》记载,"马,军伍营汛及考武之家畜之。亦无上驷"。宣统《吴长元三县合志·物产》记载,"马,邑之所产多北地输入者所传之种,供骑驾之用,毛色种种,以齿之多少证年龄之大小,其乳可饮,革及鬣尾之毛为用甚广"。

二、养牛业及养羊业

(一)养牛概况

明王朝十分重视各地养牛业的发展。不过,与养马业相比,《明实录》等官方文献对于养牛业的记载较少。

对于明代江苏地区的养牛情况,在一些地方志中有过一些零星记载。明代《海州志》记载,"家有牛数犋,地可以尽辟也。"①江苏省邻近地区庐江县的地方志中,提及江苏南京等地养牛业的相关情况,其中记载:"洪武间,分派民间养牛。弘治二年,奉例额派免征无粮人户领养牛。二年,依例五丁朋养一牛,市民亦如之。每母牛二岁征一犊,如无孳生者,准作亏欠,纳银三钱。堪中者印记,不堪者变卖。印过者俵与解过牛户领养,供南京内府、光禄寺等衙门取用。验出不堪者,就彼发付典膳所喂养。十六年,以实征人户丁田相应者,每十丁养一牛,作二起,五丁轮养一年。若遇派取,就令该年人户解俵,每二岁征一犊。本县原拟额养犍、母牛三十三只:犍牛六只,母牛二十七只。"②

由上可见,明初洪武年间,官府就开始强令庐江县等地民间养牛,以供南京各地官员取用。到了弘治年间,为了减轻养牛户的负担,开始实行朋养制。从地方志所载来看,上述记载反映了明代江苏地区民间

---

① 陈复亨:隆庆《海州志》卷二《土产》,明隆庆刻本,第75页。
② 陈庆门修,孔传诗纂:雍正《庐江县志》卷十二《政治·马政》,清雍正十年刻本,第714页。

养牛的情况。

与养马负担较重一样,养牛也是加在明代江苏地区百姓身上的一项沉重负担,在遇到灾荒年份更是如此,不少养牛户因此而破产。弘治二年(1489年),南京太仆寺卿秦崇等讲:"凤阳等府所养官牛数多而支用数少,牧养赔补甚为民累。往尝奏准凤阳止留三千只,庐、扬二府及滁、和等州共留二万只,然尚有不均之叹,请于二万只内留犍牛八百、牝牛千二百,令庐、扬等府州均派所属牧养,岁资其牛犊之用,尚余一万八十只,请鬻银解太仆寺贮用,以便民。"①此处所谓"牧养赔补甚为民累",揭示了明代包括南京地区在内的广大地方养牛户的辛酸苦累。嘉靖七年(1529年)十二月,巡抚凤阳都御史唐龙在给世宗皇帝的进言中称:"庐、凤、扬三府及滁州,频岁灾荒,请暂宽种牛亏欠倒失者,俟丰年买补。"②由此可见,在频岁灾荒情境之下,养牛户因"种牛亏欠倒失"往往负债累累。为了减轻包括南京地区在内的广大养牛户的沉重负担,一些大臣提出了"请鬻银解太仆寺贮用,以便民","请暂宽种牛亏欠倒失者,俟丰年买补"等带有权宜性质的补救措施。

江苏太湖地区,由于"寸土无闲"③,无处放牛,于是放弃了养牛,原来由耕牛作动力耕田的工作改由人力来犁地。明代宋应星算过这样一笔账:"愚见贫农之家,会计牛值与水草之资,窃盗死病之变,不若人力亦便。假如有牛者,供办十亩,无牛用锄,而勤者半之。既已无牛,则秋获之后,田中无复刍牧之患。而菽、麦、麻、蔬诸种,纷纷可种。以再获偿半荒之亩,似亦相当也。"④宋应星在这里对不养牛的情况进行了分析,认为牛力完全可以由人力替代,因为牛吃草要占用一部分耕地,饲养要付出一定劳力,折算下来,一里一外,还不如人力合算。如此一来,影响了生产力的提高和社会的进步,这是一种特定情况下的社会倒退。据嘉庆九年(1804年)《如皋县志·物产》记载,"牛,水牛力大,黄牛性驯。取乳酪以水牛为佳,用皮革以黄牛为胜。牛为农事之本,总不杀为

---

① 《明孝宗实录》卷二十八,弘治二年七月癸未。
② 《明世宗实录》卷九十六,嘉靖七年十二月乙酉。
③ 徐光启:《农政全书》第3册,卷八《农事》。
④ 宋应星:《天工开物》卷上《乃粒》。

宜"。光绪三十年(1904年)《常昭合志稿·物产》记载,"牛：水牛为良,家有田十余亩即须畜一头,黄牛不任耕水田,故较劣"。清朝宣统时期《续纂山阳县志》中更有记载,"惟农家豢牛,今不如昔,以轻去其乡,故又值。禁网稍疏,贱价鬻卖,半入屠门,牸牛渐少犊。"[1]从这里进一步可知,由于农家养牛少,官府又有禁令,所以就常有人把牛贱卖,因此江南地区民间养牛逐渐减少。

（二）牛的品种

由于江苏独特的气候环境及风土驯化,经过江苏劳动人民长期饲养培育,到明清时期,已经培育出海子水牛、山区水牛、徐州黄牛等地方品种数个,使江苏在中国数千年育牛史上占有一席之地。

1. 海子水牛

海子水牛主要产于江苏北部沿海地区,属中国水牛品种的一个地方品种类型。从汉代至清代,江苏北部沿海地区盐业、渔业及农业逐步开发,源于南方的水牛被引入这些地区,长期从事大宗海盐、水产运输和垦荒耕作等繁重劳役,加之滩涂草地饲草丰富,经当地劳动人民长期选育,逐渐形成了一种体大结实、耐粗耐劳的水牛新类型。该品种最迟形成于清末,距今至少有一百多年历史。

海子水牛公牛　　　　　　　　　　海子水牛母牛

图6-2　海子水牛[2]

海子水牛体型较大,被毛以石板青色为主,少数为白色,脊椎部多有深棕色背线。头部略大,额宽而突,角向后弯成环抱形。鬐甲后方呈弓形隆起高出背部,背腰宽直,胸宽而深,肌肉丰满。四肢强健,筋腱发

① 邱沅:宣统《续纂山阳县志》卷一《疆域》,民国十年刻本,第29页。
② 国家畜禽遗传资源委员会:《中国畜禽遗传资源志·牛志》,中国农业出版社2011年版,第272页。

达,蹄圆大而色黑。海子水牛适应当地的自然生态条件,有较强的生命力。耐粗饲,在草质比较粗老的情况下,仍能较好地生长及劳役。耐暑耐寒,无论炎夏酷暑或严寒冬天都能正常生长发育。抗病力强,发病率及死亡率低,寿命长,平均寿命为 25—30 年。海子水牛主要以盐城市的大丰、东台、射阳、滨海、响水繁育较多,南通市的如东、启东、海安、海门次之。

2. 山区水牛

山区水牛是产于江苏省西南部丘陵山区的沼泽型水牛,也属中国水牛品种的一个地方品种类型。这一地区早在汉代已有水牛饲养,并用于耕田役用。南宋时期,这一地区农业得到进一步开发,又有华南水牛引入。因丘陵山区土壤多为黏土,板结坚硬,历代农民惯于选用体大力强的水牛从事耕作。加之这一地区草坡面积大,湖洼水草也多,为山区水牛的饲养繁育提供了良好的自然条件,经当地劳动人民长期选育,逐渐形成了这一水牛新品种。

盱眙山区水牛公牛　　　　　　　　盱眙山区水牛母牛

图 6-3　山区水牛图①

山区水牛体型中等,结构紧凑,被毛也多为石板青色。头部适中,眼大有神,角大向后上方平弯。颈粗壮较短,前躯鬐甲高长,背腰宽平,胸宽,腹大而不下垂,尻部倾斜,尾根低而粗,尾长不过飞节。四肢粗壮,蹄小质坚。山区水牛主要分布在苏北区域的盱眙、六合和苏南山区。

---

① 国家畜禽遗传资源委员会:《中国畜禽遗传资源志·牛志》,中国农业出版社 2011 年版,第 276 页。

3. 徐州黄牛

徐州黄牛主要产于徐州地区,属鲁西黄牛品种的一个地方类型。这一地区饲养黄牛很早,自汉代以后,随着农业生产不断发展,为增加农耕畜力,黄牛逐渐增多,其北部鲁西南地区的黄牛在此地长期流转,与当地黄牛血缘融合,经当地劳动人民长期精心饲养和选育,逐渐形成了一种具有良好性能的役肉兼用型黄牛品种。

徐州黄牛被毛多浅黄色,少数赤褐色和黑色。头型清秀,鼻镜灰黑色。角呈扁圆形,琥珀色,多向前环抱,称之为龙门角,少数角向外侧平展。公牛颈粗短,母牛颈较细长,垂皮不发达,肩峰不明显,尾较长并垂至飞节。按体型分两类:一类为"高脚牛",体型较高大,躯体较短,呈正方形,四肢细长,行动快;一类为"抓地虎牛",体型较矮,躯体较长,呈长方形,四肢粗短,行动较慢。徐州黄牛主要分布于徐州市的丰、沛、铜山、睢宁等地。

(三)养羊业

明清时期,江苏淮北与江南养羊有较快发展。根据地方志记载,明朝弘治年间,民间每年在收获季节,都会效仿前朝,以猪、牛、羊为贡品举办祭祀活动,宰杀之用以祭拜祖先和神明,以求来年丰收安定。弘治《吴江志》记载,"每岁耕牛解犁、米谷入仓之际,坊巷间效古者,秋冬报社之说,刲羊、宰猪祭先祀神,以为一岁保禳之礼。事毕,则招亲拉友,笑歌欢饮,谓之年常酒。"[1]祭祀是民间的传统习俗,由于江苏地区养猪羊较多,因而祭祀多用猪和羊。另光绪《丹徒县志》记载,"土人以直毛小尾者为山羊,此是家畜之羊,非野生之山羊也。拳毛大尾者为绵羊。"[2]表明丹徒已有绵羊和山羊之分。嘉庆《如皋县志》记载,"羊,柔毛之族虽多,皆是拵毛而食,不可为裘。"[3]这是指江苏地区的普通羊虽然毛多且柔软,但羊毛使用价值不大,都被剪掉,仅食其肉,与西北地区的羊毛可以做衣服地毯之类有很大差别。江苏地区饲养羊的品种具体如下:

1. 小尾寒羊

小尾寒羊是产于苏北徐淮地区的绵羊品种。该品种最初源于北方蒙古羊,自魏晋南北朝时期随大批北方移民南下带入淮北地区后,经当地群众长期选育,逐渐形成具有多胎高产的裘(皮)肉兼用型绵羊品种类型,俗称淮羊,即小尾寒羊。

小尾寒羊被毛白色,鼻弓耳长,公羊角大呈螺旋形,母羊角短小呈镰刀状,颈细,身体较高呈方形,四肢粗壮,脂尾短小呈椭圆形。性成熟早,繁殖率高,产肉性能好,剥制裘皮质量优良,羊毛粗杂,属异质毛。

小尾寒羊公羊　　　　　　　　　　　　小尾寒羊母羊

图 6 - 4　小尾寒羊①

2. 湖羊

湖羊是产于沿太湖周围及临近地区的皮肉兼用绵羊品种。湖羊源于北方蒙古羊在淮北地区的变种淮羊(小尾寒羊),南宋时期随大批中原移民南下带入江南,沿太湖地区饲养、繁衍。太湖地区因气候温暖湿润,种植业和蚕桑业发达,可产出丰富的自然饲草和大量农副产品及栽桑养蚕的副产品(桑叶、蚕沙等),为发展养羊业提供了优越的饲料条件。养羊又为农田提供了有机肥料,促进了农业生产。淮羊在这种特定的生态环境中饲养,其体型外貌逐渐与生长在淮北的淮羊形成较大差异,经不断地选育,逐渐培育形成一种独特的羔皮用和肉用绵羊品种。清光绪年间,根据《宜兴荆谿县新志》记载,"首身相等毛短者为夏羊,俗称山羊。首小身

---

① 国家畜禽遗传资源委员会:《中国畜禽遗传资源志·羊志》,中国农业出版社 2011 年版,第 63 页。

大毛长者为吴羊,俗称胡羊,亦称绵羊,毛可为膻。"①表明淮羊经过不断的育种,在清朝时期衍生出新品种名为胡羊,亦作湖羊。

湖羊全身被毛白色,个别眼睑或四肢下端有杂色斑点。头狭长,鼻梁隆起,眼大突出,无角,颈细长,背腰平直,四肢细而高,脂尾肥大呈扁圆形,尾尖上翘,不超过飞节。羊毛属异质毛型,适宜织地毯和粗呢绒。羔羊生后 1—2 天内宰杀剥制、加工的羔皮(小湖羊皮)质量最优,毛纤维束弯曲呈水波纹样,弹性强,洁白美观,是制作女式翻毛大衣和服装的优质原料,被誉为"软宝石"而驰名中外。

湖羊主要分布于苏南的吴江、常熟、锡山、张家港、江阴、吴中、太仓、昆山、宜兴、溧阳、武进等地,以常熟市湖羊数量最多,苏州吴江区湖羊羔皮质量最好。

湖羊公羊

湖羊母羊

图 6-5 湖羊②

3. 海门山羊

海门山羊又称长三角白山羊,是产于江苏省长江三角洲地带肉皮毛兼用型山羊品种。早在秦汉以前,长三角地区就已饲养山羊。到唐代,句容一带居民迁居长江入海处崇明岛从事耕种养殖,随同带入原籍白山羊在该岛饲养、繁殖。随着白山羊在该地区逐渐扩展,遍布长江入海口一带。在当地气候温和、水草丰盛的条件下,经过历代长期选育,形成了适应当地生态环境的山羊品种新类型。

海门山羊被毛白色而富有光泽,头大小适中,嘴狭长,公母羊均有

① 施惠修、吴景墙纂:《宜兴荆谿县新志》卷一《疆土·物产志》,清光绪八年刊本,第 225 页。
② 国家畜禽遗传资源委员会:《中国畜禽遗传资源志·羊志》,中国农业出版社 2011 年版,第 50 页。

角、须、颈细长，身体结构匀称，背腰平直，四肢端正，蹄壳结实。发育成熟早，当地有阉割公、母羊育肥习惯，羊肉膻气小，肉质肥嫩鲜美。羊皮的皮板足壮，细致，有油性，羊毛洁白，板皮质优。利用当年公羔去势后秋末屠宰，用70℃温水烫羊，连表皮将毛推下，成块的毛称"块毛"，毛锋明光透亮，为制作高档毛笔的原料。海门山羊主要分布在海门、启东、通州等地，因以海门为中心产区而得名。

长三角白山羊公羊　　　　　　　　长三角白山羊母羊

图 6 - 6　海门山羊（又称长三角白山羊）①

4. 徐淮山羊

徐淮山羊是产于徐淮地区、沿废黄河故道及丘陵地带的皮毛肉兼用型山羊品种。该品种山羊产地多为沙碱土，土质瘠薄，羊粪为优质有机肥，用于改良土壤，提高农作物产量。历代百姓以羊代猪，经长期选育，逐渐培育形成具有早熟、产羔多、耐粗放、板皮质地优良等特点的徐淮山羊品种。

徐淮山羊被毛白色，头部多有角，少数无角，角粗壮呈三角形，琥珀色，向外上方或向后弯曲，额微突，面微凹，嘴狭长，耳微翘，体型近似方形，前躯较大，腹部紧缩，四肢稍高，蹄呈白玉色，尾短上翘。肉质细嫩味美。2—3月龄和7—8月龄的当年羊，在晚秋初冬时屠宰剥皮，其板皮质量最好，皮板质地坚韧细致，弹性好。

徐淮山羊主要分布于徐州市的丰、沛、铜山、睢宁等地，以睢宁县数量最多。宿迁市的泗洪、泗阳、宿豫区等地也有少量分布。

---

① 国家畜禽遗传资源委员会：《中国畜禽遗传资源志·羊志》，中国农业出版社2011年版，第63页。

5. 青山羊

青山羊是产于徐州地区的猾子皮用山羊品种,与山东济宁青山羊属同一类型。

青山羊被毛为黑、白二色毛混生,形成天然青色而得名。具有"四青一黑"特征,即被毛、角、蹄、唇为青色,前膝为黑色。性成熟早,年产两胎,每胎常产双羔,多的产5只羔。成年公、母羊的平均体重23千克左右。以出生后1—3天羔羊剥制的皮张质量最优,皮板毛细而短,有天然花纹,俗称"猾子皮",驰名中外。青山羊主要分布徐州市的丰、沛二县,以丰县数量最多。

三、养猪业

(一)养猪概况

明清时期,江苏地区的养猪业和前代相比,进入了一个相对繁荣发展的时期。这主要表现在养猪科技的提高,以及数量的增多。这一新局面的出现,与当时的政治经济等因素有深刻的关系,并对其后养猪业的发展产生了较大的影响。

明清时期,江苏地区人口众多,人均占有土地少,地价较高。大土地所有者自身不会将土地变成牧场,也不可能靠养牛、养羊和出售牛羊肉换取较高的利润,而是以较高的价格租给无地的农民,以换取较高额、无风险的租金。地少者自然种植高产作物,以便养活更多的人口,人们更多地食用粮食而不是高品质的动物蛋白。当时,江苏地区由于耕地少,不仅马的养殖受到限制,甚至与农业生产密切相关的耕牛养殖也受到限制,而猪是杂食家畜,它可以舍饲,并且可吃人不能吃的农副产品以及残羹剩菜,并能为大田提供作物生长必需的肥料,所以在大家畜比重不断下降的时候,猪的饲养比例并没有下降,反而有一定量的增长。据明末徐光启的《农政全书》记载,"江南寸土无闲,一羊一牧,一豕一圈,喂牛马之家罋乌豆而饲焉。"[1]明末《沈氏农书》也说:"种田地,肥壅最为要紧……养猪羊尤为简便。古人云:'种田不养猪,秀才不读书,

---

① 徐光启:《农政全书》第3册,卷八《农事》,第91页。

必无成功'。则养猪羊乃作家第一著。"①养好猪,多积肥料,视为当时的最佳营生手段。姜皋在《浦泖农咨》中说:"'种田不养猪,秀才不读书'。又云'棚中猪多,囷中米多'。是养猪乃种田之要务也,岂不以猪践壅田肥美,获利无穷。"②不过,在山区,当时养猪的情况则与平原地区有所差别。由于山区的空余地相对较多,不存在平原地区那种没有足够空间让猪散放的问题,人们可以放心地将猪放养于山地,不太担心会损害别人的庄稼,引起邻里纠纷。这种散养方式,可以部分地解决饲料供给问题。还有一些富有的家庭,自身粮食消费有结余,这些多余的粮食又不便运出山外。俗话说:十里不贩薪,百里不贩粮。于是,就以养猪的方式将多余的粮食变成可以供出售的财富。因此,在部分山区和丘陵地带,人们养猪也有舍饲加散养。

明清时期,农民养猪在大多数情况下是亏本。即使亏本,他们还是要养猪羊。因为当时人口增长并没有伴随生存空间的增长,社会上没有太多的就业渠道,维持生计是当时人们的第一需要,而非生产效率。在种植大田作物的同时,坚持饲养猪羊至少还可以积肥壅田。

在明朝,还曾发生过禁止养猪的事件。显然这是与百姓意愿相违背的,必定不可能长久。据周鲁《类书纂要》记载,明正德年间,"有旨,禁止人民养猪,违反者永远充军,以(猪)俗呼为国姓(朱)。旬日之间,远近尽杀,减价贱售,小猪埋弃,一时骇异"③。后来,经过杨石斋奏疏,请免禁养猪,才在次年四月解禁。江西《万安县志》也有类似记载:"正德中,禁天下畜猪,一时埋弃俱尽。陈氏穴地养之,始传其种。"④这一记载是否为真,有待考证,因为正史中未见记载。

道光二十年(1840年),山东《巨野县志》载,"闻江南广西地方,竟有以米谷饲养豚豕者,试思谷食之与肉食,孰重孰轻,孰缓孰急,而乃以上天之所赐(粮食),小民终岁劝劳之所获者,为豢养物类之用,岂不干

---

① 张履祥辑补,陈恒力校点:《沈氏农书》,中华书局1956年版,第33页。
② 姜皋:《浦泖农咨·肥田》。
③ 周鲁:《类书纂要》卷三十三《飞禽类》,第155页。
④ 欧阳骏:《万安县志》卷一《方舆志》,清同治十二年刻本。

天和而轻民命乎……"①用粮食给猪做饲料,其生产效率肯定比低质饲料要高,但这样做,猪必与人争粮食,人的食物将会受影响。但在生产力不发达的古代,禁养不可能大规模开展,也必定不能长久。

(二)猪的品种

1. 淮猪

淮猪又称淮北猪,是原产淮北平原著名的地方品种。早在春秋战国时期,淮北平原上的农业已相当发达,人们为肉食和农田施肥需要而普遍养猪,并逐渐培育形成体型外貌和生产性能趋于一致的淮猪品种。3—6世纪魏晋南北朝时期,以及12世纪南宋时期,淮北平原上的农业经济由于战争遭受了较严重的破坏,两次大规模人口南下,淮猪遂被引入宁、镇、扬丘陵山区,经长期培育形成山猪。后随沿海地区的开发,淮猪继续东移,又逐渐形成适应沿海盐渍地带的灶猪。

淮北猪公猪

淮北猪母猪

图6-7　淮北猪②

江苏淮猪中心产区主要集中于赣榆、东海、淮阴等地;山猪中心产区主要在仪征、高邮、六合、溧阳、高淳等地;灶猪中心产区主要在东台、大丰等地。淮猪被毛黑色而较密,额部皱纹浅而少,嘴筒较长而直,体型较紧凑,四肢结实。

2. 太湖猪

太湖猪是产于长江下游太湖流域、沿江沿海地带多类型的地方品种。明末清初,长江下游沿江沿海地区已发展为重要粮食产区,养猪较多。清顺治年间(1644—1661年),当地出现了一种体大、骨粗、皮厚、

① 黄维翰:《巨野县志》卷三《方舆志》,清道光二十六年续修刻本。
② 国家畜禽遗传资源委员会:《中国畜禽遗传资源志·猪志》,中国农业出版社2011年版,第46页。

面部皱褶多的大花脸猪。太平天国时期（1851—1864 年），又出现一种由小型淮猪演变的米猪。其后，米猪与大花脸猪经过杂交，逐渐形成介于两者之间的小花脸猪（又称三花脸猪）。小花脸猪再与大花脸猪回交，渐又形成二花脸猪。随着杂种猪大量出现，杂种之间的杂交和杂种与亲本之间的回交相应增多，又出现具有不同差异的更多类型的猪。这些由当地大花脸猪与淮猪经多种形式杂交而长期选育的诸多类型地方猪，于清末以前已相继形成。民国时期至新中国成立后，生长较快、产仔又多的二花脸猪逐渐取代了大花脸猪和小花脸猪，发展成为数量最多、影响较大的一个类型。1974 年，鉴于该地区诸多类型地方猪的品种特性、形成历史和生态环境条件相近，被统一命名为太湖猪。

江苏太湖猪有二花脸猪、梅山猪、枫泾猪、横泾猪、米猪、沙乌头猪 6 个类型。太湖猪各类型猪的分布地区相对集中，其中二花脸猪主要分布在江阴、无锡、武进、常熟、宜兴等县（市），主要特征是体型中等，结构匀称；头大额宽，耳大下垂过下颌；嘴筒稍长且微凹，鼻额间有一突起横肉，头部面额皱纹清楚，上有 2—3 道横纹；四肢稍高，中躯稍长，背腰较软、微凹，腹大下垂而不拖地，后躯宽而稍倾斜，全身骨骼粗壮结实，臀部肌肉欠丰满；全身被毛、鬃毛为浅黑色，被毛稀而短软，成年种猪鬐甲部鬃毛长而硬；母猪乳房发育良好，有效乳头在 9 对以上。梅山猪主要分布在太仓市、昆山市，主要特征是体形相对二花脸猪较小，外貌清秀，头较小，额面皱纹浅而少，耳中等大小、薄而下垂，皮薄毛稀，背腰平直，四肢结实有力，四肢蹄部白色，乳头排列均匀，乳头数多为 16—18 枚。枫泾猪主要分布在江苏吴江区和上海松江区，主要特征是毛色全黑、被毛稀，皮肤黑色或紫红；耳大下垂、耳基部较厚不贴脸，嘴筒略凹、额有皱纹、鼻镜少有玉鼻；体型中等、粗壮结实，成年公猪体重 150 千克以上，成年母猪体重 125 千克以上；少数有四白脚、腰背微凹，乳房发育良好，奶头 8—9 对，呈盅状。横泾猪主要分布在苏州市吴中区、相城区，主要特征是其骨骼介于梅山猪与米猪之间，头大额宽，额部皱褶多、深，耳特大，软而下垂，耳尖齐或超过嘴角，形似大蒲扇；全身被毛黑色或青灰色，毛稀疏，毛丛密，毛丛间距离大，腹部皮肤多呈紫红色，也有鼻吻白色或尾尖白色的;乳头数多为 16—18 枚。米猪主要分布在常州市金坛区、镇江市扬中区,主要特征为骨骼较细,头大额宽,额部皱褶多且深,耳大(软而下垂),耳尖齐或超过嘴角;全身被毛黑色或青灰色,毛稀疏,毛丛间距大,腹部皮肤多呈紫红色,也有鼻吻白色或尾尖白色的;乳头数多为 16—18 个。沙乌头猪主要分布在江苏省启东市、海门市及上海崇明区,主要特征是体型紧凑、体质结实、行动灵活,头中等大、面长短适中、额部皱纹较浅,鼻端、系部、尾梢有白毛,耳大下垂略短于嘴筒、耳根微硬。背腰平直或微凹,腹大下垂不拖地,腿部有皱褶、卧系,乳头8 对以上。①

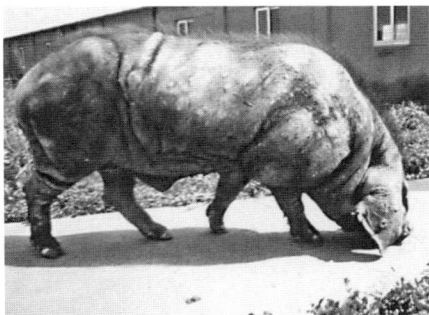

二花脸猪公猪　　　　　　　　　　　二花脸猪母猪

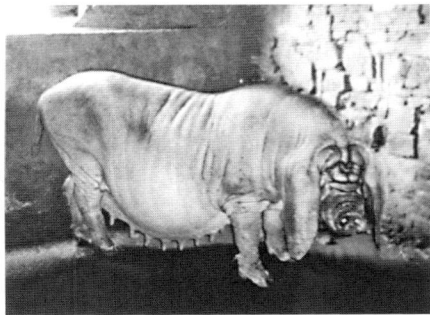

图 6‑8　二花脸猪②

随着浏河两岸地区农业结构的变化,粮食作物种植面积扩大,青糠、麸皮、菜粕等饲料供应充足,同时广辟了青绿饲料和水生饲料的来源,使得养猪数量逐渐增多。《常熟县志》记载,"猪,人家畜养以供屠宰,民间亦或有孳生者。"③明末《沈氏农书》记载,"母猪一胎可产仔猪14 头"④,表明当时长江下游浏河两岸地区大花脸猪种已经具有产仔数多的特性。到了清代,浏河两岸地区出现了体大、皮厚、骨粗、毛色为黑色的猪种。清朝同治《上海县志》记载,"邑产皮厚而宽,有重二百余斤

① 江苏省地方志编纂委员会:《江苏省志·畜牧志》,江苏古籍出版社 2000 年版,第 14 页。
② 国家畜禽遗传资源委员会:《中国畜禽遗传资源志·猪志》,中国农业出版社 2011 年版,第 42 页。
③ 吴馨修、姚文枬纂:《民国上海县续志》,民国七年铅印本,第 299 页。
④ 张履祥辑补,陈恒力校点:《沈氏农书》,中华书局 1956 年版,第 53 页。

者"①,展示了当时猪种具有个体大、皮厚的突出特征,且与早期梅山猪品种中的嘉定马陆型的大型梅山猪的特征十分相似。19世纪中期,太湖地区的晚熟皮厚大花脸猪,已不能适应市场需求,在江苏的武进和金坛地区出现了一种具有个体小、皮薄、脂肪较厚、肉质鲜嫩、早熟、增重快等特性的"米猪"。随着太湖地区商业的交往,猪的流动性增大,大花脸猪与"米猪"两猪种间的杂交越来越频繁。经过长期的杂交和不断选育,大花脸猪逐步演变成具有高繁殖力、肉质鲜嫩、皮薄、早熟特性的梅山猪种。光绪《周庄镇志》记载,"乡间豢养母猪,每产二三十子",表明当时猪种与梅山猪高繁殖力的特性相一致。可以肯定,梅山猪在清朝晚期已经存在,并且被民间广泛饲养。民间梅山猪原有小型、中型和大型三个类型,大型梅山猪现已绝迹,梅山猪现有细脚梅山猪和粗脚梅山猪两种类型,细脚梅山猪即为小型梅山猪,粗脚梅山猪即为中型梅山猪。

梅山猪是由古老的大花脸猪经杂交和选育演变而来,其生产性能具有繁殖率高、皮薄、早熟、肉质鲜美等特点,适应了当地市场发展的需求,受到当地的欢迎,很快在浏河两岸地区普及推广,逐步取代了晚熟皮厚的大花脸猪。

3. 姜曲海猪

姜曲海猪是产于江苏长江北岸姜堰、海安一带的地方品种。该地带砂质土壤,缺乏团粒结构,需施大量有机肥料,因而养猪多。百姓习惯于利用酿酒、榨油、制粉等副产品喂猪,靠施猪粪肥田增产粮食,形成了粮、油、酒、猪的生态循环。在这种特定的自然与社会经济条件下,百姓用当地所称的"本种"猪(类属淮猪)和"沙种"猪(类属大花脸猪),进行长期轮回杂交,逐渐培育形成一种早熟、易肥的猪种新类型。据清嘉庆二十三年(1818年)《海曲拾遗》记载,当地产有"非若淮北苦脸猪"②,说明那时已形成姜曲海猪品种。姜曲海猪主要分布在姜堰、海安部分地区。其被毛为黑色,皮较薄,头短,耳中等大小,体躯短,腿矮,腹大下垂。

---

① 应宝时:同治《上海县志》卷八《物产》,清同治十一年刊本,第616页。
② 高建勋修,王维珍纂:《通州志》卷九《风土志》,清光绪九年刻本。

姜曲海猪公猪　　　　　　　　　　　姜曲海猪母猪

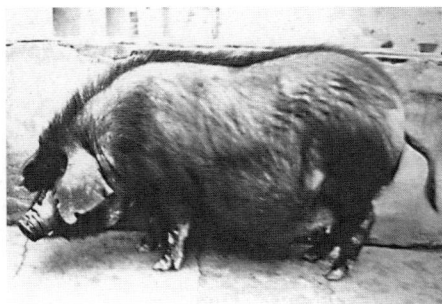

图 6‑9　姜曲海猪[1]

4. 东串猪

东串猪原产于江苏如皋市西部及泰兴市东部,当地百姓称之为"本种大骨头",又名"沙夹子"。据清乾隆庚午年(1750 年)《如皋县志》记载,称之为"娄猪"。20 世纪 80 年代初,曾称为通如黑猪、江海土猪。1980 年,被确定为江苏省五大地方猪种之一,是江苏省体型最大的猪种。1986 年,《中国猪志》上命名为"东串猪"。东串猪产地北有姜曲海猪,南有大花脸猪、二花脸猪,东北部又有灶猪,猪种交流频繁,与当地猪品种串杂。经过复杂的杂交和长期选育,逐渐培育形成了一种体大、骨粗、膘厚、肉紧的新猪种。该品种猪的形成已有 100 年以上的历史。

东串猪毛色全黑,毛稀,体型较大,骨骼粗壮,四肢高而直立,躯体较长,结构匀称,体质结实;背腰平直或稍拱起,腹大下垂而不拖地,后躯欠丰满,臀部倾斜,尾根粗而着生位置较高,尾长过飞节;大腿外侧皮肤有较深皱褶,俗称"穿套裤";头中等大,头型分"马脸型"和"狮头型"。"马脸型",嘴筒中等长而直,额面宽,插口深,面部皱纹少而浅,耳大下垂,腰平直,双背条,胸部丰满,皮厚中等,耐粗饲,出肉率高。"狮头型",头面短而微凹,皱纹多而深,皮厚,生肉较迟,饲养周期长,用以饲养大肥猪。[2]

① 国家畜禽遗传资源委员会:《中国畜禽遗传资源志·猪志》,中国农业出版社 2011 年版,第 42 页。
② 江苏省地方志编纂委员会:《江苏省志·畜牧志》,江苏古籍出版社 2000 年版,第 15 页。

东串猪公猪

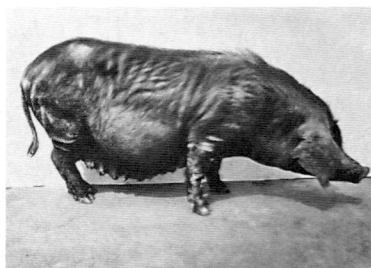
东串猪母猪

图 6-10　东串猪①

东串猪适应性好、耐粗饲、抗病力强，性情温顺，易于饲养管理，深受百姓喜爱。历史上，当地百姓都有圈养的传统习惯，积累了丰富的经验，饲料调制比较精细，精粗饲料都经煮熟后才饲喂。在猪的日粮中使用较多的精料，而肥育时多采用吊架子的方式饲养，渐而形成东串猪体型较大、耐粗饲、膘厚、肉紧等特性。

5. 溧阳红灯笼猪

早在康熙年间，常熟籍画家黄鼎曾作诗以述溧阳，其诗被嘉庆《溧阳县志》收录《杂志类》中，其中就有"鸡豚篱落散城烟"的诗词佳句。这是目前可查最早记载溧阳猪的文献，可惜仅仅是只言片语，无法断定其就是红灯笼猪。后清朝光绪年间《溧阳县续志》记载了同治年间有关野猪的异闻奇事："同治……秋，多野豕伤禾；冬……野豕自毙。七年秋，八月大雨雹，多野豕。八年有纤食，野豕殆尽。"②

红灯笼猪是丘陵低山地区形成的猪种，主要饲料为当地青粗饲料。红灯笼猪的体型外貌具有典型的山猪特征：头稍短，颈较粗，背腰平直且较长，腹较紧较小，四肢较高而有力，皮较厚，毛较密，黑色较深等。从红灯笼猪的亲本米猪看，该品种产生时间约在清末太平天国运动前后。《中国太湖猪》记载，"一百多年以前，即太平天国期间，江苏的扬州、金坛一代已有小型米猪。"③《太湖猪养殖历史研究》也有与此一致的记载，"十九世纪中期太平天国（1851—1864 年）年间……在江苏的扬

① 国家畜禽遗传资源委员会：《中国畜禽遗传资源志·猪志》，中国农业出版社 2011 年版，第 38 页。

② 朱畯：《溧阳县续志》卷十六《杂类志·瑞异》，清光绪二十三年刊本，第 836 页。

③ 张照、陈鸿剑、徐士清等：《中国太湖猪》，上海科学技术出版社 1991 年版，第 123 页。

中、武进、金坛一带，一种个体较小，毛稀皮薄，体质疏松肉质细嫩，脂肪较厚，早期增重快等特点的新猪种应时而生……因其头长而尖，臀部尖削，形如米粒，群众遂称之为'米猪'，也有称为'小客猪'。"①2011 年出版的《中国畜禽遗传资源志·猪志》对米猪的考证更为细致，称太平天国时期，当地形成的所谓"体形较小，具有优良生产性能"的猪种，还不是真正的米猪，实际为"棉皮猪"。米猪真正形成是在"太平天国失败后，大批人南迁，带来了毛粗皮厚、体型较大的华北型猪种，称之为'沙皮猪'，与'棉皮猪'杂交后，逐步分化成两种类型，即小型米猪和大型米猪。"②可见，红灯笼猪品种的最终形成时间，必定是在这之后。

四、养禽业

（一）养鸡业

明清时期，江苏南北养禽业也非常普遍。尤其到了晚清，太湖地区鸡、鸭饲养非常兴盛。据《补农书》记载，"鸡以供祭祀、待宾客，鸭以取蛋，田家不可无。今计每鸭一只，一年吃大麦七斗，该价二钱五分；约生蛋一百八十个，该价七钱。……人家若养六只，一年得蛋千枚，日逐取给殊便。"③雍正二年（1724 年）《陈墓镇志·物产》记载，"鸡，有黑、白、红、黄芦花诸种。丝毛鸡，细白毛青嘴青足青眼；乌骨鸡，足嘴皆黑，其骨如墨"。光绪九年（1883 年）《杨舍堡城志·物产》记载，"禽属：鸡，毛色不一，有家种、洋种、乌骨等类"。清宣统《续纂山阳县志》记载，"禽兽则素称富饶，鸡鸭随地有之，或坐列贩卖，或方筐圆筐，舟载而南，其卵尤得善贾。"④当时百姓豢养鸡鸭进行贩卖，成为家庭收入的重要来源之一。

雍正元年（1723 年），乾隆《钦定大清会典则例》中提及："凡有开鹌鹑圈、斗鸡坑、蟋蟀盆并赌斗者，该司坊官严行禁止。"⑤从这一记载说

① 肖先娜：《太湖猪养殖历史研究》，硕士学位论文，南京农业大学，第 9 页。
② 国家畜禽遗传资源委员会：《中国畜禽遗传资源志·猪志》，中国农业出版社 2011 年版，第 75 页。
③ 张履祥辑补，陈恒力校释，王达参校、增订：《补农书校释》（增订本），农业出版社 1983 年版，第 91 页。
④ 邱沅：宣统《续纂山阳县志》卷一《疆域》，民国十年刻本，第 29 页。
⑤ 乾隆《钦定大清会典则例》第 15 册，卷二十七《吏部》，第 38 页。

明，斗鸡是清人喜爱的宠物竞技游戏，在清代社会也蔚然成风。

由于百姓精心培育和选择，明清时期，江苏出现很多优良地方鸡种。有些鸡种还是世界公认的标准品种。具体情况如下：

1. 狼山鸡

狼山鸡原产如东县境内，是著名的蛋肉兼用型地方品种。该鸡种历史上因集散地为南通港，港口附近有游览胜地——狼山，因此而得名。狼山鸡主要分布在江苏如东县，以岔河、马塘为中心，邻近的掘港、拼茶、丰利、双甸及南通市通州区的石港等地也饲养较多，故当地曾有"岔河大鸡"或"马塘黑又鸟"之称。当地视黑色为吉祥，喜选择黑色羽毛鸡饲养，渔民出海祭祀时也要求用纯黑色的大公鸡。这种历史习俗，促使人们不断淘汰杂色羽鸡而选留黑色羽鸡饲养。经长期选择、培育，约在19世纪70年代以前，形成该鸡种。清同治十一年（1872年），狼山鸡被引入英国，后从英国传入美国、德国、日本等国，成为名闻世界的鸡种，并参与奥品顿、澳洲黑等国外著名鸡种的育成，对世界养鸡业有较大贡献。[①]

狼山鸡全身羽毛以黑色羽最多，黄羽次之，白羽最少。黑羽鸡又分光头光脚、光头毛脚、凤头光脚、凤头毛脚4个类型，其中又以黑羽光头

图6-11　狼山鸡[②]

---

① 江苏省地方志编纂委员会编：《江苏省志·畜牧志》，江苏古籍出版社2000年版，第33页。
② 国家畜禽遗传资源委员会：《中国畜禽遗传资源志·家禽志》，中国农业出版社2011年版，第38页。

光脚为多。羽色黑中带绿,富有光泽;体格大而健壮,昂头翘尾,羽毛紧密;单冠直立,耳垂和肉髯鲜红色,虹膜黄色,脚趾黑色,皮肤白色。初生雏鸡头部羽绒呈黑白花,俗称"大花脸",背部羽绒呈黑色,腹、翼尖及下颌羽绒呈淡黄色,明显区别于其他黑色鸡种的雏鸡,其生长速度中等,胴体洁白,肌纤维较细,肉质鲜美。

2. 太湖鸡

太湖鸡主要产于太湖周边地区,为蛋肉兼用型地方品种。该地区农村富庶,农民习惯养鸡,一向喜爱饲养体型中等、食量不大、产蛋较多的鸡种,且偏爱黄羽色;而这一带城市消费者也喜食黄羽色鸡,以优价购买,因此促进了太湖鸡的选育和品种的形成。

太湖鸡公鸡　　　　　　　　　太湖鸡母鸡

图 6-12　太湖鸡①

太湖鸡羽毛呈黄色,仅颈羽、翼羽、尾羽尖有黑色,公鸡羽毛金黄而有光泽,以黄羽、黄喙、黄脚为特点,俗称"三黄鸡"。头似蛇头,单冠直立,体型中等,腿中等长,胫无羽;行动灵活,善觅食,适应性强;肉质鲜美,为广大消费者喜爱。太湖鸡主要分布太湖周边地区,除本地饲养外,历年还以种蛋和嘌蛋方式向外地市场输出。

3. 如皋黄鸡

如皋黄鸡主要产于如皋、如东、海安、通州等地。如皋黄鸡饲养历史悠久,根据记载,早在清嘉庆九年(1804 年)杨修编著的《如皋县志·物产》中就记载有:"鸡,家之常畜,品种有'花鸡''獐鸡'。"所谓獐鸡,意即指羽毛颜色如獐毛样的地方土鸡。如皋农户将鸡放养于房前屋

① 国家畜禽遗传资源委员会:《中国畜禽遗传资源志·家禽志》,中国农业出版社 2011 年版,第 51 页。

后,任其自由觅食。在此特定的自然环境下,经长期选择培育,逐渐形成了"三黄"(黄喙、黄羽、黄脚)特征。该鸡适应性强、肉质鲜嫩,为优良地方品种。2005 年经江苏省畜禽品种管理委员会专家组审定,命名为"如皋黄鸡"。

4. 溧阳鸡

溧阳鸡是产于江苏西南丘陵山区的著名肉用型地方品种。该地区丘陵起伏,山村绿被繁茂,活食昆虫丰富,农家养鸡多放养,任其在田间、野外觅食。另外,农家还素有腌咸鸡作庆贺时食用风俗。因此,长期以来百姓爱养大鸡,选留大鸡作种用,逐渐培育形成体型较大,肌肉丰满,觅食能力强,产蛋较多的溧阳鸡品种。

溧阳鸡羽毛黄色,麻黄和麻栗色也常见,也以黄羽、黄喙、黄脚为特点,俗称"三黄鸡"和"九斤黄"。公鸡羽色黄或橘黄,主翼羽全黑或半黄半黑,副主翼羽黄或半黑,主尾羽黑色,胸、颈、鞘羽全黄或橘黄色,有的羽毛有黑边。母鸡羽色多为草黄色,少数麻黄色。雏鸡羽绒木黄色,部分有似蛙背的黑条纹。公鸡单冠直立,耳垂、肉髯长大而鲜红;母鸡单冠直立或侧冠,眼大,虹膜呈橘黄色。体型较大,躯体略显方形,胸宽,肌肉丰满,腿粗长,肉质鲜美。溧阳鸡主要分布于溧阳市内,以茶亭、戴埠、社渚等乡镇饲养数量最多,以茶亭、草塘等乡镇的鸡最为有名。

溧阳鸡公鸡 溧阳鸡母鸡

图 6 - 13 溧阳鸡①

---

① 国家畜禽遗传资源委员会:《中国畜禽遗传资源志·家禽志》,中国农业出版社 2011 年版,第 42 页。

5. 鹿苑鸡

鹿苑鸡是产于原常熟县鹿苑镇(现为张家港市所辖)的著名肉蛋兼用型地方品种,因产于鹿苑镇而得名。其产地位于江苏省东南部,北临长江,农产、水产资源丰富,当地多以农副产品和水产下脚喂鸡,惯于选留体大粗壮、黄羽、黄喙、黄脚的种鸡饲养和繁殖。临近的城市生活水平较高,对体大肥嫩、鲜美、高质量的鸡有很大的需求,素有食黄鸡、"童子鸡"(小公鸡)的习惯。因此,经长期选育,逐渐培育形成肉蛋兼优的鸡种。嘉靖年间,常熟县谭晓、谭照两兄弟经营农业,虽然养鸡只是其中之一,但规模很大,是典型的以获利为目的的商品经济,有专业的苗鸡孵化产业保证其有足够的苗鸡供应。因规模效应的作用,使鸡种培育与更新步伐加快,太仓璜泾一带百姓利用同处一州的有利条件,采用嘉定的"三黄鸡"改良了本地鸡种,且加上嘉靖《太仓州志》有黄脚鸡"移种他邑"①之说法,表明那时江南鸡种间可能有较频繁的品种交流。鹿苑鸡正是在这一时期育成。到清代光绪年间(1875—1908 年),鹿苑鸡已是常熟四大特产之一,并成为供应皇室享用的贡品,足见该品种形成确实在嘉靖年间。

鹿苑鸡羽毛黄色。公鸡颈羽、鞘羽和小镰羽呈金黄色而富光泽,大镰羽呈黑色;母鸡羽色草黄,少数麻黄色,主翼羽、颈羽和尾羽有黑斑。喙、胫、趾也均呈黄色。体格高大,躯体宽,胸部深,腰背平直,呈长方

鹿苑鸡公鸡　　　　　　　鹿苑鸡母鸡

图 6-14　鹿苑鸡②

---

① 周士佐:嘉靖《太仓州志》卷之二《风俗》,明崇祯二年重刻本。
② 国家畜禽遗传资源委员会:《中国畜禽遗传资源志·家禽志》,中国农业出版社 2011 年版,第 38 页。

形。胴体美观,色黄,皮下脂肪丰富,肉质良好。当地名菜"叫花鸡"(又称"煨鸡"),就是以鹿苑鸡为原料烹制而成。鹿苑鸡主要分布于张家港市、常熟市,以张家港市塘桥、凤凰、杨舍等地较为集中。

6. 乌骨鸡

乌骨鸡是原产江西、浙江、福建、湖南、四川等省的优良地方品种。因其外貌美观,营养丰富,具有相当高的药用、食用、观赏价值而驰名中外。清雍正二年(1724年)《陈墓镇志》提及乌骨鸡"足嘴皆黑,其骨如墨"①。光绪《丹徒县志》引康熙《丹徒县志》记载:"鸡,人家常畜之品。一种脚矮身小而彩色可爱或纯白者,曰广鸡,云种出自广东也。一种雌雄羽毛皆纯白而反卷,冠紫色,状如荔枝,耳碧而肉及骨俱黑者,曰乌骨鸡。俗云:畜之小儿不患惊风,黑舌者尤良。"②从地方志相关记载中可以看出,乌骨鸡全身皮肤及眼睑、喙、胫、趾均呈乌黑色。形体小巧轻盈,细致紧凑,头小颈短,腿矮,并具有乌骨鸡奇特的桑椹冠、缨头、绿耳、胡须、丝毛、五爪、毛脚、乌皮、乌肉、乌骨等十大特征。民间也流传认为,家养乌骨鸡,可以避免家中小孩患惊风之症。

该鸡种依产地不同分为白色丝毛乌骨鸡、江山白毛乌骨鸡、金阳丝毛鸡、雪峰乌骨鸡等4个类型。江苏引进饲养的乌骨鸡,主要是原产江西泰和县的白色丝毛乌骨鸡类型。乌骨鸡主要分布于各大中城市郊区及周围农村,以南京市、扬州市较多。

7. 竹鸡

竹鸡形体较小,羽色艳丽,多作为观赏鸟类。光绪《丹徒县志》中记载,"竹鸡,形如乌鹊,带红色,鸣则雨。本草竹鸡,一名山菌子,状如小鸡,无尾,鸣音泥滑滑。"③竹鸡因其特异的叫声,也被称为"泥滑滑""竹鹧鸪"或"扁罐罐"。雄鸟生性好斗,常被人们驯化为斗鸟,以供娱乐。喙黑色或近褐色,额与眉纹为灰色,头顶与后颈呈嫩橄榄褐色,并有较小的白斑,胸部灰色,呈半环状,下体前部为栗棕色,渐后转为棕黄色,肋具黑褐色斑,跗跖和趾呈黄褐色。该鸡大多生活在竹林中。形体比

---

① 陈尚隆:《陈墓镇志》卷三《物产》。
② 何绍章:光绪《丹徒县志》卷十八《食货十一》,清光绪五年刊本,第1226页。
③ 何绍章:光绪《丹徒县志》卷十八《食货十一》,清光绪五年刊本,第1238页。

鹧鸪小,毛呈褐色而有斑点,喜欢吃白蚁。康熙《吴县志》有记载竹鸡,"形比鹧鸪差小,褐色多斑赤文,其性好啼闻,其声若曰泥滑滑,见其必斗,捕者以媒诱其斗因网之,味美如菌,因有山菌子之名,又好食蚁。谚云:家有竹鸡啼,白蚁化为泥,亦辟壁虫"[1]。以此为证,竹鸡多分布于苏州、无锡等地的丘陵地带。

(二)养鸭业

明清时期,江苏养鸭业尤其是苏南很发达。据明朝弘治年间《吴江志》记载,"每岁秋获之后,水田多遗穗及鱼虾之类,绍兴人辄来养鸭,以千百为群,吴人呼为鸭客"[2]。江南地区养鸭大多都以千百为群,且有以"鸭客"来称呼养鸭多者。又有康熙时期《扬州府志》记载,"鹅鸭,尸子曰:野鸭为凫;家鸭为鹜;野鸭出泰州佳。家鸭,江湖间养者,百千为群,高邮、泰州极多。生子多者不暇……未孵者曰蛋,上人盐藏之,以售四方。都下尤重之"[3]。

根据乾隆《无为州志》记载,"明志云:……民间无论乡市,类好畜鹅鸭鸡鸽。宴会以鹅为珍品,有肥至十余斤者。又有水鸭(从原文及嘉庆八年该县志所述当为家鸭而非野鸭),江南民寓畜,各乡以千百为群,性宜卵,外商卤之以罔利他郡焉"[4]。由此可见,当时长江中下游广大地区对于养鸭的经济效益很重视。《沈氏农书》中记载,"鸡一般用作祭祀和待宾客,鸭用以产蛋,种田人家不可无。今计每鸭一年吃麦七斗,该价二钱五分,约生蛋一百八十枚,价值七钱。每家若养六只,一年得蛋千枚"[5]。清《豳风广义》中还载"饲鸭与鸡同,用粟豆饲鸭,其利有限,不若细到苜蓿煮熟,拌糠麸饲之,价省功速亦善法也"[6]。介绍了喂养鸡鸭获利最多的方法,用粟豆喂养,成本高而获利有限,用麦麸(即人们饮食的小麦剩下的麦皮)喂养,不仅鸭子膘肥体壮,成长迅速,而且获利可观。江苏地区饲养鸭的品种主要有:

① 孙佩纂:康熙《吴县志》卷二十《物产》,清康熙三十年刻本,第 1104 页。
② 莫旦:弘治《吴江志》卷五《风俗》,明弘治元年刊本,第 226 页。
③ 雷应元纂:康熙《扬州府志》卷二十《物产》,清康熙三年刻本,第 1651—1652 页。
④ 常廷璧修,吴元桂纂:乾隆《无为州志》卷七《物产》,1960 年复制清乾隆刻本,第 410 页。
⑤《沈氏农书·蚕务六畜附》。
⑥ 杨屾:《豳风广义》第 3 册,卷三《畜牧说》。

1. 高邮鸭

　　高邮鸭是原产于高邮市,蛋肉兼用的大型麻鸭地方品种,又称高邮麻鸭。其产地处于苏北、长江中下游冲积平原,境内湖荡众多,河道交织成网,水面积占三分之一以上,螺蛳、鱼、虾、蚬、蚌等动物性饲料资源丰富,放鸭水域环境条件良好。产地历史上,属一熟沤田地区,种一季早稻为主,利用收割后的遗谷放鸭,形成季节性养鸭的传统习惯。一般习惯于饲养7月8日至18日孵出的苗鸭,养到90—110日龄正值秋末,除选留部分种鸭过冬外,全作肉鸭出售。经当地长期选育,逐渐形成适宜放牧,潜水觅食力强,生长快、体型大,产肉、蛋性能良好,并以产双黄蛋多而驰名的地方优良品种。该品种鸭的形成,至少已有300多年历史。

高邮鸭公鸭　　　　　　　　　　高邮鸭母鸭

图 6‑15　高邮鸭①

　　高邮鸭体型大,体态结构匀称紧凑,行动较敏捷。成年公鸭羽毛在头、颈上半部带黑色泛翠绿色,背腰部棕褐色,胸部红棕色,翅内侧为芦花羽,腹部白色,尾部黑色;头方形,眼大,虹彩褐色,嘴青带微黄色,嘴尖豆黑色;躯体胸深背阔呈长方形;胫、蹼橘黄色,爪黑色;群众俗称为"乌头白裆青嘴雄"。成年母鸭全身羽毛呈麻雀状,花纹细小,带黄米汤色,主翼羽带蓝黑色;头方眼大,虹彩褐黑色,紫嘴,嘴尖豆黑色;胸宽深,臀部方形;胫、蹼紫红色,爪黑色。高邮鸭主要分布在江苏省里下河

---

① 国家畜禽遗传资源委员会:《中国畜禽遗传资源志·家禽志》,中国农业出版社 2011 年版,第 384 页。

地区的高邮、兴化、宝应三地,其他地区也有饲养。

2. 绍鸭

绍鸭是原产浙江绍兴的蛋用小型麻鸭地方品种。该品种形成历史久远,江苏省与产地临近的太湖地区最早引入饲养。因具有体型小,产蛋多,耗料少,宜放牧,擅长稻田中"钻青",起到中耕及捕食昆虫的作用等优点,深受农民百姓喜爱,后逐渐扩展到长江两岸及里下河水网地区饲养。

绍鸭按羽色分"红毛绿翼梢"和"带圈白翼梢"两种类型,群众称"红毛种"和"三白种"。"红毛种"公鸭羽毛较母鸭深,翼羽梢带墨绿色,母鸭为麻雀羽色。"三白种"较"红毛种"羽色较淡,公母鸭颈部均有白色颈圈,宽约 4 厘米,腹部末端和翼羽末梢带灰白色。头部如蛇形,嘴豆黑色,颈细,体型小而紧凑,躯体狭长,胫、蹼橘黄色。肉质粗,口味较差。绍鸭主要分布于环太湖和长江两岸及里下河地区。

3. 绿头鸭

绿头鸭,也叫野鸭,江南各地均有分布。绿头鸭公鸭头颈为绿色,具辉亮的金属光泽。颈基有一白色领环。上背和两肩褐色,密杂以灰白色波状细斑,羽缘棕黄色。下背黑褐色,腰和尾上覆羽绒黑色,微具绿色光泽。中央两对尾羽黑色,向上卷曲成钩状,外侧尾羽灰褐色,具白色羽缘,最外侧尾羽大都灰白色。两翅灰褐色,翼镜呈金属紫蓝色,其前后缘各有一条绒黑色窄纹和白色宽边。颏近黑色,上胸浓栗色,具浅棕色羽缘。下胸和两胁灰白色,杂以细密的暗褐色波状纹。腹部淡色,亦密布暗褐色波状细斑。尾下覆羽绒黑色。母鸭头顶至枕部黑色,具棕黄色羽缘;头侧、后颈和颈侧浅棕黄色,杂有黑褐色细纹;贯眼纹黑褐色;上体亦为黑褐色,具棕黄或棕白色羽缘,形成明显的"V"形斑;尾羽淡褐色,羽缘淡黄白色;两翅似公鸭,具紫蓝色翼镜;颏和前颈浅棕红色,其余下体浅棕色或棕白色,杂有暗褐色斑或纵纹。

清嘉庆《如皋县志》中就曾提及:"鸭,雄者绿头文翅,雌者黄斑色,亦有纯白纯黑者,出南沙尤美。"①公鸭绿头欲展翅高飞,母鸭有黄色斑点,与绿头鸭外形吻合,可以推测出当时所记载的鸭应该就是绿头

---

① 杨受廷:嘉庆《如皋县志》卷六《物产》,清嘉庆十三年刊本,第 537 页。

鸭。《苏州府志》引《吴郡志》的记载："绿头鸭，村人多养之。"[1]表明当时江苏地区，民间养绿头鸭也不在少数。

（三）养鹅业

江南地区养鹅历史悠久。这主要得益于江南地区优越的地理条件，河流湖泊众多，水草丰富，水禽饲养发达。根据记载，春秋战国时期江南地区已养鹅。《三农纪》提及"虽陶朱致富有鹅，亦取水养之利云"[2]，陶朱即越大夫范蠡，表明范蠡曾在太湖地区养鹅。唐朝时期，农家养鹅已经比较常见。如罗隐诗《京口送杨子蒙东归》："东吴送客楼船后，抛掷子鹅离京口。"京口在今江苏镇江，可见当时养鹅已经较为普遍。随着南宋以后经济重心南移，明朝时期又定都于今南京，江南地区成为经济重心和政治中心，人口激增，进而土地得到进一步开垦利用，河流水网密布，更适宜鸭、鹅等家禽繁衍生息。明代著名戏曲作家王磐的《朝天子·咏喇叭》中"只吹得水尽鹅飞罢"，道出民间的疾苦，同时也反映民间养鹅习俗。清光绪《丹徒县志》引康熙《丹徒县志》，"刁景纯《怀南徐所居寄二弟》诗云：京口子鹅宜荐酒，坝头醇酒酒字疑，字之讹，可飞觥。"[3]嘉庆《如皋县志》也记载，"鹅，有苍白二色，能警盗，亦却蛇，辟小儿惊痫。"[4]这些都表明，民间养鹅的普遍。因鹅由野雁演化而来，素有警觉的特性，故而民间养鹅不仅用以食用，更以此来"防盗"。直至今天，江苏大江南北农民仍利用家鹅的这种习性，作为看家和护牧的"哨兵"。江苏地区鹅的品种主要有：

1. 太湖鹅

太湖鹅是原产太湖地区的肉蛋兼用型地方品种。由于太湖地区湖滩、水网密布，农业发达，群众利用丰富的饲草资源和农田收割后的遗谷放牧鹅群，经过长期的选育，逐渐培育形成体型较小，宜放牧，成熟早，产肉、产蛋性能良好的地方优良鹅种。

---

[1] 李铭皖：同治《苏州府志》卷二十《物产》，清光绪九年刊本，第 1926 页。
[2] 张宗法：《三农纪》卷八《鹅》，第 593 页。
[3] 何绍章：光绪《丹徒县志》卷十八《食货十一》，清光绪五年刊本，第 1226—1227 页。
[4] 杨受廷：嘉庆《如皋县志》卷六《物产》，清嘉庆十三年刊本，第 537 页。

太湖鹅公鹅　　　　　　　　太湖鹅母鹅

图 6-16　太湖鹅①

太湖鹅羽毛洁白,喙、胫、蹼呈橘红色,头顶有肉瘤呈姜黄色,颈细长呈弓形。公鹅肉瘤较母鹅大而突出,体型较大,体态雄伟,昂首挺胸,叫声洪亮。母鹅体型略小,性情温和,叫声较低。其羽毛洁白、轻软,富有弹性,保暖性能强,屠宰时每只鹅能得 0.2—0.25 千克羽绒。太湖鹅分布江苏各地,全国许多省、市也有大批引入和推广。

2. 四季鹅

四季鹅是民众对四季能产蛋、又能自孵的鹅种俗称。江苏省的四季鹅源于浙江的浙东白鹅和安徽的雁鹅,属大中型、肉用型地方品种。

四季鹅中,属浙东白鹅类型的鹅,全身羽毛白色,额上方肉瘤橘红色。属雁鹅类型的鹅,全身羽毛灰褐色,并从身体上部到下部羽色由深渐浅,腹部呈灰白色或白色,额上方肉瘤黑色。两种类型鹅,体型均较大。四季鹅产的羽绒,以浙东白鹅类型的质量最好。

五、养犬业

犬自古以来为人们所喜爱,并产生出许多犬的品种。如据《尔雅》载:"狗长喙猃,短喙,奇绝有力,犬狗也","长喙者曰猃,(去势)犬曰猗,高四尺曰獒"。同时还把犬区别为:田犬(长喙供田猎),吠犬(短喙而善守),食犬(易肥供肉用)。② 元朝时,犬在辽东还作为驿用。明清时期,

---

① 国家畜禽遗传资源委员会:《中国畜禽遗传资源志·家禽志》,中国农业出版社 2011 年版,第488 页。

② 《尔雅》第 10 册,《释畜第十九》,第 113 页。

江苏各地养犬较多，其用途也多种。据康熙六十一年（1722 年）《徐州志·物产》记载，"犬，其种三：守犬、食犬、田犬"。光绪九年（1883 年）《杨舍堡城志·物产》记载，"犬，有猎犬、守犬两种，毛色不一"。当时养犬作宠物也很盛行。《点石斋画报》中刊载，对于孤苦无依的老人而言，宠物的存在如同子女一般的慰藉。"扬城某姓夫妇年垂暮无膝下，豢一犬以破岑寂，犬颇驯良，善识主人意，主人爱之甚，因命其名曰：丫头。"①扬城即扬州，给宠物起名"丫头"，足见老人将宠物当女儿一样。另据宣统《吴长元三县合志·物产》记载，犬"有一种小而捷者曰胡犬，俗呼叭儿狗，长毛者曰狮子狗，又有一种来自北地其形高大两耳垂首，性猛不畏强、御，人呼为獒狗，其余寻常者既称曰草狗，亦曰笨狗"。

民间养犬更多用作看家护院。"依依摇尾态，解说主人恩。投骨看狼逐，呼名共鹿奔。吠声惊静夜，雄踞护柴门。憧仆心何似，应教对汝"②，"有东门外某街某姓畜有五狗，晚上轮流值班③。清《如皋县志》也记载："皋无食犬、田犬，唯吠犬警夜，不登于俎。"④

另外，求吉趋吉是民众普遍的心理趋向。⑤ 这种心理趋向，在人们饲养宠物中亦有体现。民间谚语道："猪来贫，狗来富，猫儿来开质库。"⑥可见饲养什么样的宠物，是人美好心理愿景的体现。民间甚至还流传，戒食狗肉不会感染时疫的说法。光绪《江阴县志》就有相应记载："犬，与牛俱不可食。戒食者不染时疫，斯说极验。"⑦

清代人们对猫狗爱护倍增，每年六月六各地都兴"浴猫狗"的风俗，目的是给猫狗去虱子。顾禄在《清嘉录》中记载："六月六，狗浥浴，谓六月六日，牵猫犬浴于河可避虱蛀"⑧。江浙六月六浴猫狗，广东之澄海则以五月五日浴之。⑨

①《犬识旧主》，《点石斋画报》庚集第十期。

②《清代诗文集汇编》编纂委员会：《清代诗文集汇编》第 671 册，《愿学堂诗存》。

③《五狗值更》，《点石斋画报》巳集第十期。

④ 杨受廷：嘉庆《如皋县志》卷六《物产》，清嘉庆十三年刊本，第 536—537 页。

⑤ 钟敬文主编：《民俗学概论》，高等教育出版社 2010 年版，第 69 页。

⑥ 娄元礼：《田家五行》卷下《祥瑞类》。

⑦ 卢思诚：光绪《江阴县志》卷十《物产》，清光绪四年刻本，第 956 页。

⑧ 顾禄：《清嘉录》第 4 册，卷六《六月·狗浥浴》，清道光刻本，第 12 页。

⑨ 徐珂：《清稗类钞》第 10 册，《迷信类·浴猫狗》，中华书局 1986 年版，第 4677 页。

六、其他动物的养殖

(一) 驴

由于历代马政对农民剥削苛刻,而养驴不受限制,养驴耗费又比马小,素有"穷养驴,富养马"之说,因此在明清时期,江苏农村尤其是苏北农村养驴业比较发达。康熙二十三年(1684年)《高邮州志·物产》记载,"畜:水牛、黄牛、马、骡、驴、犬、羊、猪、鸡、鹅、鸭"。乾隆十五年(1750年)《如皋县志·物产》记载,"驴有苍、黑、白三种"。咸丰《靖江县志稿》记载,"牛耕马乘驴骡代步"①。光绪十四年(1888年)《赣榆县志·物产》记载,"禽兽有六畜,牛、马、驴尤富,每岁四月大集,沙河贩夫至者,南自淮扬北自青沂,比物类群动以百计"。表明当时江苏地区,不仅普遍养驴,而且驴、骡还是重要代步工具。

江苏地区的驴品种主要是苏北毛驴。它主要产于苏北徐淮地区,是与冀、鲁、豫、皖北的小型驴同一类型的地方品种。唐宋时中原各地已普遍养驴,并传至江淮地区。及至明清,江淮地区毛驴已得到迅速发展,经当地不断选育,逐渐形成适应性强、耐粗饲、耐劳役的小型驴品种。② 苏北毛驴被毛多青、

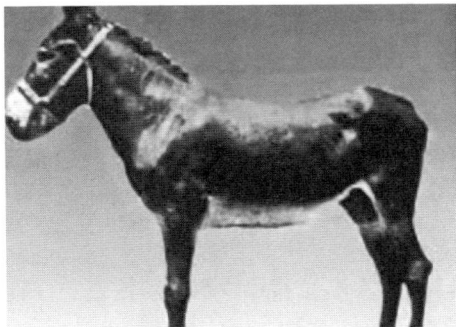

图 6-17 苏北毛驴图

灰色,少数黑色、白色、棕色,口、鼻、股下、四肢下端为灰白色,鬐甲部到尾梢中央有一黑色背线。体型矮小,四肢端正结实,蹄头坚实呈棕黑色。生长发育较快,驴肉色暗红,纤维细嫩,味鲜美,素有"天上龙肉,地上驴肉"之说。另外,乾隆《徐州府志》中记载"丰县产花驴特胜"③,可见当时的徐州,已有花驴这个品种。晚清时,毛驴已成为苏北农村主要的交通运输工具和农田辅

---

① 于作新修,潘泉纂:咸丰《靖江县志稿》卷五《物产》,清咸丰七年木活字本,第358页。
② 江苏省地方志编纂委员会:《江苏省志·畜牧志》,江苏古籍出版社2000年版,第23页。
③ 石杰修,王峻纂:乾隆《徐州府志》卷五《物产》,清乾隆七年刻本,第523页。

助役畜。

（二）鸽

中国驯养鸽子历史悠久。早期驯养的鸽子主要是用于食用，唐代已驯养鸽子传书。根据《西湖游览志余》记载，"高宗好养鹁鸽，躬自飞放"[①]。说明南宋时，太湖地区已养鸽。不过，真正较大量饲养，已到明清时期。康熙十二年（1673年）《通州志·物产》记载，"羽虫甚繁，畜于家者有鸡、有鹅、有鸭、有鸽，若生于野于林于水际者则雉凫、鹌鹑、竹鸡"。康熙二十二年（1683年）《昆山县志·物产》记载，"鸽，野鸽名仓灰。人家蓄者种不下数十，有以毛色胜者，有以健飞胜者，好事家蓄以相炫色。陈献之性嗜鸽，搜求不惮千里，购置不惜多金，著有《鸽谱》一。以其毛表其性衡其品定其价与，夫饮食所宜，疾痛所自无不详且核焉"。清朝张万寿撰《扬州府志·物产》中描述："鸽，俗名鹁鸽，其品最多，家蓄者良。"嘉庆九年（1804年）《如皋县志·物产》记载，"鸽，皋人多畜之"。光绪六年（1880年）《周庄镇志·物产》记载，"鹁鸽，亦名飞奴，鸠属。毛色有白、黑、青、紫、灰斑不等，其眼有大小黄绿珠砂之异，以睛特而砂粗者为最性淫，喜合，逐月哺子，人家多蓄之"。宣统《吴长元三县合志·物产》记载，"鸽，与鸠同类，有家、野二种。野鸽全体暗黑，惟背之中央为灰白色，胸及颈有紫绿色之光泽，群栖林中，出食田禾，性不易驯，网捕以供食品。家鸽名目甚多，其毛羽有青、白喙鹊斑诸种，察其眼目有大小黄赤绿色等类，两两相匹不集交，每孕而卵，伏十八日而化。畜之者不缺其食，不迁其巢，严防猫捕之害，则易驯且能飞，引他家之鸽来集而不去。系铃于足，放之空中，谓之鸽铃。记忆力甚强，能传书往还。所生之卵精营无比，入药解疮毒痘毒，入馔充贵品焉"。从这些记载，都可以看出当时江苏地区养鸽不仅数量繁多，而且种类丰富，更有民间诗词咏鸽。《新修靖江县志》记载："咏鸽：三三两两在天涯，雾隔云迷去路赊，认得屋头明白了，断然不落别人家。"[②]

明代驯鸽的技艺有很大进步。明人张万钟撰写的《鸽经》，对此作

---

① 田汝成、范鸣谦：《西湖游览志余》卷二《帝王都会》，明万历十二年刊本，第34页。
② 王叔杲：嘉靖《新修靖江县志》卷三《分野二》，明隆庆三年刻本，第182页。

专门记载。该书是中国最早的一部养鸽专著①,弥补了中国养鸽典籍的空白。清代民间鸽戏,已经屡见不鲜,清人蒲松龄在《聊斋志异·鸽异》中还描绘了清代鸽戏的情景:"鸽类甚繁,晋有坤星、鲁有鹤秀、黔有腋蝶、梁有翻跳、越有诸尖,皆异种也……少年立庭中,口中作鸽鸣。忽有两鸽出:状类常鸽,而毛纯白;飞与檐齐,且鸣且斗,每一扑,必作斤斗。少年挥之以肱,连翼而去。复撮口作异声,又有两鸽出:大者如鹜,小者裁如拳;集阶上,学鹤舞。大者延颈立,张翼作屏,宛转鸣跳,若引之;小者上下飞鸣,时集其顶,翼翩翩如燕子落蒲叶上,声细碎,类蜚鼓;大者伸颈不敢动。鸣愈急,声变如磬,两两相和,间杂中节。既而小者飞起,大者又颠倒引呼之。"②从这一记载看,清代民间鸽戏技艺很高,鸽子在训鸽人的指挥下,可以飞、斗、舞、鸣等。

（三）鹌鹑

根据文献记载,中国早在唐宋时期就有养鹌鹑,而且历来都有"斗鹑"一项娱乐活动。斗鹌鹑在唐玄宗时期自西凉传入内地。《清稗类钞》中记载:"斗鹌鹑之戏,始于唐,西凉厥者进鹑于玄宗,能随金鼓节奏争斗,宫中人咸养之。"③至宋代,斗鹌鹑则成为民间普遍流行的娱乐。明清时期,斗鹌鹑不仅为一种娱乐活动,更是一种赌博手段。清代民间斗鹌鹑之风很盛,南人与北人皆好之,④成为全国性流行风气,每年九月霜降之时,各地兴起斗鹌鹑。

太湖地区是全国最风行养鹌鹑的地区之一。据《江阴县志》记载,"东南乡好畜之使斗"⑤。光绪六年(1880年)《周庄镇志·物产》记载"鹌鹑,即《月令》之鴽,大如鸡,雏生,田野间稻熟时始出,故俗呼稻鸡,其雄善斗,人多养之,镇南长浜村人多业捕此鸟者"。苏州、上海斗鹌鹑风俗同样兴盛,在游戏规则上较北方更为讲究。《清嘉录》中记载:"霜降后,斗鹌鹑角胜,标头一如斗蟋蟀之制,以十枝花为一盆,负则纳钱一

① 王世襄、赵传集:《明代鸽经　清宫鸽谱》,生活·读书·新知三联书店 2013 年版,第 10 页。
② 蒲松龄:《聊斋志异》第 6 册,卷六《鸽异》,清铸雪斋钞本,第 111—117 页。
③ 徐珂编撰:《清稗类钞》第 9 册,《赌博类·斗鹌鹑》,中华书局 1986 年版,第 4915 页。
④ 韦明桦:《动物表演史》,山东画报出版社 2005 年版,第 176 页。
⑤ 陈延恩修、李兆洛纂:道光《江阴县志》卷十《物产》,清道光二十年刊本,第 857 页。

贯二百。若胜,则主家什二而取。每斗一次,谓之一圈。斗必昏夜,至是畜养之徒,彩缯作袋,严寒则或有用皮套,把于袖中,以为消遣。"[1]

斗鹌鹑首先必须了解鹌鹑的习性以及竞斗的技巧。徐珂在《清稗类钞》中对于提高鹌鹑的特性与斗法有了进一步的总结:"鹑胆最小,斗时所最忌者,旁有物影摇动,则必疑为鹰华,惊惧而匿,不独临场即输,且日后亦费多方调养,始能振其雄气。故斗时放圈下,须人声悄静,各使搜毛讫,方齐下圈。优劣既分,输赢已定,即下食分开。其败者,俗谓之曰:桶子。胜鹑若有微伤,洗养五七日,即可斗;伤若重,必俟伤痕全愈,方可洗把上场。"[2]不仅如此,中国现存的《鹌鹑谱》与《鹌鹑论》两部古籍均创于清代。清人洗花逸士所著的《鹌鹑谱》中对鹌鹑的捕捉、饲养、斗法、相法、疾病防治论述详细,并总结出了"十六不斗"和"三十劣相",为后世研究鹌鹑的生物科学特性提供了有益的借鉴。

斗鹌鹑虽然丰富了明清时期人们的文化生活,但不可忽视的是,因斗鹌鹑赌博导致家财耗尽、家破人亡的事例也不在少数。清人杨垕所著的《斗鹌鹑词》中,对斗鹌鹑导致的家庭破败、妻子受苦的情景描绘得栩栩如生,并对此作出痛切批评:"街中子弟风霜肌,破屋无瓦壁无泥。桶中妇冻儿饥啼,冒晨出门不掩扉。鹌鹑巷仄天新雨,手把鹌鹑相毛嘴。一上斗场归色喜,三日不炊釜无米,禽兽何亲汝妻子!"[3]故而清朝累下令禁止。光绪《江阴县志》记载称,"鹌鹑,东南乡好畜之,使斗(鹌鹑)与斗蟋蟀同午例禁。"[4]

（四）兔

中国是最早养兔的国家之一。根据文献记载,早在距今两千多年的先秦,已养兔。李时珍的《本草纲目》中记载:兔肉性寒味甘,具有补中益气、止渴健脾、凉血解热毒、利大肠之功效。民间更有"飞禽莫如鸪,走兽莫如兔"之说。嘉庆九年(1804年)《如皋县志·物产》记载,"兔,或云望月而孕,又云舐毫而孕,今人家畜者未尝不牝牡相接"。同

---

① 顾禄撰:《清嘉录》第5册,卷九《九月·斗鹌鹑》,第45页。
② 徐珂:《清稗类钞》第10册,《赌博类·斗鹌鹑》,中华书局1986年版,第4916页。
③ 杨垕:《耻夫诗钞》卷上,《豫章丛书》第219册,南昌古籍出版社1985年版,第282—283页。
④ 卢思成:光绪《江阴县志》卷十《物产》,清光绪四年刻本,第956页。

治二年(1863 年)《邳州志·物产》记载，"兔，有家野二种"。光绪《宜兴荆谿县新志》记载："兔大如貍，鼠身短尾而缺唇，其子兔，兔表如鼠，有须，毛褐，足后长前短，但短尾大耳，上唇缺为异耳。古人谓兔，吐而生，今验之殊不然，有牝亦有牡。古乐府云：雄兔脚扑朔，雌兔眼迷离，是已谓无雄，而望月以孕，亦非。兔初生者无尾。尔雅作㚟，许慎书作㝹，其古字正当作兔，象兔无尾也。一种色白而驯，人多畜之，谓之折貔子。"①说明当时，江苏宜兴地区已有关于兔的记载，民间养兔子较为常见，多驯养的是全身白毛的兔子，即本地所产兔子。从这些记载中也可看出，更早时期古人对兔子怀孕产子一直有误解，认为其是"望月而孕"，"吐而生"，后经检验，并非如此。宣统《吴长元三县合志·物产》记载，"兔，尾短，耳大，眼红，上唇厚，中有纵裂上达于鼻，门齿如鼠，啮食草根、菜叶等类，前足短，善走，皮有白、黑、斑三色，吴人多畜之"。

晚清时期，江苏已培育出全耳毛兔，亦即中系安哥拉兔。安哥拉兔原产英国，输出到世界各地后，又培育出不同的优良品系。江苏的安哥拉兔约在清末由外国传教士传入。全耳毛兔被毛纯白色，头短而宽，耳壳密生细长绒毛飘出耳外，甚为美观。额毛、颊毛丰盛并常遮住眼睛，正面看仅能见到鼻尖和嘴巴，形似狮子头。体型稍长，骨细皮厚，体毛纤细而长，粗毛少，且延伸到脚部，繁殖力强。全耳毛兔主要分布于苏南地区的吴江、宜兴、武进等地。

第三节　畜牧技术的发展

明清时期，江苏的畜牧科技较前代有了很大的进步。在养殖技术上，更注重牲畜的和谐发展以及循环利用，养殖经验更为丰富；在兽医技术上，根据不同畜种使用不同治病方法等；在相畜术上，也有很大进步。

---

① 施惠修，吴景墙纂：光绪《宜兴荆谿县新志》卷一《疆土》，清光绪八年刊本，第 228 页。

一、养殖技术

（一）马的养殖技术

明朝初期，江北、江南均设有官办马场，此时养马需依据官府规定。在马的饲养方面，《新刻注释牛马驼经大全集》记载有"三饮三喂刍水法"："一曰：少饮、半刍；二曰：忌饮、净刍；三曰：戒饮、禁刍。"①也就是说，马在饥渴、尪羸（虚弱）、妊娠时要少喝水，在饥饿、出门、远来时不要喂饱；浊水、恶水、污水不要让马喝，马吃的各种饲料要用当季生产的，饲料要干净，毛发要择掉；骑马、喂料后，有汗时不能饮水，脿（膘）大、马不常骑、炎暑天气不能加料。这样，马匹才能保持健康，不影响骑射。《活兽慈舟》也有同样的记载，这些都是继承了《齐民要术》中养马的方法。养马要"冬暖屋，夏凉棚，头平系，行相离稀，槽道洁净，拣择新草，筛簸粟米、豆料"。在骑马时，也要善待马，"凡乘习，一日行，二日驱，三日骤，四日驰，五日奔，终而复始，千里无病"。《农政全书》中，也引用《便民图纂》记载的"养马法"："马者，火畜也，其性恶湿，利居高燥之地。忌作房于午位上。日夜喂饲，仲春群盖，顺其性也，季春必唱，恐其退也。盛夏午间，必牵于水浸之，恐其伤于暑也。季冬稍遮蔽之，恐其伤于寒也。和以猪胆、犬胆和料喂之，欲其肥也。喂料时，须择新草，筛簸豆料，若熟料用新汲水浸淘放冷，方可喂饲。一夜须二三次起喂草料。若天热时，不宜加熟料，止可用豌豆大麦之类生喂。夏月自早至晚，宜饮水三次，秋冬只饮一次可也。饮宜新水，宿水能令马病。冬月饮毕，亦宜缓骑数里，卸鞍，不宜当檐风下，风吹则成病。"②由此可见，对于马的喂养极其精细。对马厩要讲究卫生，马厩要敞亮干燥。《三农纪》中也提道："马乃乾畜，性喜高洁……作坊者须得亮燥爽畅"；"物唯马为贵，其性恶湿，利居高燥，须惕其好恶，顺其寒湿，量其劳逸，慎其饥渴"。③ 同时，还要注意根据时节及时修理马圈。"（白露节）此后驴马常

---

① 郭怀西：《新刻注释马牛驼经大全集》，农业出版社 1985 年版，第 15、18 页。
② 徐光启：《农政全书》第 16 册，卷四十一《牧养》，第 22—23 页。
③ 张宗法原著，邹介正、刘乃壮、谢庚华等校释：《三农纪校释》，农业出版社 1989 年版，第 561、655 页。

归棚,六畜房圈及时修理,不使受寒致疾"①。特别是要让马厩保持干净,"晨早将厩内粪除打扫,离槽出厩,系清洁幽暗处"②。

（二）猪的养殖技术

明清时期,随着江苏人口的增长,对粮食的需求增大,提高粮食产量受到更加重视。农谚称:"禾凭粪长,地凭粪养",人们很早就认识到了养畜积肥的重要性。康熙《吴县志》记载:"吴乡田家多豢豕,家置栏圈中,未尝放牧,乐岁尤多,捣米有秕糠以为食,岁时烹用供祭祀、宾客,其脂肪最丰厚,可入药,粪又肥田,颈上有刚鬣作板刷之用。"③表明猪既可以舍饲,又能吃人不能利用的农副产品以及残羹剩饭;养猪不仅可以获得猪肉,更重要的是还能够提供稻田所需要的肥料。因此,江苏地区养猪非常普遍,正如当地普遍流传的农谚:"种田不养猪,秀才不读书。"④明末《沈氏农书》也提到,"种田地,肥壅最为要紧。""猪专吃糟麦,则烧酒又获赢息。有盈无亏,白落肥壅,又省载取人工,何不为也!"⑤《浦泖农咨》中记载:"古老云:'棚中猪多,囷中米多。养猪乃种田之要务也。岂不以猪践壅田肥美获利无穷。'"⑥道光年间的《巨野县志》记载,"闻江南广西地方,竟有以米谷饲养豚豕者,试思谷食之与肉食,孰重孰轻,熟缓熟急,而乃以上天之所赐,小民终岁劝劳之所获者,为豢养物类之用,岂不干天和而轻民命乎……"⑦用谷物养猪,可见当时江南地区在养猪方面不惜成本。清代杨屾的《豳风广义》,对猪的饲料来源作了如下总结:"养猪以食为本,若纯买麸糠饲之则无利。大凡水陆草叶根皮无毒者,猪皆食之,唯苜蓿最善……春夏之间,长及尺许,割来细切,以米泔水或酒糟、豆粉水;浸入大砖窖内或大蓝瓮内令酸黄,拌麸杂物饲之。"⑧用经过发酵的饲料喂猪能增进食欲,促进消化,使猪易长易肥。

---

① 丁宜曾:《农圃便览》,中华书局1957年版,第69页。
② 四川省畜牧兽医研究所:《活兽慈舟校注》,四川人民出版社1980年版,第290页。
③ 孙佩纂:康熙《吴县志》卷二十《物产》,清康熙三十年刻本,第1105页。
④ 中国农业遗产研究室:《太湖地区农业史稿》,农业出版社1990年版,第379页。
⑤ 张履祥辑补,陈恒力校点:《沈氏农书》,中华书局1956年版,第13—14页。
⑥ 姜皋撰:《蒲柳农咨》,上海古籍出版社2002年版,第217页。
⑦ 黄维翰:《巨野县志》卷三《方舆志》,清道光二十六年续修刻本。
⑧ 杨屾:《豳风广义·收食料法》。

在猪的选育方面，对猪的外形提出了体质结实，发育匀称，骨细，少筋，多膏等具体的要求。在饲养管理上，要求饲料利用率高，以及用药物来催肥等。同时，也要求因地制宜地饲养。清代《三农纪》中说，养猪"近山林者，宜收橡栗之属，采嫩叶野蔬，煮以豢之"，"近湖水者，宜收浮萍、泽莱之属煮以豢之"。① 养猪要因地制宜，近山林者采树叶野菜喂猪，近水者则可充分利用水草、萍藻喂猪。

这一时期，人们养猪更加注重对农副产品及废弃物的高效利用。张履祥在《补农书》中，对养猪有过这样的总结："人畜之粪与灶灰脚泥，无用也，一入田地，便将化为布、帛、菽、粟。即细而桑钉、稻穗，非无家所需之物；残羹、剩饭，以至米汁、酒脚，上以食人，下以食畜，莫不各有生息。"② 可见，人们将自己不能利用的农副产品及废弃物，如糠、麸、各种农作物秸秆、剩饭剩菜等作为猪的日常饲料来源，既节省了养猪的饲料成本，又实现了对农副产品及废弃物的有效利用。同时，猪的粪便等排泄物，又可作为大田肥料的重要来源。"若得小猪十四个，将八个卖抵前本，羸弱六个自养。每年得壅八十担。"③ 最终人们获得了营养高的猪肉和大田作物粮食。在江苏人多地少、资源匮乏、以一家一户为主的小农经济阶段，把养猪为主的养殖业和种粮为主的种植业紧密结合起来，产生正向协同作用，形成了一种较为合理的农业资源生态循环利用方式。

（三）羊的养殖技术

明清时期，江苏养羊很普遍，舍饲积肥是农民的习惯。传统经验认为，羊粪性热，起效较快，既可作基肥，也可做追肥，尤其适合瓜果蔬菜及经济作物。明末《沈氏农书》中特别提倡养猪羊积肥，认为羊粪最适合桑树，以桑叶养羊、羊粪壅桑，成为当地羊桑互养的典型事例。该书"运田地法"说："种田地，肥壅最为要紧。"④"古人云，'种田不养猪，秀才

---

① 张宗法：《三农纪》第 7 册，卷八《猪》，第 42 页。
② 张履祥辑补，陈恒力校释，王达参校、增订：《补农书校释》（增订本），农业出版社 1983 年版，第 147 页。
③ 张履祥辑补，陈恒力校释，王达参校、增订：《补农书校释》（增订本），农业出版社 1983 年版，第 91 页。
④ 中国农业遗产研究室：《太湖地区农业史稿》，农业出版社 1990 年版，第 379 页。

不读书',必无成功,则养猪羊乃作家第一著……今羊专吃枯叶、枯草,猪专吃糟麦,则烧酒又获赢息。有盈无亏,白落肥壅,又省载取人工,何不为也!"①

在饲养技术方面,沿袭了前代的"栈羊法"。先骟过之后,再配以用水浸泡过后的干草和豆类,不用再加水就可以养肥。《便民图纂》记载了这种栈羊法:九月初买来半膘的闪羊百数十头,开始时用少量糟水拌细切干草喂饲,5—7天后渐次用磨破黑豆稠糟水拌草料,每天上草六七次,不能多,不能太饱,不能给水和喂青草,栏圈要常洁净等。② 这种从实践中总结出来的方法,适用于羊的短期催肥。

(四)牛的养殖技术

明清时期,江苏养牛也很普遍,苏北多黄牛,苏南多水牛。当时,农村饲养牛一般采取放牧与舍饲相结合的饲养方式,并继承和发展了历代传统的耕牛饲养管理方法与经验。春末至夏秋,青草茂盛期以放牧为主,秋末至翌年早春枯草期以舍饲为主。主要饲喂青(干)草和麦、稻、豆、薯等农作物秸秆之类的粗饲料,只有在农忙和越冬季节补喂少量麦麸、稻糠、豆饼及棉籽饼等精料。同时,"夏耕甚急,天气炎热,人牛两困,改收放外。至夜复饥,饲至五更,或以水浸绿豆、蚕豆、豌豆,或以小便浸苦荞、大麦,乘日未出,则凉而腹饱,力倍于常。"③清人蒲松龄在《农桑经》中还提出喂盐肥牛法。牛舍也要讲求卫生,对其中的"积滞蓐粪",须十天一除,以免发生疫病。水牛不耐寒,冬天要为其织造牛衣;夏季应设水塘,为其洗澡解暑。

(五)禽类的养殖技术

明清时期,江苏农村养鸡、养鸭、养鹅仍然沿用历代传统的饲养管理方法。据《农政全书》记载,"或设一大园,四周筑垣,中筑垣分为两所;凡两园墙下,东西南北,各置四大鸡栖,以为休息。每一间,拔粥于园之左地,覆以草,二日尽化为虫。园右亦然,俟左尽,即驱之右,如此

① 张履祥辑补,陈恒力校点:《沈氏农书·运田地法》,第36—37页。
② 邝璠:《便民图纂》第5册,卷十三《栈羊法》,第19页。
③ 张宗法原著,邹介正、刘乃壮、谢庚华等校释:《三农纪校释》,农业出版社1989年版,第574页。

代易,则鸡自肥而生卵不绝。"①《便民图纂》中记载有"栈鹅易肥法":"稻子或小麦大麦不计,煮熟。先用砖盖成小屋,放鹅在内,勿令转侧,门以木棒签定,只令出头吃食,日喂三四次,夜多与食,勿令住口。如此五日肥。"②以及"养鸡不抱法":"母鸡下卵时,逐日食内夹以麻子喂之,则常生卵不抱"。③ "栈鸡易肥法":"以油和面捻成指尖大块,日与十数枚食之,又以做成硬饭,同土硫磺研细,每次与半钱许,同饭拌匀,喂数日即肥"。④ 到清代,江苏比以往更加注重将鸡、鸭、鹅的粪便等废弃物作为大田或鱼塘肥料。太湖一带农民多以虫、草、谷饲养鸡、鸭,再将鸡、鸭的粪便作为有机肥返回大田或撒入鱼塘,以便增加土壤肥力或肥塘,并为塘中浮游生物和鱼类提供丰富饲料。由此在饲养家禽的过程中,实现对废弃物利用和实现良性的农业生态循环。明清时期,江苏的家禽繁殖技术也比以往有较大发展,家禽人工孵化技术更加成熟,已经有炕孵、缸孵、桶孵等。缸孵是用缸作器具孵化禽蛋,关键是要掌握温度。还开创了"嘌蛋法"。"嘌蛋法"是根据运输距离远近,估约禽胚起运时间,途中注意保暖换气,使禽胚到达目的地时正好孵出苗雏。这项技术解决了苗禽长途贩运的困难。

二、相畜术

明清时期,相马术比前代更加精细,已经根据马的各个部位来相马,从头、眼、耳、鼻、口、形、骨到蹄,都有详细描写。《新刻注释马牛驼经全集》中附有"相马宝金篇",其中提出,相马的总原则就是要眼睛大、面长、耳小、鼻子大。此外,根据马的内在气质来相马,通过马的神韵、走路的姿势都可以看出是否为良马。但是,这些相法只是相对于大多数马而言,不是每匹马都可以适用,要具体问题具体分析。《农政全书》引用《便民图纂》中的相马法:看马捷法就是"头欲高峻。面欲瘦而少肉。眼下无肉多咬人。胸堂欲阔。肋骨过十二条者良。三山骨欲平,

---

① 徐光启:《农政全书》卷四十一《牧养》。
② 邝璠:《便民图纂》第 5 册,卷十三《栈鹅易肥法》,第 24 页。
③ 邝璠:《便民图纂》第 5 册,卷十三《养鸡不抱法》,第 26 页。
④ 邝璠:《便民图纂》第 5 册,卷十三《栈鸡易肥法》,第 26 页。

则易肥。四蹄欲注实,则能负重。腹下两边生逆毛到胲者良"①。

相猪术描述了优良猪种的具体要求,"喙短扁,鼻孔大,耳根急,额平正,腰背长,膁堂小,尾直垂,四蹄齐,后乳宽,毛稀者易养。喙长则牙多不善食。气膛大,食多难饱,生柔毛者难长。""耳根软,不易肥。鼻孔小,翻食。首皱踢曲,不易壮。"②同样,《农圃便览》中也有类似的提法,"母猪取短喙无柔毛者良。圈不厌小,处不厌秽,饲喂及时则易肥"③,这样喙短无柔毛的猪才更加容易饲养。

在相牛技术方面,乾隆十五年(1750 年)《如皋县志》中的《相牛经》记载:"凡牛眼欲大,胫欲长,股欲阔,毛欲密,齿欲白,耳角欲近,尾欲长,凡面短、毛赤、尾竖,并命夭,角冷、有病,病则立而不眠,眼下旋毛,名曰滴泪,妨主人,睫乱触人,眼龈有缘,招官灾,两耳间有乱毛,妨主人,耳后有旋毛,招盗贼,勿畜之,毛少骨多者有力,溺射前者良。取乳酪以水牛为佳,牛为农事之本,教民畜牧者尤宜详焉。"

清代初年问世的《牛经大全》卷二中,有水牛专论。其中有"相水牛部""认牛齿法""相角法"等篇,多属实践经验总结。及至清道光年间,一本名曰《相牛心镜要览》的相牛专书出现,全书约 12000 字,分 36 节,1 至 31 节就水牛全身各个部位分别讲述,极为详尽。第 32 节为黄牛总论,讲述黄牛相法与水牛相法的不同之处等。书中对牛体外形的鉴定主要是从使役力方面来衡量:一是对牛的整体做出总要求,如"体紧身促、头小腹大、颈长身短、角立眼圆、肩高臀低、杂毛不生、四足齐立、骨骼平密、腰根短小、云头丰高、尾抄、髀骨切齐"等。二是对各个部位提出要求,如"凡牛头要瘦小,皮要平满,要露筋骨,不宜多肉,头大而肉,名肉蛮头,必不走。面要直而长,见筋骨者好"。黄牛的相法则以水牛为参照,并称"黄牛生得水牛形,万两黄金用秤称,黄牛生得水牛脚,只愁东君无田作"。还提出,黄牛头要方、鼻子要宽硬、皮要软薄。实为长期相牛经验的总结,值得珍视。④

---

① 徐光启:《农政全书》卷四十一《牧养》。
② 张宗法原著,邹介正、刘乃壮、谢庚华等校释:《三农纪校释》,农业出版社 1989 年版,第 585、589 页。
③ 丁宜曾:《农圃便览》,中华书局 1957 年版,第 16 页。
④ 黄儒谷著,邹介正注释:《相牛心镜要览今释》,农业出版社 1987 年版,第 17—46 页。

相禽术在这一时期也有所发展。在相鸡上,已认识到挑选品种好的鸡,可以改良鸡的品种。"目如鹞,噱若鸽,首小髀正,毛浅足细者佳。雄宜头昂、冠竖、九锯,翅束尾长,啼声悠长者堪作种。雌宜头小、眼大、颈细、龁长、足矮者为种上佳"①。认为这种脸盘小、毛色浅、脚细小的鸡为良鸡。

三、兽医技术

到明代,中国兽医学在兽医教育和兽医学著作方面有了很大进步。当时,明王朝对兽医学的发展给予相应重视,在民间培养大批兽医人才,实行"医者子弟恒为医"制度,对考试优者可享受国家薪俸。明王朝曾数次培训基层兽医,如明英宗正统三年(1438 年)规定,"每群长(管马 25 匹,以后增为 50 匹)下,选聪明子弟二三人学习兽医,看治马病"。兽医喻本元、喻本亨编著的《元亨疗马集》中,首次提出中兽医与中医学相区别,中兽医有其特有的"八证论"辨证技术,理法方药兼备,内容极其丰富,是海内外流传最广的一部中兽医学代表著作。明代李时珍编著的《本草纲目》,不但为人医,也为兽医提供了极其丰富的医药知识。至清代,兽医学的发展相对缓慢。清王朝禁止民间养马,还废除明英宗正统三年(1438 年)确定的"挑选聪明子弟学习兽医"制度,兽医事业未受到应有重视。兽医学著作主要是对《元亨疗马集》一书进行改编、选辑和充实。1736 年,李玉书曾对《元亨疗马集》进行了增删,1800 年,傅述风进一步补充了《元亨疗马集》所附《牛经》中的不足等。

从兽医著作编写,可以发现明代对兽医事业的重视。万历年间,南太仆寺卿杨时乔发起并主持编撰《马书》《牛书》(《牛书》今已失传)两部官方著作,于明万历二十二年(1594 年)出版,为当时官版兽医教材。明代另一部名著《元亨疗马集》,是迄今流传最广、影响最深的兽医古籍,且传往国外。该书的出版也得到当时南太仆寺官员丁宾赏识,并为之作序。作者喻本元、喻本亨兄弟,多数人考证是今安徽六安人,也有人认为是江苏句容人,两人均长期行医于江淮之间。该书内容丰富,为

---

① 张宗法原著,邹介正、刘乃壮、谢庚华等校释:《三农纪校释》,农业出版社 1989 年版,第 589 页。

中兽医的经典著作,至今仍不失为学习中兽医的必修之著。

清代初期,清王朝禁止内地汉人养马,兽医社会地位逐渐下降,被视为贱业,受到种种歧视。清代后期,西兽医学开始传入,并开始有了中、西兽医学之分。这一时期,江苏民间兽医的医疗活动,根据个人的情况和特长,有的完全脱离农业,有的半农半医。徐州一带的民间兽医分"文""武""底"三行。文行系指专业兽医,大多有自己独特的偏方、验方和针灸等诊疗技术,坐家行医;武行为专施阉割者;底行专指给骡、马修蹄挂掌者。有些民间兽医,医、阉兼行。其服务范围、项目、区域视各人的技能高低及畜主信任程度而决定。有些人有固定区域,有些人流动行医。固定者其报酬主要采取"时俸"或称"包方"的形式,每年秋季或夏秋两季,由方内养畜户根据牲畜头数,交给相应的粮食。流动行医者,大都随收现金或粮食。从事阉割和挂掌者,多为游村施技,向畜主收取手术费。中兽医人才的培养多为祖传,少数为以师带徒,极少自学。祖传者,一般传子不传婿,以免医术外流,目的是保护自己的地盘。师传者,多为老兽医断代或有子不愿学和久学不成者,则另招亲友为徒,传其技艺。①

第四节　畜牧业发展对社会的影响

自古以来,畜牧业作为农业经济中的一部分,对社会经济生活起着至关重要的作用。中国传统农业的一个重要特点,是以粮食生产为中心,将种植业与养殖业有机结合起来,实行综合经营,并因地制宜,创造出各种各样综合经营模式,如粮畜互养、粮桑结合、粮林牧桑渔结合等等。粮畜互养(农牧结合)指的就是种粮与养畜的关系。农区种养结合的关键在于将人畜粪尿、作物秸秆、生活垃圾等作为肥料还入田中,并用农副产品饲养畜禽,形成农业资源"来之于土,归之于土"的自然循环。畜力的大量利用和耕牛役马的家庭饲养,使人与畜相依相伴,由此

---

① 江苏省地方志编纂委员会:《江苏省志·畜牧志》,江苏古籍出版社 2000 年版,第 267 页。

积累了丰富的牲畜饲养管理和疫病防治经验。

一、增强国力

明朝建立后,朝廷颁布了一系列奖励垦荒的政令,大规模实行军屯、民屯与农田水利建设,力争使长期遭受战乱破坏变得面目全非的社会经济得到恢复。在农业生产当中,大型牲畜的利用显得格外重要,马在明代统治者眼中的地位尤为重要,涉及军备建设,事关国力兴衰,特别加强了马匹的孳生与管理。朱元璋曾言:"昔人问国之富,即数马以对者何?盖事在戎。其戎始轩辕。其马载甲士,代涉劳,备边御辱,足折冲,斯力之大,斯功之美,可不爱育乎!所以古人先马而钱粮,故数马以对。马之功不但备戎事耳,若使君有道,则马之力牵犁耙驾粪车,辟土沃田,其利甚焉,所以古重之者为此也。"①律令之中,几乎每一条都涉及关于马匹的相关规定。《大明会典》中有《兵律》专篇,其中详细规定了马匹在军事管理上的应用,目的是有利军事发展,增强国家实力。

二、养畜积肥

农谚云,"禾凭粪长,地凭粪养。"清代《山居琐言》一书,进一步阐述了养畜积肥的重要性:"谷蔬果木所出的盛衰多寡,则一视乎粪力,苟无粪力,虽雨露不能畅其生,然则蓄粪又治田之第一要事也,蓄粪之法虽有多端,而以畜养为要"。清代《补农书》也指出,"广积粪壤,人既轻忽而不争,田得膏润而生息,变臭为奇,化恶为美,丝谷倍收,蔬果倍茂,衣食并足,俯仰两尽"。传统作物种植,以施用人畜粪尿等有机肥料为主,能做到物质循环利用,土地用养结合,实现农牧互利。

明清时期,养畜积肥常见的有养牛积肥、养猪积肥、养羊积肥。清朝同治时期《重修山阳县志》中,就有有关民间养畜积肥的记载:"禽兽则六畜富扰,农业户豢牛若豕,以其粪溉田。"②清代《知本提纲·农则》总结了"垫土积肥"的方法,"一曰牲畜粪,谓所畜牛马之粪。法用夏秋场间所收糠穰碎柴,带土扫积,每日均布牛马槽下,又每日再以干土垫

---

①《明太祖集·太仆寺卿诰》。

② 张兆栋:同治《重修山阳县志》卷一《物产》,清同治十二年刻本,第91页。

衬;数日一起,罨过打碎,即可肥田"。《农桑经》还总结了"垫草积肥"的经验,"宜秋日多镑草根,堆积栏外,每以尺许垫牛立处,受其作踌,承其溲溺,既透,则掘垫栏中,又铺新者"。并阐明采用垫草积肥,"一冬一春得好粪无穷;又使牛常卧干处,岂非两得!"

清代孙宅揆在《教稼书》里也提到,猪圈外设置粪池,与猪圈相通,"择便为圈,半边掘四五尺深坑,用废砖砌底及四旁";"砌坑内常入水及各色青草,此草可当猪食,践则成粪,若雨太多则垫土,久之,草土俱成粪矣"。[①] "凡家下刷洗之水及扫除烂柴草,厨下灰土或仓底烂草、场边烂糠之类,俱置其中"。夏天注入水,猪自来践踏,久之即成粪。蒲松龄在《农桑经》中也说,养猪"一年积粪二十车"。总之,中国古代从南到北普遍形成养猪积肥、农牧互利的传统。

明末,流行于太湖地区的《沈氏农书》,也特别提倡养猪羊积肥。认为羊粪最适合桑树,以桑叶养羊、羊粪壅桑成为当地羊桑互养的典型事例。从《沈氏农书》对养羊效益的估算来看,当时看重的是养羊可以积肥,"净得肥壅"。养湖羊十一只,"每年羊毛三十斤之外,约价二两;小羊十余只,约价四两;可抵叶草之本。每年净得肥壅三百担;若垫头多,更不止于此数。"养山羊四只,三雌一雄,每年吃枯草树叶四千斤,垫草一千斤,约本二两数。计一年有小羊十余只,可抵前本而有余;每年净得肥壅八十担余。因为"羊壅宜于地",所以这一地区多以羊粪壅桑,从而提高了桑叶产量和品质。正如《沈氏农书》所说,"壅地,果能一年四壅……每亩采叶八九十个(按:每个二十斤)断然必有,比中地一亩产四五十个,岂非一亩兼二亩之息。"养羊既可直接获利,羊厩肥还能用于种桑。因此,张履祥《补农书》在制定生产规划时,就写到"畜羊五六头,以为桑树之本"[②]。

三、农业劳作

土壤耕作和作物播种,是农业生产的基本环节。传统时代,除人力之外,以耕牛为主体的畜力,是耕作播种的主要动力来源,以至牛耕成为传统农业确立和发展的标志,牛被广泛应用于耕地、灌溉之中。

苏锡常(吴地)一带,使用牛转翻车的记载可以追溯到南宋。乾道六年(1170年),陆游入蜀途中路过吴县一带时,"运河水泛溢,高于近村地至数尺。两岸皆车出积水,妇人儿童竭作,亦或用牛"[1]。保存至今的牛转翻车最早图像,是南宋宁宗朝马逵绘制的《柳荫云碓图》[2],该图与明代《天工开物》所载《牛转翻车图》完全一致。当今吴人编著的《吴地农具》一书,对牛车的构造和制作有详细介绍。其卧轮叫"车盘",支撑车盘的轴架叫"龙床",翻车与车盘连接的装置叫"轴拨"(包括"卧轴""拨"和"眠牛","拨"是木齿轮)。同时,又绘制了《牛车灌田图》。[3] 这张图,可以和南宋的《柳荫云碓图》、明代《天工开物》的《牛转翻车图》相印证,一脉相承。

四、加工运输

历史上的粮食加工,按照动力来源分,包括人力、畜力、水力和风力等多种形式,相关加工工具则有碓、磨、碾等。畜力功效大于人力,又不像风力、水力那样受自然条件的限制。因此,畜力遂成为谷物加工的主要动力。同样,古代在陆地上的运输,主要靠人力和畜力。畜力运输,有拉车和驮载两种形式。地势平坦的地区,多用牛车、马车来运输;而崎岖坎坷的山区及丘陵地带,则多用畜力驮载。牛车、马车往返于村舍与田间地头,拉人载物,运送粪肥、种子、工具和收获物,是传统乡村常见的生产、生活场景。畜力车的运输能力远大于畜力驮载,过去一直是农村运粮送肥的重要工具。

明清农业生产上普遍使用畜力车。明代宋应星《天工开物》"舟车"记载了多种畜力车。有骡马拉的大车,"凡骡车之制有四轮者,有双轮者,其上承载支架,皆从轴上穿斗而起"。有北方的独辕车,"人推其后,

---

① 陆游:《入蜀记》卷一。
② 姜越编:《秋雨歌诗》,中国书店 2020 年版,第 19 页。
③ 金煦、阮志明:《吴地农具》,河海大学出版社 1999 年版,第 34—37 页。

驴曳其前"①。《天工开物》还提到畜力车各部件的材质,"凡车质惟先择长者为轴,短者为毂,其木以槐、枣、檀、榆(用椰榆)为上。檀质太久劳则发烧,有慎用者,合抱枣、槐,其至美也。其余轸、衡、箱、轭则诸木可为耳,此外,牛车以载刍粮,最盛晋地。路逢益道则牛颈系巨铃,名曰报君知,犹之骡车群马尽系铃声也。"民间地方志也有记载。咸丰《靖江县志稿》记载,"牛耕马乘驴骡代步。"②表明当时江苏地区已经将驴、骡作为代步工具,以减少人力。

五、风俗习惯

一些社会习俗和风气也影响着畜牧业的发展。明清时期,江南地区盛行斗鸡斗鹌鹑等娱乐活动,太湖地区成为全国最风行养鹌鹑的地区之一。据道光《江阴县志》记载,"东南乡好畜之"③。江苏地区养鹌鹑风气盛行。④《沪游杂记》中也详细记载:"沪人霜降后喜斗鹌鹑,畜养者以绣囊悬胸前,美其名曰:'冬兴将军'。斗时贴镖头分筹马,每斗一次,谓之一圈。按无班为鹌,有班为鹑,形状相似,多产沪上田闲。"⑤这不仅丰富了当时百姓的生活,在一定程度上也推动了畜牧品种的改良,促进了畜牧业的发展。

在饮食文化方面,江苏各地因其地方特色以及当地畜牧品种的发展,饮食文化也各有千秋。南京堪称是中国鸭肴的发祥地与荟萃地,素有"无鸭不成席"之说,"一盘鸭子一杯酒",几乎成为南京随处可见的民俗小景。江南水暖鸭肥,制作鸭肴,有着天然的优势,且南京食鸭历史悠久。《吴郡志》中有引春秋战国时期《吴地记》"吴王筑地养鸭"的记载⑥,为当时已有鸭肴的制作提供了可靠的证据。南北朝时期《齐民要术》记载了鸭肴的一些制作方法,可见当时食鸭之风也相当盛行。到了宋朝,南京鸭肴不仅在种类上有所增加,质量也有很大提升。据《中国

---

① 宋应星撰,潘吉星译注:《天工开物》(中),上海古籍出版社 2008 年版,第 177 页。
② 于作新修,潘泉纂:咸丰《靖江县志稿》卷五《物产》,清咸丰七年木活字本,第 358 页。
③ 陈延恩修,李兆洛纂:道光《江阴县志》卷十《物产》,清道光二十年刊本,第 857 页。
④ 顾禄撰:《清嘉录》第 5 册,卷九《九月·斗鹌鹑》,第 45 页。
⑤ 葛元煦:《沪游杂记》卷二《斗鹌鹑》,光绪二年仁和啸园刊本,第 165—166 页。
⑥ 范成大:《吴郡志》卷八《古迹》,择是居丛书景宋刻本,第 237 页。

鸭肴》记载，"时南都城流行用鸭制菜"，制鸭者多散布在城南地区，尤以水西门地区为最。

明代初年，南京地区有民谣流传："古书院，琉璃塔，玄色缎子，咸板鸭"。古书院指的是当时的南京国子监，琉璃塔指的是当时被称为世界奇迹的大报恩寺塔，玄色缎子指的是南京著名的绸缎——云锦，而鸭居然可以与之并列，可见鸭在当时的地位和影响。另据甘熙的《白下琐言》记载，"金陵所产鸭甲于国内，如烧鸭、酱鸭、白拌鸭、盐水鸭、咸板鸭、水浸鸭之类，正四时各擅其胜，美不胜收。"[①]当时南京鸭肴色味俱佳，品种繁多，已享誉全国。

及至清代，南京鸭肴在稳定中得到蓬勃发展，在许多文学作品中都有关于南京鸭肴的记载。《金陵物产风土志》记载，"鸭非金陵所产也，率于邵泊、高邮间取之。么幺稚鹜，千百成群，渡江而南，阑池塘以蓄之，约以十旬，肥美可食。杀而去其毛，生鬻诸市，谓之水晶鸭。叉火炙皮，红而不焦，谓之烤鸭。涂酱于肤，煮使味透，谓之酱鸭。而皆不及盐水鸭之为上品也，淡而旨，肥而不浓。至冬则盐渍日久，呼为板鸭，远方人喜购之，以为馈献。"[②]清代袁枚的《随园食单》中记载了江浙地区的各大美食，其中就有南京的板鸭、挂炉烤鸭的制作方法介绍。晚清时期，清王朝在南京举办规模宏大的"南洋劝业会"[③]，南京板鸭获金质奖章，与苏州刺绣、镇江香醋共誉为"江苏三宝"。南京的鸭肴文化促进了养鸭业发展，也因此培育出了更多适宜的鸭品种。

除了南京的鸭肴文化，徐州因喜食羊肉衍化而来的"伏羊文化"也颇具特色。"伏羊"本意是指入伏以后的羊肉，而"伏羊文化"就是指徐州从古至今，因入伏时节吃羊肉衍化出来的一种饮食文化。

入伏时节吃羊肉在江苏徐州地区有悠久历史，最早可追溯到尧舜时期。自古以来，徐州地区民间就流传着一首民谣："徐州伏羊一碗汤，不用神医开药方"。几千年前，注重饮食和养生的彭祖便推崇

---

① 甘熙：《白下琐言》卷八，南京出版社 2007 版，第 161 页。
② 陈作霖：《金陵物产风土志》卷一《本境动物品考》，光绪戊申可园刊印本，第 4 页。
③ 南洋劝业会是中国举办的第一次世界博览会，由时任两江总督端方于 1910 年 6 月 5 日在南京举办。

羊肉;后又有沛县汉高祖刘邦喜吃羊肉。据《史记》中记载,刘邦年轻时曾杀羊设酒宴客。汉朝杨恽的《报孙会宗书》也有在伏天吃羊肉的记载:"田家作苦,岁时伏腊,烹羊炰羔,斗酒自劳"①。另外,徐州的汉代画像石也可以佐证伏天吃羊肉的习俗。徐州是汉代画像石出土最多的地区之一,在徐州铜山汉王镇出土的一块《庖厨图》上,便画有庖厨用羊肉烹制食物的图景。《庖厨图》一共有上中下三格,非常类似于现代的连环画,从石像上可以清晰地看到下格有人在迎客的状态,中格是准备做饭用品,上格有人在切肉,有人在炉子上烤羊肉串,背后是悬挂的羊腿和鸡鸭鱼等。除了《庖厨图》,还有《烧烤图》《宴饮图》,都有烤羊肉串的画面,有的是家人聚餐,有的是会客宴饮,有的是贵族拜谒,都足以说明当时徐州地区食羊风俗的形成。在宋朝之前,中国宫廷宴席上都是以羊肉为主。到了元朝,统治者作为游牧民族,饮食习惯更偏好羊肉,因此羊肉在宫宴上更是占到了统帅地位。明代的李时珍在《本草纲目》中也提到,"羊肉甘热无毒。食之肥软益人,治疗筋骨急强,虚劳益气。"②伏天吃羊的风俗,

图 6-18 徐州汉画像石《庖厨图》③

① 刘兰英等编著:《中国古典文学词典》第四卷,广西教育出版社 1989 年版,第 182 页。
② 李时珍著,朱斐等译注:《本草纲目》,二十一世纪出版社 2014 年版,第 305 页。
③ 徐毅英主编:《徐州汉画像石》,中国世界语出版社 1995 年版,第 79 页。

暗合"天人合一"的质朴养生观念。正是在这样的文化土壤里,才孕育出彭祖后人的伏羊节,构筑了徐州独特的饮食风俗。徐州的伏羊节,一方面是对当地饮食文化传统的一种发展,从另一方面来说,也是一种历史的传承。

说到羊肉,也不能少了苏州的藏书羊肉。藏书羊肉最早的来源,可追溯至明代。地处苏州西郊的藏书镇,境内群山绵延,植被丰富,有得天独厚的适宜养羊的自然环境,加之明朝一度禁食猪肉,给羊肉发展提供了机会,藏书羊肉在此基础上产生并兴起。清代苏州府志中就提及苏州羊有多种品种,可见当地养羊业也颇具规模,有从事养羊、杀羊、卖羊肉的职业,一般都以担卖或摊卖为主,直到清末才开始在苏州城里开店经商,俗称"羊作"。光绪二十二年(1896年),藏书镇周家场的周孝泉,在苏州醋坊桥畔租用三间门面开设了姑苏城内第一家堂吃店,取名为"升美斋"羊肉店。光绪二十四年(1898年),"老庆泰"羊肉馆在苏州万年桥堍开张迎客。宣统后,都亭桥和临顿路两处又开设了"老义兴"和"老协兴"羊肉店。清人袁景澜书写的《吴郡岁华纪丽》记载:"葑门严衙前,方姓熟羊肉肆,世擅烹羊。就食者侵晨群集,茸裘毡帽,扑雪迎霜,围坐肆中,窥食,探庋阁,以钱给庖丁,迟之又久,先以羊杂碎饲客,谓之小吃。然后进羊肉羹客饭,人一碗,食余重汇,谓之走锅。专取羊肝脑腰脚尾子,攒聚一盘,尤所矜尚,谓之羊名件。"[①]将苏州城里的羊肉店食客进食羊肉的场景描绘得生动形象。"藏书羊肉"始于明清时期,历经数百年长盛不衰,名扬江浙沪等地。每逢秋冬,遍布街头巷尾的大小羊肉店羊肉飘香,食客络绎不绝。

朝代不断更换,但人们的饮食风俗却并不因此而变化。历史的传衍培养了各地人们对当地饮食的偏好,也因此产生了诸多的文化内涵,这些不断推动着社会的进步,同样也对畜牧业的发展有着不可忽视的影响力。

---

① 袁景澜:《吴郡岁华纪丽》卷十一《烹羊》,江苏古籍出版社1983版,第17页。

第七章　民国时期江苏畜牧业

民国时期(1912—1949 年)既是中国传统畜牧业向现代畜牧业发展转变的重要时期，又是传统畜牧科技与现代畜牧科技相互交汇、融合发展时期。这一时期，江苏畜牧亦经历了历史性大转变，成为近代中国畜牧发展史上的一个重要缩影。

第一节　畜牧业发展的历史背景

一、政区沿革与演变

1911 年辛亥革命后，江苏省宣布独立，江苏省都督府设于苏州府城。

民国元年(1912 年)元旦，中华民国临时政府在南京成立，改江宁府为南京府，建都南京；江苏省都督府及民政长行政公署驻吴县。同时裁府、州、厅，保留县级区划。改海州为东海县(治所在今连云港市海州区)，改太仓州为太仓县，改泰州为泰县(治所在今泰州市区)，改邳州为邳县(1912 年迁治所于今邳州市邳城镇)，改通州为南通县(治所在今南通市区)，改太平厅为太平县(治所在今扬中市三茅街道)，改川沙厅为川沙县，改海门厅为海门县，废靖湖、太湖二厅入吴县，改扬子县(1909 年由仪征改名)复称仪征县。同时，还将一城之内的二县或三县都合并为一县。省上元县入江宁县，省长洲、元和二县入吴县，省新阳县入昆山县,省昭文县入常熟县,省震泽县入吴江县,省阳湖县入武进县,省金匮县入无锡县,省荆溪县入宜兴县,省甘泉县入江都县,省娄县入华亭县,省镇洋县入太仓县。另外,析东海县东境,置灌云县(治所在今灌云县板浦镇)。

民国元年(1912 年)四月,中华民国临时政府改都北京。

民国三年(1914 年),置金陵、苏常、沪海、淮扬、徐海五道统辖各县,实行省、道、县三级制。江苏省都督府及民政长行政公署自吴县移驻江宁县,即今南京市区。金陵道辖江宁、句容、溧水、江浦、六合、高淳、丹徒、丹阳、金坛、溧阳和扬中(民国三年由太平县改称)11 县,道治驻江宁县;苏常道辖吴县、吴江、昆山、常熟、江阴、武进、无锡、宜兴、靖江、泰兴、如皋和南通 12 县,道治驻吴县,即今苏州市吴中区;沪海道(民国三年一月初名上海道,旋改沪海道)辖上海、松江(民国三年由华亭县改称)、奉贤、金山、川沙、南汇、青浦、太仓、崇明、嘉定、宝山和海门 12 县,道治驻上海县,即今上海市闵行区;淮扬道辖淮阴(民国三年由清河县改称,治所在清江浦,即今淮安市清江浦区)、淮安、阜宁、盐城、东台、泰县、江都、仪征、兴化、高邮、宝应、泗阳(民国三年由桃源县改称,治所即今泗阳县)、涟水(民国三年由安东县改称)13 县,道治驻淮阴县,即今淮安市淮阴区;徐海道辖铜山、萧县、砀山、丰县、沛县、邳县、睢宁、宿迁、东海、沭阳、灌云和赣榆 12 县,道治驻铜山县,即今徐州市铜山区。另外,盱眙县属安徽省淮泗道。

民国十六年(1927 年)国民政府成立,定都江宁,改江宁为南京。废道,实行省、县二级制。当年,析南京城外廓以内和江浦县浦口镇置南京特别市,析上海、宝山、嘉定、松江四县部分地区置上海特别市,南京、上海两特别市均直隶国民政府。年底,析苏州城郊置苏州市,与吴县分治。

民国十七年(1928 年),析崇明县外沙地(即长江北岸的地区)置启东县,治所在汇龙镇。民国十八年(1929 年),江苏省会自南京移至镇江,改丹徒县为镇江县。民国十九年(1930 年),撤销苏州市,原苏州市辖区仍旧归属吴县。民国二十四年(1935 年),辟灌云县老窑一带建连云港,以港口为中心,置连云市(省辖),治所在今连云港市连云区。

民国二十三年（1934年）三月起，又陆续设置无锡、松江、南通、淮阴、盐城、东海、铜山、江宁八个行政督察区。包括溧阳、江都两个直至全面抗战爆发都未及成立的行政督察区在内，全省共设十个行政督察区，管辖各县行政，实行省、督察区、县三级管理。

民国二十六年（1937年）七月全面抗战爆发，至民国二十七年（1938年），江苏省境大部分沦陷。民国二十六年（1937年）十一月国民政府迁都重庆，以重庆为陪都。同时，江苏省政府自镇江县移驻淮阴县，后又屡次迁移，于民国三十三年（1944年）移驻于安徽省今阜阳地区。民国三十四年（1945年）九月，国民政府自重庆还都南京。同月，江苏省政府自安徽阜阳迁返镇江，并析铜山县城区置徐州市。抗日战争胜利后，国民政府还析崇明县所属嵊泗列岛置嵊泗设治局（1946年），由省政府直辖。至民国三十八年（1949年）四月，江苏省政府决定将连云和徐州两市由省直辖，并分全省为九个行政督察区、61县，一设治局，省会仍驻镇江县。

第一行政督察区，辖丹阳、江宁、镇江、句容、金坛、溧水、高淳、溧阳、宜兴9县，行政督察专员公署驻丹阳县。第二行政督察区，辖吴县、无锡、武进、江阴、常熟、太仓、吴江、昆山8县，行政督察专员公署驻吴县。第三行政督察区，辖松江、南汇、上海、青浦、金山、川沙、奉贤、宝山、崇明、嘉定10县及嵊泗设治局，行政督察专员公署驻松江县。第四行政督察区，辖南通、如皋、海门、启东、靖江5县，行政督察专员公署驻南通县。第五行政督察区，辖江都、高邮、泰县、泰兴、仪征、江浦、六合、扬中8县，行政督察专员公署驻江都县。第六行政督察区，辖盐城、东台、兴化、阜宁4县，行政督察专员公署驻盐城县。第七行政督察区，辖淮阴、淮安、涟水、泗阳、宝应、宿迁6县，行政督察专员公署驻淮阴县。第八行政督察区，辖东海、灌云、沭阳、赣榆4县，行政督察专员公署驻东海县。第九行政督察区，辖铜山、丰县、沛县、萧县、砀山、邳县、睢宁7县，行政督察专员公署驻铜山县。

全面抗战时期，苏南、苏北广大地区人民在新四军和八路军领导下，先后开辟了若干连片或不连片的抗日根据地。在苏北，除了以盐城、阜宁和苏北沿海各地为根据地建立盐阜区外，还建立了50多个抗日民主县政府。在这一时期建立的新县,随着游击战的发展,大都屡经置废、增损、离合,很不稳定,直到新中国成立前夕,其中一部分的县界、县名才稳定下来。分别为:民国二十九年(1940年)析如皋县东境设置如东县(初名如皋县,民国三十四年改今名,县人民政府驻马塘,后移驻掘港镇);民国三十年(1941年)析阜宁、盐城二县设置建阳县(县政府初驻建阳镇,民国三十六年迁湖垛镇,1966年改湖垛镇为建湖镇),析涟水县盐河以东设置涟东县(县政府驻大程集),析盐城县东境设置盐东县(1949年11月撤销,并入射阳县),析阜宁县东境设置阜东县(1949年11月撤销,并入滨海县),析淮安、宝应二县地设置淮宝县;民国三十一年(1942年)析阜宁、灌云、涟水三县地设置滨海县(县人民政府驻东坎镇),析阜宁县东境设置射阳县(县人民政府驻合德镇),析东台、兴化二县地设置台北县(县人民政府驻大中集);民国三十二年(1943年)析泰县、如皋、东台三县地设置紫石县(民国三十七年改名海安县);民国三十三年(1944年)析丰县、沛县、砀山三县地设置华山县(县人民政府驻戴陶楼),析睢宁、邳县二县地设置邳睢县(县人民政府驻土山镇,1952年迁运河镇)。另外,还有民国三十七年(1948年)11月析东海县海州、新浦等地和连云市设置的新海连特区(1949年底改立新海连市,市人民政府驻新浦)和1949年5月析宿迁、邳县、沭阳、东海四县地设置新安县(县人民政府驻新安镇)。所有这些县(包括特区),在1949年后都被确定为正式建置。[①]

二、政治经济条件

(一)政治条件

民国时期,虽只有短暂的38年时间,但这一历史时期是中国政治经济社会大变革时期,江苏省作为国民政府的政治核心区,其畜牧业在这一历史时期经历了由传统向现代方向的重要转折和发展。根据这一时期畜牧业发展实际情况,民国时期江苏畜牧业发展大体可分为四个阶段:第一阶段(1912—1927年)为北洋军阀统治时期,这一阶段军阀

① 江苏省地方志编纂委员会:《江苏省志·地理志》,江苏人民出版社1999年版。

割据混战,战争频仍,农村经济受到严重破坏,江苏畜牧业发展也受到严重影响,发展缓慢。第二阶段(1927—1937 年)为国民政府统治初期,这一阶段由于社会相对平稳,各项建设均得到较快发展,史称"民国十年黄金期",畜牧业发展受到政府的重视。在政府主导下初步建立起较为完善的现代畜牧兽医机构,引进大量国外优良畜禽品种,并建立大量现代畜牧企业及畜产合作社,江苏畜牧业在这十年期间得到了突飞猛进的发展。第三阶段(1937—1945 年)为全面抗战时期,国民政府迁都重庆,江苏省因日本侵略沦陷,损失惨重,畜牧业发展受到极大影响。第四阶段(1946—1949 年)为抗日战争胜利到新中国建立前,这一期间江苏畜牧业开始逐渐恢复,后又再次受到较大影响。

（二）经济条件

国民政府建立后,先后颁布一系列经济法规和政策措施,推动经济发展,江苏涌现出南通张謇、无锡荣氏为代表的近代工商业集团。以棉纺织、缫丝、面粉三大行业为支柱的轻纺工业,形成了具有江苏地方特色的近代工业格局,并呈现出"南强北弱"的区域经济特征。抗战全面爆发以后,在日军的侵略和占领下,江苏民族工业遭受重创,经济凋敝。抗战胜利后,江苏经济迅速得到恢复和发展。据 1946 年统计,全省共有 76 家棉纺织厂,拥有纱锭 122.26 万枚,比战前增长 98.6%。缫丝业发达的无锡,以 6000 部丝车、6.2 万名丝工的实力,居全国首位①。

民国建立是经济发展的巨大转机,带动了民初的实业热潮。这种现象,体现在各类演讲、撰文和办刊宣传,组织各种实业团体和创办各种企业三个方面。南京临时政府出台和实施了一系列有利于振兴实业、发展经济的政策措施。

南京临时政府的经济政策措施,是民国经济政策的新开端,具有先行意义和示范效应。随后的北京、南京政府在其政策来源和基础上,有一个连续的过程并出现变化。这些变化,在江苏畜牧业发展方面表现为:南京国民政府"颁行土地、地租法规,奖励农产,筹办水利,规范农林渔牧等业"②,从规范引导、创造条件和奖励补助三个层面,促成振兴实

① 徐建生:《民国时期经济政策的沿袭与变异(1912—1937)》,福建人民出版社 2006 年版,第 103 页。
② 徐建生:《民国时期经济政策的沿袭与变异(1912—1937)》,福建人民出版社 2006 年版,第 1—3 页。

业、发展经济的政策目标的实现,是政府规范性文件的一般性内容和导向。

在经济思想方面,这一时期合作主义的兴起,为江苏畜产合作社的建立与发展奠定了思想基础。纵观江苏农村合作运动的发展历程,大致经历了由国外借鉴到国内实践,由理论研究到试点实践,由城市到农村,由民间爱国人士、知识分子宣传组织到南京国民政府通过政治手段大规模倡导推行的过程。①

合作主义兴起于19世纪欧洲。合作主义者认为,人类不存在阶级差别,只有生产者和消费者的区分。他们主张通过建立合作社把消费者联合起来,以自助互助的精神,协同合作的力量,来确保他们在社会上或经济上的地位,并幻想通过发展合作社的办法解决社会问题,取消利润,去除剥削,使资本主义自行灭亡,和平建立一个世界大同的合作共和国。把这种主张付诸实践,便成为风靡世界的合作运动。② 到了20世纪初期,合作制度已经形成了全球性发展趋势,而合作理论传入中国则是在新文化运动时期。五四运动之前,已经有有识之士关注并且向国人介绍合作制度和理论,如汪廷襄、刘秉麟等分别撰写论著予以论述,但是这一时期,合作运动仅限于对合作制度知识的普及和介绍,并没有想到和中国当时的社会结合,更没有在中国推行、推广的意图,故而在当时的中国并未引起民众和政府的过多反响。新文化运动之后,随着人们思想的进一步解放,国人越来越关注西方的社会制度,这当然包括农村合作制度,因而关于农村合作制度的介绍、宣传力度加大,关于农村合作制度的理论探讨也逐步深入,越来越多的有识之士开始投身到合作制度的介绍、宣传当中。

江苏自古以东南富庶之地而著称于世。但到了近代,广大农村由于受国外资本和国内军阀地主的摧残、掠夺,再加上频繁的自然灾害,使得农村经济日益衰败凋敝,正如时人所言:“近年来军阀构乱,匪患不

---

① 孙振兴:《民国时期江苏农村合作社研究(1927—1937)》,硕士学位论文,南京农业大学科学技术史系,2009年,第5页。
② 张士杰:《中国近代农村合作运动的兴起和发展》,《民国档案》1992年第4期,第121页。

除,以致人民元气大伤。"①江苏的农村经济遭受到前所未有的破坏。事实上,不仅江苏,当时整个中国农村地区经济都处于衰败状态。此种情势之下,1928年10月,国民党第二届中常会通过了《下层工作纲领案》,颁布了包括识字、保甲、合作、提倡国货、造林、修路、卫生等内容的纲领,并饬令各级党部务必要切实加以推行。合作作为工作纲领之一,以借其在解决农村问题的同时,使民众"精神能够团结,行动能够统一,力量能够集中,即可造成健全的现代社会,而为新政治的坚固基础"。江苏省作为国民政府的政治核心区,国民政府为了在政治上巩固自己的统治基础,经济上挽救农村经济危机,于诸省之中率先在江苏运用行政手段"自上而下"地推行合作运动。首先,为了促使合作事业的迅速展开,江苏省设立了专司合作事务的行政机构,负责对全省合作事业的规划;其次,开办省立农民银行,以扶助农民组织合作社。二者共同作用,推动了江苏省农村合作运动的进行。对此,当时有人评说:"数年以还,本省合作事业经该行之努力倡导与主管农政机关之悉心改进,质量双方均已大有进步。"②

三、全国畜牧业发展状况

虽然中国近代经历了无数次残酷战争,国外资本主义国家对中国进行疯狂的经济掠夺和军事入侵,但随着对外开放的发展以及劳动人民的不懈努力,中国近代畜牧生产从总体上看,仍取得很大进步。如养马业,随着清王朝对民间养马管制的松懈,民间养马业得到较大发展,从统计资料显示,1935年全国养马已达785万多匹,成为世界上养马最多国家之一。近代的养驴、养骡业也并未因民间养马业的发展而受到冲击,随着近代交通运输的发展,驴、骡的饲养更加普遍。1912年全国养驴仅510余万头,养骡不到200万头,而1935年养驴已达1200多万头,养骡近500万头,成为世界上第一养驴、养骡大国。其他家畜,如牛、羊、猪、鸡、鸭等,亦均随着全国近代人口的增长和工业的发展,呈现

---

① 颂皋:《五省的大灾荒》,《东方杂志》1925年,第22卷15号。
② 忻平、赵泉民:《20世纪20—30年代江苏农村合作运动论略》,《江苏社会科学》2003年第1期,第166页。

出不同程度的发展。①

在畜产品对外贸易上，1880年中国出口畜产品价值仅70万关两，约占当时全国出口产品总值的1％；而1913年，中国出口畜产品价值已达4000万关两，已占当时全国出口产品总值的10％；1934年，中国出口畜产品更占到全国出口产品总值20％以上，成为中国出口产品的第一大类别，为中国近代国家建设和发展作出重要贡献。② 民国时期既是中国传统畜牧业发展时期，也是中国畜牧科技发展的重要转折时期，一方面中国传统畜牧科技持续发展，在中国广大农牧业基层地区仍发挥着重要作用；另一方面国外先进畜牧科技不断引入中国，促使中国传统畜牧科技迅速向现代畜牧科技转化。中国在大量引进国外先进畜牧科技的同时，还逐步建立起自己的畜牧管理与科研体系，并积极开展畜禽改良活动，如用黑白花奶牛、娟姗牛、哈犁佛牛（海福特牛）改良中国黄牛，用美利奴绵羊、考力代羊改良中国蒙古羊，用巴克夏猪、约克夏猪、杜洛克猪改良中国本地猪，用来航鸡、洛克鸡改良中国土种鸡，用英国纯种马、俄国马、美国马改良中国蒙古马等。通过利用这些国外优良畜禽品种杂交改良中国地方畜禽品种，虽然直到新中国成立前，还未育出一个新的畜禽品种，但通过这些改良实践，一方面促进了中国畜禽品种品质的提高，另一方面为新中国成立后中国新品种的形成打下了良好基础。

这一时期，中国的畜牧科学研究工作也取得很大进展。畜牧科学研究机构从无到有，研究人员从少到多，研究队伍由小到大，当时不仅对许多亟待解决的饲养管理问题进行一定研究，如对畜禽饲料利用能力的研究，对各种饲料营养成分的研究，对各种饲养方法与措施的比较研究，对纯种畜禽与杂交畜禽及土种畜禽增长潜力的研究等；而且对畜禽的科学繁殖方法、家禽的人工孵化技术、开辟畜禽饲料来源以及南北方青饲料的贮藏等均进行有益探索。

随着畜牧科技的发展，这一时期西兽医在中国也获得迅速发展。

---

① 李群：《中国近代畜牧业发展研究》，中国农业科学技术出版社2004年版，第114页。

② 李群：《中国近代畜牧业发展研究》，中国农业科学技术出版社2004年版，第117页。

其主要表现为一大批西兽医机构的建立,以及大批西兽医人才的培养、对传染病的诊疗与防治等。当时,不仅利用西兽医的方法制备了大量血清与疫苗,对中国许多地区较严重的畜禽传染病如牛瘟、猪瘟等采取较为有效的防治措施,而且对许多畜禽传染病进行了较为深入研究,为进一步在全国范围内完全扑灭部分畜禽传染病打下了基础,为保障中国近代畜牧业的发展作出了重要贡献。

第二节　现代畜牧兽医机构的初步建立

民国时期,随着近代西方科技的传入,畜牧兽医机构的主要工作是引进、推广西方畜牧兽医技术以保障中国畜牧业发展。[①] 1912 年,中华民国临时政府成立后,作为资产阶级政权性质的政府,开始构建具有现代特色的畜牧兽医机构体系,尤其是 1927 年国民政府定都南京之后,中国现代畜牧兽医机构体系初步建立起来。这一时期,国家建立的畜牧兽医机构主要包括畜牧兽医行政管理及服务机构、畜牧兽医教育及研究机构和畜牧兽医社会团体。由于江苏省是国民政府首都所在地,因此全国性的畜牧兽医机构大多位于南京,特殊的政治地理优势使民国时期建立的现代畜牧兽医机构体系对江苏畜禽养殖的现代转型起到了非常重要的推动作用。

一、畜牧兽医行政管理及服务机构

民国时期,设立于江苏的畜牧兽医行政管理及服务机构主要包括:国家畜牧兽医行政管理机构、江苏省畜牧兽医行政管理及服务机构。

（一）位于江苏的国家畜牧兽医行政管理及服务机构

1912 年,中华民国临时政府成立,畜牧业由临时政府农林部垦牧司主管,1913 年,农林部改组为农商部,畜牧则由渔牧司主管。1927 年,南京国民政府成立,畜牧兽医事业先后分别由军政部、实业部、农林

---

① 中国农业博物馆:《中国近代农业科技史稿》,中国农业科学技术出版社 1996 年版,第 300 页。

部分管。① 国民政府定都南京后，将畜牧兽医事业分属军政及农林两大系统管辖，其中军政部军务司设军牧科，管理马政。1930年，南京国民政府成立实业部，设渔牧司，主管军牧以外的畜牧兽医事务，下设渔业、畜牧、兽医三科。随后，实业部渔牧司在南京汤山建中央种畜场，该场占地约500亩，饲养国内外优良畜禽品种，进行本品种选育提高，向有关单位提供优良畜禽。1931年，农林部中央农业实验所在南京成立，设畜牧兽医组，1935年成立畜牧兽医系，主要从事畜牧兽医科研工作，并设猪瘟、牛瘟血清制造厂，开设兽医院，设置防疫大队。同年，军政部军务司在江苏句容成立句容种马场。1934年，实业部上海商品检验局和中央农业实验所合办上海兽疫防治所（简称上海兽防所），该所在制造血清、防治兽疫、开展兽疫调查、兽病诊治方面作了大量的工作，后因抗战全面爆发而停办。1940年，国民政府成立农林部，下设渔牧司，渔牧司下设渔业、畜牧、兽医三科。1947年，农林部在南京设立东南兽疫防治处。②

民国时期，农林部中央畜牧实验所作为国家畜牧兽医服务机关，又是全国畜牧兽医研究中心，对江苏畜禽养殖的发展影响最为深远。其概况如下："民国三十年以前，全国性之畜牧兽医研究工作，由中央农业实验所内设畜牧兽医系主办，民国二十九年农林部成立后，鉴于我国畜牧兽医事业之重要，原有机构范围过小，不足以负担此艰巨使命，乃于民国三十年七月创立中央畜牧实验所于广西良丰。中农所原设之畜牧兽医系及农林部原设之兽疫防治大队，则划归该所接收。民国三十二年该所奉命由广西良丰迁移四川荣昌，抗战胜利以后，东迁复员，暂租南京前遗族女校办公，现勘定中华门外小行镇为永久所址。1947年，农林部中央畜牧实验所的内部组织情况为：技术方面，该所现设（一）家畜改良系，（二）家禽改良系，（三）家畜营养研究系，（四）生物药品研究系，（五）病理研究系，（六）寄生虫研究系，（七）兽医药械研究系，（八）畜产制造研究系八系，附属机关有北平及上海两工作站。南京本

---

① 中国农业博物馆：《中国近代农业科技史稿》，中国农业科学技术出版社1996年版，第300—303页。
② 和文龙：《南京民国政府农林部机构设置与变迁（1940—1949年）》，《中国农史》1997年第4期，第75—80页。

所附设有乳牛场,绵羊场,猪场及鸡场等。正在筹备设立中者有浙江,绥远,河南等三绵羊场。该所现任所长为程绍迥氏,副所长为会员许康祖氏。全所工作人员(华北工作站未包括在内)有简任技正五人,荐任技正技士十八人,委任技士技佐四十七人,技术助理员及练习生二十二人,全所连行政人员合计约一百四十余人。"①该所因成立于全面抗战时期,因设备简陋,工作无法展开,抗战胜利后,因得到联合国善后救济署援助种畜及各项器材,条件有所改善,各种研究工作顺利进行,当时主要开展工作:1. 畜牧方面:开展乳牛、绵羊、猪、鸡等畜禽育种工作。有乳牛种畜:荷兰、娟姗、爱沙、短角牛四品种,大小 80 余头,考力代绵羊600 余头,约克夏猪 10 余头,来航鸡 50 余羽;也开展家畜饲料研究,如进行牧草试验,饲料营养分析,青贮饲料的调制,牧草的调查与收集;还开展畜产加工研究等。2. 兽医方面:开展牛瘟、猪瘟、牛传染性流产病、鸡瘟及牛焦虫病、边虫病等的防治研究,其中对牛瘟预防研究:(1)羊化牛瘟疫苗,(2)家兔化牛瘟疫苗,(3)鸡胚化牛瘟疫苗等三种疫苗研究等。②

(二)江苏省畜牧兽医行政管理机构

江苏省畜牧兽医行政管理机构,主要由省级畜牧兽医行政管理机构和省级以下畜牧兽医行政管理机构组成。

1. 省级畜牧兽医行政管理机构

1912 年,新成立的江苏行政公署,内设实业司,管理农林牧渔和工商矿等事务。1914 年,改为江苏省巡按使公署,设政务厅实业科。1916 年,再改为江苏省长公署,政务厅实业科依旧。1917 年,实业科升为实业厅,随后改名为江苏省建设厅。1928 年,农、林、牧、渔、矿等产业政务从建设厅分出,成立省农矿厅。1931 年,省农矿厅又并入省建设厅,农林(牧)、工商、矿业行政由该厅第三科管理。1935 年,省建设厅第三科改为农业管理委员会,分设农矿、工商二课,畜牧业行政事务由农矿课管理。汪伪时期(1940—1945 年),伪江苏省政府也设有省建设厅。抗日战争结束后,江苏省政府恢复省建设厅,其第三科下设农矿

①《农林部中央畜牧实验所概况》,《畜牧兽医月刊》1947 年第 8—9 期,第 59 页。
②《农林部中央畜牧实验所概况》,《畜牧兽医月刊》1947 年第 8—9 期,第 59 页。

工商股、蚕桑渔牧股,畜牧业行政事务由蚕桑渔牧股管理。

2. 省级以下畜牧兽医行政管理机构

民国初年,随着省级设置实业厅,大县也设立了实业科,管理农(牧)政,小县由教育科代管农政。1927年,随着省里成立建设厅,各县先后成立了建设科。1932年,多数县将建设科改称建设事务所。1933年,各县建设事务所(科)裁撤,改设技术员室。汪伪时期,苏北行营各专员公署设立畜产管理所,各县相应成立畜产管理所。抗日战争胜利后,各县恢复建设科,掌管农林(牧)等事务。①

(三)江苏省畜牧兽医服务机构

20世纪20年代末至30年代中期,江苏省政府先后建立了江苏省农业技术改进所,在多数县设农业(包括畜牧业)推广机构,负责组织优良畜禽品种推广与技术指导,在畜禽品种选育改良,防治疫病,兽医药品、器械供应等方面做了大量工作。

1928年,成立了江苏省农林事业推广委员会,承担农、林、牧、渔业技术推广工作,是全国最早成立的省级农林推广机构。1946年3月,在建设厅成立江苏省农林改进委员会,委员17人,由建设厅聘请农、林、牧、渔各业专家担任,分设秘书室及农村经济、农村政策研究、农林推广三课。1947年3月10日,江苏省农林改进委员会改为江苏省农业技术改进所。畜牧方面的行政管理、技术服务工作由该所负责,主要任务是家畜疾病防治,兽医药品、器械供应和畜牧改良。

1933年前后,大多数县成立农业技术推广所,兼管畜牧推广业务。汪伪时期,农业推广机构撤销。抗日战争胜利后,相继恢复各县农业技术推广所。各县所人员多者十余人,少者五六人。

民国之前,江苏农民养畜均以地方土种就近自然交配,一种为游动配种,另一种为固定配种。1935年7月,中央种畜场与江苏省建设厅在如皋合建了种猪试验推广区,在丰县合建了种羊试验推广区,中央种畜场提供国外种猪10头、种羊50头,定点为民间牲畜配种、改良地方

---

① 江苏省地方志编纂委员会:《江苏省志·畜牧志》,江苏古籍出版社2000年版,第398—401页。

品种。[1]

（四）各级畜牧兽医机构在江苏开展的主要工作

1927年,国民政府定都南京之后,日益重视国内畜牧业的发展以及畜牧科技的传播,军政部、实业部、农林部先后在江苏省内兴建了不少全国模范种畜种禽场。"1933年实业部于南京小九华山兴建中央种畜场,以树全国模范统筹改进畜种,发展畜牧。"[2]又于1934年在句容建立种马牧场,从阿拉伯选购种马公母十余匹,后又从澳洲引入纯种马若干匹,采用级进杂交法改良马种,纯度达97%—98%。还设置配种站,采用人工授精方法,改良蒙古马、伊犁马、西宁马,并设有军马育成所、军马场多处,属军政部管辖[3]。"1930年,在南京的中央种畜场饲养的白来航鸡就有700多只,应用繁殖的品种选育向江苏全省提供优良种禽。1934年,南京市有乳牛场20家、乳牛600头,同时南京遗族学校(中山门外卫岗)建有奶牛场,发展奶业生产。这一时期,江苏在苏州、无锡、徐州都建有奶牛场。至此,江苏奶牛生产已达到鼎盛时期。"[4]可见,江苏省因具有独特的政治地理优势,这一时期的奶牛业获得了较快发展。20世纪30年代,国内政治环境相对稳定,江苏省畜牧兽医行政管理及服务机构对发展耕牛、养猪、养禽等农村副业较为重视,颁行保护耕牛、奖励畜牧的法规,制订了一些保护政策和措施。在这一时期,江苏畜禽养殖发展较快。

20世纪30年代开始,为有效抑制传染病的危害,国家及地方许多兽医防治机构纷纷建立。其中,对江苏影响较大的是上海商品检验局。1929年,国民政府实业部上海商品检疫局成立,设置畜产品检验处,统一办理上海、南京、宁波等口岸城市的畜产品检验服务。1931年,上海商品检验局筹建上海血清厂。1932年,上海血清厂成立,血清厂设有实验室、采血及解剖室、大家畜畜舍、实验动物舍、健康动物舍、病畜舍

① 朱冠楠:《民国时期江苏畜禽业发展研究》,博士学位论文,南京农业大学科技史系,2015年,第40页。
② 《中央畜牧场》,《中央时报》1933年5月13日。
③ 许振英:《中国的畜牧》,上海永祥印书馆1950年版,第51页。
④ 王铭农:《近代江苏畜牧业概述》,《中国农史》1997年第4期,第70页。

等。上海商品检验局规定牲畜产品检验规则十二条,不仅使江苏引进畜禽良种的品质得到保证,还能有效防止境外畜禽进入江苏可能带来的疫病。上海血清厂成立以后,利用血清和疫苗预防和治疗传染病,在江苏取得了相当大的成效。主要包括"与国家及江苏各级畜牧兽医行政管理及服务机构密切合作,扑灭徐州至上海铁路沿线的口蹄疫"①,"与南京畜牧兽医机构合作,消灭南京等地猪瘟等传染病","与江苏各级畜牧兽医行政管理及服务机构合作,选定江苏泰兴县作为猪瘟病防治实验区"②等。其具体工作情况如下:

1. 1935 年初,上海市兽防所程绍迥等,发现来自徐州的黄牛及同舍猪只有口蹄疫。为弄清疫病流行情况,立即派技士吴赓荣沿铁路线调查,发现徐州为黄牛的主要交易市场,病原首先在此地使牛只感染,徐州以南各火车站如蚌埠、南京、镇江均有少量牛只感染。上海商检局、中央农业实验所、江苏省建设厅等,组成防治口蹄疫大队,严格执行检疫和防治措施,如严禁市场买卖牛只,禁止牛只运输,各站实施病牛与健康牛只隔离,对疫区实施封锁,对污染病毒的车辆和场地进行消毒等等,经过近两个月的努力,控制了疫情,使口蹄疫的危害减小到最低程度。这次扑灭口蹄疫的危害,没有使用血清和疫苗,而是通过执行严格封锁隔离的办法,大范围的协同作战,为以后防治口蹄疫提供了宝贵的经验。③

2. 1934 年 4 月,南京近郊汤山一带发生猪瘟,有 30 余头猪发病,经中央农业实验所紧急治疗注射,仅有 3 头病猪死亡。④

3. 1934 年 4 月,上海兽疫防治所与江苏各级畜牧兽医行政管理及服务机构合作,选定江苏泰兴县作为猪瘟病防治实验区。由于当时没有猪瘟疫苗,用少量的强毒与高免血清同时注射,同时加强畜舍卫生管理,建立猪舍清洁卫生制度,并要求有病猪只不上市交易或调运外境,病猪肉煮熟后方可出售。这些防疫措施得到贯彻,取得较大成效,几年

① 中国畜牧兽医学会:《中国近代畜牧兽医史料集》,农业出版社 1992 年版,第 170 页。
②《京师猪瘟蔓延益广》,《中央畜牧兽医汇报》1945 年第 1 期,第 12—15 页。
③ 中国畜牧兽医学会:《中国近代畜牧兽医史料集》,农业出版社 1992 年版,第 170 页。
④ 白鹤文、闵宗殿主编:《中国近代农业科技史稿》,中国农业科技出版社 1996 年版,第 273 页。

之内猪瘟未再造成损失。①

这一时期,中央农业实验所与江苏地方畜牧兽医服务机构合作,在治疗江苏家畜疫病等方面也做了大量工作。1934年,中央农业实验所在江宁县殷巷镇中央模范农业推广区内,从外地购进小猪近千头。四月底有猪只发病。中央农业实验所派人携带猪瘟血清2万毫升,血毒500毫升前往该地,经初步判断,认为是猪瘟病毒引起。兽疫防治工作者根据幼猪的发病程度立即采取措施,治疗效果良好,为江苏地区大规模扑灭猪瘟危害积累了宝贵经验。② 另外,"中央农业试验所与沪商品检验局合办之兽疫防治所,兹为扩大防治耕牛之口蹄疫起见,特派员分驻沪,常,丹,镇,京,蚌,徐及芜等处,进行防治事宜。"③

民国期间,江苏省建设厅还组织全省各县畜牧兽医行政管理及服务机构,进行了一次大规模的兽疫调查。根据调查发现,有兽疫者35县,其中尤以牛瘟多且死亡率高。牛类每年死亡数:萧县16400余头,青浦江阴各200头,溧水70余头,宝应30余头,镇江60余头,无锡50头,江宁30余头,高邮数十头,昆山10余头,丹阳15头,宝山仪征各10头,其余太仓、启东、六合、南通、吴江等县,亦有死亡,全省18000头以上。猪类每年死亡数:江阴无锡各1000头,江都1100余头,青浦萧县各800余头,东台200余头,铜山80头,江宁80余头,松江启东各50余头,南汇涟水各20余头,此外六合、泰县、海门等县,亦有死亡,全省约在5400头以上。④ 由此调查可知,江苏省建设厅及各县畜牧兽医行政管理及服务机构,对这次兽疫情况调查非常重视,其调查工作非常详细,牛瘟猪瘟疫情精确到各县头数。

二、畜牧兽医教育机构

江苏的现代畜牧兽医教育始于清代后期。光绪二十二年(1896年),两江总督张之洞在省城江宁创设储才学堂,其分立的农政门中包

---

① 白鹤文、闵宗殿主编:《中国近代农业科技史稿》,中国农业科技出版社1996年版,第274页。
② 中国畜牧兽医学会:《中国近代畜牧兽医史料集》,农业出版社1992年版,第266页。
③《畜牧兽医新闻·兽疫防治所扩大防治耕牛口蹄疫》,《畜牧兽医季刊》1937年第2期,第166页。
④《畜牧兽医新闻·苏省兽疫调查》,《畜牧兽医季刊》1937年第2期,第149—150页。

含畜牧专业。可以说,储才学堂的畜牧科,是江苏现代畜牧兽医教育机构的开端。民国时期,江苏不少大中专院校都设有畜牧兽医专业,并积极开展现代畜牧兽医研究。这些现代畜牧兽医教育机构,在民国期间开展了大量的畜禽养殖科研与教育工作,对江苏畜禽品种改良和养殖技术进步起到了积极推动作用,为近代中国畜牧兽医事业发展做出了重要贡献。

（一）畜牧兽医教育机构概况

1. 畜牧兽医高等教育机构

民国时期,江苏的畜牧兽医高等教育机构主要有:国立中央大学畜牧兽医系、南通学院畜牧兽医系、苏南文化教育学院农业教育系和江南大学畜牧学科。

1918年,南京高等师范农科设畜牧组,1922年并入东南大学,设畜牧系。1927年,东南大学与江苏省立第一农校等学校合并,成立第四中山大学,改畜牧系为畜牧科。1928年2月29日,第四中山大学更名为江苏大学,改畜牧科为动物农艺科;同年5月16日,江苏大学更名为国立中央大学,农学院设畜牧门,后改名畜牧兽医系。全面抗战爆发后,中央大学畜牧兽医系1、2年级迁重庆沙坪坝松树坡(原重庆大学校址)办学,3、4年级迁往成都四川农业改进所,到1946年中央大学迁回南京,畜牧兽医系分设为畜牧、兽医两系。

清光绪三十二年(1906年),实业家张謇创办私立通州师范学校,分设农科。宣统元年(1909年)改为高、初两级农业学校,后又改称甲、乙两等农业学校,设有畜牧等科。1916年,乙种农校停办。1919年,甲种农校改为南通农科大学,农科学制为预科2年、本科4年,设有畜牧学科等。1930年更名为南通学院,下设农、医、纺织三科,农科中设有畜牧、兽医系。①

苏南文化教育学院前身为江苏省立教育学院,创办于1930年,设民众教育与农事教育两系。农事教育系设畜牧等4个组(相当于专业),畜牧组有试验牧场及兽医实验室等。1938年,农事教育系更名为

---

① 江苏省地方志编纂委员会:《江苏省志·农业志》,江苏古籍出版社1997年版,第393页。

农业教育系。

江南大学由实业家荣德生及其子荣心一于 1946 年创办,设有农艺等 9 个系,农艺系设有畜牧学科。

2. 畜牧兽医中等教育机构

畜牧兽医中等教育机构主要有:江苏省立淮阴农业学校畜牧兽医专业、江苏省立第一农业学校畜牧科和国立高级农业职业学校等。

江苏省立淮阴农业学校是一所历史悠久的中等农业学校,创建于清光绪三十四年(1908 年),初名农工学堂。宣统元年(1909 年)改名江北农林学堂,宣统三年(1911 年)停办。1913 年改为江苏省立第三农业学校,实行大学区制期间,校名数次更改,直至 1929 年定名为江苏省立淮阴农业学校。该校的畜牧兽医专业始设于 1918 年,是江苏中等畜牧兽医教育的开端,初名为畜牧本科,学制 3 年,1921 年畜牧本科分设畜牧、兽医两系。1937 年因全面抗战爆发等原因停办。1951 年恢复办学,先后更名为苏北淮阴农业技术学校、江苏省淮阴农业学校,现为淮安生物工程高等职业学校(江苏联合职业技术学院淮安生物工程分院)。

江苏省立第一农业学校源于光绪三十年(1904 年),时任两江总督魏光焘将江南格致书院改名为江南农工格致实业学堂,其后又先后更名为农工矿实业学堂、农工矿商实业学堂,最终定名为江南高等实业学堂,校址在今天南京市三牌楼和会街,将其定位为以培养技术和外语等实用人才为目的的综合性新式学堂。设农、工、商、矿 4 科,分门肄业。1911 年辛亥革命前后,江南高等实业学堂的农科独立为江南高等农业学堂。1913 年,江南高等农业学堂更名为江苏省立第一农业学校,1913 年,学校有教职员 22 人、学生 61 人,过探先①与陈嵘②先后任该校的校长。1918 年,江苏省立第一农业学校设畜牧科,聘请留学康奈尔

---

① 过探先(1886—1929),江苏无锡人,教育家,农学家。中国现代农业教育奠基人和开拓者,中国现代农林科技的先驱。

② 陈嵘(1888—1971),字宗一,浙江安吉人,林学家,林业教育家,树木分类学家,中国近代林业的开拓者之一。

大学畜牧学硕士汪德章①兼任校长,还增聘王兆麒为兽医教授(美国农阿华大学兽医博士)、第三农校毕业生顾恒甲为助理。1927 年国民政府定都南京,教育部仿效法国大学区制,依北伐克城次序将国立东南大学、河海工程大学和江苏省第一农校等八校合并改组为国立第四中山大学,然后改系为科,只设农林、畜牧、农产制造三个科,园艺、畜牧、兽医、蚕桑等还另外开设了专修班。

国立高级农业职业学校是 1945 年 2 月创立于重庆江北杨家花园,抗日战争胜利之后,于 1946 年 8 月迁往南通,始设畜牧兽医科。

(二) 畜牧兽医教育机构开展的主要工作

民国时期,国民政府和江苏省政府对发展畜牧兽医教育极为重视。先后在江苏高等教育机构和中等教育机构建立了畜牧兽医专业,并开展了一系列工作。从现有资料来看,民国时期的国立中央大学畜牧兽医系和南通大学畜牧系在江苏开展的工作最多,且影响最大。

国立中央大学畜牧兽医科成立之初,在前江苏省立第一农业学校南京三牌楼旧址,设有奶牛场饲养奶牛 20 余头,饲养巴克夏猪种 2 头,进行畜牧兽医的教学实习和研究工作。1935 年,畜牧兽医系得到了美国洛克菲勒文化基金团的经费补助,逐渐充实图书、实验仪器,新建了种猪试验场和种鸡试验场。1945 年,抗日战争胜利后,畜牧兽医系获得联合国教科文组织赠送的 50 箱实验仪器和一批良种奶牛,随后在江苏地区扩大了实验室并建立了小型牧场开展教学和科研工作。1948年,国立中央大学农学院借得牧场 300 亩,与中央畜牧实验所合办南京中华门外石子岗森林、畜牧试验场。民国期间,国立中央大学畜牧兽医系建立的畜牧试验场,辐射和影响了整个江苏地区畜牧试验场的发展。这些具有现代科研条件和技术的畜牧试验场,为江苏畜禽养殖的现代化转型提供了重要的技术支撑。

民国期间,南通大学农科畜牧系的发展也较为迅速。南通大学畜牧系很早就开展对江苏家禽良种狼山鸡的保护和研究,并对学校畜牧

---

① 汪德章(1890—1951),字启愚,苏州人。1908 年赴美,1917 年起任多所农校教授。曾任国立东南大学畜牧系主任,又先后担任过江苏省立第一、第三农校的校长。

场、家禽场的规模及其今后发展进行规划。

三、畜牧兽医社会团体

民国期间,在畜牧兽医专家的倡导下,江苏还组织成立了一些畜牧兽医社会团体。这些机构主要设立在南京和上海两大城市,包括中国兽医学会、中国畜牧学会、中国养鸡学术研究会等。这些畜牧兽医社会团体,积极开展一系列的社会活动和工作,对江苏畜禽养殖的现代化转型起到了非常积极的促进作用。

中国兽医学会成立之初,主要工作围绕着:1. 研究有关畜牧事业及兽疫防治之方案与改良办法;2. 促进兽医学术之运用;3. 培植兽医人才;4. 协助实际兽医技术;5. 其他和兽医有关各事之创办及赞助等。①

第三节　畜牧发展与畜禽品种改良

江苏畜牧业经过数千年发展,已培育出不少优良畜禽品种。有著名的"溧阳鸡""狼山鸡""二花脸猪""梅山猪""姜曲海猪""湖羊""徐州黄牛""海门山羊"等,这些优良地方品种具有适应性强、耐粗饲、抗病力强、繁殖率高等特点。然而,这些优良地方品种与全国大多数畜禽品种一样,与国外纯种畜禽相比,存在着明显的品种不纯、品质低、生产效率不高等缺点。如马的速率,英国纯种马在跑马场上,于一分二秒可跑完1英里(1.609千米),而中国马需五六分钟;英国挽用马,一马可挽重500余千克,而中国马只能挽300—350千克;荷斯坦奶牛每日产乳15—20千克,而中国黄牛每日产乳仅3—6千克;英国短角种肉牛,每头可产牛肉750—800千克,中国黄牛每头产肉不过250—300千克;中国的绵羊毛产量,每只年产不过1—1.5千克,而澳洲美利奴羊每只每年可产羊毛5千克以上;英国来航鸡每只年产蛋可达300枚,而中国鸡每

① 中国兽医学会:《中国兽医学会年会纪要》,《畜牧兽医季刊》1936年第3期,第122页。

只年产蛋只有 70—80 枚。[1] 而且,中国各畜禽在饲料利用率及畜禽出栏率上亦有较大差距。

民国时期,由于南京是国民政府首都,是近代全国的政治经济文化中心。得天独厚的政治地理优势,使得国外先进的畜禽改良技术首先在江苏得到传播、推广和应用。国民政府实业部组织实施的牛种改良、马种改良、鸡种培育、猪种改良以及先进的人工授精技术的传播,这些工作大部分都是立足于江苏开展。[2] 江苏 1924 年的《改良推广江苏牧业计划》指出:"江苏省长江中贯,南北剖分,荒山旷野,多在北部。故牧业之重心,亦在北部。徐州之绵羊、泰县之猪,以种优著,淮海之猪鸡、南部丹阳之黄牛,以数多称,今欲种之优者益优,数之众益众,斯时则改良推广之道尽矣。非仅欲劣者优,而寡者众而已也。"到了 20 世纪 30 年代,由于"江北农村经济,日见困厄,为救济江北农村经济,安定江北农民生活,江苏省政府于 1934 年 2 月 16 日,组织江苏省推进江北农村副业委员会,同时令饬各县调查境内适宜之副业种类,推进江北农村副业计划,其推进范围为养畜、种艺、工艺、林业、水产等五类"。[3] 江苏省政府为挽救农村经济危机,提出了发展农村副业及合作经营复兴农村经济的计划方针。因此,民国时期江苏引进的大批外国优良畜禽品种,主要用于对江苏北部的地方畜禽品种进行改良。

一、养猪业与猪种改良

在中国传统农业社会中,养猪主要是为了获得猪肉,因为猪肉是人们膳食中最主要的动物蛋白质来源,其副产品猪粪还可为大田提供肥料。与此同时,随着中国畜产品贸易进入国际市场,猪油、猪鬃、猪肠衣、火腿等畜产品出口量大增,进一步促进养猪业的发展。

民国时期,猪产仍是江苏畜产大宗。"民国七年,江苏全省猪之

---

① 李正谊:《中国牧畜之改良刍议》,《中国农学会报》1932 年,第 96 期。
② 王铭农:《近代江苏畜牧业概述》,《中国农史》1997 年第 4 期,第 73—74 页。
③《改良推广江苏全省牧业计划》,《农学》1934 年第 1 期,第 67 页。

产额为 4868897 头，占全国八分之一，与奉皖鄂同为产猪重要之省。"①"1933 年《农报》十期发表了实业部调查全国畜禽统计数字，其中江苏的猪种数量为 5522147 头"②，位于全国养猪大省的前列。这一时期，江苏猪的产区分布为："以泰兴产为良，江南无锡、武进次之，海州为劣。产量以泰兴、阜宁、如东、东台、靖江、盐城、宿迁为最钜（巨），高邮、无锡、武进、青浦、吴江、吴县次之。阜宁所产为各县之冠计 50 万头。"③

　　1928 年，中央大学畜牧系派人调查泰兴、江阴、如皋及南通 4 县的猪产，其报告称："江苏江北猪，皮粗毛厚而多皱纹，头长嘴尖而骨粗，肉量很少，生长亦慢，背有凹下，体重不过二百斤，板肉极薄。按照该区猪种优劣不齐，但多背下凹过深，臀斜，毛粗、体边不平直。又以农民多以油饼、酒糟饲猪，肉多现红色云。上海附近农村饲养一种白色猪，或曰为外国输入，皮色全白而稍显现红色，毛洁白有光彩，体型小而多肉，头小耳垂，体短，背微凹。其猪多在上海租界工部局屠宰场屠杀，所列等第价值，较黑色猪为高，多供西人吃用。"④1933 年，南京遗族学校引入波中猪、泰姆华斯猪、汉普夏猪（Hampshire）、巴克夏猪（Berkshire）。同年，江苏无锡江苏省立教育学院引入波中猪、杜洛克猪（Duroc-Jersey）、切斯特白猪（Chester White）、中约克夏猪（Yorkshire）等等。⑤ 1934 年，"中央农业模范推广区，以农民养猪，为其唯一副业，兹为谋猪种易于生长及节省饲养食料起见，爰觅得波兰中国种及汉普夏种与土种杂交，其第一代已产母猪八头，第二代计二十余头，但第一代尚继续交配中，预计第三代将有三十余头，现该区将已育成之改良小猪，昨特分发乡民饲养，以便繁殖，该猪于产生时，即有三十余斤，在三个月以后之改良猪，每月可增重量十余斤，但其食量最强，其生长时期较土种猪缩短四五个月，故饲养改良猪，较土种猪利厚三分之一，且质

① 汪启愚：《设立荷兰牛泰兴猪狼山鸡育种场之拟议》，《通农期刊》1933 年第 1 期，第 116 页。
② 王铭农：《近代江苏畜牧业概述》，《中国农史》1997 年第 4 期，第 70 页。
③ 王铭农：《近代江苏畜牧业概述》，《中国农史》1997 年第 4 期，第 72 页。
④ 张继先：《中国土种猪之研究》，《农报》1934 年第 26 期，第 2—6 页。
⑤ 郑丕留主编：《中国猪品种志》，上海科技出版社 1986 年版，第 12—13 页。

细皮薄,兹该区正积极普及改良,预计三年以内可将本京土种猪改良完竣云。"①由此可知,国民政府以中央农业模范推广区之名,确定为培育江苏猪种改良实验基地,为江苏省各地提供优良种猪,并计划在1934—1937年三年内,完成对南京土种猪改良。1935年,中央大学农学院向外国选购巴克夏猪(也名盘克夏猪)改良南京猪,培育出了南京巴克夏杂交猪。据报告称,结果甚满意。② 此后,国民政府实业部与中央大学农学院畜牧兽医系联合,根据江苏猪种的特点,从美国购进大批种猪置于该校位于南京的牧场,从事杂交实验研究,并计划若实验成绩优良,在江苏省推广猪种。据资料记载,国立中央大学农学院畜牧兽医系在美国订购种猪多只,运至南京该校中华门外新牧场,从事实验,并准备推广,仅1936年就购种猪有5种之多,即巴克夏猪、波中猪、约克夏猪、切斯特白猪和杜洛克猪等。③ 1936年夏,中央大学畜牧兽医系还争取到了美国洛克菲勒基金对中国猪种改良的资助,该改良工作由许振英主持,先后自美国进口巴克夏猪、波中猪、约克夏猪、切斯特白猪、杜洛克猪、汉普夏猪,这些进口种猪一部分用作纯种繁殖,另一部分用于级进杂交。④

除此之外,20世纪30年代,在国民政府及教育科研机构的提倡和不断推动下,江苏许多地方猪种保种、选育和改良试点也纷纷建立起来。各地方将引进的猪种进行纯种繁育,并向周围农村出售或直接为当地农民饲养的母猪提供配种服务,局部开展外来良种猪与地方猪种的杂交。与此同时,为挽救农村经济危机,江苏省政府提出了发展江北农村副业及合作经营的计划方案。随着江北农村副业工作的不断推进,购买、引进国外良种猪改良本地猪种的猪种改良工作,在江苏农村各地逐渐发展起来,并取得了较好的成效。江苏省建设厅推进农村副业报告及当时学术期刊中,记载的江苏各地猪种改良推广情况如下:

---

① 《中央农业区改良麦种猪种》,《农业周报》1934年第50期,第31页。
② 祝贤滨:《改良中国猪种的一点小供献》,《浙江省建设月刊》1935年第9期,第14—17页。
③ 《实业部谋改进全国蛋业、牛瘟、引进美国猪种》,《畜牧兽医季刊》1936年第3期,第125—126页。
④ 《实业部谋改进全国蛋业、牛瘟、引进美国猪种》,《畜牧兽医季刊》1936年第3期,第125—126页。

巴克夏猪公猪　　　　　　　　　　　巴克夏猪母猪

图7-1　巴克夏猪①

约克夏公猪　　　　　　　　　　　约克夏母猪

图7-2　约克夏猪②

杜洛克猪公猪　　　　　　　　　　　杜洛克猪母猪

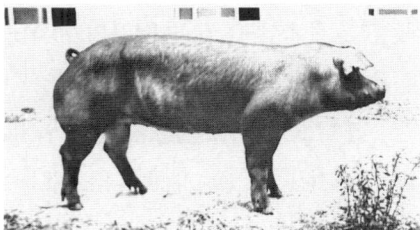

图7-3　杜洛克猪③

江浦县:对于养猪,非常重视,除派员分赴各地宣传外,并令农村各机关,随时随地切实宣传,各区公所及各乡镇长、保甲长等,调查当地未

---

① 国家畜禽遗传资源委员会:《中国畜禽遗传资源志·猪志》,中国农业出版社,2011年版,第475页。
② 国家畜禽遗传资源委员会:《中国畜禽遗传资源志·猪志》,中国农业出版社,2011年版,第454页。
③ 国家畜禽遗传资源委员会:《中国畜禽遗传资源志·猪志》,中国农业出版社,2011年版,第464页。

养猪户数，由保甲长分配小猪，使各户平民畜养，用盘克夏母猪交配本地公猪，以改良品种。自推进以来，增加农村副业生产品价值约达7000余元，农民多养猪，达1500头，所产改良小猪，达180余头。①

扬中县：养猪约占户籍十分之七。因农民不知先进饲养法，所养猪只多瘦小，难获厚利。养猪推进计划为：一方面劝导农民选购约克夏猪种，与本地猪杂交，改良本地猪种；另一方面改进饲养方法，利用少量农产残料，增加农民收入；同时指导农民成立乡村信用合作社，向农民银行借款，批购豆饼，分贷各社员，作养猪饲料。养猪改良推进成绩为永胜、积善二乡，成立信用合作社后，向农行借款批购豆饼，共养猪百头余，增加收入1500余元。②

如皋县：已由农业推广所畜牧繁殖之英国巴克夏猪及英国猪与如皋猪杂交改良猪推广于农村，并以纯种母猪来代替家养母猪义务交配，以改进猪种。③

淮阴县：淮阴猪种，毛粗皮厚，生长迟缓，售价亦廉，农家虽辛勤饲养，几乎无利可获，为改良猪种计，从外地引入英国巴克夏猪，繁殖之后，拟在各区推广，并劝导农家广畜本地母猪，与之交配改良。④

泗阳县：本县仅有巴克夏猪一对，由农业推广所规定推广区域。农业推广所周围（五里以内）为第一推广区，城厢民教馆施教区为第二推广区，新集农教馆施教区为第三推广区，洋河农教馆施教区为第四推广区，史集民教馆施教区为第五推广区，待各推广区完成第一代改良后，再另选推广区域，但原有之推广区，即继续推进第二代改良。⑤

涟水县：养猪为涟水农村主要副业之一，不但可以利用残羹菜汁去增加收入，而且可利用猪粪制成肥料，增加农田生产。全县农户经营此项

---

① 江苏省建设厅：《各县二十三年度推进农村副业报告·江浦县》，《江苏建设》1936年第2期，第3—4页。

② 江苏省建设厅：《各县二十三年度推进农村副业报告·扬中县》，《江苏建设》1936年第2期，第5页。

③ 江苏省建设厅：《各县二十三年度推进农村副业报告·如皋县》，《江苏建设》1936年第2期，第10页。

④ 江苏省建设厅：《各县二十三年度推进农村副业报告·淮阴县》，《江苏建设》1936年第2期，第13—14页。

⑤ 江苏省建设厅：《各县二十三年度推进农村副业报告·泗阳县》，《江苏建设》1936年第2期，第17页。

副业者很多,但饲养猪种不佳,发育迟缓。自从大力推广良种猪后,养猪户数,增加至 510 余户,猪只 2000 余头,尤以农教馆推广约克夏改良种深受农民欢迎,较本地猪食量既小,发育又快,母猪怀孕期间,即行订购一清,先后计推广改良仔猪 78 头,母猪送经本馆纯种巴克夏猪交配者计 600 余头,繁殖仔猪 4800 余只,增加生产 17000 余元。[1]

盐城县:盐城地区多养全黑毛猪,但其皮厚肉味欠良,现由农业推广所,购办巴克夏猪纯种猪一对,交由第八区乡长养殖配种,以期逐渐推广。[2]

江都县:本县现育猪种以肥肉用猪占据多数,饲养及管理方法仍为旧俗,未经改良,尤其管理方面,完全任其自由奔走觅食,以故毛粗皮厚,成长缓慢,售价亦甚低。为改良本县猪种,现由推广股代选本地优良猪,劝导农家饲养,并指导饲养管理等方法。[3]

仪征县:本地猪种,也须改善,拟购巴克夏猪二头,以备农家土种交配,改善品质,增加生产。[4]

东台县:本县原有泰县曲塘猪种(姜曲海猪),饲养多年,颇有成绩,每年可以繁殖三次,且极符合农民心理及社会环境。现有种公猪三头,专供附近农民母猪交配,每月计二三十次之多,暂不收费,有母猪二头,专事繁殖推广,除原有泰县曲塘品种猪外,拟购买巴克夏猪数头,以资繁殖推广。[5]

高邮县:本县人民肉食,向来以猪肉为大宗,而猪的品质,本地猪头蹄均大,皮厚毛粗,品质较差。现由农业推广所,引入英国巴克夏种猪二头,加以饲育,除繁殖纯种猪外,并给农家土猪免费配种,民众前往参

① 江苏省建设厅:《各县二十三年度推进农村副业报告·涟水县》,《江苏建设》1936 年第 2 期,第 17 页。
② 江苏省建设厅:《各县二十三年度推进农村副业报告·盐城县》,《江苏建设》1936 年第 2 期,第 20 页。
③ 江苏省建设厅:《各县二十三年度推进农村副业报告·江都县》,《江苏建设》1936 年第 2 期,第 22 页。
④ 江苏省建设厅:《各县二十三年度推进农村副业报告·仪征县》,《江苏建设》1936 年第 2 期,第 23—24 页。
⑤ 江苏省建设厅:《各县二十三年度推进农村副业报告·东台县》,《江苏建设》1936 年第 2 期,第 25 页。

观者,踵趾相接,竞相前来配种。①

宝应县:本县农民对于养猪副业,素不讲求,如猪舍之低隘,滩地之龌龊,饲料之不洁,非常不利猪的健康,轻则影响肥育,重则使猪易生寄生虫,或染有慢性传染病,此种无形损失,不可数计。为指导改良起见,特督各机关编印改良养猪法普遍散发农民仿行,并于农闲之际从事实地指导,当面讲解合理饲养方法,并纠正不良行为,实施以来,各推广区及施教区养猪事业已渐次改良。②

丰县:本县农业推广所购买大批优良猪种,转卖四乡居民,预期一年后,优良猪种可遍布全县。③

宿迁县:引进纯种巴克夏猪,免费供本地猪配种;并贷款和劝导当地民众新法喂养。由民教馆在五权镇,实农馆在顺河集,埠子农馆在埠子集,峒峿山农馆在峒峿山附近,民教实验区在皂河镇,分头办理。④

东海县:本县第五区地近山岭,宜乎养猪养羊,因此该区公所要求各乡镇长广为劝导。现该区除原饲养猪不计外,增加猪5000余只。⑤

沭阳县:为增加农村经济,富裕农民,积极成立沭阳县农村副业推进委员会,并指定专人负责,推进副业种类30余种,劝导农民用新法制造、培植及改进技术,已实施养猪养鸡等15种。

靖江县:本县副业种类繁多,其中以养猪、织布、育虫、养鱼为最重要,尤其养猪、织布、育虫养鸡,素负盛名。不过,本地猪生长率弱,肉质欠佳,猪瘟亦无法防治,常意外损失很大。关于养猪事业,现拟定推进方法为:1.由村种苗场饲养巴克夏猪种猪一对,除繁殖纯种外,并以巴克夏纯种公猪与本地母猪杂交繁殖。2.由山区民众教育馆,汇通区公所,调查各

① 江苏省建设厅:《各县二十三年度推进农村副业报告·高邮县》,《江苏建设》1936年第2期,第28页。
② 江苏省建设厅:《各县二十三年度推进农村副业报告·宝应县》,《江苏建设》1936年第2期,第32—36页。
③ 江苏省建设厅:《各县二十三年度推进农村副业报告·丰县》,《江苏建设》1936年第2期,第37页。
④ 江苏省建设厅:《各县二十三年度推进农村副业报告·宿迁县》,《江苏建设》1936年第2期,第43页。
⑤ 江苏省建设厅:《各县二十三年度推进农村副业报告·东海县》,《江苏建设》1936年第2期,第44页。

区农家养猪户数及养猪头数和饲养方法,以便提倡并改良饲养法。3. 由村种苗场编印养猪浅说,分发给各乡镇长并指导村民饲养。[①]

赣榆县:对于养猪,责令农教馆采购巴克夏猪种从事改良工作,待有成效,再逐渐推广。[②]

以上是民国时期猪种改良推行较好且较有代表性的地区。除此以外,还有南通、邳县、睢宁等地也进行了猪种改良。由上述材料可知,在江苏省政府及各地方政府的推动下,引进国外良种猪改良本地猪种的猪种改良工作,在江苏各地蓬勃发展起来,并取得了较好的成效。可以说,1927 年至 1937 年社会政治相对稳定的十年,是江苏猪种改良事业发展的最好时期。1937 年全面抗战爆发后,江苏的猪种改良及保种、选育工作因战争受很大影响。

由于"以往关于猪的育种技术,历代农书中只有一些选择技术,而没有相应的育种技术,所以在中国历史上,尽管出现了一些地方优良品种,但是这些良种的产生,多是在不自觉的长期的自然交配和区域隔绝的条件下产生的,而不是人工有意识地培育选成的"[③],因此,虽然江苏猪种改良实践持续不长,并且由于战争等原因,大多半途而废,但这一时期,江苏的猪种改良事业是近代江苏历史上第一次运用现代实验科学技术来改良地方猪种,是运用完全不同于以往选育种经验的现代育种技术,对地方猪种进行的整体性改良及推广,不仅集中体现了江苏畜禽养殖由传统向现代方向的转变,还为新中国成立后江苏现代猪种改良事业的发展积累了经验。

二、养牛业及牛种改良

民国时期,江苏养牛仍以黄牛和水牛为主。据民国三十七年(1948年)《海州志·物产》记载,"牛:按黄牛水牛二种,用以耕稼,水牛为多,用以转磨、油车亦用水牛,面坊或用黄牛。私宰鬻肉者假名死牛,盖屡禁不

---

① 江苏省建设厅:《各县二十三年度推进农村副业报告·靖江县》,《江苏建设》1936 年第 2 期,第 18—21 页。

② 江苏省建设厅:《各县二十三年度推进农村副业报告·赣榆县》,《江苏建设》1936 年第 2 期,第 64 页。

③ 徐旺生:《中国养猪史》,中国农业出版社 2009 年版,第 14 页。

能止也"。民国二十四年(1935年)《川沙县志·物产》记载,"牛,旧时只黄牛水牛二种,近来多畜乳牛,俗呼外国牛,毛色黄,亦有黄白相杂者,无肩峰,不能驾轭耕田,以乳多为贵。其尤者,价值三四百元以上"。民国二十五年(1936年)《江苏省志·经济·农业》记载,"畜牧为农家副业,家畜以牛羊猪为主,马驴骡不多,家禽有鸡与鸭,牛有水牛黄牛二大类。水牛之产地仅限于淮河之南,以农家力役为主,食用者少。各城市除有回教之地外,多有禁宰耕牛者。乳用牛多外国种,仅有南京上海等大都市略有之"。民国十一年(1922年)《三续高邮州志·实业志·物产》记载,"畜产乡村以牛为最重,河东用水牛,湖西用黄牛,因田之水旱不同也。畜牛得法每见生犊。驴马人家虽有用者,然孕育殊少"。这些记载表明,江苏民国时期饲养水牛、黄牛还是比较多,主要是用作耕田、磨面、油车等。随着国内对牛的消费观念发生变化,对牛乳、牛肉的需求量增大,国内开始大量从国外引进优良奶牛、肉牛品种,并开始牛种改良工作。

江苏牛种改良事业始于20世纪初。此后,随着荷斯坦牛(Holsteincattle)、西门塔尔牛(Simmental)等乳用、肉用牛的引进,并与江苏各地黄牛(母牛)杂交改良,江苏的牛种改良事业迅速发展起来。因南京及苏南一带,经济发达,侨民较多,牛乳需求量大,这一时期江苏实施的牛种改良工作主要集中在南京及其附近的苏南城市一带。没有像猪种、鸡种等中小畜禽,在江苏各地进行大面积的改良与推广。

民国时期,随着牛乳在东南沿海一带饮食增多,国内牛乳产量因无法满足国内市场的需求,只能从国外购进罐装牛乳补充。据表7-1所示,中国每年罐乳输入金额达数十万至百万关银两。为改变这一状况,国民政府及教育科研机构对牛种改良事业更为重视。

表7-1　罐乳与奶油之输入额[①]

年份	罐乳(关银两数)	奶油(关银两数)
民国九年	978599	537333
民国十年	1278397	799589

[①] 汪启愚:《设立荷兰牛泰兴猪狼山鸡育种场之拟议》,《通农期刊》1933年第1期,第116页。

1912 年,《政府公报》上刊登了农林总长宋教仁《咨山东都督调查牛种改良牧畜文》,表明官方对牛种改良的重视。① 1918 年,南京高等师范学校(1921 年更名为国立东南大学)农科实验牧场,从国外引进 20 多头荷斯坦牛用于改良和研究。② 1925 年,由东南大学的汪启愚教授发起,在南京创办了鼓楼奶牛场,该场是东南大学畜牧兽医系教学实习型牧场,是中国最早的农科大学奶牛教学基地之一,兼有推广普及奶牛知识、提倡乳品消费的职能,在市民中产生了积极的影响。③

　　1927 年,国民政府定都南京之后,在南京创办国民革命军遗族学校,专门招收战争遗孤子弟入学。为了给这些孩子提供鲜奶,1928 年,在南京卫岗建立南京奶牛场,从上海购买了 30 多头良种荷斯坦牛,在中山陵附近的四方城官地建牧场,饲养奶牛。④ 1931 年,南京国民政府实业部派员到中央广播电台作了一次《关于我国畜种改良之方针及具体办法》的报告,认为要改良中国的畜牧业,最为简捷的方法就是引用良种,提出荷兰奶牛改良中国黄牛以求得乳用品种。⑤

　　与此同时,国民政府有关部门还联合国立中央大学畜牧系创办了牛乳业讲习班,在全省宣传乳牛饲养相关知识,教授乳牛饲养与管理技术。

荷斯坦牛公牛　　　　　　　　荷斯坦牛母牛

图 7 - 4　荷斯坦牛⑥

① 宋教仁:《咨山东都督调查牛种改良牧畜文》,《政府公报》1912 年,第 30 期,第 3—4 页。
② 崔宝山:《卫岗牛奶——金陵百年老字号》,《苏果人》2005 年第 5 期,第 34 页。
③ 崔宝山:《卫岗牛奶——金陵百年老字号》,《苏果人》2005 年第 5 期,第 34—35 页。
④ 崔宝山:《卫岗牛奶——金陵百年老字号》,《苏果人》2005 年第 5 期,第 34—35 页。
⑤ 郭文韬、曹隆恭:《中国近代农业科技史》,中国农业科学技术出版社 1989 年版,第 466—468 页。
⑥ 国家畜禽遗传资源委员会:《中国畜禽遗传资源志·牛志》,中国农业出版社 2011 年版,第 238 页。

　　1935 年,国民政府实业部中央种畜场从美国购入多头改良纯种短角乳牛,筹设建立中央乳牛场。同年,《中央日报》刊登了《南京乳牛场之今昔》一文,该文对晚清、民国初年和民国十六、十七年的南京奶牛场情况进行介绍,从该文可以看出,20 世纪 30 年代是南京乳牛业大规模改良及发展时期。随着国民政府及教育科研机构对乳牛改良的提倡和推广,1927—1937 年的 10 年间,南京的现代奶牛业获得了快速发展,全面抗战爆发前的 1936 年,南京有官办、校办、教会办及私营个体牧场 38家,其中多数为奶牛养殖场。①

西门塔尔牛公牛　　　　　　　　　　西门塔尔牛母牛

图 7 - 5　西门塔尔牛②

　　随着江苏城市,特别是苏南一带饮用牛乳的人日益增多,甚至成为习惯,苏南一带的教育科研机构纷纷开始建立乳牛场,进行牛种改良实验及推广研究。"南通学院农科早见及此,故自开办之始,即饲育荷兰乳牛,十余年来,繁殖甚夥,各处学校牧场来探购牛种者趾踵相接,本校不敢自私,每尽量供给之,然以限于经济,不能补充,求过于供,向隅者多,而本校亦尽能留养十数头,在本校则有心无力,时形扼腕,在有志者则欲牧无牛,每为失望,于以知乳牛之育种与推广不得不急切继续猛进也。"③

① 崔宝山:《卫岗牛奶——金陵百年老字号》,《苏果人》2005 年第 5 期,第 34—35 页。
② 国家畜禽遗传资源委员会:《中国畜禽遗传资源志·牛志》,中国农业出版社 2011 年版,第 241 页。
③ 汪启愚:《设立荷兰牛泰兴猪狼山鸡育种场之拟议》,《通农期刊》1933 年第 1 期,第 116 页。

三、养羊业及羊种改良

民国时期,国际市场对羊毛、羊皮的需求量激增,而我国羊种由于品种不良等原因,致使羊毛、羊皮等出口贸易受到不利影响。为改变这一状况,1927年后,国民政府对羊种的改良极为重视。我国羊种改良的目标最先主要是引进国外优良羊种,如美利奴羊等。同时,由于受到西方先进技术和文化的影响,国民政府还提倡引进欧洲乳用山羊品种来改良我国的山羊品种,发展乳用山羊业。

民国时期,江苏各地饲养的羊仍主要是本地山羊、绵羊。因南方气候及地理环境,其饲养数量虽不能与北方草原地区相比,但在江苏个别地区,养羊还是很多。据民国二十五年(1936年)《江苏六十一县志·海门县·物产》记载,"畜羊极富,皆行销于上海"。民国二十五年(1936年)《江苏六十一县志·淮阴县·物产》记载,"六畜亦富,尤多马羊,每千百为群,纵牧河岸"。民国二十四年(1935年)《川沙县志·物产》记载,"羊,有山羊湖羊二种,农家畜山羊为多,肉供宰食,毛角可出售"。民国三十七年(1938年)《海州志·物产》记载,"羊:按有二种,吴羊毛卷尾大,岁二八月剪其毛为毡。山羊毛直角长尾细毛堪作笔料"。

根据现代研究,江苏经历代培育形成的地方绵羊、山羊品种,主要是徐淮地区的小尾寒羊、徐淮山羊和太湖地区的湖羊、长江三角洲地带的海门山羊等。

澳洲美利奴羊公羊　　　　　　　澳洲美利奴羊母羊

图 7 - 6　澳洲美利奴羊①

---

① 国家畜禽遗传资源委员会:《中国畜禽遗传资源志·羊志》,中国农业出版社2011年版,第218页。

民国时期,在国民政府及教育科研机构的提倡和不断推动下,江苏各地方农业推广所纷纷建立改良羊种的畜牧场,并向周围农村推广良种羊或直接为当地农民饲养的羊提供配种服务,开展外来良种羊与地方羊种的经济杂交。与此同时,为挽救农村经济危机,江苏省政府提出了发展江北农村副业及合作经营的计划方案。1934 年,江苏省建设厅推进农村副业报告中记载了江苏农村地区羊种改良情况,摘要介绍如下:

东台县:本县因地近海滨,土质含碱性,不宜饲养乳牛,现拟购买乳用山羊两对,从事试养。①

宝应县:本县养鸡养猪副业,尚称发达,值兹提倡副业之际,自当择原有者加以改进……二十三年七月从淮阴购入绵羊 4 头。②

高邮县:本县义冢荒地较多,利用畜羊为一良好副业,且羊性强健,尤能粗食,现由农业推广所及城中民教馆从事倡导,并预选优良种羊为交配繁殖之用,山广庄一带农民,饲羊者颇多。③

丰县:沙河沿岸居民购买山羊绵羊百余只于沙河两岸牧放,近又繁殖小羊二三十只,复有数村居民增购绵羊五十余只。现共养羊 150 余只,繁殖小羊 20 余只,因劝导繁殖而增加羊数,百余只,计可值洋200元。④

东海县:第五区地近山岭,农民普种落花生,宜乎养猪养羊,是以该区公所,自奉命督办劝导,家喻户晓,现该区共养羊除原有不计外,增加羊 5000 余只。⑤

灌云县:本县荒地面积,几占五分之一,土质多带碱性,颇宜畜牧山羊,如能拣选良羊,推广养殖,可以获利。或饲养绵羊,与美利奴羊杂

---

① 江苏省建设厅:《各县二十三年度推进农村副业报告·东台县》,《江苏建设》1936 年第 2 期,第 24—25 页。

② 江苏省建设厅:《各县二十三年度推进农村副业报告·宝应县》,《江苏建设》1936 年第 2 期,第 32 页。

③ 江苏省建设厅:《各县二十三年度推进农村副业报告·高邮县》,《江苏建设》1936 年第 2 期,第 29 页。

④ 江苏省建设厅:《各县二十三年度推进农村副业报告·丰县》,《江苏建设》1936 年第 2 期,第 37 页。

⑤ 江苏省建设厅:《各县二十三年度推进农村副业报告·东海县》,《江苏建设》1936 年第 2 期,第 45 页。

交,改良毛质,获利必厚。①

由上述材料可知,在江苏省政府及各地方政府的推动和努力下,引进国外良种羊改良本地羊种的改良工作,在江苏多地农村多有进行,并取得一定成效。此外,徐州、阜宁、无锡、南京等地还引进少量外国乳用山羊品种,如萨能山羊、吐根堡山羊等,以改良并培育本地乳山羊品种,②后来因为全面抗战爆发,江苏多地沦陷,中央种畜场和丰县种畜推广区等羊种改良场随之解散,良种羊散失,江苏乳山羊改良因此未能全面推广。

四、养马业及马种改良

民国时期,江苏地区养马不多。据民国二十四年(1935年)《川沙县志·物产》记载:"马,应武科者多畜之,科举废后,惟医生家畜以乘骑,田家畜以耕种,然究不多耳";民国二十二年(1933年)《吴县志》记载:"马,邑之所产多北地输入者所传之种供骑驾之用,毛色种种,以齿之多少证年龄之大小,其乳可饮,革及鬣尾之毛为用甚广"。

当时,中国本土马无论奔跑性能还是驮载性能,都不如国外优良马种。因此,民国成立初期,政府就非常重视马种的改良。20世纪20年代末,国民政府军政部设军牧科管理马政,军牧科长余玉琼聘请自日本考察马政归来的崔步青到南京,于1932年共同主持成立种马牧场筹备处。1934年,军政部于江苏句容小九华山麓建立种马牧场,从阿拉伯选购种马公母10余匹,后又从澳洲引入纯种马若干匹,此时的马种改良分乘骑、挽驮两项,改良目标完全针对军事需要。③ 1935年,句容种马场已设有马厩10庄,此外还有兽医诊疗室、蹄铁工场、研究室、调教场、牧草实验区、饲料库、农具库等。句容种马场根据当时国民政府的全国马政30年建设计划,拟军马和民马同时改良,培养技术人员,并以该场为马种改良推行中心。在马种的改良过程中,科研人员十分注重阿拉伯马的纯种繁殖。

---

① 江苏省建设厅:《各县二十三年度推进农村副业报告·灌云县》,《江苏建设》1936年第2期,第46—51页。

② 江苏省地方志编纂委员会:《江苏省志·畜牧志》,江苏古籍出版社2000年版,第398—401页。

③ 李群:《中国近代畜牧业发展研究》,中国农业科学技术出版社2004年版,第96页。

为使良种不至退化,配种方法主要采用人工授精技术。值得一提的是,1935 年,国民政府军政部句容种马场成功试行马匹人工授精技术。全面抗战爆发后,句容种马场奉命先撤至湖南常德,后又撤至贵州清镇,改为清镇种马场,在贵州设民马配种场 7 处。据 1935 年国民政府《农情报告》统计,江苏全省养马约 19 万匹。1937 年全面抗战爆发后,江苏养马业损失巨大,逐渐衰落。在句容的所有设施均毁于战火,改良工作被迫终止。1946 年,全省养马的数量已减少到 6.9 万匹,至新中国成立时,全省马匹年末存栏量仅剩 0.6 万匹。①

五、养鸡业及鸡种改良

民国时期,江苏养鸡业蓬勃发展。据民国二十五年(1936 年)《江苏六十一县志·川沙县·物产》记载:"乡人多畜鸡,与奉县所产同称浦东鸡,鸡蛋年产三十余万枚,为本邑输出货品之一"。民国二十五年(1936 年)《江苏省地志·经济·农业》记载:"鸡之饲养甚盛,淮北之鸡蛋多有被蛋厂收买重制之,而售往国外者"。民国十五年(1926 年)《泗阳县志》记载:"鸡,其种有四,常畜之鸡有红黄黑白芦等色,善蛋嘴小尾短上从,其爪前三后一,雄善鸣司晨报午;一种大骨鸡,其色与鸡同,惟体格肥大有重十一二斤者;一种广鸡最小,行动便捷,最雅致,人多畜之以为玩,禽蛋亦极小;一种乌骨鸡,冠似梅花,毛白色而蜷曲,俗名翻毛鸡,爪五、耳绿、冠红、皮骨皆黑可入药。"②

随着城市的发展和家禽产品出口贸易的增加,国内外对鸡的肉、蛋、羽等产品需求量也与日俱增,国民政府对鸡种改良事业日益重视起来。这一时期,鸡种改良目标,主要在两个方面:一是利用外国纯种的鸡杂交以增加蛋的产量;二是推广九斤黄鸡、狼山鸡等肉用性能很好的本土鸡种,以改良肉用鸡。

当时,江苏的鸡种改良工作主要是通过建立民众教育实验区、养鸡繁殖改良所、养鸡场等推行。一方面将引进的国外优良品种,如来航鸡、洛岛红鸡、横斑洛克鸡、米诺卡鸡等与本省鸡种杂交,并向全省推广国外

---

① 江苏省地方志编纂委员会:《江苏省志·畜牧志》,江苏古籍出版社 2000 年版,第 91 页。
② 民国《泗阳县志》卷十九,民国十五年铅印本,第 1291 页。

优良鸡种;另一方面,将江苏的本土优良鸡种,如九斤黄鸡、狼山鸡、鹿苑鸡等,向江苏各地及全国进行推广。以上两方面改良工作,都取得了相当好的成绩。不仅如此,随着鸡种改良事业的发展繁荣,这一时期还出现了专业的现代良种鸡场、家禽函授学校,并出版了养鸡刊物等。

当时的鸡种改良,主要由国家的教育科研机构和各地方政府推动。

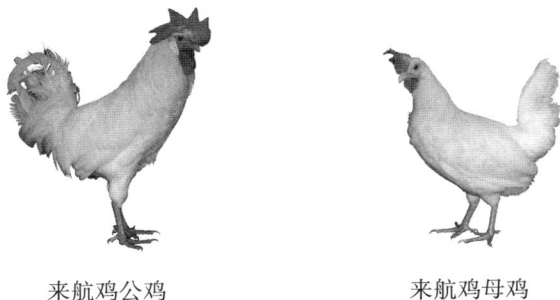

来航鸡公鸡　　　　　　　　　　　　　来航鸡母鸡

图 7－7　来航鸡①

（一）教育科研机构开展的鸡种改良

"养鸡养猪均系农家唯一副业,然鸡种不良,产卵有限……无形中损失极大。"②早在民国二年(1913年),畜牧学家冯焕文就在江苏省无锡创办了占地40亩的荡口鸡场,并开始引进意大利白色来航鸡饲养,向当地推广。可以说,冯氏是中国近代引进优良鸡种并建场繁育的先驱。③ 此后,畜牧兽医专家及教育科研机构,对鸡种改良研究日益重视。20世纪20年代,江苏出现了近代最早的鸡种改良试验。1922年,通州潞河中学附设之潞河乡村服务部鸡场,使用白来航鸡与本地鸡种杂交,然后再与白来航鸡回交产卵,结果见表7－2所示。④ 由此可以看出,白来航鸡与本地鸡杂种一代产卵量提高不大,第一次回交后产卵量提高最大,平均全年产卵量增加了62.2枚,其后的第二回、第三回、第四回杂交改良后,产卵量也都略有提高。可见,当时将通州土种鸡与国外引进的白来航鸡杂交改良后,在产卵量上取得了相当大的成效。

---

① 国家畜禽遗传资源委员会:《中国畜禽遗传资源志·家禽志》,中国农业出版社2011年版,第372页。
②《黄墟农村改进区新设施(续第三期)·改良鸡种猪种》,《农林新报》1933年第5期,第90—91页。
③ 郑丕留主编:《中国家禽品种志》,上海科技出版社1988年版,第17页。
④ 郑丕留主编:《中国家禽品种志》,上海科技出版社1988年版,第17页。

表 7 - 2　白来航与通州土种鸡杂交情况①

种别	平均全年产卵量(枚)
白来航×土种鸡一代	117.0
白来航一回	179.2
白来航二回	186.2
白来航三回	187.5
白来航四回	201.7

　　20 世纪 30 年代以后,江苏的鸡种改良事业开始蓬勃发展起来。1936 年,国民政府实业部训令社会局改良养鸡事业,其训令称:"查养鸡事业,在我国最为普遍,而鸡蛋输出又为对外贸易之大宗关系甚钜,近准外交部咨,据驻英使馆呈称,英政府近对我国蓄鸡之卫生状况及输入鸡蛋化验结果,攻击不遗余力等语,若不速谋整顿,则养鸡业既难期改进,而巨量输出之鸡蛋,亦势难保持,本部特编制定私立养鸡场登记暂行规则,呈准行政院以部令公布在案,除分别咨令外,合亟检发该项规则,令仰该局遵照,并转饬遵照,此令。"②同年,中国现代畜牧兽医事业的先驱蔡无忌先生,提出了用政府的力量来创建大规模供推广鸡种用的试验场,以推广良种鸡,淘汰劣种鸡。蔡无忌等专家的提议,引起了国民政府的高度重视。此后不久,国民政府实业部统计处就开始调查全国养鸡事业状况,并从调查养鸡场入手,印制了《全国养鸡场调查表》,分发到全国各地养鸡场填报,以统计各地鸡场情况,改良养鸡事业。此项调查表甚为详细,包括鸡场之名称、设备、场主、创立年月、营业状况、饲养鸡种、产卵数量等等。③

　　民国时期,为了进一步发展鸡种改良事业,相关人员在南京、苏州、无锡等地陆续办起了专业小型鸡场、家禽函授学校、中国养鸡研究会,并出版养鸡方面的专业刊物。区慕农、郑永存创办江湾中国实用鸡场,饲养白来航鸡。黄中成创办江湾德园鸡场,饲养白来航鸡、横斑洛克

① 中国畜牧兽医学会:《中国近代畜牧兽医史料集》,农业出版社 1992 年版,第 150—155 页。
②《实业部训令社会局改良养鸡事业》,《畜牧兽医季刊》1936 年第 1 期,第 135—136 页。
③《上海茂昌公司近讯》,《鸡与蛋》1937 年第 6 期,第 68 页。

鸡,1927 年,还出版《禽声月刊》。1929 年,张瑞芝创办大场民生鸡场,引入白来航鸡、洛岛红鸡、婆罗门鸡、浅花苏赛克斯鸡等 10 余品种,并出版《鸡与蛋》杂志。[①] 到 30 年代初,各高、中等农业学校,各地农事试验场以及新型畜牧企业的养鸡场,大都饲养繁殖"来航鸡",其他还有一些少量的"白色华恩道鸡""洛岛红鸡""芦花洛克(Barred plymonth Roch)鸡"及"黑色奥品顿鸡"等。[②] 到 1937 年全面抗战爆发前夕,无锡私营惠康农场引进白来航鸡 1000 多只。国立中央大学农学院、无锡省立教育学院、淮阴农业学校等教学单位亦办起养鸡场,饲养白来航鸡、芦花克洛鸡和洛岛红鸡、地中海米诺加岛米落加鸡以及狼山鸡、鹿苑鸡等国内外优良品种,并向社会推广。[③]

洛岛红鸡公鸡　　　　　　　洛岛红鸡母鸡

图 7-8　洛岛红鸡[④]

(二)各地方开展的鸡种改良

在国民政府大力推动下,江苏许多地方鸡种保种、选育和改良试点纷纷建立,各地的鸡种改良事业逐渐发展起来。1928 年,江苏省农林事业推广委员会成立,全省大多数县也相继建立了推广委员会或推广所,从事良种禽的引购、推广工作。1934 年度的江苏省建设厅推进农村副业报告中,记载了江苏各地鸡种改良推广情况,摘要介绍如下:

海门县:由农业推广所建造鸡舍,购置孵化机等养鸡设备,同时选择优良来航鸡、狼山鸡及本地黄脚鸡,从事繁殖推广。本年计用 250 枚

① 郑丕留主编:《中国家禽品种志》,上海科技出版社 1988 年版,第 17 页。
②《调查鸡蜂饲养报告》,《江苏农矿》1931 年第 12 期,第 12 页。
③ 江苏省地方志编纂委员会:《江苏省志·畜牧志》,江苏古籍出版社 2000 年版,第 96 页。
④ 国家畜禽遗传资源委员会:《中国畜禽遗传资源志·家禽志》,中国农业出版社 2011 年版,第 374 页。

孵化，机孵育种鸡三次，计出雏鸡 500 羽左右，惟来航雏鸡，虽经谨慎保育，奈易罹病夭亡，约计损失之十之二三。①

南通县：拟在全县推广宣传养育狼山鸡利益，包括编印养鸡浅说和实地指导养育方法；育种由省立棉场拟定计划，选育纯种狼山鸡繁殖推广。②

如皋县：本县东部出产之九斤王鸡，系肉卵兼用种，体实健肥，但产卵未及来航鸡，拟同时繁殖推广。现已由农业推广所繁殖大量来航鸡及九斤王鸡，推广于农村，并组织特约养鸡场二处。③

泰兴县：原有鸡种不良，体小而脂肪不多，农家辛勤饲养，每年产卵不及百枚，几乎得不偿失，为改良计，拟引进良种畜禽，卵用种选定来航鸡，在推广区内，尽量推广。④

涟水县：养鸡为涟农普遍副业之一，饲养者甚多，自农教馆大力提倡，并指导改良饲养，饲养者十分踊跃，尤其养鸡卫生有显著进步，发生鸡疫很少，统计本年孵雏数量约 50 余万只，增加生产约 4000 余元。⑤

阜宁县：养鸡为农人每年一笔很好收入，只有很少农户，疏忽此事。拟先就本县原有品种进行选良繁殖，并指导饲养，采取渐进步骤，达到改良目的。因为农民大多知识少，易守旧，对于任何改良品种或优良饲养方法，都一时较难接受；另一方面，大凡一优良品种，莫不有适宜风土习惯，须谨慎推广。⑥

盐城县：本县农村鸡种，除少数九斤黄外，极少有产卵较高鸡种，为谋提倡补救起见，上年秋经由农业推广所向中国养鸡学术研究会购到《怎样叫农民人手改良鸡种》一书一千份，散发宣传，本年又由该所将

---

① 江苏省建设厅：《各县二十三年度推进农村副业报告·海门县》，《江苏建设》1936 年第 2 期，第 8 页。
② 江苏省建设厅：《各县二十三年度推进农村副业报告·南通县》，《江苏建设》1936 年第 2 期，第 9 页。
③ 江苏省建设厅：《各县二十三年度推进农村副业报告·如皋县》，《江苏建设》1936 年第 2 期，第 35 页。
④ 江苏省建设厅：《各县二十三年度推进农村副业报告·泰兴县》，《江苏建设》1936 年第 2 期，第 16 页。
⑤ 江苏省建设厅：《各县二十三年度推进农村副业报告·涟水县》，《江苏建设》1936 年第 2 期，第 17 页。
⑥ 江苏省建设厅：《各县二十三年度推进农村副业报告·阜宁县》，《江苏建设》1936 年第 2 期，第 19 页。

自有之来航鸡卵，分给农家孵抱。①

江都县：养鸡较普遍，但品种混杂，成长迟缓，产卵量少，肉品质亦欠佳。为改良鸡种，增进农家收入，现由农业推广股及民教实验馆，选购意大利卵用鸡种白来航鸡及本地较优鸡种分别饲养试验，加以繁殖，以图改良本地鸡种，并供推广之用，总计孵出雏鸡1500余只，推广至民间饲养，并指导饲养及管理方法。②

仪征县：本地鸡种产卵少，拟购来航鸡10羽，以备与农家土种鸡杂交，改善品质。③

东台县：本县农业推广所原有本地鸡10只，经费甚少，故不得不因陋就简，临时以改良指导为目的，结果成效欠佳，现拟派员购买来航纯种鸡一对，专供繁殖推广，以资提倡。④

泰县：本县农家养鸡，素不注意品种选择，致产卵数量不多，为增进农民收入，现由本县农业推广所购买来航种鸡8羽，加以繁殖，以供推广，计陆续孵化雏鸡79羽，又邓家庄产销合作社选购本地鸡卵，孵化本地雏鸡4万羽，发售农民饲养。⑤

丰县：农业推广所指定附近村民每家至少购买鸡5只，十余村庄约养母鸡500余只，本年三月已孵化小鸡50余炕，计5000余只，今已售出。成绩：因劝导而增加之母鸡500余只，生产小鸡5000余只，小鸡均已卖出，获利约200余元。⑥

灌云县：海属鸡种，肉用种出产量虽多，体质俱系瘦小，因之价亦低落，卵用鸡较肉用鸡产量尤少，如能用意大利来航鸡以改良本地卵用鸡，或用狼山鸡及波罗门种以改良本地肉用鸡及其早熟性，则产量增

① 江苏省建设厅：《各县二十三年度推进农村副业报告·盐城县》，《江苏建设》1936年第2期，第21页。

② 江苏省建设厅：《各县二十三年度推进农村副业报告·江都县》，《江苏建设》1936年第2期，第22页。

③ 江苏省建设厅：《各县二十三年度推进农村副业报告·仪征县》，《江苏建设》1936年第2期，第23页。

④ 江苏省建设厅：《各县二十三年度推进农村副业报告·东台县》，《江苏建设》1936年第2期，第25页。

⑤ 江苏省建设厅：《各县二十三年度推进农村副业报告·泰县附表》，《江苏建设》1936年第2期，第26页。

⑥ 江苏省建设厅：《各县二十三年度推进农村副业报告·丰县》，《江苏建设》1936年第2期，第37页。

多，品质优良，逐渐繁殖推广，不但本县市场之购买增多，即徐海一带之大宗产销，藉此亦可推广不少也。养鸡自本年三月起，择定先由第四区杨集地方，劝导农民试养鸡，并指示鉴别优劣家禽，以便改良育种，但因一般农家，经济困难，暂时选用本地鸡种较优者，注意孵卵育种，并指导饲料的配合方法及肥育中应注意事项，一旦收益增加，即集资购办良种，以谋改进。①

由以上材料可知，民国时期，江苏地区的鸡种改良事业已在全省多地蓬勃发展起来。除以上地区外，其他地区的鸡种改良事业也陆续开展起来。1933 年，江苏丹徒黄墟农村试验区办事处提出"查本地雌鸡每年每只产卵不足三十枚，而来克航种鸡每年每只可产二百七十枚，相差近 10 倍。采购意国来克航种鸡，借贷农家用交杂法，以改良本地鸡种，颇得农民之欢迎。"②1934 年，江都县推进农村副业委员会在县民众教育实验区，选购白来航鸡及本地鸡种蛋孵化苗鸡，向农民推广 1500只；宝应县农业推广所购入白来航鸡 50 只、芦花洛克鸡 16 只，狼山鸡 2只，在第七区涂沟建立养鸡繁殖改良所，共繁殖饲养良种及杂种鸡 700只，向农民推广；1936 年，高邮县组织民间养鸡合作社 1 所，饲养白来航鸡、狼山鸡共 500 只，进行示范推广；赣榆县责令实验农教馆，采购来航鸡种，以资改良品种，等等。③

1937 年全面抗战爆发后，江苏的家禽良种推广工作处于停滞状态。1945 年抗日战争胜利后，江苏省恢复农村事业推广委员会，南京等地高等院校和科研单位先后又引进澳洲黑鸡、白来航鸡、洛岛红鸡、新汉普夏鸡等优良禽种进行繁殖，以供推广。后因全面内战又起，推广工作未能开展起来。新中国成立以前，江苏在推广优良畜禽种方面虽做了一些先期工作，但推广范围和推广数量均不大，对全省地方鸡种的改良影响甚少。由于鸡种改良工作短期内难以取得较大成就，后来的外部环境也不能提供良好的育种条件，民国时期的江苏鸡品种改良虽

---

① 江苏省建设厅：《各县二十三年度推进农村副业报告·灌云县》，《江苏建设》1936 年第 2 期，第49 页。

② 《黄墟农村改进区新设施（续第三期）·改良鸡种猪种》，《农林新报》1933 年第 5 期，第 90—91 页。

③ 江苏省建设厅：《各县二十三年度推进农村副业报告·赣榆县》，《江苏建设》1936 年第 2 期，第63 页。

取得了一定成效,但未能育成性状相对稳定的标准品种。

六、养兔业及兔种改良

民国时期,随着国际市场上兔皮兔毛贸易的日益兴盛,不少畜牧界专家学者对中国兔种改良事业也开始重视起来,主张引进欧美及日本兔的良种,以改良本地兔的皮毛品质和产量。中国的养兔传统也随之由以往的娱乐观赏为主,转变成了以经济生产及利用为主。因此,这一时期,中国兔种改良的目标是引进国外良种兔改良中国本地兔种,提高兔的皮毛产量和质量,增加兔的经济利用价值,促使养兔业成为农村重要副业,振兴中国农村经济。江苏的兔种改良事业,在这一时期得到了较快发展。随着兔种改良事业的推进,养兔业逐渐形成了江苏的一项新兴的畜牧产业。

江苏养兔始于何期,尚无资料记载。长期以来,江苏民间饲养的土种白兔体型较小,且零星分散,管理粗放,主要供玩赏之用,食兔肉及利用皮毛甚少,生产性能较低,发展极为缓慢。清末民初,外国传教士将国外安哥拉毛兔等西方良种兔带入江苏,在苏州、无锡一带教堂内饲养。随后,省内实业界、知识界人士亦陆续将外国生产性能高的优良兔种引进江苏,主要有英系、法系、日系安哥拉毛兔(毛用兔)、日本大耳兔、青紫蓝兔(皮肉用兔)、力克斯兔、玄狐兔、银狐兔(皮用兔)等 10 多个品种。[1] 随着外国良种兔在江苏繁衍和在农村中逐渐扩散,江苏各地兔的饲养规模不断扩大,兔种改良事业在民间自发发展起来。

1936 年至 1937 年,著名经济学家李权时在《农村副业》杂志上连续发表了《副业养兔讲座》[2]《副业养兔法》[3]等文章,向广大人民群众详细地介绍和分析了养兔的起源、养兔的利益、经营的准备、种类的选定及饲育方法与兔舍要求等,对江苏各地的兔种改良与推广工作,起到了积极的指导及促进作用。

畜牧兽医专家张瑞芝在《养兔事业的前途》一文中详细分析了家兔

---

① 江苏省地方志编纂委员会:《江苏省志·畜牧志》,江苏古籍出版社 2000 年版,第 164 页。
② 李权时:《副业养兔讲座》,《农村副业》1937 年第 3 期,第 23—25 页;第 5 期,第 19—24 页。
③ 李权时:《副业养兔法(附图)》,《农村副业》1936 年第 8—9 期,第 32—34 页。

的肉用种、皮用种、毛用种三个类型。沈亚五等人从《皮肉用种家兔之繁殖》①《银狐兔之繁殖》②"兔病"③等方面，对不同兔种的饲养繁殖方法进行了非常详细的讲解宣传和论述。

在这些专家学者的指导和提倡下，江苏的兔种改良事业蓬勃发展起来。1936年，实业部中央种畜场为了试验养兔事业，购买了一批恩古拉种兔从事繁殖。④ 随后，江苏各地群众积极进行兔种选育和品系间杂交改良，外来良种兔由民国初期集中在沿江和苏南少数城市饲养、繁殖，经学术界、实业界人士提倡，逐渐扩散到各地农村饲养。20世纪30年代中后期，沿沪宁铁路线的苏南地区养兔业已有相当规模，苏州、无锡、常州一带农村养兔日益普遍。1936年，全省养兔年末存栏量已达到50万只，创民国时期最高饲养数量。其中，以安哥拉毛兔推广数量为多，苏南农村中出现了较多的安哥拉毛兔杂种兔群。在兔种的改良及饲养管理上已积累了丰富经验，江苏养兔业也从民国初期的玩赏娱乐为主，转变成为经济利用为主，并初步形成了一项新兴的畜牧产业。⑤

1937年全面抗战爆发，江苏养兔业在全面抗战期间日益衰落，但局部地方农村养兔仍有一定发展。在宜兴县，冯焕文于1937年秋举家从上海迁回宜兴县家乡时，携带家中安哥拉毛兔在扶风乡落户，继续饲养、培育。1945年抗日战争胜利后，因全面内战又起，养兔业再度受挫不振，至1949年新中国成立时，全省养兔年末存栏量减少到15.78万只。⑥

总之，民国时期江苏的猪、牛、羊、马、鸡、兔畜禽品种的改良方面，都取得了一定的成效。尽管这一时期，江苏畜禽品种改良的实践持续不长，而且由于全面抗战及全面内战等原因，大多半途而废。但是，这一时期的江苏畜禽品种改良事业，对江苏畜牧业，乃至全国畜牧业的发展都有着深刻而积极的影响。众所周知，关于畜禽品种的育种技术，历

---

① 沈亚五：《皮肉用种家兔之繁殖》，《农牧月报》1936年第10—12期，第314—320页。
② 沈亚五：《银狐兔之繁殖》，《农牧月报》1936年第10—12期，第307—313页。
③ 陈稼夫：《谈谈兔病》，《农牧月报》1937年第2期，第29页。
④ 《实业部中央种畜场订购种鸡种兔及大批养鸡用具》，《鸡与蛋》1936年第9期，第64页。
⑤ 江苏省地方志编纂委员会：《江苏省志·畜牧志》，江苏古籍出版社2000年版，第164页。
⑥ 江苏省地方志编纂委员会：《江苏省志·畜牧志》，江苏古籍出版社2000年版，第96页。

代农书中只有一些选择技术,而没有相应的育种技术。在中国历史上,一些地方优良品种的产生,多是在不自觉的长期自然交配和区域隔绝的条件下产生。而民国时期,江苏引进国外优良畜禽品种改良本地品种,不是运用以往的传统选种技术,而是人工有意识地运用现代实验科学的育种改良技术,进行培育选种。这是近代中国畜牧业发展史上的一大进步,体现了江苏畜牧业由传统向现代方向发展的转变。

表 7-3　江北各县 1935 年度推进畜禽养殖业情形简明表(附部分经费预算)①

县名	副业种类	推进方法	经费预算
江浦	养牛	举办耕牛贷款	
	养羊	改良育种并劝导集资举办大规模羊场	
	养鸡鸭	劝导农家每户多养鸡十只、鸭五只	
	养猪	购入改良猪种以改进其品质并劝导每户养肥猪两头或小猪五头,每家养母猪一头以供配种之需	
扬中	养猪	用巴克夏猪改良土种猪及指导组织养猪合作社	
	养鸡	繁殖狼山鸡	
启东	养羊	印发养羊资料并劝导农家饲养	经费一二〇元
	养鸡鸭	繁殖推广狼山鸡、九斤黄鸡并用合作方法经营鸡蛋运销	
海门	养鸡	繁殖推广来航鸡	养鱼六〇〇元共计二五〇〇元
	养羊	改进山羊品种,繁殖推广兼用型绵羊	
靖江	养鱼养鸡	调查第一、三、四等区荒废池塘并预算所需鱼秧总数及养鸡户数,鸡由种苗场供给,组织养鱼合作社和养鸡合作社	旅费六〇元　印刷费五〇元　各种集会六〇元

---

① 江苏省建设厅:《江北各县二十四年度推进农村副业情形简明表》,《江苏建设》1936 年第 2 期,第 65—77 页。

县名	副业种类	推进方法	经费预算
靖江	养猪	用巴克夏猪杂交改良本地猪,提倡改良饲养方法,劝导每一农家至少养猪一头,编印《养猪浅说》分发农民指导其饲养及管理	种苗一〇〇元 共计五四七元
南通	养猪	用巴克夏杂交繁殖	染织训练班一〇〇元　共计五二〇元
	养鸡	繁殖推广狼山鸡、来航鸡	
如皋	畜牧	指导养鱼养蚕防治猪瘟,组织猪鸡及鸡蛋运销合作社	造纸二五〇元 鱼苗一二〇元 除虫菊一五〇元 薄荷一〇〇元
泰兴	养猪	改良品种,组织产销合作社及猪食购买合作社	共计六七四元
	养鸡	推广来航鸡	
淮阴	养猪	以巴克夏猪杂交改良,设特约饲养场五处、模范猪场一处	养猪三三四元 养鸡二五五元 养蚕四〇一元 共计九九〇元
	养鸡	指定一村完全以来航雄鸡杂交,特约养来航纯种鸡五处,设立模范养鸡场饲养繁殖来航鸡、九斤黄鸡及兼用种	
淮安	养鸡	饲养来航鸡50只产卵推广	养鸡二〇〇元 养猪二三五元
	养猪	用巴克夏猪改良品种	
泗阳	养猪	规定五个区域用巴克夏猪杂交改良	猪鸡饲料六〇元 孵雏机保姆器等设备一四〇元 共计二〇〇元
	养鸡	用来航鸡繁殖推广并添置孵雏机二架保姆一架以资孵育	
涟水	养猪	用巴克夏猪改良品种	
	养鸡	提倡饲养来航鸡、狼山鸡,研究鸡病防治方法	
阜宁	养猪养鸡	介绍优良品种	

县名	副业种类	推进方法	经费预算
盐城	养畜	劝导农民注意养畜牛羊豕鸡鸭蜂等事业	
仪征	养猪	用巴克夏猪与本地土种猪杂交,改善其品质	苗圃二六〇元 鸡猪配种六〇元 宣传四〇元 指导六〇元
	养鸡	以来航鸡与本地土种鸡杂交改善品质	
东台	养鸡	指导育雏及配种方法,并孵育来航雄鸡推广	办公费二四元 宣传费三〇元 养猪一〇〇元 养鸡二〇元 养羊六〇元 蔬菜三元
	养猪羊牛	以巴克夏猪及乳用山羊改进品种,又采用保护耕牛办法保存养牛副业	
兴化	养鸡养猪	购来航鸡、九斤黄鸡、巴克夏猪饲养推广	
泰县	养猪	用巴克夏猪改良品种,办理畜养实施区施行猪瘟血清注射	种猪二二〇元 孵卵器育雏器一五〇元 指导旅费一二〇元 印刷费六〇元 奖励费六〇元
	养鸡	购置孵卵器及育雏器,繁殖来航鸡推广,指导组建产销合作社,增设特约饲养农户	
高邮	养猪	繁殖推广巴克夏猪及与本地土猪杂交改良	旅费一二〇元 印刷费一二〇元 各种集会六〇元 草帽缏二四〇元 贷金二〇〇元 奖金一〇〇元
	养鸡	繁殖推广来航鸡	
	养鸭	劝导农民增加饲养数量并设法改进饲养方法	
宝应	推广种苗	推广猪种:用巴克夏公猪与本地母猪杂交改良品种;推广鸡种:在各乡推广来航鸡及米诺加种鸡,举办合作养鸡场繁殖推广	种猪一八〇元 种鸡二四〇元
丰县	养猪	以巴克夏猪及波斯纯种猪改良品种	薪给六〇〇元 工资二八八元 饲料三六〇元 药品一二〇元

县名	副业种类	推进方法	经费预算
丰县	养羊	改良毛用羊种	购置修缮六○○元　推广旅费一二○元　杂支二四○元　共计二三二八元
	养鸡	繁殖推广来航鸡及狼山鸡	
沛县	养鸡	劝导多养良种鸡，以来航鸡改良品种	草帽缏及毛鞋训练班九○元　宣传费七元　共计九七元
	养猪	劝导增加养猪数量，以巴克夏猪改良本地猪品种	
	养鸡	指定农村以来航纯种公鸡与土种母鸡杂交改良	
邳县	养鸡	繁殖推广及改良种鸡，提倡每人养鸡一只	
	养猪养羊	繁殖推广种猪，宣传养猪养羊利益	
宿迁	畜养类	提倡畜养猪鸡蜂蚕羊牛鸭鹅鱼等	
睢宁	养鸡养猪蓖麻果树		奖励五六元　特约示范区八○元　共计四○○元
	烟草养蜂养兔烧窑	以上各种副业分别适宜地点指导改良之	
东海	畜产类	推广羊豕鸡鸭鹅鸽等	
沭阳	养猪	组织改进养猪事业实验区，用巴克夏猪改良品种，贷给小猪于实验区农户，猪病预防及治疗，运销之改善	办公费四○元　养猪二九○元　柳条器训练班二八○元　种鸡八五元　指导旅费一○○元　共计七九五元
赣榆	养猪	用巴克夏猪改良本地猪品种	办公费三六元　印刷六○元　训练班一二○元　旅费一八○元
	养鸡	用来航鸡改良鸡品种	

县名	副业种类	推进方法	经费预算
灌云	养鸡	划区饲养本地较优鸡种及来航鸡、狼山鸡比较性状产量,择优繁殖供给农家鸡种或鸡卵,编印饲养及管理浅说并巡回指导,举办合作养鸡比赛会,调查农家买鸡卖鸡及鸡发生时疫时派员诊治	养鸡四〇七元 养鱼一九三元 共计六〇〇元

资料来源:根据1936年江苏省建设厅"江北各县民国二十四年度推进农村副业情形简明表"整理得出。

第四节　现代畜牧企业与畜产合作社的建立

早在清代中期,江苏农业中就出现了微弱的资本主义萌芽。当时,主要集中在经济作物和副业范围内。[①] 中华民国成立后,在西学东渐过程中,江苏政府建立了专门的畜牧兽医行政管理机构及研究机构,建成了包括农科大学在内的高等教育机构,培养了一批又一批畜牧兽医技术人才,逐步具备了开展现代畜禽生产经营的社会条件,具有现代意义的畜禽企业和畜产合作社也在江苏逐渐建立起来。

江苏建立的现代畜禽企业和畜产合作社,虽然因战争等原因经历很多曲折,但从整个社会发展进程来看,江苏建立的资本主义性质的现代畜禽企业与畜产合作社,采用的是比较先进的现代生产工具和生产技术,不仅大大提高了畜牧业的生产率与商品率,还在一定程度上保障了农民的利益。尽管该类型的现代畜禽企业和畜产合作社为数不多,但它却代表了近代畜牧业发展的方向,具有很大的进步性,对江苏畜禽养殖业由个体小农生产,向现代化大生产方向发展,起到了重要的开创意义。

[①] 顾纪瑞:《资本主义萌芽在江苏的孕育和发展》,《学海》1991年第6期,第85页。

一、现代畜禽企业的建立

1912年,民国政府成立后,随着江苏畜禽品种改良事业的不断推进,现代畜禽企业开始逐渐建立起来。江苏建立的现代畜禽企业主要是奶牛场、养鸡场及蛋品公司等。

1918年,南京高等师范学校(1921年更名为国立东南大学)建立实验牧场,并从国外引进20多头荷斯坦牛开展奶牛养殖。7年后,由汪启愚教授发起,在南京创办了鼓楼奶牛场,该奶牛场是国立中央大学(东南大学)畜牧兽医系教学实习型牧场,是中国最早的高等学校畜牧兽医专业奶牛教学基地之一,兼有推广普及奶牛知识、提倡乳品消费的职能,在广大城市民众中产生了很大影响。① 随着南京西方侨民日渐增多,对牛奶的需求量大增,在中央大学奶牛场的影响和带动下,南京兴起了一股办奶牛场的热潮,短短几年时间,就有了20多家私营牧场。当时,徐复兴、张福兴、邵鸿飞等人创办的奶牛场均初具规模,对后来的南京奶牛业产生一定影响。1927年北伐战争结束后,国民政府定都南京,国民政府在南京创办国民革命军遗族学校,专门招收战争遗孤孩子入学。为了给这些孩子提供鲜奶,1928年在南京卫岗建立奶牛场,从上海购买了30多头良种荷斯坦牛,在中山陵附近的四方城官地建立奶牛场,这就是后来的南京卫岗奶牛公司及乳制品厂前身。②

1935年,国民政府实业部曾试图在南京筹设中央乳牛场。据记载:"实业部鉴于中央种畜场业已成立,并已在美国购有改良纯种短角乳牛多匹,特复饬中央种畜场对乳牛场积极筹办以利进行云。"③后因全面抗战爆发,该项工作最终未能实现。

民国时期,随着苏南城市中饮用牛乳的人日益增多,不少地方都建立了为推广畜禽良种或销售牛乳的规模化奶牛养殖场。1929年,无锡政府对无锡牛乳营业情况进行了详细的调查统计,在《无锡市政》上刊登了无锡牛乳营业登记一览表。根据统计,自清末至民国,无锡市区中

---

① 崔宝山:《卫岗牛奶——金陵百年老字号》,《苏果人》2005年第5期,第34—35页。
② 崔宝山:《卫岗牛奶——金陵百年老字号》,《苏果人》2005年第5期,第34—35页。
③《畜牧兽医新闻·实业部筹设中央乳牛场》,《畜牧兽医季刊》1935年第2期,第142页。

开设了多家牛乳营业点,无锡牛乳营业登记一览表中对牌号、经理人姓名、开设地址、开设年月、奶牛总数、每日产乳量数、牛乳价格、登记执照号数、送递证号数均有详细调查登记。可见,民国时期无锡政府对牛乳营业经营管理相当细致规范。1936年,《无锡日报》也载:"邑人每届冬令,藉牛乳为唯一补品,以故城乡内外,牛乳场林立,即乡村各处,畜有乳牛一二头,来城销售牛乳,藉以维持生计,亦不下百余人之多……城中有牛乳场九家,计南市桥卫生牛乳场、学前后街两益牛乳场、映山河煜牛乳场、镇巷惠民牛乳场、学佛路源康牛乳场、槐树巷顺兴牛乳场、昇平巷泰康牛乳场、四郎君巷水兴牛乳场。"[①]由此可知,牛乳在民国时期,已被无锡民间公认为冬令最为重要的补品。当时,无锡城乡内外,牛乳场林立,牛乳市场繁荣,不仅城区建有九家规模较大的牛乳场,乡村各处也有许多畜乳牛者,并以进城销售牛乳维持生计。

二、畜产合作社的建立

民国时期,一些有识之士已认识到要复兴中国畜牧业,解决中国农村问题,除需要政府和畜牧兽医专家的努力外,还要在全国,尤其是广大农村地区依靠农民建立起互助合作的畜产合作社。江苏省自1928年开始提倡合作事业,20世纪30年代,在畜牧兽医专家和国民政府的提倡和推动下,江苏建成许多畜产合作社,其中主要有鸡及蛋业合作社、猪产销合作社、羊产销合作社、牛乳合作社等。

江苏苏北农村经济较为落后,农村副业发展较慢。这一时期,江苏省政府建立的畜产合作社,主要是为了推进苏北农村副业发展。1934年,江苏省建设厅建立推进江北农村副业发展委员会,拟定包括畜牧、养禽畜产合作实施方案。[②] 1937年,国民政府实业部颁布的《改良种畜技术合作办法》,提出"若欲普及改良种畜之技术于全国,非由实业部直辖各种畜场,与各地公私立牧场或畜牧试验场,与联系,合作进行,无以资推广,而收实效,故特制定改良种畜技术合作办法。"[③]至此,江苏畜产

---

①《无锡公安局派员检查牛乳场》,《畜牧兽医季刊》1936年第1期,第144页。
② 孙本文:《江苏建设厅推进江北农村副业》,《时事月报》1934年第1期,第33—34页。
③ 实业部:《推行畜种技术合作》,《江苏合作》1937年第24期,第11页。

合作事业达到高潮。

（一）鸡、蛋生产运销合作社

养鸡合作最初是在上海发展起来。1929年，上海成立中国养鸡学术研究会。该会成立之后，为提倡农村副业，曾面向广大农村招收研究社通讯社员，并免费函授养鸡技术，在促进民国时期江苏养鸡合作事业的发展中，起到了积极的促进和带动作用。1936年，上海市社会局提出了养鸡合作，指出"养鸡为我国农家最普遍之事业，并为对外贸易之大宗，亟应力谋改进。故特在上海市内，举办养鸡合作。现已决定在高桥陆行两区举行。近日先事调查该二区养鸡农户，注重各户经营情形及养鸡状况等，限一月内竣事，截止后即开始举办云。"①此后，中国养鸡学术研究会开始与江苏进行合作，创办养鸡合作社。从已有资料来看，记载最多、取得成绩最大的就是中国养鸡学术研究会与徐州省立民众教育馆开办的合作养鸡场，办理鸡、蛋等生产运销合作社。1936年，《鸡与蛋》杂志报道："养鸡事业之推广，首重实行。故去年本会曾与徐州省立民众教育馆合作举办养鸡场。由本会供给优良鸡种，在徐州东乡、杨庄、石桥等处，设立新式鸡场，将农民所育之母鸡，施以交配，分布繁殖，将来徐州之鸡种，即有完全改良之希望。同时并与该馆合作创设哺坊，盖徐州一埠，为苏北蛋产要地，民间孵化，均以土法哺育坊事之。不特鸡种容易退化，即雏鸡成长后鸡身极轻，产卵亦小。本会有鉴于斯，故特与该馆合设哺坊，将上海之浦东蛋，江苏省江北之通州、如皋蛋运往徐州，代理农民孵化。此项事业，对于农民之养鸡事业，已获得极大之成效。本会希望全国各社会教育机关，负有改进农民生产事业之民众教育馆、农民教育馆、农业学校、民教实验区等，均应效法该馆之办法，将新法养鸡事业向农民推广，本会当乐于指导也。"②由以上可知，徐州是苏北蛋产要地，由中国养鸡学术研究会与徐州省立民众教育馆合作建立新式养鸡场，这一养鸡合作机构由中国养鸡学术研究会提供优良鸡种，目的是将徐州农民所养土种鸡进行改良，同时还与徐州省立民众教育馆合作创设了哺

① 《上海市社会局向民生种鸡场订购大批种雏》，《鸡与蛋》1936年第3期，第50页。
② 《本会与徐州省立民众教育馆开办合作养鸡场》，《鸡与蛋》1936年第1期，第71页。

坊,为推广优良鸡种起到良好作用。

除此之外,江苏宝应县、高邮县、泰县、启东县、如皋县、淮阴县、邳县等地也相继成立了鸡及蛋生产运销合作社①。1934 年度江苏省建设厅组织推进农村副业报告中,关于养鸡合作社的调查情况报告如下:

宝应县:本县第四区农民对于养鸡兴浓,但鲜能应用科学原则改善饲养及产销方法,故在此特殊环境之中,于 1934 年 10 月集合农民组织养鸡合作社共同饲养,计社员 42 人,养鸡 200 羽,产卵约 11000 枚,自孵雏鸡 2300 羽,增加生产约 700 元。②

高邮县:养鸡事业为本县农家普遍副业,亟宜合作组织,才能增加生产,特派合作指导员,分往各乡宣传组织养鸡合作社,一面令前农业推广所引进来航卵用鸡,狼山肉用鸡,繁殖推广,并由城中民教馆先行组织养鸡合作社一所,以资示范,该合作社养鸡 500 余羽,长成后肉蛋收入,抵充开支,仍有盈余。③

随着养鸡合作社的不断发展,国民政府还进一步提出组织发展蛋品生产运销合作社,通过组织蛋业协会、合作社,提高蛋产标准,设立各县养鸡试验场,办理内地蛋产登记,改良哺坊等措施改善并促进蛋品生产运销。④

(二)猪只生产运销合作社

江苏的猪只生产运销合作社,大约是在 20 世纪 30 年代开始创办。据记载:"江北农村经济基础,多半建筑于猪酒两项,酒为猪产之附产,不育猪者,可不造酒,故酒产系随猪产为进退。猪为江北农家必要之产物,盖以江北土壤,多为旱田,农家施肥经验,颇以液体为宜,而尤以牲畜之尿粪奏功,故农家均利用养猪以肥田,每观猪只产量之盛衰,即可知农作物收获之丰收,其对于农家关系之大,可如是也。且猪之收入数量,即以泰兴、如皋、泰县三县计之,每年约在五千万元以上,要占全江

① 《江苏推进江北农村副业概况》,《农村调查》1935 年第 2 期,第 124—128 页。
② 江苏省建设厅:《各县二十三年度推进农村副业报告·宝应县》,《江苏建设》1936 年第 2 期,第 33 页。
③ 江苏省建设厅:《各县二十三年度推进农村副业报告·高邮县》,《江苏建设》1936 年第 2 期,第 28—29 页。
④ 顾谦吉:《中国之畜牧》,商务印书馆 1939 年版,第 129—135 页。

北各项收入之第一位置,亦即各界金融活动的唯一生命。"[1]

江北地区是江苏猪的主要产地,当时建立的猪只生产运销合作社,大多是在江北泰兴、如皋、泰县、淮阴、东台、泗阳、涟水、宿迁、沭阳等地。随着猪油、猪鬃、肠衣、火腿等产品出口量的增加,国民政府及畜牧兽医专家希望通过建立猪只生产运销合作社来振兴发展江北副业,并将猪只产销合作由一区一县联合,逐步扩大到江北联合、全省联合,最后谋得海外市场,从而降低江北农村经济困难,促进国民经济建设。

民国时期,江苏猪只生产运销合作社较其他类型的畜产合作社,建立较多,发展较快。宝应县、高邮县、泰县、启东县、如皋县、淮阴县等地,都成立了猪只生产运销合作社。1934年度的江苏省建设厅推进农村副业报告及当时关于江苏猪只生产运销合作社的资料,摘要介绍如下:

泰县:为促进农村经济发展,增进养猪副业,先后派员指导农民成立猪只产销合作社14处,计社员所多养猪只,达1800头。[2]

当时江苏省政府和不少农业专家极力倡导发展农民猪只产销合作社,并向农民实施了加入猪只产销合作社的一系列优惠政策:购买饲料或运销垫款,农行可供给款项;由上海农产运销处代办购买或售卖手续,以免除中间人的剥削与榨取等。江北农民经宣传后积极响应,江苏的猪只生产运销合作社在这一时期发展十分迅速。在泰县,仅一两月,由泰县县政府组织的猪只产销合作社就已建十余所。

1936年,为发展江北地区猪只生产运销合作事业,江苏省建设厅农业管理委员会指导技师,前往江北泰兴等县,检查合作事业以及各县农村经济和农业概况。经调查得知,江北秦兴、如皋、泰县、淮阴、清江、东台、泗阳、涟水、宿迁、沭阳等县属产猪区域,每年向外运销猪只约400万头以上,价值五六千万元,关系当地经济发展。然而,当地养猪农民,大多缺乏科学养猪方法和注射防疫技术等,以致一遇猪瘟发生,蔓延所及,损失巨大,其养猪饲料,常受粮行抬价榨取,猪只之运销又受猪行之

---

① 刘振涛:《江北猪只合作之需要》,《江苏合作》1937年第25期,第5页。
② 江苏省建设厅:《各县二十三年度推进农村副业报告·泰县》,《江苏建设》1936年第2期,第26页。

欺凌巧削，农民终岁养猪，得不偿失。其所以继续养者，仅为利用猪粪肥田，值此国民经济建设运动开始，对于江北泰兴等县农村副业重要地位之养猪事业，拟应采用合作方式，实行联合产销，有利农民。[1]

1937年5月，江苏省建设厅训令(第二〇三一号)提出："令泰兴、启东、淮阴、沭阳、兴化、泰县、淮安、靖江、宝应、高邮、如皋县县长案查江苏省农业管理委员会第二次会议，讨论事项第十案，第四区行政督察专员提议：拟请发展江北猪业案。又第二十四案，淮阴合作实验区提议：拟请在省会、上海及其他重要码头设立猪只运销栈及农产运销仓库，以发展合作运销案。"[2]由此可见，江苏省政府对发展江北猪只生产运销合作事业极为重视，不仅增加如皋、泰兴等猪种保育区经费，还不断加强江北各县合作，指导员协同两猪种保育区组织养猪及运销合作社，并且计划在南京、上海及其他重要码头设立猪只运销栈及农产运销仓库，以发展猪只合作运销事业。

(三)牛产销合作社

江苏省的养牛合作社大约是20世纪30年代开始出现，主要分为耕牛合作社和乳牛合作社两类。

耕牛合作社主要是政府为鼓励饲养耕牛，联合银行举办耕牛押款，建立耕牛会并兼营合作社功能。据资料记载，"上海银行鉴于今年各农村，水旱灾浸，金融枯竭，若不设法救济，实有崩溃之虞。爰在该行内另设农业合作贷款部，专治其事。其初步计划，在江苏之江宁，安徽之滁县，试办耕牛会两处。入会手续简单——凡有耕牛兼有相当生活能力者，均可入会。会章为七人以上，即可成立一组，纳入会费五角，保证金五元，会员有欲将耕牛押款者，按牛之大小，评定押价二十元至三十元不等。但须会员互相担保定期六月还本。利率最高不得超过一分五厘。押款之牛，仍交原主自行管理。不得盗卖牵逃，惟耕牛会系属首创，施行范围较小，已成立者仅两处，一为滁县之施家集，由该行施家集农产运销兼营合作社经办，只组织耕牛六十二组，已押款之耕牛计一百

---

[1] 合作消息：《建厅令泗阳等十县提倡猪只生产运销》，《江苏合作》1936年第8期，第19页。
[2] 《令泰兴等县长转饬协同猪种保育区组织养猪及运销合作社》，《江苏省建设厅训令》(第二〇三一号)(中华民国二十六年五月六日)。

六十七头,闻各地请该行续办耕牛会甚夥。但该行须视已办理成绩如何,再定续办与否。"①

南京是国民政府的首都所在地,牛乳需求量大,饲养乳牛的市民也比较多。20世纪30年代,在当时畜牧兽医专家的指导下,国民政府在南京建立了南京市牛乳保证责任合作社,旨在通过规范饲养乳牛的市民来提高牛乳的品质及其生产运销的效率。南京市牛乳保证责任合作社章程包括总则、社员、入社费及社股、组织、业务、盈余分配、附则七章内容,一共三十七条款。南京市牛乳保证责任合作社制定的章程非常详细规范,堪称当时畜产合作社章程之典范。

(四)羊产销合作社

江苏养羊规模不及中国的西北部地区,羊的合作社建立较少。除由江苏省建设厅发起,徐州邳县组织的养羊产销合作社之外,只有灌云县、江浦县和涟水县推进农村副业计划中,有羊产销合作社建设计划。根据灌云县1934年度推进农村副业报告中说:"凡属数家共有或地方共有性质之荒地,责成各区公所,均须联合其所有者组织养羊会,或养羊合作社,以便共同管理,其所有权不明或确系无主者,得有县府派员选择当地可靠之农家先栽培牧草暂时饲养山羊或绵羊。"②江浦县1935年度推进农村副业计划中,提出关于农民本身者,应组织养畜合作社及其他各种合作社。③涟水县1935年度推进农村副业计划书中说,"拟按照江北各县推进副业种类表,暨本县实际情形,先事推进合作织布、养猪、养羊、养鸡、养蜂、榨油、养蚕等副业,指导组织合作社。本县合作事业,殊称幼稚,虽经推进至一百余社,内部多欠充实,本年除积极推进外,并拟充实其内容,此外如特种副业,合作社并拟广事推进,俾成为改良农村经济之中心。"④

---

① 《畜牧兽医新闻·银行举办耕牛押款》,《畜牧兽医季刊》1935年第1期,第151页。

② 江苏省建设厅:《各县二十三年度推进农村副业报告·灌云县》,《江苏建设》1936年第2期,第50页。

③ 江苏省建设厅:《各县二十三年度推进农村副业报告·江浦县》,《江苏建设》1936年第2期,第10页。

④ 江苏省建设厅:《各县二十三年度推进农村副业报告·涟水县》,《江苏建设》1936年第2期,第44页。

第五节　畜牧业发展存在的主要问题

民国时期,政府为了巩固自己的政治基础,挽救畜牧业危机,在江苏制定和推行了一系列发展畜牧业及改良生产的政策与措施,旨在通过发展现代畜禽养殖推动国民经济的发展和农村经济的复苏,包括建立现代畜牧兽医机构、改良地方畜禽品种、建立现代畜禽企业和畜产合作社等。然而,南京国民政府实施的现代畜牧业发展政策起步较晚,且这些政策于20世纪30年代实施不久后,就因全面抗战爆发而中断,再加上其本身存在的缺陷以及缺乏全盘的整体计划,使得它在广大农村地区收效甚小,没有从根本上改变近代江苏畜牧业的整体落后面貌。

一、畜牧业在农家经济中所占比重仍然较低

由前文可知,民国时期,江苏大多数的种畜种禽场、现代畜牧场、现代畜禽养殖企业和畜产合作社都是由政府投资建立起来,仅有少量个人资本的投入。这些少量的个人资本,也多是由热心中国畜牧事业的专业人士投入。张瑞芝自行出资建立了民生农业公司和民生养鸡场。由于现代畜禽养殖业与工商业相比,属于弱势产业,其发展不仅需要投入大量资本,且投资回报率低、周期长。所以,江苏的民族资本家很少愿意将资本投入畜牧业上,他们大多投资于棉纺织业、缫丝业、面粉业等获利较多的轻工业。江苏著名的民族资本家张謇,虽创办通海垦牧公司为代表的70多家农牧垦殖公司[1],但极少垂青当时的畜禽养殖业。因此,与同一时期的其他行业相比,民族资本家对江苏现代畜禽养殖的投入和贡献都是较少,民间资本极度匮乏,仅依靠政府及热心畜牧业人士的投入,只能是杯水车薪,远远不够。

以苏南农家的饲养业为例,根据相关调查资料,新中国成立前苏南农村的家庭畜牧业要比想象的少得多。畜牧业在农家经济中,所占比重也是微不足道。以1939年的户均饲养量而言,大致是每5户

---

① 张学恕:《上海开埠与江苏近代工农业》,《唯实》1994年第1期,第43页。

养 1 头猪,6 户养 1 只羊、1 只鸭及每户养 3 只鸡。畜牧业如此之少,主要就是由于本区人口稠密,土地利用率极高,没有草地发展草食家畜。由于人均耕地少,多数农家口粮尚成问题,更无力饲养以粮食为饲料的猪、鸡、鸭等畜禽。从农家畜禽饲养量与户均耕地多少呈正比例关系看,无锡、常熟两个调查点 4 个村子人均耕地不足 1 亩,平均每百户农民才养猪 4 头,而耕地较多的嘉定、松江两个调查点 6 个村庄平均每百户养猪 67—74 头。养鸡的情况也与此相仿。可见,农家饲养业的制约因素在于农户的谷物生产状况,即便是饲养量相对较多的嘉定、松江、太仓等调查点,畜产收入在农家收入中仍然是极有限。以当时的一般市价计,出栏成猪每头 45 元,山羊 7 元,鸡鸭每只 1 元。嘉定县丁家村、澄塘桥两村年畜牧产值为 1953 元,饲养直接成本(仔畜、饲料)约占产值一半,则纯收入约 1000 元。松江华阳桥 4 村畜牧产值 2633 元,收入约 1300 元。饲养山羊最多的太仓遥泾村,年畜牧产值约 862 元,收入 430 元。以上三处,畜牧业收入都只占农家全年副业收入的 1/3 左右。其余各调查点,畜牧收入占副业收入的比重均在 1/10 以下,在农家经济中没有多大的实际意义。1938—1939 年,苏南 6 县 12 村(无锡 3 村、嘉定 2 村、松江 4 村、常熟 1 村、太仓 1 村、南通 1 村)的平均收入构成是:种植业占 60.2%,畜牧业占 6.5%,村中的主要副业占 21.2%,其他零散副业占 6.8%,农业佣工占 3.3%,外出人员寄款占 2%。也就是说,新中国成立前苏南农村的收入有 3/5 来自种植业,1/5 来自村中绝大多数劳力在农闲期间从事的主要副业,余下 1/5 是畜牧业、佣工及其他副业。[①] 由此可以看出,在苏南地区,畜牧业不是农家经济的主要产业,在农家经济的构成中仅处于很次要的地位,而种植业仍然是一个占压倒性的产业。

---

① 曹幸穗:《旧中国苏南农家经济研究》,中央编译出版社 1996 年版,第 148—153 页。

表 7 - 8　苏南 5 县 11 村年家畜饲养量统计表(1938—1939)

A:家畜饲养量

地名	户数	户均耕地（亩）	1938—1939 年饲养量（头、只）					折合每百户饲养量（头、只）				
			猪	山羊	绵羊	鸡	鸭	猪	山羊	绵羊	鸡	鸭
无锡县 3 村	80	2.38	3	—	—	154	18	4	—	—	193	23
嘉定县 2 村	50	6.67	37	1	—	265	16	74	2	—	530	32
松江县 4 村	63	8.71	42	2	17	402	—	67	3	27	638	—
常熟县 1 村	55	3.65	2	—	—	81	21	4	—	—	147	38
太仓县 1 村	52	7.66	S6	43	—	260	1	12	83	—	500	2
合计	300	6.44	90	46	17	1162	56	30	15	6	387	19

B:畜牧业年产值估算(元)

地名	户数	户均耕地(亩)	猪	山羊	绵羊	鸡	鸭	合计	户均产值	备注
无锡县 3 村	80	2.38	135	—	—	154	18	307	3.84	农家饲养之猪、鸡、鸭多为自家消费,此处以猪每头45 元、鸡鸭每只 1 元、羊每头 7 元计。
嘉定县 2 村	50	6.67	1665	7	—	265	16	1953	39.06	
松江县 4 村	63	8.87	1890	14	119	402	—	2425	38.49	
常熟县 1 村	55	3.65	90	—	—	81	21	192	3.49	
太仓县 1 村	52	7.66	270	301	—	260	1	832	16.0	
合计	300	6.44	4050	322	119	1162	56	5709	19.03	

资料来源:《无锡县》附表八,《嘉定县》附表六,《松江县》附表八,《常熟县》附表八,《太仓县》附表七。转引自曹幸穗《旧中国苏南农家经济研究》,第 149 页。

　　另据《中国实业志》记载,江苏省 1932 年的调查统计,无锡全县人口为约 80 万,其中工业人口占 11%,商业人口约占 24.4%,如把工业人口和商业人口加起来,为 32 万,占全县人口的 35.4%,而农业人口占全县人口的 64.6%,约 50 万人。由此说明,经济较为发达的苏南无锡地区,非农人口日益增多,已开始发展劳动密集型的非农产业。由表 7 - 9 可知,无锡农业生产总值仅占工农业总产值比重的 36.73%,畜牧业占工农业总产值比重的 9.60%,与排名第一的种植业(所占比重

22.83%)相比,仍然差距较大。

表 7 - 9 无锡工农业产值统计

部门	金额(万元)	占工农业生产总值比重(%)
工农业生产总值	14214.97	100.00
工业生产总值	8994.38	63.27
棉纺织工业	2332.55	46.41
缫丝业	3797.4	26.71
粮食加工及食品工业	2259.48	15.90
化学工业	29.95	0.21
建材工业	46.19	0.32
电力工业	376.32	2.65
文教工艺美术工业	23.49	0.17
造纸及印刷工业	23.15	0.16
机械工业	62.89	0.44
其他工业	42.76	0.30
农业生产总值	5220.59	36.73
种植业	3244.69	22.83
畜牧业	1363.40	9.60
渔业	100.00	0.70
林业	50.00	0.35
副业	412.50	2.90
其他	50.00	0.35

资料来源:《中国实业志·江苏省》;《无锡年鉴》等。转引自吴柏均《中国经济发展的区域研究》,第 130 页。

二、政府政策不能有效落实

民国时期,江苏省各级政府曾制定和推行了一系列促进畜牧业发展的政策与措施,旨在通过发展现代畜禽养殖推动国民经济的发展和农村经济的复苏。但是,由于缺乏对广大农村地区实际情况的调查,使得政府没能从江苏畜禽品种资源的长远发展出发,来制定一个总体发展规划,政府的政策脱离实际,没有将发展江苏现代畜禽养殖业和农民的实际情况联系起来,造成了民国后期畜禽改良工作与畜产合作运动在农村地区逐渐没落。20 世纪 30 年代,中央农业试验所组织的全国性农村副业调查分析中说:"由于近来国内外经济之不景气,外国商品之侵入有以致之,农村副业之不振,足以使农村经济之疲敝,影响国计民生,殊非浅鲜,至养鸡养猪等家畜产业,固亦为农家副业之一种,且在我国农村最为普遍,惜此次调查,各地填报不详,致未能经该所整理列入,殊为遗憾云。"[1]1936 年,王世浩在《我国养鸡事业之大问题》一文中也说,"至于全国养鸡数目,向无正确之统计,民国二十二年(1933 年)实业部之统计,包括苏、浙、闽、鲁、冀、晋、滇、甘、青等九行省中之四百二十三县,鸡数为四千九百十九万一千六百六十一只,鸭数为四百二十二万一千五百八十三只。平均每县养鸡不过十万只,养鸭不过一万只。若与美国相较,其相差不可以计也。"[2]由此可见,虽然国民政府及科研机构的畜牧专家都认识到,养鸡养猪等畜禽养殖业在中国农村最为普遍,但却因重视不足、组织不力等原因,使畜牧业发展未能兴盛。

民国时期,江苏的畜禽品种改良事业完全是"自上而下",政府的主要目标是通过改良地方畜禽品种,增产增收,进而增加畜禽产品出口贸易,获得外汇收入。这种短期见效、急功近利的畜牧业发展思路,是由江苏各级政府通过行政指令来指导改良、推广高产畜禽品种,而不是在农村进行深入调研后,从农民实际需要出发来推广适合当地农民饲养的良种。既没有考虑到外来畜禽品种在江苏的适应性,也没有考虑到如何保护好本地优良畜禽品种,具有一定的盲目性。

此外,政府提倡向国外学习发展畜产合作社虽然值得肯定,但由于政府没有深入农村实地调研,在建立畜产合作社的同时,对其土地制度、生活方式、经济结构、社会教育及各利益团体间的协调等方面做得不够,造成了信用、生产、供给、运销四大类合作社的发展极不均衡,使得畜产合作社不仅没有实现"复兴农村经济"的目标,部分合作社到了

---

① 《中国农村副业调查》,《畜牧兽医季刊》1937 年第 1 期,第 139 页。
② 王世浩:《我国养鸡事业之大问题》,《鸡与蛋》1936 年第 2 期,第 5—6 页。

后期反而成了豪绅压榨农民的工具。

表7-10 1934年前后江苏省合作社类别分布情况

项目		合作社类别							总计
		信用	运销	购买	利用	生产	兼营	其他	
1934年前	社数	1242	17	95	62	260	203	32	1911
	社员数	35494	887	3558	3134	10966	6576	669	61284
1934年底	社数	1660	134	151	75	465	415	37	2937
	社员数	50346	4615	9644	3411	20669	14523	1828	105036

资料来源:实业部中央农业实验所编:《农情报告》,1935年3月第2期,第20—22页。

表7-11 1934年江苏省沛县合作社统计

项目	合作社类别			合计
	信用	购买	生产	
社数(个)	49	1	5	55
社员人数(人)	738	124	125	985
已缴社股金额(元)	1847	660	241	2748

资料来源:《沛县民国二十三年度推进农村副业报告》,《江苏建设》1936年第2期,第40页。

三、外国资本的影响

民国时期,中国资本主义发展水平较低,力量薄弱,无力对外国经济入侵进行有效抵制,而国民政府因缺乏应对国外市场和外国资本入侵的手段及防范意识,导致中国畜禽产品经济贸易中的处境艰难,损失严重。众所周知,蛋业出口贸易是民国时期畜禽产品出口中的大宗,当时中国外销鲜蛋的南方集散市场在上海,可以说上海是当时蛋品贸易出口的重地。当时中国人民由于经济贫穷和营养知识缺乏,食鸡蛋者较少,内销受阻。这一时期,江苏各地的蛋行、蛋厂,几乎均由上海蛋厂包收包销,江苏的鸡蛋生产和价格受国际市场蛋价、进口蛋品国关税及政策影响较大。1932年《中国蛋业前途的危机》一文中说："在春秋雨季的时候,吾邑农村间就有不少的人来收买鸡和鸡蛋;装运出口。听说做这项生意,颇能赚钱,而蛋价鸡价的提高和需要量多,对于农民收入,亦大有补益。最近传来的消息,美国已有大宗的新鲜鸡蛋,运来香港销售,生意颇盛。从这一段新闻里,外国人的经济侵略,是无孔不入了;而蛋业的前途大受影响,我国自古以农立国,开放海禁以后,丝茶蛋等,是我国出口大宗;但据今年调查的结果,丝茶逐年输出量减少,利全为别人夺去;而蛋业又生此危象,奈何!没有别的话说,只须自家努力;努力于改善饲养方法和品质,望大家急起图之!"①

1936 年,王世浩亦在《我国养鸡事业之大问题》中说:中国以农立国,国家经济建在农业之上,全国人口百分之八十从事于农业工作,故农业生产,称道一时。但近几十年来,战乱频仍,天灾时降,农业生产一落千丈,衣食原料不但不能自给,还需仰仗外邦,言之让人痛心不已!目前农产品中尚有数种输出,如大豆,蚕丝,蛋类,皮革等。数年前蛋类输出,曾占出口品的第三位,价值在 4500 万两以上,可少补于国家经济,农家也得此副业收入,可稍苏其贫困。但近年来,外国如美、英、德、日、法诸国,竞相采取严厉关税壁垒,以及有效限制方法,致使中国蛋产贸易,受到莫大打击,几致一蹶不振。1933 年蛋产品的输出,仅占出口品百分之五点九五。国内则因输出的减少,蛋价惨跌,养鸡农民毫无利益可言,养鸡事业陷入日趋崩毁之途。②

同年,微之也在他的《中国蛋和蛋产品的出口贸易》一文中指出:中国蛋产品的制造厂不仅在国外有许多的竞争者;就是在国内也有许多外营蛋厂,其生产力远超中国厂家。外国人蛋厂得到他们银行的大力支持。这一事实,同机器的优良和技术的高超,使他们在中国占有优胜地位。③

1937 年,畜牧专家张瑞芝也指出:中国鲜蛋出口,在清末,由日商开始运往日本等国。民国初,由于欧战爆发,需求激增,输出逐渐增加

① 《中国蛋业前途的危机》,《皋农》1932 年第 1 期,第 9 页。
② 王世浩:《我国养鸡事业之大问题》,《鸡与蛋》1936 年第 2 期,第 12 页。
③ 微之:《中国蛋和蛋产品的出口贸易》,《鸡与蛋》1936 年第 8 期,第 25—29 页。

（民初蛋类输出，只值 400 万海关两），到 1919 年，中国蛋类输出占对外贸易品的第七位，年达 2400 余万两。到 1929 年，达 5100 余万两。1930 年，更创纪录，高达 7900 余万两，占出口品之第三位，亦为国内蛋业最旺盛时代。1931 年，因国内大水成灾，更以苏皖产区为甚。且因国外竞售，以致输出不振。[①]

由此可知，中国蛋业被纳入国际市场之后，始终受到外国资本主义的控制、压迫和剥削，无法获得真正独立发展。虽然在欧战爆发前后，因国外市场对蛋品需求激增，使中国蛋业出口量获得了较快增长。1930 年最旺盛时，占到了国内出口品的第三位。但在此后，美、英、德、日、法等蛋品进口国，均采取严厉的关税壁垒和限制方法，对中国蛋业进行经济限制，致使中国蛋价惨跌，养鸡的农民毫无利益，养鸡业受到沉重打击，甚至濒临崩溃。并且，由于国民政府缺乏对国外市场和外国资本经济入侵的控制及防范意识，导致中国蛋产品的制造厂不仅在国外有许多的竞争者，在国内也有许多外资蛋厂。这些外资蛋厂机器优良，技术高超，经济实力雄厚，生产力远超过中国蛋厂的生产力。当时，海关报告里的蛋和蛋产品出口数中有极大部分是由外厂制造。

四、发展现代畜牧业成效不尽人意

1924 年，江苏省政府在《改良推广江苏全省牧业计划》中提出，要在人口稠密地区发展资本较大的牛乳业等精管型畜牧业，在农产丰富的地方，推广养牛、养羊与种植业相结合的粗放型畜牧业。[②] 此后，政府和畜牧界专家都开始积极介入到江苏现代畜禽养殖业的发展之中。但是，从已有资料看，政府和专家推行现代畜禽养殖计划及政策，大多只停留在计划层面，在全省尤其是广大农村地区的实际效果不如人意。

江苏省 1934 年 6 月制定推进江北农村副业实施方案以后，各县先后组织农村副业推进委员会，施行畜禽改良推广工作。从江北各县

---

① 张瑞芝：《我国蛋产品贸易问题（附表）》，《畜牧兽医季刊》1937 年第 2 期，第 99 页。
② 《改良推广江苏全省牧业计划》，《农学》1924 年第 1 期，第 65 页。

1934 年度、1935 年度的推进农村副业报告书中可以看出,虽然江苏省政府在江北各县组织了声势浩大的畜禽品种改良工作,但是各县的畜禽品种改良及推广的实际情况,多是重计划而轻效果,实际收效并不如人意。江浦县民国二十四年(1935 年)度推进农村副业计划中说:"本县人民对于养鹅鸭事业,经派员分往各乡镇宣传,已知为致富之源,惜未能普遍推广,本年度继续努力劝导,务使农家每户养鹅十头,养鸭五头,如能集资办大规模之鹅场鸭房,每年可增加收入十万余元,综合各项副业生产收入,年可进数百万元。惟家畜饲养所患者病症,往往一群鹅鸭因一二染病,即传染全体,致遭失败,农人常叹医治无方,视养鹅鸭为畏途,县长现正筹划兽医,晓论鹅鸭等治疗方法,想本年养鹅鸭成绩当较去年佳。"①

　　政府推行的现代畜禽养殖计划及政策实际收效甚少的主要原因,是南京国民政府倡导的现代畜禽企业及畜产合作社的真正目的是为了缓和阶级矛盾,恢复农民的纳税能力,挽救其财政危机和统治危机。国民政府的国家垄断资本主义本质,注定其在发展现代畜禽养殖业中主要是维护其自身经济利益,而不是从广大农民或民族资产阶级的利益出发。尤其是 1937 年全面抗战爆发之后,南京及江苏多地沦陷,江苏现代畜禽企业及畜产合作社的发展也随之中断,当时国民政府腐败日益加剧,官僚资本借助国民党政权的巩固和全面抗战爆发的契机而重整旗鼓。1941 年,官僚资本在本国资本中的比重就一跃而达到 50%,抗日战争胜利后,官僚资本通过接收敌伪财产和吞并中小民族企业而急剧膨胀,1946 年跃升到占本国资本的 67.3%和社会总资本的 47.2%,其后又上升到 70%,②垄断了全国的金融事业、工矿生产、交通运输和商业贸易。③ 虽然国民政府官僚资本的有些措施,确实促进了畜禽企业和畜产合作社的发展及生产流通,为现代畜禽养殖业的发展带来一定的好处,也受到了部分民族资本家的支持,但在国家垄断资本主义的控制下,中国自由资本主义的发展道路日益艰难。

---

① 江苏省建设厅:《各县二十四年度推进农村副业计划·江浦县》,《江苏建设》1936 年第 2 期,第 8 页。
② 陈真:《中国近代工业史资料》第三辑,生活·读书·新知三联书店 1961 年版,第 697 页。
③ 王翔:《论近代中国资本主义发展的两难抉择》,《中州学刊》1990 年第 4 期,第 103 页。

五、缺乏对地方优良畜禽品种的自主保护意识

民国时期，政府及专家普遍认为，中国农家所养家畜家禽品种不良，生产能力过低，须经彻底改造。他们把畜禽品种改良目标，集中于引进国外高产品种、提高生产力及其经济收益之上，保护本国优良畜禽品种的意识相对薄弱。正如时人顾谦吉所说：经长期培育，中国家畜也有比较优越的品种，如新疆伊犁马，此种马含有中亚细亚及波斯乘马之血统。在家禽方面，狼山鸡、九斤鸡和北平鸭是最著名的，很有推广的价值。这些畜禽品种，如果严格讲，其实还不够科学上所谓的"品种"名义。它们不过只是比较优良一些而已。我们必须很好利用这些品种，进行选择、登记、淘汰，然后推广，这是改进中国畜禽品种质量的一个经济办法。① 由此可知，即便是对当时已是世界著名的狼山鸡、九斤鸡和北平鸭等优秀地方品种，虽有一定的推广价值，但还不够科学上所谓的"品种"的名义，需要改良淘汰。可见当时对地方优良畜禽品种的自主保护意识几乎没有。

江苏省建设厅的报告也同样记载："对于任何改良品种或优良饲养方法，一时每多遽难接受，再则凡一优良品种，莫不各有其适宜之风土习惯，一轻易为之，即遽行推广，亦似非提倡之道。"②以致畜牧学家谢成侠后来也不无遗憾地讲："以江浙两省所见的杂交情况举例，两头乌金华猪够得上中国猪品种中屈指可数的良种了。不知谁的创议，早年引入约克夏猪给它'改良'，连金华种猪场也变成这种洋猪场。湖羊也够得上我国农区首屈一指的良种，曾作为上海市提供毛纺工业的原料，确有改良的必要，羔皮更是特产，可是许多年却为毛用、皮用争执不定，不料这一具有悠久历史的品种，目前正出现极大的危机，不仅数量下降，体重、多胎性乃至羔皮质量均是每况愈下。"③

---

① 顾谦吉：《中国的畜牧》，商务印书馆 1939 年版，第 43—45 页。
② 江苏省建设厅：《各县二十三年度推进农村副业报告·阜宁县》，《江苏建设》1936 年第 2 期，第 19 页。
③ 谢成侠：《如何保护和利用我国家畜的品种资源》，《畜牧与兽医》1985 年第 5 期，第 196 页。

第八章 江苏畜牧业发展的特点与启示

农业是国民经济的基础,畜牧业是农业的重要组成部分。江苏畜牧业发展历经上万年历史,每一时期都有其特点和进步。纵观整个发展历史,江苏畜牧业不仅对江苏地方农业经济的发展作出了贡献,对全国畜牧业发展也作出很大贡献,不仅培育出许多独具地方特色的畜禽品种,还孕育出独具一格的江苏畜牧科技与文化。

第一节 江苏畜牧业发展的特点

江苏地处中国的东南部,其畜牧发展伴随着东南部的农业开发而发展。从最初畜牧起源到近现代,其畜牧业不断发展壮大,养殖技术不断提高,在全国畜牧业的地位也逐步提升,其畜牧发展独具特色。

一、苏南苏北畜牧发展有较大差别

畜牧业的发展与地理位置和自然条件息息相关。江苏由于地处长江、淮河下游,东临黄海,跨越暖温带、北亚热带和中亚热带,不仅温度适宜,而且雨水充沛,发展农业自然条件十分优越,尤其境内多数地区地势平缓,河川纵横,湖泊众多,非常有利于农作物生长,适宜各类家畜、家禽的饲养。然而,就其南北来看,从地理位置,到气候环境,南北差别很大。以长江为界,江苏北部,除少量山丘外,多数地区地势较为平坦,牧草资源丰富,比较适合草食家畜的发展。因此,江苏北部历史上饲养马、驴、牛以及羊等草食家畜比南部地区多。据《宋史·志第四十九》记载：江苏境内汴河附近较为适合养马，"汴河以南县邑，长陂广野，多放牧之地。"①而且汴河两岸，更是沃壤千里，而夹河两岸公私废田，略计 2 万余顷，大多用来牧马。南方则因河湖较多，纵横交错，属水乡泽国，鱼米之乡，缺乏大规模草场，不太适合草食大家畜的发展，故历史上，南方小型畜禽饲养较多，这从出土文物考古和历史文献记载都可以看出。尤其是南宋以后，随着北方人口大量南迁，经济中心南移，江苏南部人口急剧增长，人均土地少，更加限制大家畜的发展，促进了苏南猪、羊、鸡、鸭、鹅等中小畜禽的发展。据陈子龙等辑的《皇明经世文编》记载："江南地卑，而马性恶湿"②，故较少养马。唐《通典》也记载，太湖流域"缘湖居人，鱼鸭为业"③，也说明这一情况。

二、畜牧业长期处于副业地位

虽然江苏先民很早就驯养家畜家禽，但一直以粮食生产为主，畜禽养殖长期规模较小，一直处于次要地位。原始人饲养畜禽，最初主要用作肉食或祭祀，狗用于狩猎和看家护院。商周时期，马牛开始用于军事和交通运输，尤其是马，在古代社会中，为"甲兵之本"，是一个国家强盛的重要标志，所以受到历代王朝的高度重视并得到大力发展。

春秋战国时期，随着铁犁牛耕的出现和普及，耕牛逐渐成为农业生产的主要动力，为"耕农之本，百姓所仰"。历代王朝不仅鼓励民间养牛，还制定了一系列法律来保护耕牛，极大地促进了各地养牛业的发展，这不仅对畜牧业意义深远，同时也促进了种植业生产效率的提高。不过，无论养马、养牛，由于江苏地理环境原因，始终未能在江苏大地上获得大规模发展，一直未能形成产业。在传统小农经济条件下，农户家庭养牛也主要是为了耕田而不是为了肉用或奶用。饲养的猪、羊、鸡、鸭、鹅等中小型畜禽，一方面是为了满足农户家庭日常肉蛋需要，同时也是为了利用农作物秸秆和农产品废弃物以及农家剩饭剩菜，并生产

---

① 《宋史·志第四十九·河渠六》。
② 陈子龙等辑：《皇明经世文编》卷二九七《革种马以助军需以祛民害疏》。
③ 杜佑：《通典》卷一《食货一》。

大量畜禽粪便用于肥田，仅作为种植业的副业存在。明末《沈氏农书·运田地法》记载："养猪羊乃作家第一著……今羊专吃枯叶、枯草，猪专吃糟麦，则烧酒又获赢息。有盈无亏，白落肥壅，又省载取人工，何不为也！"张履祥在《补农书》中进一步总结说，"残羹、剩饭，以至米汁、酒脚，上以食人，下以食畜，莫不各有生息。"①讲的都是这种情况。

三、培育一批优良畜禽品种

江苏因其特殊的地理环境，历史上家畜驯化以猪、狗和水牛为主，最初通过家畜家禽养殖来满足自身对于肉类食物的需求。到了夏商周时期，马、牛、羊、鸡、犬、猪等六畜的饲养有了长足的发展，不仅将家畜家禽当做肉食来源，还对其羽毛、皮革、齿骨等加以利用，尤其是这一时期出现了以鸭、鹅为代表的水禽的饲养，这与江苏地区水网纵横的地理条件息息相关，可以称之为特色产业。到春秋战国时期，根据文献记载，吴越之地已出现"鸡陂""鸡城""鸭城"，可见当时已有较大规模养殖。秦汉时期，家禽养殖虽然还是以食用为主要目的，但已经出现斗鸡、斗鸭等娱乐用途。与此同时，鹅作为江苏地区特色水禽，劳动人民利用丰富的饲草资源和农田收割后的遗谷放牧鹅群，经过长时间的选育，逐渐培育成体型较小、宜放牧、成熟早、产肉蛋性能好的地方优良鹅种。此外，这一时期江苏还出现以屠狗为业的专业户，社会上已经形成普遍养狗、食狗习俗。六朝时期，鸡已经有了肉用、蛋用、报时和观赏等多种用途的不同品种，各类畜禽的选种、配种和产后护理等技术也有了一定的提高。

唐代以后，江苏地区畜禽的培育重点开始向猪、牛、羊等大中型家畜转移。猪的品种方面，主要有产自淮北平原的"淮猪"，长江下游太湖流域的"太湖猪"，泰县、海安一带的"姜曲海猪"，泰兴、如皋、南通之间的"东串猪"等。牛的品种培育方面，由于北方多黄牛，南方则以水牛为主，徐州地区培育出"徐州黄牛"，苏北沿海地区培育了"海子水牛"，西南丘陵培育了"山区水牛"等。至于奶牛，直到清朝末年，国外乳用品种

---

① 张履祥辑补，陈恒力校释，王达参校、增订：《补农书校释》（增订本），农业出版社 1983 年版，第 147 页。

牛引进江苏,才有了现代奶牛业的萌芽。在羊的品种培育方面,随着北方移民将原地饲养的蒙古羊逐步带入苏北地区,经过当地民众长期选育,逐渐形成具有多胎高产的裘肉兼用型绵羊品种,即小尾寒羊,俗称"淮羊",该品种身体粗壮、结构匀称、蹄质结实,在江苏地区迅速繁衍,逐渐成为独具地方特色的绵羊品种。此外,江南太湖地区还培育了"湖羊"、长江三角洲地带培育了"海门山羊"、徐淮地区培育了"徐淮山羊"和徐州地区培育了"青山羊"等优良地方品种。禽类的品种培育方面,至明清时期,江苏培育的著名家禽品种就有九斤黄鸡、狼山鸡、鹿苑鸡、高邮鸭、太湖鹅等。除此之外,还有产于苏北徐淮地区的"苏北毛驴",这是经当地群众不断选育形成的适应性强、耐粗饲和耐劳役的小型驴品种。

由此可见,经过数千年的不断选育,江苏境内已经形成了大量优良地方品种,涵盖了猪、牛、羊、驴、狗、鸡、鸭、鹅等在内的几乎所有常见家畜家禽。同时,还积极引进国外品种,与本地畜禽杂交改良,极大地丰富了江苏地区畜牧业资源种类,为江苏畜牧业的持续发展提供了良好的基础。

四、畜牧文化内涵丰富

与其他地区相比,江苏畜牧除食用和役用外,还具备更加特殊的社会意义;数千年所孕育出的畜牧科技与文化,更是提高了江苏畜牧业发展地位。

在文化方面,江苏畜禽养殖很早就孕育出宠玩娱乐文化,以狗为例,三国东吴孙皓酷爱养狗,"使诸将各上好犬,皆千里远求,一犬至直数千匹。御犬率具缨,直钱一万。"[1]养狗不仅可作为一种陪伴,有时亦可救急。《太平御览》中就记载,晋太和年间,广陵人杨生酒醉睡在草丛中,突然旁边烧起野火,其宠物狗跑到水塘中以身体浸水,将杨生周边枯草淋湿,保护了其生命安全。[2]除此之外,斗鸡、斗鸭也备受人们喜爱。《汉书》中记载,"江都易王喜斗鸭,凿池畜之";三国时,吴国建昌侯

---

① 陈寿:《三国志》卷四十八《吴书三》,中华书局1964年版,第1170页。
② 李昉等:《太平御览》卷九〇五,中华书局1995年版,第4014页下。

孙虑于堂前设"斗鸭栏",经常斗鸭以娱乐士兵。如今,斗鸡、斗鸭已不常见,但养狗却依旧在民间广为流行,已经形成了一种独特的社会习俗。

在饮食文化方面,随着农牧业经济的发展,不仅出现了更为丰富的食物种类,还发明了多种多样的烹饪技法。从汉代开始,人们不仅食用六畜之肉,且已经开始食其内脏,有时还会制作熊肉、蛇肉、兔肉、雀肉、雉肉、鹿肉、龟肉,以及鳝、鳖、虾、蟹等各类动物肉食,饮食结构非常丰富,同时还对每种食材的卫生要求和营养搭配有着较为科学的认识。特别值得一提的是,南京人一直以喜食鸭肉著称,制作鸭馔的历史可以追溯到六朝时期,通过长时间的摸索开发,逐渐形成了各种独特的烹饪方法。此外,徐州盛行食犬,早在春秋战国时便已形成风气,秦时就有沛县人樊哙以屠狗为业。在汉代画像石中的庖厨图中,剥狗的图像也远远多于杀猪、宰羊和椎牛。① 六朝时,食狗之风更盛,《晋书》中有"犬羸腺肥,不知祸之将及"②一说,南朝宋废帝刘昱甚至"晚至新安寺偷狗,就昙度道人煮之饮酒"③,可见人们对于狗肉的喜爱。当时,人们对狗肉的挑选、屠剥和烹饪还有一定的标准,"选幼不选壮、选壮不选老"等。随着经济文化的发展,今天人们已经将狗作为宠物,作为人类文明进步的标志,许多地方开始禁食狗肉,但苏北狗肉之名早已享誉四方。

在社交方面,江苏人民热情好客,若有亲朋来或是在重要社交场合,往往杀鸡宰羊,以尽主家之谊,所宰杀畜禽的品质和数量在一定程度上反映了主人家的社会地位。随着畜产品加工技术的提高,一些相对稀有的髦毛绒羽、皮革类的畜牧产品便显得价值极高,往往被当做贵礼,用以结交朋友、联络感情。

总而言之,江苏畜牧业数千年的发展是一段持续进步的过程,亦是江苏地区整个历史进程中的重要构成。在先民们辛勤劳作和不断探索中,江苏畜牧终能不断发展进步,并培育出许多适宜当地环境条件的独特畜牧品种,孕育出别具一格的畜牧文化,对全国畜牧业的发展和繁荣

① 杨爱国:《汉画像石中的庖厨图》,《考古》1991年第11期,第1029页。
② 房玄龄等:《晋书》卷七十五《王湛等列传》,中华书局1974年版,第1995页。
③ 李延寿:《南史》卷三《宋本纪(下)》,中华书局1975年版,第89页。

产生一定影响。

五、科学养殖水平不断提高

科技是第一生产力，从古至今如此，对江苏畜牧业发展也是如此。

（一）畜禽养殖技术

江苏畜禽养殖技术总体来说是不断提高，每个时期的畜禽养殖方法都有一定变化和提升。秦汉时期，在家畜饲养管理方面，马牛的饲喂要求铡细饲草，以方便家畜的采食和消化。还将精粗饲料搭配起来进行饲喂，且马牛夜饲当时已非常普遍。对于各类家畜家禽饲养，都有明确的实用目的。牛马的饲养主要用于役使中的耕田和交通运输，猪羊鸡鸭的养殖主要用于食用和皮毛等，养狗主要用于看家护院和肉用。从徐州十里铺姑墩等地出土的汉代陶猪及陶猪圈模型看，表明在当时为了便于积肥，还采取将猪圈与厕所粪池连在一起的构形。这种饲养管理方法，直到近代的苏北、苏南地区都还在沿用。

隋唐时期，畜禽的饲养管理更加精细。在《大唐六典》卷十七《太仆寺》中，已经有关于家畜饲料定额的记载。家畜饲料定额标准包含了马、驼、牛、羊、蜀马、驴、骡等不同家畜的饲料种类和具体用量，可见当时的饲养技术已经十分先进。这一时期，唐王朝为了保证家畜顺利过冬，还制定了官方的饲料供应方法，专门建立了家畜饲料基地，不仅使得家畜饲养规范化，还带动了周边农户的家畜养殖发展。

宋元时期，在饲料来源上，开辟了不少牧草地，为牲畜提供营养价值极高的牧草，冬季还可提供干草。为获得更多的饲料来源，官府除组织民众种植牧草外，还通过和籴、折变等方式向民间征购。在饲养方式上，采取舍饲、牧放、舍饲和牧放相结合的方式。畜禽繁育上，已使用试情技术和人工孵化技术。另外，饲养管理和役使方面也有一套较为完备细致的规定。简单讲，就是要按时牧放，厩舍要卫生，饲养管理要精心等。

明清时期，在养殖技术上，更注重各家畜家禽的均衡发展以及生物资源的循环利用。在养马时，强调马厩的卫生，养猪羊强调要因地制宜，近山林者采树叶野菜喂猪，近水者充分利用水草、萍藻喂养。在养鸡、养鸭、养鹅时,除沿用历代传统的舍饲加牧放管理方法外,还特别重视家禽的增肥方法。《便民图纂》中记载了"栈鹅易肥法","稻子或小麦大麦不计,煮熟。先用砖盖成小屋,放鹅在内,勿令转侧,门以木棒签定,只令出头吃食,日喂三四次,夜多与食,勿令住口。如此五日肥"①。还有"养鸡不抱法","母鸡下卵时,逐日食内夹以麻子喂之,则常生卵不抱"②。另有"栈鸡易肥法","以油和面捻成指尖大块,日与数十枚食之,又以做成硬饭,同土硫磺研细,每次与半钱许,同饭拌匀,喂数日即肥"③。当时,家禽人工孵化技术更加成熟,已经发展了炕孵、缸孵、桶孵法等,还开创了"嘌蛋法"。"嘌蛋法"是根据运输距离远近,估计雏苗孵出的时间,在途中注意保暖换气,使孵卵到达目的地时,正好孵出雏苗。这项技术解决了禽苗长途贩运的困难。

（二）畜种改良技术

畜种改良在中国有着悠久的历史。北魏贾思勰的《齐民要术》有详细的记载,其后历代均有较先进改良技术出现。宋代,每年农历三月在马的发情季节,饲养人员就把选好的种马牝牡同群,任其自由配种。为了提高繁育率,宋代还出台了一系列奖惩措施。经过长期饲养培育,江苏地区培育出不少畜禽品种,有江南一带培育的水牛,"色苍而多力,其角如环。古所谓吴牛也"④。吴牛力大,北宋时已经引种到京师开封广泛饲养,对北方水牛的改良有积极的影响。其后,太湖地区还将生活于北方的"恶湿,性喜干燥"的绵羊成功引入,经过长期的风土驯化和舍饲喂养,培育成一种耐湿热著名绵羊品种——湖羊。⑤

（三）兽医技术

随着畜牧业发展,兽医技术也在不断进步。从徐州汉画像石棺藏有神农采集药草及兽医诊疗马病的画像石看,说明汉代江苏兽医诊疗已较为普遍,并受到一定重视。⑥ 兽医针灸疗法是中兽医学的重要贡献

① 邝璠:《便民图纂》第5册,卷十三《栈鹅易肥法》,第24页。
② 邝璠:《便民图纂》第5册,卷十三《养鸡不抱法》,第26页。
③ 邝璠:《便民图纂》第5册,卷十三《栈鸡易肥法》,第26页。
④ 罗愿:《新安志》卷二《畜扰》。
⑤ 李群:《湖羊的来源和历史研究》,《农业考古》1987年第1期,第391页。
⑥ 江苏省地方志编纂委员会:《江苏省志·畜牧志》,江苏古籍出版社2000年版,第266页。

之一，早在汉代江淮一带民间兽医就开始应用，后为历代继承和发展，一直流传至今。其中，血针、火针、白针等是江苏地域兽医人员运用最为广泛的针术，常用的针具分宽针、三棱针和圆针三类，选用穴位和针刺手法也各具特色。徐州地区就主要依靠针灸术来治愈常见的马、骡跛行；扬州地区的仪征、江都一带的中兽医对马、驴、牛四肢病，常用不同的烧烙疗法颇有疗效。①

三国两晋南北朝时期，家畜针灸有了新的发展，传统的针灸疗法是采用针灸熨烙等技术，主要用以治疗大家畜外科、内科病。

宋元时期，不仅建立多个兽医医疗机构，如药蜜库、牧养上下监、医马院等，还总结不少畜病治疗方法，编纂了 40 多种畜病治疗著作，北宋吴郡（今苏州市吴中区）人许洞就编纂了《虎钤经》以医治马病，所有这些正是以发达的科技文化为后盾的。

到明代，在兽医教育和兽医著作方面又有很大进步。当时，南太仆寺设于南京，推行马匹的民牧制度，对兽医学的发展亦给予相应重视，在民间培养大批兽医人才，实行"医者子弟恒为医"制度，对考试优者可享受国家薪俸。明王朝曾数次培训基层兽医。英宗时（1438 年）规定，"每群长（管马 25 匹，以后增为 50 匹）下，选聪明子弟二三人学习兽医，看治马病"。兽医喻本元、喻本亨编著的《元亨疗马集》，首次提出中兽医学与中医学相区别，兽医特有的"八证论"辨证技术，理法方药兼备，内容极其丰富，是海内外流传最广的一部中兽医学代表著作。明代李时珍编著的《本草纲目》，不但为人医，也为兽医提供了极其丰富的医药知识。至清代，清王朝禁止民间养马，还废除明洪武年间确定的"挑选聪明子弟学习兽医"制度，兽医事业未受到应有重视，兽医学著作主要是对《元亨疗马集》一书进行改编、选辑和充实。1736 年李玉书曾对《元亨疗马集》进行了增删，1800 年傅述风进一步补充了《元亨疗马集》所附《牛经》中的不足等。

六、农牧结合相得益彰

农牧结合是指农业和畜牧业相互依赖、相互促进的一种生产模式。

---

① 江苏省地方志编纂委员会：《江苏省志·畜牧志》，江苏古籍出版社 2000 年版，第 271 页。

农业为畜牧业提供饲料、牧草等来满足家畜家禽对各种营养物质的需要,畜牧业则为农业生产提供畜力和富有养分的肥料等。由于江苏自然条件优越,农业经济发展迅速,农牧很早开始结合,种植业与畜牧业获得协调发展。

（一）农牧结合生产格局的形成

秦汉以前,人们还没有将畜牧业与农业（种植业）结合发展的思想观念。秦汉以后,随着人们对肉食需求的增加和对动物的广泛利用,使得江苏畜牧业得到一定的发展,农牧结合生产格局逐渐形成,大江南北不仅普遍饲养马、牛、猪、羊、鸡、鸭、鹅等各种家畜家禽,而且已经充分利用牛马作农业动力,利用畜禽粪便肥田,部分农户开始由单一种植业向种植为主,农牧结合方向发展,多种经营成为人们普遍接受的生产方式。

（二）利用农副产品饲养家畜

随着农牧结合,以农养牧、以牧促农的风俗习惯形成。人们在种植作物的同时,利用作物秸秆、糠麸等农副产品来饲养家畜,不仅节约饲养成本,还节约资源,有利生态循环农业发展。宋元时期,太湖地区的农民利用枯桑叶养羊。到明清时期,张履祥在《补农书》中还记载:"人畜之粪与灶灰脚泥,无用也,一入田地,便将化为布、帛、菽、粟。即细而桑钉、稻稳,非无家所需之物;残羹、剩饭,以至米汁、酒脚,上以食人,下以食畜,莫不各有生息。"[1]可见,人们将自己不能利用的农副产品及废弃物,如糠、麸、各种农作物秸秆、剩饭剩菜等,作为猪的日常饲料来源,既节省了养猪的饲料成本,又实现了对农副产品及废弃物的有效利用。道光年间的《巨野县志》记载:"闻江南广西地方,竟有以米谷饲养豚豕者,试思谷食之与肉食,孰重孰轻,熟缓熟急,而乃以上天之所赐,小民终岁劝劳之所获者,为豢养物类之用,岂不干天和而轻民命乎……"[2]说明当时江南地区,在养猪方面也有的不惜成本。

---

① 张履祥辑补,陈恒力校释,王达参校、增订:《补农书校释》（增订本）,农业出版社 1983 年版,第147 页。
② 黄维翰:《巨野县志》卷三《方舆志》,清道光二十六年续修刻本。

（三）养畜积肥，以牧促农

农谚称，"禾凭粪长，地凭粪养"。由此可见，人们很早就认识到了养畜积肥的重要性。以人畜粪便等作为作物生长的肥料，是一种物质循环利用，土地用养结合的有效方式，实现了农牧互利。明末太湖地区的《沈氏农书》中，特别提倡养猪羊积肥，认为羊粪最适合桑树，以桑叶养羊、羊粪壅桑成为当地羊桑互养的典型。该书"运田地法"还说："种田地，肥壅最为要紧。"①《沈氏农书》对养羊效益还进行计算，从计算结果看，当时养羊经济效益很低，农民养猪羊主要是为了积肥，"净得肥壅"才是目的。

第二节　江苏畜牧业发展的启示

江苏畜牧业经历上万年发展，不仅积累了丰富的经验，形成了独具特色的江苏畜牧文化，而且亦有很多经验和教训，值得认真总结。由于时间跨度长，加之古代与近代畜牧发展的背景与内容差别极大，本处分别叙述古代畜牧业与民国时期畜牧业发展的启示。

一、古代畜牧业发展的启示

（一）因地制宜是畜牧业发展的基本原则

因地理环境和自然条件不同，其畜牧业发展也显示出明显的地域特征。从全国来看，西北地区地广人稀，草原面积大，牧草丰富，更适宜草食性家畜的发展；在南方，地势较为平坦，尤其是气候温暖，雨水充足，非常适合种植业发展。因此，形成了著名的南北农牧分区。江苏地处东南部，整体上在南北农牧分界线的东南方，属农业分区的范围。由于苏南、苏北气候有所不同，畜牧业也有了较鲜明的差别。江南河网纵横，人多地狭，大多养殖中小型家畜和家禽，如猪、羊、鸡、鸭、鹅等，再加之舍饲积肥是农民自古以来的习惯，家畜家禽的粪便可以作为瓜果蔬

---

① 中国农业遗产研究室：《太湖地区农业史稿》，农业出版社 1990 年版，第 379 页。

菜等作物的肥料,所以江南一带农民养畜积肥随处可见。清代江苏太湖地区农民在饲养家禽时,比以往更加注重将鸡、鸭的粪便等废弃物作为大田或鱼塘肥料,农民多以虫、草、谷饲养鸡、鸭;再将鸡、鸭的粪便作为有机肥返回大田或撒入鱼塘,以便增加土壤肥力,为塘中浮游生物和鱼类提供饲料,由此在饲养家禽的过程中实现对废弃物利用和实现农业生态良性循环。

江苏北部,多为平原地形,地势总体上较低平,气候适宜,农业发展较好,牧草也较丰富,历史上养马、牛、羊比南方为多,猪、禽类也有一定发展,这是因地理环境和自然条件而选择的结果。

此外,不同地区的饮食文化以及风俗,也影响着各地畜牧业的发展。太湖地区是全国最流行养鹌鹑的地区之一,据《江阴县志》记载:"东南乡好畜之"①。可见明清时期太湖地区养鹌鹑之风盛行,延续至今。徐州因喜食羊肉衍化而来的"伏羊文化"也颇具特色。"伏羊文化"是指徐州从古至今,因入伏时节吃羊肉衍化出来的一种饮食文化。这种饮食偏好,也影响了当地畜牧业的发展。

针对不同地区土地情形、地势条件、自然环境等方面的差异,进行相应的家畜家禽养殖,提高畜禽产品质量,是发展畜牧业的必然选择,也是因地制宜发展畜牧的基本原则。

（二）农牧结合有利于畜牧业发展

纵观江苏畜牧发展,不难看出,随着时间的推移,种植业和畜牧业的结合越来越紧密,畜牧业的发展速度也就越来越快。可见,种植业和畜牧业相结合,是自然界物质循环的客观规律要求,也是农业发展的必由之路。

春秋战国时期,铁犁牛耕的出现,使得农业生产力大幅提高。作为农业生产中的主要动力,牛耕的推广对农牧业的发展有着重要意义,这是农牧结合的最初体现。到了秦汉时期,农牧结合日益紧密,大江南北饲养马、牛、猪、羊、鸡、鸭、鹅等家畜家禽已相当普遍。人们对肉食的普遍需求和对动物的广泛利用,使得江苏畜牧业得到一定的发展,饲养种

① 陈延恩修、李兆洛纂:道光《江阴县志》卷十《物产》,清道光二十年刊本,第 857 页。

类增多、畜牧兽医技术取得很大进步，进一步促进了农牧结合生产格局的形成。

隋唐时期的畜牧业，已能为种植业的发展提供良好的条件。首先，牛、马、骡、驴等家畜的饲养，可以给农业生产提供充分的动力来源，狗则承担看家护院和保护田地不受侵扰的重要职责。其次，民间养殖家畜家禽数量也有一定增长，为种植业提供了充足的肥料。再次，畜牧产品商品化使得农业从业者可以获得一笔不菲的收入，赚取资金更利于让农户发展多种经营。陆龟蒙的《祝牛宫辞》中，就有提到牛宫的作用，耕种役使要适时，饮食也要适当。或睡或卧，都要避免风雨。这样做既有利于牛的繁衍，也有利于粮食丰收。牛宫是农业和畜牧业相互作用、相互影响的经典案例，常被后人津津乐道。由此可见，传统农业与畜牧业是不可割裂的，农业的发展离不开畜牧业提供的动力和肥料。

明清时期灾害频发，但就总体而言，江苏已是典型的农业区，沿江和太湖地区成为重要的粮食产区，且农牧结合更加紧密，各类畜禽产量进一步提高。明末《沈氏农书》中就说："种田不养猪，秀才不读书，必无成功。"该书还说："种田地，肥壅最为要紧。"[1]《浦泖农咨》也称："古老云：'棚中猪多，囷中米多。养猪乃种田之要务也。岂不以猪践壅田肥美获利无穷。'"[2]宣统《吴长元三县合志》记载："吴乡田家多豢豕，家置栏圈中，未尝放牧，乐岁尤多，捣米有秕糠以为食，岁时烹用供祭祀、宾客，其脂肪最丰厚，可入药，粪又肥田"，表明太湖地区养猪很多，猪既能吃人不能利用的农副产品、残羹剩饭，又可以让人获得猪肉，更重要的是还能够提供稻田所需的肥料。

近代以来，农牧结合已成常态化格局，实行综合经营，并因地制宜，创造出了各种各样综合经营模式。有粮畜互养、粮桑结合、粮林牧桑渔结合等等。农区种养结合的关键，在于人畜粪尿、作物秸秆、生活垃圾等作为肥料还入田中，并用农副产品饲养畜禽，形成农业资源"来之于土，归之于土"的自然循环。畜力的大量利用和耕牛役马的家庭饲养，使人与畜相依相伴，由此积累了丰富的畜禽饲养管理和疫病防治经验。

---

[1] 张履祥辑补，陈恒力校点：《沈氏农书》，中华书局1956年版，第33页。
[2] 姜皋：《蒲柳农咨》，上海古籍出版社2002年版，第217页。

现代混合农业是种植业和畜牧业相互结合、兼而有之的综合性农业。较好的时间灵活性和市场适应性,为农业发展带来便利,也为打造更加大规模、高质量的循环生态体系奠定了基础。

（三）重视畜牧是畜牧业发展的根本保障

江苏畜牧业历来受到人们的重视。随着商品经济的发展和社会对畜牧产品的需求增多,畜牧生产在地域、规模、数量上不断拓展。从汉代庖厨图可以看出,当时杀猪、宰羊、椎牛、击马、剥狗、烫鸡(鸟、雉)等,屠宰畜禽场面很大,商业氛围浓厚。

马为甲兵之本,历代受到官府的重视,而农耕之本的耕牛也受到保护。正如唐代张廷珪的奏书所说:"君所恃在民,民所恃在食,食所资在耕,耕所资在牛;牛废则耕废,耕废则食去,食去则民亡,民亡则何恃为君?"[1]因此,唐王朝多次下诏禁宰耕牛。宋元明清时期,虽然江苏经济结构仍以种植业为主导,畜牧经济仅是其必要的补充,但畜牧经济的兴盛为农业和交通运输业提供了畜力,为军事强盛作出贡献,为手工业、餐饮业、医疗卫生事业提供了原料,促进了军器制造业、皮革加工业、毛纺织业、造酒业、牲畜贸易、屠宰业、餐饮业的发展,受到宋元明清各王朝重视和鼓励。这些行业的飞速发展,促成了宋元明清社会各行各业的发展繁荣。

二、民国时期畜牧业发展的启示

民国时期,江苏畜牧业有了进一步发展,不仅引进国外先进畜牧兽医科技,还引进国外优良畜禽品种,开始出现独立而专业化的畜禽养殖企业,标志着中国传统畜禽养殖生产方式逐渐向现代畜禽养殖生产方式转变。

（一）畜牧兽医机构的建立加快了现代畜牧业发展

1912年,中华民国临时政府成立。随着西方畜牧兽医科技的传入,政府逐渐认识到要学习西方先进科技,建立现代畜牧兽医机构、引进和推广现代畜牧兽医技术来保障畜牧业发展。1927年,国民政府先

①《新唐书》卷二四九。

后由军政部、实业部、农林部分管畜牧兽医事业，[①]具有现代意义的国家及地方畜牧兽医行政管理机构和畜牧兽医服务机构，逐渐建立起来。其时，军政部、实业部、农林部还在江苏兴建了不少全国模范种畜种禽场，如中央种畜场、句容种马牧场等。为了有效抑制畜禽疫病的危害，国民政府还建立了国家和地方兽医防治机构。

这一时期，政府及畜牧兽医学者对发展现代畜牧兽医教育事业也非常重视。在他们的共同努力和推动下，江苏兴建了一批高等和中等畜牧兽医教育机构，主要有：国立中央大学畜牧兽医系、南通学院畜牧兽医系、苏南文化教育学院农业教育系等。这些畜牧兽医教育机构，在民国期间积极开展现代畜牧兽医教育与研究工作，对江苏畜禽养殖技术的提高起到了积极促进作用，并培养了一大批现代畜牧兽医专业人才，为近代中国传统畜牧业向现代畜牧业发展做出了重要贡献。不仅如此，在畜牧兽医专家等的积极倡导和组织下，这一时期还成立了一批畜牧兽医社会团体，如中国畜牧兽医学会等。这些畜牧兽医社会团体，积极开展学术交流，为现代畜牧兽医技术在中国的传播推广，起到重要促进作用。

在积极建立现代畜牧兽医管理机构和服务机构的同时，政府以及一些有识之士还认识到合作制度在中国的重要性。他们希望通过学习西方先进的现代合作制度，改变中国落后的生产组织方式。随着波兰、丹麦、苏联、美国等国家通过发展畜产合作社事业，并在经济上取得了相当大的成效，政府及畜牧兽医学者也纷纷提出要发动广大农民群众，共同学习波兰、丹麦、苏联、美国等国家先进的畜产合作经验，建立中国的畜产合作社，繁荣农村经济。

1934年，《农业周报》上刊登了《波总统提倡合作事业》一文。文中指出："近年来不景气波及全世界，各国皆提倡合作事业，藉谋补救，波兰人口不过千余万，土地仅五万方里，值此全世界经济衰落之际，独能日趋繁荣，其原因虽在政府之努力，然能与人民合作，亦为其主因，该地合作制度最为风行，凡全国高等商业学校与高等农业学校，对合作事业

---

① 中国农业博物馆：《中国近代农业科技史稿》，中国农业科学技术出版社 1996 年版，第 300—303 页。

均特别注重,全国已有之合作社已达一万七千之多,现仍继续进行不已,消费合作社,亦在前数以上,会员近一百万人,各种合作社中,以农业合作社为最多,几于无乡没有,现任波兰总统 Mr. S. Wcjciechowcki 氏,为提倡合作运动最力之人,对合作事业极感兴趣,虽在政务繁忙之际,仍在华沙高等商业学校,担任合作课程之讲师云。"①

1935 年,江苏《皋农》杂志上也发表一篇《改良农业与改良农村组织》的文章,其中即提出了"合作运动尤其是在二十世纪的农村现实社会上,非积极的提倡不可,因为这种组织,完全是互助为目的的好办法,这种事业,在丹麦办理得很有成效……我们应当马上来实行合作制度,组织各种的合作社,来增加我们的力量,用改良的方法发展我们的农业"②。

江苏省建设厅在《江苏省推进江北农村副业实施方案》中,还进一步指出了江苏发展畜禽养殖副业合作之价值为:"一、可以利用农人劳力,二、可以增加农家收入,三、可以弥补主业损失,四、可以安定农村生活,五、可以充实国民经济。地尽其利,物尽其用,暇时余力,均得利用于殖产,以尽农人之能事,试良法也。"③可见,当时江苏省政府及畜牧界人士已开始学习和运用国外畜产合作经验,充分认识到江苏发展畜禽养殖副业合作的重要价值,并由此制定了江苏省推进农村副业合作的实施方案。

江苏的畜产合作社建设,虽然由于全面抗战爆发,以及执行不力等原因半途而废,最终没有起到挽救社会危机和复兴农村经济的作用,但从整个社会发展进程来看,畜产合作运动既是畜牧业现代化经济格局形成过程的重要环节,也是传统的家庭经营过渡到现代家庭经营的桥梁。因此,民国时期,江苏学习国外先进的畜产合作经验而建立的畜产合作社,是值得肯定。它不仅为缓和国内各种矛盾促进社会经济发展起到了一定的积极作用,也从客观上顺应了畜禽养殖业,由个体生产经营向社会化生产经营的发展趋势。

① 《波总统提倡合作事业》,《农业周报》1934 年第 16 期,第 18—19 页。
② 陈志开:《改良农业与改良农村组织》,《皋农》1935 年第 4 期,第 1 页。
③ 江苏省建设厅:《江苏省推进江北农村副业实施方案》,《农村经济》第 8 期,第 75 页。

可以说,民国时期,在多重力量的推动下建立起来的畜产合作社,在中国近代畜牧史上具有重要意义。它不仅体现了江苏畜禽养殖生产经营,开始纳入近代大工业主导的资本主义市场经济体系之中,也标志着中国传统的小农畜禽养殖副业开始向现代化、专业化养殖方向转变。

(二)引进国外优良畜禽品种有利畜牧业转型升级

民国时期,国民政府为了复兴农村经济,非常重视全国畜产改进工作,提倡通过改良地方畜禽品种,促进畜牧业经济的发展。1924年,江苏省政府颁布的《改良推广江苏全省牧业计划》就已认识到畜牧业在农业中的重要性,明确指出了当时江苏畜禽养殖的缺点在于:只知繁育,不知育种,只求推广畜禽数量,而不问品种优劣。并且通过将国外优良畜禽品种与江苏畜禽品种的产量、价格及效用进行一一对比,得出畜牧业的竞争,不单在于饲养畜禽数量上,更在于畜禽产品的品质上。由此进一步提出了江苏农民无须增养畜禽数,而只需在原有畜禽数目上改用国外优良畜禽品种,即可比以往获利倍增的思路。因此,在此后的畜禽品种改良工作上,江苏非常重视引进国外优良畜禽品种改良本地畜禽品种。由于江苏省独特的政治地理优势,国民政府实业部组织实施的牛种改良、马种改良、鸡种杂交培育、猪种改良以及人工授精技术等,大部分工作都是立足于江苏。[①] 因此,这一时期的江苏得以引进了大批国外优良的家畜、家禽品种,用以改良江苏省地方品种。从美国、英国等地引进的巴克夏猪、约克夏猪(大、中型)、波中猪、汉普夏猪、杜洛克猪、切斯特猪、泰渥姆斯猪等猪种;从日本、英国、美国、丹麦、加拿大等国成批购入良种奶牛,品种包括荷斯坦牛、娟姗牛、爱尔夏牛和丹麦红牛等;从英国、美国、澳洲等地引进的汉普夏羊、美利奴细毛羊、考力代半细毛羊以及萨能山羊、吐根堡山羊等;从欧美等国引入的来航鸡、洛岛红鸡、横斑洛克鸡、米诺卡鸡等优良鸡种;从阿拉伯、英国、澳洲等地引入纯种马;从日本等国引入的英系、法系、日系安哥拉毛兔,日本大耳兔、青紫蓝兔、力克斯兔(獭兔)等西方良种兔。这些国外优良畜禽品种的引进和推广,极大地改善和提高了江苏本地畜禽品种的品质和效用,

---

① 王铭农:《近代江苏畜牧业概述》,《中国农史》1997年第4期,第73—74页。

为现代奶牛业等新兴畜禽产业的发展提供了重要的基础支持,有力促进了江苏的畜禽养殖由传统向现代方向发展。

（三）加快畜牧业发展要多措并举

民国时期,随着人口增长以及国内外畜产品贸易的不断增加,江苏的畜禽产品数量日益难以满足社会的需求。为此,江苏省政府及各地方政府通过增加经费、奖励农户多饲养、举办牲畜家禽比赛会、出台保护耕牛政策、加大宣传和指导等多种措施鼓励发展畜禽养殖业。

1931年,江苏省农矿厅为推广畜禽养殖事业,增加当年经费,于南通省立棉场内加设牧畜实验处,饲养优良的鸡及猪种等。[①] 1934年,江苏省政府会议通过的《江苏省各县农民经营副业奖励规则》中提出:"奖励饲养改良家畜家禽养蜂数量特多者,饲养数量如牛须十头以上、猪羊二十头以上、鸡一百羽以上、养蜂二十箱以上始得呈请奖励,但以贩卖为营者不在此限;奖励种类包括奖金、奖章和奖状;不仅如此,还特别指出对于各县主管长官提倡农村副业成绩卓著者由建设厅呈请,省政府予以奖励。"[②]由此可见,江苏省政府不仅增筹经费支持设立畜牧试验场饲养优良畜禽品种,还对各县饲养改良较多家畜家禽的农民及提倡农村副业成绩卓著的主管官员,给予一定的物质奖励和精神奖励。

南京作为国民政府首都,是江苏畜产品消费量及需求量最大的城市之一。1937年,南京市社会局调查南京市副食品消费概况时指出:"本市人口总数,根据首都警察厅廿五年十二月份户口统计,有一百万零六千九百六十八人之多,然各种副食品之需要数量,究竟至何程度?本市所产,是否足资供给?如不敷供给,应如何提倡畜牧事业,本局为明了这些问题,特自廿二年一月起,逐月派员分向屠宰场及各宰猪坊调查牛、羊、猪屠宰数量,且又向各鸡鸭行调查鸡鸭鹅销售于本京数量,再就销售数量中,估计其供宰杀食用之数量……"[③]根据南京市社会局调

① 《农业杂讯·农矿厅推广牧畜事业》,《皋农》1931年第5期,第7页。
② 江苏省建设厅:《江苏省各县农民经营副业奖励规则》,《江苏建设》1934年第2期,第40—41页。
③ 南京市社会局:《南京社会》,1937年,第143页,南京农业大学民国资料库馆藏。

查南京牲畜消费情况的资料,1933 年至 1936 年南京市牲畜屠宰数量和消费牲畜价值整理如表 8－1 和表 8－2 所示。

表 8－1　1933—1936 年南京畜禽屠宰数量统计表

年份	牛(头数)	羊(头数)	猪(头数)	鸡(只数)	鸭(只数)	鹅(只数)
1933	14768	3519	114348	320950	491410	65130
1934	14000	5212	125426	252430	510660	43050
1935	14674	5804	150257	246575	316600	6700
1936	12022	2242	145852	218890	305400	27100

资料来源:根据 1937 年《南京社会》中南京市社会局调查南京牲畜消费情况资料统计得出。

表 8－2　1933—1936 年南京消费畜禽价值统计表

年份	消费畜禽总值(元)
1933	4776576.1
1934	3606121.3
1935	4146361.2
1936	4434758.0

资料来源:根据 1937 年《南京社会》中南京市社会局调查南京牲畜消费情况资料统计得出。

由表中数据可知,从 1933 年至 1936 年,四年来南京市消费畜产品价值总量一直较高,而许多牲畜的屠宰量都不太稳定,并且有减少的趋势,如 1936 年牛、羊、猪、鸡、鸭、鹅的屠宰数量都比前几年的屠宰量减少了很多。据当时调查显示:"本京不符供给,大都仰给于外埠,考其来源猪牛羊系来自江北徐州、蚌埠、山东、安徽芜湖及本京临近各县,鸡大都来自津浦路沿线各处及本京临近各乡,鸭鹅则大都来自安徽庐江、和县、太平及江苏江浦等县。再查本京所辖燕子矶区及孝陵区各乡,农地大部系山田山地,因水利不便关系,年来歉收,农民经济困苦异常……"[1]

---

[1] 南京市社会局:《南京社会》,1937 年,第 144 页,南京农业大学民国资料库馆藏。

因此,南京市社会局提出了要大力发展南京的畜禽养殖业,鼓励并指导农民饲养畜禽,以满足南京畜禽的供求之需,解决农民经济困苦之急。为鼓励南京各区农民饲养畜禽,南京市社会局定期组织举办了牲畜家禽比赛会。据记载称,"该牲畜家禽比赛会仅三日,自十一月十六日至十八日止,每区一日,轮流举行。先在孝陵区,以马群镇马群小学操场为会址;继至燕子矶,以该区民教馆运动场为场址;终至上新河,以该区五洞桥侧之广场为场址。均皆宽畅适当,仅上新河一地,以离镇市过远,不无遗憾。然观于三区参加禽畜之踊跃,可知农民之兴奋盛与况矣。"①

表 8-3 南京市三区牲畜家禽比赛会

种类区域	孝陵区	燕子矶区	上新河区
牛	一五五头	八十二头	七十四头
羊	二二头	八头	五头
猪	九头	十三头	九头
鸡	二六二头	二〇〇头	一五二头
鸭	九〇头	四十四头	三一头

资料来源:南京市社会局:《南京社会》,1937 年,南京农业大学民国资料库馆藏,第5 页。

民国时期,由于受灾严重、生活困苦等原因,不少江苏农民将家养耕牛忍痛出售。为此,江苏省政府出台了一系列保护耕牛的政策,如颁布严禁私宰耕牛训令、办理农民耕牛贷款等。1931 年,江苏省政府发布了"切实查禁私宰耕牛"的训令,以防止奸商贪利,私宰牛只,妨碍农村农务正常进行。② 1935 年,"江苏省农民银行,以本年各县受灾之区,农民困苦万状,家畜耕牛势必忍痛出售,若不设法救济,必将影响来年春耕,为预谋补救方法起见,爰有耕牛放款方法之订定。"③同年,由于当年江苏遭受水旱灾害,金融枯竭,上海银行在江苏江宁试办耕牛会,举

① 南京市社会局:《南京社会》,1937 年,南京农业大学民国资料库馆藏,第4—5 页。
②《农业消息·切实查禁私宰耕牛》,《江苏农矿》1931 年,第 16 期,第 1 页。
③《畜牧兽医新闻》,《畜牧兽医季刊》1935 第 1 期,第 151 页。

办耕牛押款,即按牛之大小,评定押价二十元至三十元不等,帮助养牛农民提供资金资助。① 1936 年,江苏省财政厅以"修正苏省禁止贩运宰杀耕牛暂行通则"第二条内载:"(一)各县耕牛及小牛应绝对保护,(二)除下列三项外,绝对不准宰杀。1. 凡年齿起八珠以后,老弱力衰,确实不能耕者;2. 因目盲脚跛不能助耕者;3. 因重伤确难医治者。是以本省对于耕牛及小牛,应绝对保护,惟确系老弱病伤不能助耕者,始准变卖宰杀以便农民得价另购,推陈易新,化无用为有用,早经明令规定严格限制。乃近据江北被水各县,竟有将堪以助耕之牛,私自滥行运宰,只图挖肉补疮,不顾耕田无牛。若不严加防止,诚恐有碍春耕。除已令县布告严禁及分行外,并须认真检查,如有私自运宰耕牛者,应即照章从严罚办。"②

此外,为鼓励江苏农民饲养及改良耕牛,江苏省建设厅和国民政府实业部等有关单位,都在江苏地区组织了耕牛比赛。不仅如此,为推进农村畜禽养殖及改良事业的发展,江苏各地方政府在农民中做了大量的宣传和指导工作。现以 1934 度的江苏省建设厅组织的各县推进农村副业报告为例,进行简要说明:

启东县:对原养猪羊鸡鸭鱼类农户无力饲养者,随时指导改良,设法救济;宣传上由各社教机关利用纪念周或农闲时间举行副业演讲会,利用沿户招生机会和农民个别谈话,散发书报标语,在第一实验农教馆,举行农村副业产品展览会;全县农教馆均有养羊养鸡的示范指导。③

淮阴县:农家养鸡,每无固定棚舍,惯于墙根屋角,或草堆之旁,为食宿之所,于卫生既属不宜,防疫亦多困难。指导农家鸡舍改良,择定鸡舍地点,以空气流通,阳光充足,地势高燥为原则。使其食宿有所,对于一切管理事宜,力求进行便利。④

宝应县:要采用口头宣传和文字宣传。口头宣传主要是利用农民谈话会灌输副业理论、利用乡间集会举行副业演讲;文字宣传包括利用

---

① 《畜牧兽医新闻·银行举办耕牛押款》,《畜牧兽医季刊》1935 年第 1 期,第 151 页。
② 《苏财政厅令饬各县严禁私宰耕牛》,《畜牧兽医季刊》1936 年第 1 期,第 134 页。
③ 江苏省建设厅:《各县二十三年度推进农村副业报告·启东县》,《江苏建设》1936 年第 2 期,第 7 页。
④ 江苏省建设厅:《各县二十三年度推进农村副业报告·淮阴县》,《江苏建设》1936 年第 2 期,第 13 页。

农事墙报登载副业常识和刊发副业浅说等。[1]

灌云县:自本年三月起,择定先由第四区杨集地方,劝导农民试办养鸡,并指示鉴别优劣家禽,以便改良育种。由于一般农家经济困难,暂时选用本地鸡种较优者,注意孵卵育种,并指导他们饲料配合方法及肥育中应注意事项,一旦收益增加,即集资购办良种,以谋改进。关于农家买鸡卖鸡及其所养之鸡沾染传染病或死亡之时,由区公所责成各保甲长负调查,各保长按表登记并转报民众教育馆,如遇有严重疫情发生,则由农业推广所派员前往诊治,并迅速采取隔离或速杀病鸡消毒舍具措施,以免蔓延。[2]

(四)畜牧业发展一定要有安定的社会环境

从民国元年至民国十六年(1912—1927年),军阀割据混战,农村经济受到破坏,严重影响江苏畜牧业发展。从民国十六年(1927年)国民政府定都南京后,提倡改良畜种,推进农村副业。从20世纪20年代末至30年代中期,江苏省政府曾先后建立了省级和大多数县级农业(包括畜牧业)推广机构,负责组织优良畜禽品种推广与技术指导;建立泰兴猪种保育和猪瘟防治两个实验区,开展地方猪种选育改良与防治猪瘟的试验研究;对发展耕牛、养猪、养禽等农村副业较为重视,颁行保护耕牛、奖励畜牧的法规,并采取一些扶持发展农村副业的措施,因而江苏畜牧业一度发展较快。至1935年,全省各类畜禽已达到:牛(黄牛和水牛)203.3万头,马19万匹,驴88.7万头,骡26.5万头,猪565.4万头,绵羊64.1万只,山羊141.5万只,鸡1929.4万只,鸭828.9万只,鹅110.4万只。1937年全面抗战爆发后,江苏沦陷,致使江苏农村经济遭受严重破坏,畜牧业逐渐衰落。至1945年抗日战争结束,江苏各类畜禽数量已大减。1946年,江苏全省畜禽数量已减至:牛(黄牛、水牛)180.7万头,马6.9万匹,驴48.6万头,骡5.8万头,猪408万头,绵羊21.5万只,山羊103.9万只,鸡1406.9万只,鸭499万只,鹅48.4

---

① 江苏省建设厅:《各县二十三年度推进农村副业报告·宝应县》,《江苏建设》1936年第2期,第29—36页。

② 江苏省建设厅:《各县二十三年度推进农村副业报告·灌云县》,《江苏建设》1936年第2期,第49页。

万只。随后又爆发全面内战，农村经济进一步凋蔽，畜牧业继续衰落，各类畜禽（除绵羊，山羊外）数量持续减少，至新中国成立时，各类畜禽及蜜蜂年末存栏量仅有：大牲畜（牛、马、驴、骡）148 万头，猪 414.6 万头，羊（山羊，绵羊）130.9 万只，兔 15.78 万只，家禽（鸡、鸭、鹅）2311 万只，蜜蜂 1 万箱，均已降至 20 世纪以来的历史最低水平。[①] 从以上列举数据表明，一个安定的社会环境对畜牧业发展很重要，是畜牧业现代化发展的重要保障。

① 江苏省地方志编纂委员会：《江苏省志·畜牧志》，江苏古籍出版社 2000 年版，第 91 页。

结　语

　　江苏畜牧业有上万年发展历史,经历了从起源到驯化,从无到有,从小到大的发展过程。江苏畜牧也是江苏农业开发进步发展的一个缩影。

　　原始社会时代,江苏人烟稀少,农业经济落后,随着江苏地区农业开发,农业生产取得巨大进步,尤其东晋以后,随着全国经济中心逐步南移,江苏人口逐渐增长,农业、畜牧业经济迅速发展壮大,各类家畜家禽也迅速发展起来。江苏由于南、北地理位置、气候条件不同,其南、北方畜牧业发展也略有差异,北方更多发展马、牛、羊、猪等大中型家畜,南方受自然条件限制,较多发展猪、羊、鸡、鸭等中小畜禽。

　　江苏处于全国农牧分界线的东南方,属于典型的农业区。因此,在传统自然经济条件下,畜牧业一直处于副业位置,农民养马牛主要是为了役用,养猪羊鸡鸭主要为了肉蛋需要。畜牧业不仅利用农作物秸秆、糠、麸、农产品加工副产品以及家庭剩饭剩菜等,还为农作物生长提供大量农业生产亟须的有机肥料,达到以农养牧,以牧促农,形成了完美的农牧结合生态农家生产模式,成为全国自然资源生态循环利用的典范。与此同时,江苏畜牧经过长期风土驯化和选择,培育了一大批优良地方畜禽品种,有著名的太湖猪、徐州黄牛、九斤黄鸡、高邮鸭、淮猪、太湖鹅、湖羊、海门山羊等。这些优良地方畜禽品种,不仅为江苏畜牧业发展作出重要贡献,对丰富全国品种资源及畜牧业发展也作出很大贡献,在全国畜牧业发展史上占有重要地位。

　　总结江苏畜牧业发展的经验教训,探索其发展规律,对当前江苏乃至全国畜牧业发展都有着重要的参考借鉴作用和现实意义。

参考文献

（一）历史文献类

《大明会典》

《汉书·食货志》

《后汉书·樊宏阴识列传》

《晋书·食货志》

《清稗类钞》

《清朝文献通考》

《三国志·吴书》

《十国春秋·南唐列传》

《史记·货殖列传》

《史记·平准书》

《宋会要辑稿·食货》

《宋史·兵志》

《大唐六典》

《唐律疏议·厩库律》

《通典·食货》

《文献通考·兵考》

《新唐书·兵志》

《新唐书·食货志》

《新元史·兵志》

《续文献通考·田赋考》

《元史·本纪》

《至大金陵新志》

《事物纪原·牛羊》

《宋朝事实·耕田》

(二)专著类

曹幸穗:《旧中国苏南农家经济研究》,中央编译出版社 1996 年版

陈文华:《中国农业通史·夏商西周春秋战国卷》,中国农业出版社 2007年版

陈真等:《中国近代工业史资料》第二辑,生活·读书·新知三联书店 1958 年版

高诱注:《淮南子注》,上海书店 1986 年版

葛金芳:《中国经济通史》第 5 卷,湖南人民出版社 2002 年版

葛元煦:《沪游杂记》,光绪二年仁和啸园刊本

郭怀西:《新刻注释马牛驼经大全集》,农业出版社 1985 年版

郭文韬、曹隆恭:《中国近代农业科技史》,中国农业科学技术出版社 1989年版

国家畜禽遗传资源委员会:《中国畜禽遗传资源志·家禽志》,中国农业出版社 2011 年版

国家畜禽遗传资源委员会:《中国畜禽遗传资源志·马志》,中国农业出版社 2011 年版

国家畜禽遗传资源委员会:《中国畜禽遗传资源志·牛志》,中国农业出版社 2011 年版

国家畜禽遗传资源委员会:《中国畜禽遗传资源志·羊志》,中国农业出版社 2011 年版

国家畜禽遗传资源委员会:《中国畜禽遗传资源志·猪志》,中国农业出版社 2011 年版

惠富平:《中国传统农业生态文化》,中国农业科学技术出版社 2014 年版

贾思勰著,缪启愉校释:《齐民要术校释》,中国农业出版社 1998 年版

江苏省地方志编纂委员会编:《江苏省志·畜牧志》,江苏古籍出版社 2000 年版

姜皋:《蒲柳农咨》,上海古籍出版社 2002 年版

金煦、阮志明编著:《吴地农具》,河海大学出版社 1999 年版

邝璠:《便民图纂》,广陵书社 2009 年版

雷礼:《南京太仆寺志》,齐鲁书社 1996 年版

李吉甫:《元和郡县图志》,中华书局 1983 年版

李群:《中国近代畜牧业发展研究》,中国农业科学技术出版社 2004 年版

李群主编:《中国农业史概论》,科学出版社 2021 年版

李群主编:《中国饲料科技史研究》,吉林大学出版社 2021 年版

龙虬庄遗址考古队编著:《龙虬庄——江淮东部新石器时代发掘报告》,科学出版社 1999 年版

鲁明善著,王毓瑚校注:《农桑衣食撮要校注》,农业出版社 1962 年版

马俊亚:《江苏风俗史》,江苏人民出版社 2020 年版

乜小红:《唐五代畜牧经济研究》,中华书局 2006 年版

闵宗殿:《中国古代农业科技史图说》,农业出版社 1989 年版

南京博物院:《江苏省出土文物选集》,文物出版社 1963 年版

农万菊、陈海云主编:《广西畜牧史》,广西人民出版社 1996 年版

农业部畜牧兽医司:《中国畜牧业统计(1949—1989)》,中国经济出版社 1990 年版

潘法强:《江苏地方文化史》,江苏人民出版社 2020 年版

桑学成主编:《江苏发展史纲》,河海大学出版社 1999 年版

宋应星著,潘吉星译注:《天工开物》,上海古籍出版社 2008 年版

太湖地区农业史研究课题组:《太湖地区农业史稿》,农业出版社 1990 年版

谈钥:《嘉泰吴兴志》,《宋元方志丛刊》,中华书局 1990 年版

陈旉撰,万国鼎校注:《陈旉农书校注》,农业出版社 1965 年版

王健主编:《江苏通史·先秦卷》,凤凰出版社 2012 年版

王毓瑚:《中国畜牧史资料》,科学出版社 1958 年版

王祯著,王毓瑚校:《王祯农书》,农业出版社 1981 年版

韦明桦:《动物表演史》,山东画报出版社 2005 年版

谢成侠:《中国养牛羊史(附养鹿简史)》,农业出版社 1985 年版

谢成侠:《中国养马史》,农业出版社 1991 年版

徐光启撰,石声汉校注,石定枎订补:《农政全书校注》,中华书局 2020 年版

徐建生：《民国时期经济政策的沿袭与变异（1912—1937）》，福建人民出版社 2006 年版

徐旺生：《中国养猪史》，中国农业出版社 2009 年版

许振英：《中国的畜牧》，上海永祥印书馆 1953 年版

杨一凡：《明大诰研究》，江苏人民出版社 1988 年版

虞友谦、汤其领主编：《江苏通史·秦汉卷》，凤凰出版社 2012 年版

张波、樊志民主编：《中国农业通史·战国秦汉卷》，中国农业出版社 2007 年版

张履祥辑补，陈恒力校释，王达参校、增订：《补农书校释》（增订本），农业出版社 1983 年版

张仲葛、朱先煌：《中国畜牧史料集》，科学出版社 1986 年版

张宗法著，邹介正等校释：《三农纪校释》，农业出版社 1987 年版

中国畜牧兽医学会：《中国近代畜牧兽医史料集》，农业出版社 1992 年版

中国农业博物馆：《中国近代农业科技史稿》，中国农业科学技术出版社 1996 年版

中国元史研究会.：《元史论丛》第 6 辑，中国社会科学出版社 1997 年版

邹厚本主编：《江苏考古五十年》，南京出版社 2000 年版

邹介正等编著：《中国古代畜牧兽医史》，中国农业科学技术出版社 1994 年版

（三）论文类

安岚：《中国古代畜牧业发展简史（续）》，《农业考古》1988 年第 2 期

陈瑞：《明代合肥地区的畜牧业述论》，《中国农史》2016 年第 4 期

程新晓：《简论清代的畜牧技术》，《河南师范大学学报（哲学社会科学版）》2015 年第 6 期

杜常顺：《明清时期黄河上游地区的畜牧业》，《青海师范大学学报（哲学社会科学版）》1994 年第 3 期

杜新豪：《〈便民图纂〉中的农学知识及其价值》，《古今农业》2019 年第 4 期

高敏：《论秦汉时期畜牧业的特征和局限》，《郑州大学学报（哲学社会科学版）》1989 年第 2 期

葛雯、李群：《从〈元亨疗马集〉、〈活兽慈舟〉看明清兽医学发展特点》，《古

343

今农业》2017 年第 3 期

桂明：《江苏畜禽优良品种海子水牛》，《江苏农业科学》1990 年第 3 期

桂明：《江苏畜禽优良品种鹿苑鸡》，《江苏农业科学》1989 年第 6 期

桂明：《江苏畜禽优良品种太湖鹅》，《江苏农业科学》1989 年第 1 期

桂明：《江苏畜禽优良品种太湖猪》，《江苏农业科学》1989 年第 9 期

桂明：《江苏畜禽优良品种新淮猪》，《江苏农业科学》1989 年第 9 期

何平立：《略论明代马政衰败及对国防影响》，《军事历史研究》2005 年第 1 期

何同昌：《我国历代畜牧兽医专著（从汉代——清代）》，《上海畜牧兽医通讯》1987 年第 1 期

洪雪晴：《太湖的形成和演变过程》，《海洋地质与第四纪地质》1991 年第 4 期

黄崇福：《自然灾害基本定义的探讨》，《自然灾害学报》2009 年第 5 期

江苏省建设厅：《各县二十三年度推进农村副业报告》，《江苏建设》1936 年第 2 期

李群、李士斌：《我国养鸭史初探》，《农业考古》1994 年第 1 期

李群：《清代畜牧管理机构考》，《中国农史》1998 年第 3 期

李群：《湖羊的来源和历史研究》，《农业考古》1987 年第 1 期

李群：《湖羊的来源及历史再探》，《中国农史》1997 年第 2 期

李三谋、李霞：《明代官马牧养问题研究》，《农业考古》1999 年第 3 期

李元放：《我国古代的畜牧业经济》，《农业考古》1985 年第 1 期

林留根、甘恢元、闫龙：《江苏泗洪顺山集新石器时代遗址发掘报告》，《考古学报》2014 年第 4 期

刘蓉：《近四十年来国内明代畜牧业研究述评》，《河南工业大学学报（社会科学版）》2016 年第 2 期

罗运兵、李想生：《中国家猪起源机制蠡测》，《古今农业》2016 年第 3 期

孟强、李祥：《江苏徐州大庙晋汉画像石墓》，《文物》2003 年第 4 期

祁美琴：《论清代长城边口贸易的时代特征》，《清史研究》2007 年第 3 期

钱时霖：《历代的茶马互市概述》，《茶叶通讯》1994 年第 1 期

谭黎明：《春秋战国秦汉时期的畜牧兽医技术研究》，《安徽农业科学》2011 年第 29 期

唐克军：《略论明代的马政》，《史林》2003 年第 3 期

王复兴：《简论明成祖时期的马政》，《齐鲁学刊》1987 年第 4 期

王建革：《马政与明代华北平原的人地关系》，《中国农史》1998 年第 1 期

王铭农：《近代江苏畜牧业概述》，《中国农史》1997 年第 4 期

王世浩：《我国养鸡事业之大问题》，《鸡与蛋》1936 年第 2 期

温乐平：《论秦汉养牛业的发展及相关问题》，《中国社会经济史研究》2007 年第 3 期

文传良、文凯：《中国古代养犬史考》，《牧业史志》2003 年第 3 期

吴仁安：《明代马政制度述论》，《西北大学学报（哲学社会科学版）》1989 年第 23 期

徐旺生：《中国农业的本土起源新论》，《中国农史》1994 年第 1 期

杨琦、张法瑞：《从〈大明会典〉看明代畜牧律令制度及特点》，《中国农史》2011 年第 1 期

杨孝军、郝利荣：《徐州新发现的汉画像石》，《文物》2007 年第 2 期

尤振尧、周陆晓：《江苏泗洪重岗汉画象石墓》，《考古》1986 年第 7 期

袁靖、董宁宁：《中国家养动物起源的再思考》，《考古》2018 年第 9 期

张汉静：《朱元璋重典治国政策探析》，《山西财经大学学报》1999 年第 1 期

张士杰：《中国近代农村合作运动的兴起和发展》，《民国档案》1992 年第 4 期

张修桂：《太湖演变的历史过程》，《中国历史地理论丛》2009 年第 1 期

浙江省文物管理委员会、浙江省博物馆：《河姆渡遗址第一期发掘报告》，《考古学报》1978 年第 1 期

周本雄：《河北武安磁山遗址的动物骨骸》，《考古学报》1981 年第 3 期

周宗运、时维静：《从〈元亨疗马集〉到〈注释马牛驼经大全集〉——明清安徽畜牧与兽医成就》，《中国农史》1985 年第 3 期

竺可桢：《中国近五千年来气候变迁的初步研究》，《考古学报》1972 年第 1 期

（四）学位论文类

杜宗才：《汉代道家生态思想研究》，博士学位论文，华中师范大学，2008 年

郭会房：《明代官马民牧问题研究》，硕士学位论文，天津师范大学，

2013 年

贾亿宝:《明代官方牧羊制度探析》,硕士学位论文,山西大学,2015 年

楼佳:《新石器时代中国长江下游地区水牛家养化文化特征的 C、N、O 稳定同位素研究——以跨湖桥遗址与田螺山遗址为例》,硕士学位论文,浙江大学,2018 年

赵旭国:《明清时期甘南藏区农牧业开发研究》,硕士学位论文,西北师范大学,2010 年

朱冠楠:《民国时期江苏畜禽业发展研究》,博士学位论文,南京农业大学,2015 年

(五) 地方志类

嘉庆新修江宁府志

同治续纂江宁府志

道光上元县志

同治上江两县志

光绪靖江县志

光绪六合县志

民国六合县续志稿

同治苏州府志

民国吴县志

民国续吴县志稿

乾隆长洲县志

乾隆元和县志

道光昆新两县志

光绪昆新两县续修合志

民国昆新两县续补合志

宣统太仓州镇洋县志

民国镇洋县志

乾隆吴江县志

光绪吴江县续志

康熙常熟县志

光绪常昭合志稿

乾隆震泽县志

光绪无锡金匮县志

光绪江阴县志

民国江阴县续志

乾隆镇江府志

光绪丹徒县志

民国续丹徒县志

光绪丹阳县志

民国丹阳县志补遗

民国丹阳县续志

嘉庆溧阳县志

光绪溧阳县续志

民国重修金坛县志

光绪溧水县志

民国高淳县志

乾隆句容县志

光绪续纂句容县志

康熙常州府志

光绪武进阳湖县志

嘉庆增修宜兴县旧志

光绪宜兴荆溪县新志

嘉庆重修扬州府志

同治续纂扬州府志

道光重修仪征县志

嘉庆高邮州志

道光续增高邮州志

光绪再续高邮州志

民国三续高邮州志

咸丰重修兴化县志

民国续修兴化县志

民国宝应县志

道光泰州志

民国续纂泰州志

光绪泰兴县志

宣统泰兴县志续

光绪通州直隶州志

民国南通县图志

光绪海门厅图志

民国续海门厅图志

民国如皋县志

咸丰古海陵县志

光绪淮安府志

同治重修山阳县志

光绪安东县志

民国重修沭阳县志

光绪盱眙县志稿

民国宿迁县志

光绪盐城县志

民国阜宁县新志

嘉庆东台县志

同治徐州府志

民国铜山县志

民国沛县志

咸丰邳州志

嘉庆海州直隶州志

光绪丰县志

光绪赣榆县志

乾隆江都县志

光绪江都县续志

民国泰县志稿

后　记

　　2016 年,江苏正式启动"江苏文脉整理研究与传播工程",旨在系统梳理江苏文脉资源,保有江苏集体记忆,推进江苏文化自觉与文化认同,以文本形态、数字化形态,呈现"文化江苏",再现江苏文化高地,彰显江苏对中华文化发展的历史贡献,总结江苏文化发展的历史规律,为江苏构建打造新的"文化高地"把准脉动,探明趋势,勾画蓝图。当领导希望我接受"江苏畜牧史"项目时,我的心里非常矛盾。一方面我手中已有几个大的项目在做,一是 2015 年学校动物科技学院委托我做的"基于文化及精神传统、发掘南京农业大学动物科技学院院史研究";二是 2016 年中国农业大学动物科技学院、全国著名动物营养学家李德发院士委托我做的"中外饲料科技史研究";三是学校交给我的校园文化建设项目"南京农业大学著名老教师口述史研究";还有中国科学技术协会牵头,中央宣传部、科技部、教育部等多部委联合管理的国家级研究项目"老科学家学术成长采集工程"等,手头工作确实有些忙。另一方面,本人自 1982 年参加工作以来,一直是从事中国畜牧史的研究,全国从事这一领域研究的人士也是屈指可数,畜牧史研究可以说是我的毕生事业,这不仅对我来说是一个难得的深入研究江苏畜牧史的机会,而且我身处江苏省省会城市南京,也是一份义不容辞的责任和担当。同时,我也知道,由于研究畜牧史的人少,研究基础薄弱,尤其是对江苏畜牧史的研究,更是少之又少,积累严重不足,要完成如此大的工作量,而且研究经费与前几项研究经费相比,是少之又少,使我犹豫很久。后来,经过反复考虑,还是欣然承担下来。带着一份情怀,凭着对畜牧史的爱恋,对江苏的无限感情,在我退休之前,为我所从事的事业以及为养育我的江苏作些贡献!

任务承接后,原本打算先由我的博士研究生们作为博士学位论文来共同完成,几经周折,耽误了一年多时间,终没有如愿。主要原因还是她们对完成这一任务心中无底,开题报告虽经学科论证同意,也无济于事,我只好重新规划,重新组织人员,采取分工协作的方式,经过艰辛的共同努力,终于完成这一艰巨研究任务。

本书书稿大体分工是,由我负责全书框架结构安排,整体构思,规定统一写作格式、要求,重点注意事项、工作步骤以及资料收集方法、范围等,并负责绪论、结语部分的撰写。其他章节初稿的撰写大体是:第一章(先秦),由中国农业博物馆的徐旺生研究员完成,第二章(秦汉)、第三章(三国两晋南北朝)、第四章(隋唐)、第五章(宋元)、第六章(明清)、第七章(民国)、第八章(特点与启示)分别由丁斌、董素玥、戴政昊、陈佳慧、余玮、朱冠楠、张越、戴政昊等几位老师和同学完成,全书最后由我反复修改和统稿,直到定稿。

本书的完成是在上述各位老师和同学的大力支持下,经过无数次艰辛努力,近三个春夏秋冬、酷暑严寒,日日夜夜奋勇拼搏,克服无数困难才得以完成。尤其是我的好友,全国著名农史学家、畜牧史专家徐旺生研究员,他平时工作非常繁忙,当我提及此事,竟毫不犹豫帮我完成先秦时期江苏畜牧的研究任务,并时常与我切磋交流。在此,对他的无私帮助与指导,再次表示最诚挚的感谢!

由于时间紧,前期学术界对江苏畜牧史研究非常少,资料收集难度很大,远远超出我们的想象,几乎是在从未有人走过的蛮荒大地上开辟。加之,能力水平的限制,我们的书稿中难免会出现这样那样的错漏,作为我们献给江苏文脉工程的抛砖引玉之作,敬请全国农史及畜牧学界同仁、专家不吝赐教，以待来日我们再做进一步的修改完善和提高，为江苏省文化事业的发展贡献一份微薄力量。

李群

于南京农业大学逸夫楼

2022 年 7 月 30 日